全国高等职业教育药品类专业

国家卫生健康委员会"十三五"规划教材

供药品经营与管理、药学、
药品服务与管理专业用

医药企业管理

主　审　杨定俊　李　维

主　编　戴　宇　徐茂红

副主编　林莉莉　帅银花　蒋　猛

编　者　（以姓氏笔画为序）

王　芬（黑龙江护理高等专科学校）	张　琳（南阳医学高等专科学校）
王国妮（山西药科职业学院）	林莉莉（山东中医药高等专科学校）
帅银花（中山火炬职业技术学院）	赵　璇（河北化工医药职业技术学院）
刘丹丹（福建卫生职业技术学院）	徐茂红（皖西卫生职业学院）
杨　雷（江苏省徐州医药高等职业学校）	蒋　猛（太极集团西南药业股份有限公司）
杨韵菲（重庆医药高等专科学校）	戴　宇（重庆医药高等专科学校）

人民卫生出版社

图书在版编目（CIP）数据

医药企业管理/戴宇,徐茂红主编. —北京:人民
卫生出版社,2018

ISBN 978-7-117-25282-9

Ⅰ.①医… Ⅱ.①戴…②徐… Ⅲ.①制药工业-
工业企业管理-高等职业教育-教材 Ⅳ.①F407.7

中国版本图书馆 CIP 数据核字(2018)第 039310 号

人卫智网	www.ipmph.com	医学教育、学术、考试、健康,购书智慧智能综合服务平台
人卫官网	www.pmph.com	人卫官方资讯发布平台

医药企业管理

主　　编：戴　宇　徐茂红

出版发行：人民卫生出版社(中继线 010-59780011)

地　　址：北京市朝阳区潘家园南里 19 号

邮　　编：100021

E – mail：pmph @ pmph. com

购书热线：010-59787592　010-59787584　010-65264830

印　　刷：三河市潮河印业有限公司

经　　销：新华书店

开　　本：850×1168　1/16　印张：20

字　　数：470 千字

版　　次：2018 年 6 月第 1 版　2025 年 1 月第 1 版第 12 次印刷

标准书号：ISBN 978-7-117-25282-9

定　　价：55.00 元

打击盗版举报电话：010-59787491　E-mail：WQ @ pmph. com
（凡属印装质量问题请与本社市场营销中心联系退换）

全国高等职业教育药品类专业国家卫生健康委员会
"十三五"规划教材出版说明

《国务院关于加快发展现代职业教育的决定》《高等职业教育创新发展行动计划（2015—2018年）》《教育部关于深化职业教育教学改革全面提高人才培养质量的若干意见》等一系列重要指导性文件相继出台，明确了职业教育的战略地位、发展方向。为全面贯彻国家教育方针，将现代职教发展理念融入教材建设全过程，人民卫生出版社组建了全国食品药品职业教育教材建设指导委员会。在该指导委员会的直接指导下，经过广泛调研论证，人民卫生出版社启动了全国高等职业教育药品类专业第三轮规划教材的修订出版工作。

本套规划教材首版于 2009 年，于 2013 年修订出版了第二轮规划教材，其中部分教材入选了"十二五"职业教育国家规划教材。本轮规划教材主要依据教育部颁布的《普通高等学校高等职业教育（专科）专业目录（2015 年）》及 2017 年增补专业，调整充实了教材品种，涵盖了药品类相关专业的主要课程。全套教材为国家卫生健康委员会"十三五"规划教材，是"十三五"时期人卫社重点教材建设项目。本轮教材继续秉承"五个对接"的职教理念，结合国内药学类专业高等职业教育教学发展趋势，科学合理推进规划教材体系改革，同步进行了数字资源建设，着力打造本领域首套融合教材。

本套教材重点突出如下特点：

1. **适应发展需求，体现高职特色**　本套教材定位于高等职业教育药品类专业，教材的顶层设计既考虑行业创新驱动发展对技术技能型人才的需要，又充分考虑职业人才的全面发展和技术技能型人才的成长规律；既集合了我国职业教育快速发展的实践经验，又充分体现了现代高等职业教育的发展理念，突出高等职业教育特色。

2. **完善课程标准，兼顾接续培养**　本套教材根据各专业对应从业岗位的任职标准优化课程标准，避免重要知识点的遗漏和不必要的交叉重复，以保证教学内容的设计与职业标准精准对接，学校的人才培养与企业的岗位需求精准对接。同时，本套教材顺应接续培养的需要，适当考虑建立各课程的衔接体系，以保证高等职业教育对口招收中职学生的需要和高职学生对口升学至应用型本科专业学习的衔接。

3. **推进产学结合，实现一体化教学**　本套教材的内容编排以技能培养为目标，以技术应用为主线，使学生在逐步了解岗位工作实践，掌握工作技能的过程中获取相应的知识。为此，在编写队伍组建上，特别邀请了一大批具有丰富实践经验的行业专家参加编写工作，与从全国高职院校中遴选出的优秀师资共同合作，确保教材内容贴近一线工作岗位实际，促使一体化教学成为现实。

4. **注重素养教育，打造工匠精神**　在全国"劳动光荣、技能宝贵"的氛围逐渐形成，"工匠精神"在各行各业广为倡导的形势下,医药卫生行业的从业人员更要有崇高的道德和职业素养。教材更加强调要充分体现对学生职业素养的培养,在适当的环节,特别是案例中要体现出药品从业人员的行为准则和道德规范,以及精益求精的工作态度。

5. 培养创新意识,提高创业能力 为有效地开展大学生创新创业教育,促进学生全面发展和全面成才,本套教材特别注意将创新创业教育融入专业课程中,帮助学生培养创新思维,提高创新能力、实践能力和解决复杂问题的能力,引导学生独立思考、客观判断,以积极的、锲而不舍的精神寻求解决问题的方案。

6. 对接岗位实际,确保课证融通 按照课程标准与职业标准融通,课程评价方式与职业技能鉴定方式融通,学历教育管理与职业资格管理融通的现代职业教育发展趋势,本套教材中的专业课程,充分考虑学生考取相关职业资格证书的需要,其内容和实训项目的选取尽量涵盖相关的考试内容,使其成为一本既是学历教育的教科书,又是职业岗位证书的培训教材,实现"双证书"培养。

7. 营造真实场景,活化教学模式 本套教材在继承保持人卫版职业教育教材栏目式编写模式的基础上,进行了进一步系统优化。例如,增加了"导学情景",借助真实工作情景开启知识内容的学习;"复习导图"以思维导图的模式,为学生梳理本章的知识脉络,帮助学生构建知识框架。进而提高教材的可读性,体现教材的职业教育属性,做到学以致用。

8. 全面"纸数"融合,促进多媒体共享 为了适应新的教学模式的需要,本套教材同步建设以纸质教材内容为核心的多样化的数字教学资源,从广度、深度上拓展纸质教材内容。通过在纸质教材中增加二维码的方式"无缝隙"地链接视频、动画、图片、PPT、音频、文档等富媒体资源,丰富纸质教材的表现形式,补充拓展性的知识内容,为多元化的人才培养提供更多的信息知识支撑。

本套教材的编写过程中,全体编者以高度负责、严谨认真的态度为教材的编写工作付出了诸多心血,各参编院校对编写工作的顺利开展给予了大力支持,从而使本套教材得以高质量如期出版,在此对有关单位和各位专家表示诚挚的感谢! 教材出版后,各位教师、学生在使用过程中,如发现问题请反馈给我们(renweiyaoxue@ 163. com),以便及时更正和修订完善。

人民卫生出版社

2018 年 3 月

全国高等职业教育药品类专业国家卫生健康委员会 "十三五" 规划教材 教材目录

序号	教材名称	主编	适用专业
1	人体解剖生理学(第3版)	贺 伟 吴金英	药学类、药品制造类、食品药品管理类、食品工业类
2	基础化学(第3版)	傅春华 黄月君	药学类、药品制造类、食品药品管理类、食品工业类
3	无机化学(第3版)	牛秀明 林 珍	药学类、药品制造类、食品药品管理类、食品工业类
4	分析化学(第3版)	李维斌 陈哲洪	药学类、药品制造类、食品药品管理类、医学技术类、生物技术类
5	仪器分析	任玉红 闫冬良	药学类、药品制造类、食品药品管理类、食品工业类
6	有机化学(第3版) *	刘 斌 卫月琴	药学类、药品制造类、食品药品管理类、食品工业类
7	生物化学(第3版)	李清秀	药学类、药品制造类、食品药品管理类、食品工业类
8	微生物与免疫学 *	凌庆枝 魏仲香	药学类、药品制造类、食品药品管理类、食品工业类
9	药事管理与法规(第3版)	万仁甫	药学类、药品经营与管理、中药学、药品生产技术、药品质量与安全、食品药品监督管理
10	公共关系基础(第3版)	秦东华 惠 春	药学类、药品制造类、食品药品管理类、食品工业类
11	医药数理统计(第3版)	侯丽英	药学、药物制剂技术、化学制药技术、中药制药技术、生物制药技术、药品经营与管理、药品服务与管理
12	药学英语	林速容 赵 旦	药学、药物制剂技术、化学制药技术、中药制药技术、生物制药技术、药品经营与管理、药品服务与管理
13	医药应用文写作(第3版)	张月亮	药学、药物制剂技术、化学制药技术、中药制药技术、生物制药技术、药品经营与管理、药品服务与管理

序号	教材名称	主编	适用专业
14	医药信息检索(第3版)	陈 燕 李现红	药学、药物制剂技术、化学制药技术、中药制药技术、生物制药技术、药品经营与管理、药品服务与管理
15	药理学(第3版)	罗跃娥 樊一桥	药学、药物制剂技术、化学制药技术、中药制药技术、生物制药技术、药品经营与管理、药品服务与管理
16	药物化学(第3版)	葛淑兰 张彦文	药学、药品经营与管理、药品服务与管理、药物制剂技术、化学制药技术
17	药剂学(第3版)*	李忠文	药学、药品经营与管理、药品服务与管理、药品质量与安全
18	药物分析(第3版)	孙 莹 刘 燕	药学、药品质量与安全、药品经营与管理、药品生产技术
19	天然药物学(第3版)	沈 力 张 辛	药学、药物制剂技术、化学制药技术、生物制药技术、药品经营与管理
20	天然药物化学(第3版)	吴剑峰	药学、药物制剂技术、化学制药技术、生物制药技术、中药制药技术
21	医院药学概要(第3版)	张明淑 于 倩	药学、药品经营与管理、药品服务与管理
22	中医药学概论(第3版)	周少林 吴立明	药学、药物制剂技术、化学制药技术、中药制药技术、生物制药技术、药品经营与管理、药品服务与管理
23	药品营销心理学(第3版)	丛 媛	药学、药品经营与管理
24	基础会计(第3版)	周凤莲	药品经营与管理、药品服务与管理
25	临床医学概要(第3版)*	曾 华	药学、药品经营与管理
26	药品市场营销学(第3版)*	张 丽	药学、药品经营与管理、中药学、药物制剂技术、化学制药技术、生物制药技术、中药制剂技术、药品服务与管理
27	临床药物治疗学(第3版)*	曹 红	药学、药品经营与管理、药品服务与管理
28	医药企业管理	戴 宇 徐茂红	药品经营与管理、药学、药品服务与管理
29	药品储存与养护(第3版)	徐世义 宫淑秋	药品经营与管理、药学、中药学、药品生产技术
30	药品经营管理法律实务(第3版)*	李朝霞	药品经营与管理、药品服务与管理
31	医学基础(第3版)	孙志军 李宏伟	药学、药物制剂技术、生物制药技术、化学制药技术、中药制药技术
32	药学服务实务(第2版)	秦红兵 陈俊荣	药学、中药学、药品经营与管理、药品服务与管理

序号	教材名称	主编		适用专业
33	药品生产质量管理(第3版)*	李 洪		药物制剂技术、化学制药技术、中药制药技术、生物制药技术、药品生产技术
34	安全生产知识(第3版)	张之东		药物制剂技术、化学制药技术、中药制药技术、生物制药技术、药学
35	实用药物学基础(第3版)	丁 丰	张 庆	药学、药物制剂技术、生物制药技术、化学制药技术
36	药物制剂技术(第3版)*	张健泓		药学、药物制剂技术、化学制药技术、生物制药技术
	药物制剂综合实训教程	胡 英	张健泓	药学、药物制剂技术、药品生产技术
37	药物检测技术(第3版)	甄会贤		药品质量与安全、药物制剂技术、化学制药技术、药学
38	药物制剂设备(第3版)	王 泽		药品生产技术、药物制剂技术、制药设备应用技术、中药生产与加工
39	药物制剂辅料与包装材料(第3版)*	张亚红		药物制剂技术、化学制药技术、中药制药技术、生物制药技术、药学
40	化工制图(第3版)	孙安荣		化学制药技术、生物制药技术、中药制药技术、药物制剂技术、药品生产技术、食品加工技术、化工生物技术、制药设备应用技术、医疗设备应用技术
41	药物分离与纯化技术(第3版)	马 娟		化学制药技术、药学、生物制药技术
42	药品生物检定技术(第2版)	杨元娟		药学、生物制药技术、药物制剂技术、药品质量与安全、药品生物技术
43	生物药物检测技术(第2版)	兰作平		生物制药技术、药品质量与安全
44	生物制药设备(第3版)*	罗合春	贺 峰	生物制药技术
45	中医基本理论(第3版)*	叶玉枝		中药制药技术、中药学、中药生产与加工、中医养生保健、中医康复技术
46	实用中药(第3版)	马维平	徐智斌	中药制药技术、中药学、中药生产与加工
47	方剂与中成药(第3版)	李建民	马 波	中药制药技术、中药学、药品生产技术、药品经营与管理、药品服务与管理
48	中药鉴定技术(第3版)*	李炳生	易东阳	中药制药技术、药品经营与管理、中药学、中草药栽培技术、中药生产与加工、药品质量与安全、药学
49	药用植物识别技术	宋新丽	彭学著	中药制药技术、中药学、中草药栽培技术、中药生产与加工

序号	教材名称	主编	适用专业
50	中药药理学(第3版)	袁先雄	药学、中药学、药品生产技术、药品经营与管理、药品服务与管理
51	中药化学实用技术(第3版)*	杨 红　郭素华	中药制药技术、中药学、中草药栽培技术、中药生产与加工
52	中药炮制技术(第3版)	张中社　龙全江	中药制药技术、中药学、中药生产与加工
53	中药制药设备(第3版)	魏增余	中药制药技术、中药学、药品生产技术、制药设备应用技术
54	中药制剂技术(第3版)	汪小根　刘德军	中药制药技术、中药学、中药生产与加工、药品质量与安全
55	中药制剂检测技术(第3版)	田友清　张钦德	中药制药技术、中药学、药学、药品生产技术、药品质量与安全
56	药品生产技术	李丽娟	药品生产技术、化学制药技术、生物制药技术、药品质量与安全
57	中药生产与加工	庄义修　付绍智	药学、药品生产技术、药品质量与安全、中药学、中药生产与加工

说明：*为"十二五"职业教育国家规划教材。全套教材均配有数字资源。

全国食品药品职业教育教材建设指导委员会
成员名单

主 任 委 员： 姚文兵　中国药科大学

副主任委员： 刘　斌　天津职业大学　　　　　　　马　波　安徽中医药高等专科学校

冯连贵　重庆医药高等专科学校　　　袁　龙　江苏省徐州医药高等职业学校

张彦文　天津医学高等专科学校　　　缪立德　长江职业学院

陶书中　江苏食品药品职业技术学院　张伟群　安庆医药高等专科学校

许莉勇　浙江医药高等专科学校　　　罗晓清　苏州卫生职业技术学院

昝雪峰　楚雄医药高等专科学校　　　葛淑兰　山东医学高等专科学校

陈国忠　江苏医药职业学院　　　　　孙勇民　天津现代职业技术学院

委　　　　员（以姓氏笔画为序）：

于文国　河北化工医药职业技术学院　杨先振　楚雄医药高等专科学校

王　宁　江苏医药职业学院　　　　　邹浩军　无锡卫生高等职业技术学校

王玮瑛　黑龙江护理高等专科学校　　张　庆　济南护理职业学院

王明军　厦门医学高等专科学校　　　张　建　天津生物工程职业技术学院

王峥业　江苏省徐州医药高等职业学校　张　铎　河北化工医药职业技术学院

王瑞兰　广东食品药品职业学院　　　张志琴　楚雄医药高等专科学校

牛红云　黑龙江农垦职业学院　　　　张佳佳　浙江医药高等专科学校

毛小明　安庆医药高等专科学校　　　张健泓　广东食品药品职业学院

边　江　中国医学装备协会康复医学　张海涛　辽宁农业职业技术学院

　　　　装备技术专业委员会　　　　陈芳梅　广西卫生职业技术学院

师邱毅　浙江医药高等专科学校　　　陈海洋　湖南环境生物职业技术学院

吕　平　天津职业大学　　　　　　　罗兴洪　先声药业集团

朱照静　重庆医药高等专科学校　　　罗跃娥　天津医学高等专科学校

刘　燕　肇庆医学高等专科学校　　　郏枝花　安徽医学高等专科学校

刘玉兵　黑龙江农业经济职业学院　　金浩宇　广东食品药品职业学院

刘德军　江苏省连云港中医药高等职业　周双林　浙江医药高等专科学校

　　　　技术学校　　　　　　　　　郝晶晶　北京卫生职业学院

孙　莹　长春医学高等专科学校　　　胡雪琴　重庆医药高等专科学校

严　振　广东省药品监督管理局　　　段如春　楚雄医药高等专科学校

李　霞　天津职业大学　　　　　　　袁加程　江苏食品药品职业技术学院

李群力　金华职业技术学院　　　　　莫国民　上海健康医学院

杨元娟　重庆医药高等专科学校　　　顾立众　江苏食品药品职业技术学院

倪　峰　福建卫生职业技术学院　　　　　葛　虹　广东食品药品职业学院

徐一新　上海健康医学院　　　　　　　　蒋长顺　安徽医学高等专科学校

黄丽萍　安徽中医药高等专科学校　　　　景维斌　江苏省徐州医药高等职业学校

黄美娥　湖南食品药品职业学院　　　　　潘志恒　天津现代职业技术学院

晨　阳　江苏医药职业学院

前　言

为了充分体现"工学结合""校企合作"的现代职业教育理念,以高等职业教育人才发展规划为基础,以"宽基础,活模块"的编写模式为导向,按照药品类相关专业的培养目标,我们编写了这本适应学生发展需求、产教有效融合的教材。本教材为"十三五"时期人民卫生出版社重点教材建设项目,是国家卫生健康委员会"十三五"规划教材。通过分析研究职业岗位任务需求,我们重构了适应高等职业教育药品类专业教育教学的内容体系,对教材进行整体优化,将相关学科的内容有机联系起来、融会贯通,同时教材知识结构力求完整清晰,以适应药学服务型人才培养的需求。

根据企业管理的基本原理,结合医药行业的特殊性,以企业管理理论联系医药企业实际为基础,本教材在内容设计方面进行了以下编写。第一章至第三章对所需要掌握的企业和管理的知识点进行了较详细地介绍,让学生对这门课程有一个基本的了解和认识,明确医药企业管理的本质是质量和战略问题;通过质量管理学习,明确药品质量关系到人类的健康和生命安全;通过对企业战略管理学习,明确战略管理是企业生存与发展的指南针。第四章详细介绍了管理人员的"工具箱"——管理的四大基本职能知识,这四个要素组成了本教材的重要框架,通过计划、组织、领导、控制职能的学习,让学生知道从事企业管理应该做什么、如何做、怎样做好、是否做得好的问题。第五章至第十章为管理者提供了目前医药行业较主流的、具有实战性和可操作性的知识,通过对人力资源、医药企业财务、医药企业生产与运作、药品批发企业经营、药品零售企业经营和医药企业物流与供应链管理的拓展学习,使学生理解岗位工作任务,提高解决实际问题的能力。根据各校及各专业教学情况的不同,对第五章至第十章及"实训"项目部分可加以灵活选用。

本教材的主要特点如下:

1. 定位准确　紧紧围绕面向医药行业管理、经营和服务第一线的高技能型人才这一培养目标来设计培养学生的专业知识、能力、职业道德和素质的内容结构。在编写体例上尽可能符合学生的学习需要,做到有的放矢,每章都精心安排了多个模块内容,使其易学易懂。

2. 突出实用性　通过"导学情景"导入本章的学习内容,通过"知识链接"和与纸质内容相融合的数字资源拓展本专业知识,通过"案例分析"应用本专业知识,通过"课堂活动"起到头脑风暴的作用,通过"点滴积累"对本章的知识点进行归纳,通过"目标检测"达到巩固知识的目的,让学生不仅在纵向层面上、也在横向层面上更加广泛、细致地了解知识,便于理解课堂内容。

3. 强化实践性　高等职业教育重在培养学生从事本专业实际工作的综合职业能力,教材中融入了足够的、需要学生们自行查阅资料并进行归纳总结的"边学边练"和"实训"项目内容,能保证对学生技能的培养。通过尝试运用所学的知识解决实际问题,使学生得到思维系统性、完整性的训练,从而真正提高学生的逻辑分析、领导等能力。

4. 体现职业性 教材内容根据专业面向特定职业岗位的能力要求展开,并且与相应岗位职业资格证书的要求衔接。本教材由来自药品生产、批发、零售企业第一线的具有丰富实践经验的专家参与编写和审稿工作。

5. 具有创新性 从事管理工作的高等技能型人才应该具备一定的创新创业素质。在教材中引入了培养学生创新创业精神的内容,如实例分析所列出的问题没有标准式的答案,从而引导学生进行独立思考、客观判断,促使学生以积极、锲而不舍的精神寻求解决问题的方案。

本书可供致力于学习医药企业管理专业知识和技能的高等职业教育药品类及相关专业学生、药品生产和经营企业的管理者及营销人员使用,也可作为医药企业职工培训、自学教材和其他行业管理人员培训参考书。

教材编写分工为:戴宇编写第一章并负责全书统稿,张琳编写第二章和课程标准,第三章由刘丹丹编写,第四章第一节由杨韵菲编写、第二节由帅银花编写、第三节由王国妮编写、第四节由王芬编写,第五章、第九章由林莉莉编写,第六章由杨雷编写,第七章由蒋猛编写,第八章由徐茂红编写,第十章由赵璇编写。重庆市同泰医药有限公司杨定俊、漱玉平民大药房连锁股份有限公司李维负责审稿工作。

本书是各位编者协作努力的结果,感谢各位编者及所在单位的大力支持。为了进一步提高本书的质量,以供再版时修改,因而诚恳地希望各位读者、专家提出宝贵意见。

戴　宇

2018 年 3 月

目　录

第一章

绪论

—"现代管理学之父"彼得·德鲁克："管理改变世界"

导学情景 ∨

情景描述

  几年前在美国俄克拉荷马州的土地上发现了石油，该地的所有权属于一位年老的印第安人。在发现石油以后，这位老印第安人顿时变成了有钱人，于是他买下一辆凯迪拉克豪华旅行车，出门时他总是佩戴一顶林肯式礼帽和蝴蝶结领带，并且抽一根黑色大雪茄。每天他都开车到附近的小俄克拉荷马州城。他想看每一个人，也希望被每个人看到。他是一个友善的老人，当他开车经过城镇时，会把车一下子开到左边，一下子开到右边，来跟他所遇见的每个人说话。有趣的是，他从未撞过人。理由很简单，在那个大汽车的正前方，有两匹马拉着。当地的技师说那辆汽车一点毛病也没有，只是这位老印第安人没有学会插入钥匙去开动引擎。汽车内部有一百匹马力，而现在那辆汽车只有"两匹马力"。

学前导语

  我们应该学会如何"插入钥匙去开动引擎"，调动车子上的一切元素，让车子开起来，到达目的地。而插入怎样的钥匙、如何开启引擎、怎样让车尽快达到目标就是企业管理。

  德鲁克曾提出一个观点：新世纪对于人类而言，推动世界进步最大的因素不是自然科学领域的成就，虽然生物技术、物理技术、计算机技术使生产力得到了极大的提高，但是管理学的出现，使人类进行大规模协作成为可能，从简单的以家庭为单位的生产单元，向大规模的协作生产企业发展，出现了能够极大提高生产的组织形态——企业。管理是新世纪推动人类社会进步的最大因素，管理改变世界，人人都应学点管理学。企业管理是一门科学，也是一门艺术。医药企业的管理是一项极具挑战性和创造性的工作。面对全球日益严峻的经营环境，医药企业在激烈的市场竞争中必须运用科学的管理手段和方法，将自身置于新的机遇和挑战之中，以长远的眼光、持续的管理思想，不断地开拓创新，才能稳固发展。

第一节 企业与医药企业

  社会化劳动程度、生产力发展水平和商品经济发达程度决定了人类社会不同的基本经济单位的组织形式，企业是社会生产力发展到一定水平的成果，是商品生产与商品交换的产物。社会的基本经济单位在经历了原始社会的氏族部落、奴隶社会的奴隶主庄园、封建社会的家庭和手工作坊等形式的演进后,在资本主义社会诞生了企业这种现代组织形式。社会主义社会的生产同样建立在社会化大生产的基础上,因此,其社会生产经营活动的基本组织形式也是企业。

一、企业及现代企业的含义和特征

(一) 企业的含义和特征

企业是组合和运用各种生产要素,从事商品生产、经营和服务等经济活动,并提供产品和服务来满足社会需要,以营利为目的,依法自主经营、自负盈亏、自我发展,具有独立法人资格的基本经济单位。

企业是市场竞争的主体,是一种经济组织形式,与其他非企业形式相比较,具有如下特征:

1. **经济性**　企业首先是作为现代社会生产经营活动的基本单位而产生的,是由一定数量生产要素在特定组织形式下有机结合而成的独立生产经营体系,企业活动必然以从事物质资料的生产经营或包括提供劳务等第三产业为主要内容。企业作为经济组织的这一特征,有别于政治组织、行政组织、群众组织等不从事经济活动的非经济组织。

2. **营利性**　在市场经济条件下,企业经济行为的一般特征在于利润的最大化,即企业总是力求在若干备选方案中,选择能够给企业带来最大收益的方案,以使其所能获得的经济利益极大化。作为市场经济活动的基本单位和独立的商品生产经营者,企业只有取得利润,一方面

▶ **课堂活动**

我们的学校、公立医院是否属于企业的范畴?　药品超市是否属于企业的范畴?

使国家财力增长,使宏观经济效益不断提高;另一方面为企业自身的技术创新、产品创新、管理创新奠定良好的物质基础,增强企业的市场竞争能力和市场应变能力,才能保证企业的不断发展壮大。因此,市场经济条件下企业经济行为的利润最大化目标不仅是合理的,而且是十分必要的。可以说,营利性是企业最本质的特征。

3. **组织性**　企业要采取一定的组织形式,将人、财、物、信息、技术、管理等生产要素有机地结合起来,从而进行生产、经营和服务等活动。不管是公司,还是个人独资企业,都有一定的组织形式,都是一个组织体。

4. **社会性**　企业是一个社会组织,也是一个社会经济的细胞。企业应当承担社会责任(社会契约原则,附属原则等)。一方面,企业的经济行为受到许多社会因素的约束和影响,这些因素包括社会制度、国家的政策和法律、消费习惯、文化差异和传统习俗、竞争对手的竞争策略等,企业必须在一定程度上满足各个社会集团和个人对企业的不同要求,才能生存和发展。另一方面,企业作为社会物质财富的创造者和社会生产力的代表,它对社会经济生活、文化生活和政治生活等方面都产生了广泛和深刻的影响。

5. **独立性**　企业有明确的股东,实行自主经营、自负盈亏,对自己的投入产出进行独立的经济核算,具有独立法人资格。药品生产企业内部的车间、药品零售连锁企业的门店因不自主经营、不实行独立核算,就不是企业。

(二) 现代企业的含义和特征

现代企业是指根据国家、社会和投资者所赋予的受托责任,从事生产、流通或服务性活动以满足

社会需要并从中获利,能自主经营、自负盈亏、独立核算、独立享有民事权利和义务、独立承担民事责任的团体法人。

现代企业必须建立在一定的财产关系基础上,其行为倾向和企业的产权结构之间存在着某种对应关系,因此,企业在市场上所进行的各种产品或服务的交换,其实质是产权交易。

现代企业在现代市场经济社会中,代表的是企业组织的最先进形式,也是未来发展趋势的主流企业组织形式,它具有以下几大特征:

1. 拥有以投资者投入形式所形成的全部法人财产所有权,享有独立的民事权利,并独立承担民事责任;依法自主经营、自负盈亏、独立核算、照章纳税,并对投资者承担资本保值增值的受托责任。

2. 投资者根据投入企业的资本来享有作为所有者的权益,并按照资本投入情况对公司承担有限责任。

3. 根据社会与市场需求情况组织生产和经营,保护环境,不断提高劳动生产率,最大程度地实现企业的经济效益和社会效益。

4. 现代企业一般成立有股东大会、董事会、监事会等现代领导体制(图 1-1),建立有科学的企业组织管理制度,监督制衡企业管理人员,协调所有者、经营者以及员工之间的关系,形成奖惩分明、激励与约束相结合的经营管理机制。

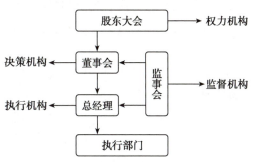

图 1-1　现代企业的领导体制

案例分析

案例

木桶定律是由美国管理学家彼得提出的。 说的是由多块木板构成的水桶,其价值在于其盛水量的多少,但决定水桶盛水量多少的关键因素不是其最长的板块,而是其最短的板块。 这由许多块木板组成的"水桶"不仅可象征一个企业、一个部门、一个班组,也可象征某一个员工,而"水桶"的最大容量则象征着整体的实力和竞争力。 这就是说任何一个组织,可能面临的一个共同问题,即构成组织的各个部分往往是优劣不齐的,而劣势部分往往决定整个组织的水平。

分析

从木桶原理中,我们可以发现,木桶的最终储水量,不仅取决于最短的那块木板,还取决于木桶的使用状态和木板间的衔接与配合。 在特定的使用状态下,通过相互配合,可在一定程度上增加木桶的储水量,比如:有意识地把木桶向长板方向倾斜,木桶的储水量就会比正立时多得多;或为了暂时地提升储水量,可以将长板截下补到短板处,从而提高木桶储水量。 因此,在我们努力建设企业整体组织的时候,必须客观地、清醒地关注那些必然会存在的"最短的木板""最弱的环节",并立即抓住它,着手修补它、建设它,从而达成企业、现代企业组织的总体最优。

二、企业的类型

企业类型是根据一定标准对企业进行划分的种类。不同的分类标准,可以得出不同的企业类型。目前我国企业主要有以下几种划分标准:

(一)按企业组织形式划分

1. 公司制企业 公司是企业法人,有独立的法人财产,享有法人财产权。公司以其全部财产对公司的债务承担责任。公司制企业是依照《中华人民共和国公司法》设立的,分为有限责任公司和股份有限公司,是现代企业制度的主要组织形式。

(1)有限责任公司:又称有限公司,是指股东以其出资额为限对公司承担责任,公司以其全部财产对公司债务承担责任的企业法人。

(2)股份有限公司:是指股东以其认购的股份为限对公司承担责任,公司以其全部资产对公司的债务承担责任的企业法人。股份有限公司又分为上市公司和非上市公司两种。

> **知识链接**
>
> **《中华人民共和国公司法》**
>
> 《中华人民共和国公司法》是为了规范公司的组织和行为,保护公司、股东和债权人的合法权益,维护社会经济秩序,促进社会主义市场经济的发展而制定的。1993 年 12 月 29 日第八届全国人民代表大会常务委员会第五次会议通过,后多次修正,现行版本由第十二届全国人民代表大会常务委员会第六次会议于 2013 年 12 月 28 日通过修订发布,自 2014 年 3 月 1 日起正式施行。

2. 非公司制企业 是指不受《中华人民共和国公司法》等法规的调整,目前仍然依法存续,从事生产、经营、服务的企业。非公司制企业分为全民所有制企业、集体所有制企业和私营企业。

(二)按财产所有制形式划分

▶ 课堂活动

公司制企业与非公司制企业有哪些主要区别?

1. 全民所有制企业 全民所有制企业是依法自主经营、自负盈亏、独立核算的社会主义商品生产的经营单位。全民所有制企业的财产属于全民所有,国家依照所有权和经营权分离的原则授予企业经营管理权,企业对国家授予其经营管理的财产享有占有、使用和依法处分的权利。

2. 集体所有制企业 是指以生产资料的劳动群众集体所有制为基础的、独立的商品经济组织。包括城镇和乡村的劳动群众集体所有制企业。

3. 私营企业 是指由自然人投资设立或由自然人控股,以雇佣劳动为基础的营利性经济组织。其生产资料归私人所有。

4. 混合所有制企业 是指由公有资本(国有资本和集体资本)与非公有制资本(民营资本和外国资本)共同参股组建而成的新型企业形式。它的出现是伴随着改革开放的深入,现代企业制度的确立以及股份制企业的涌现而出现的新兴企业组建模式。

5. 外商投资企业　是指依照中华人民共和国法律规定,在中国境内设立的,由中国和外国投资者共同投资或者仅由外国投资者投资的企业。其中所涉及的中国投资者包括中国的公司、企业或者其他经济组织,外国投资者包括外国的公司、企业和其他经济组织或者个人。

(三) 按企业的行业性质划分

1. 工业生产企业　主要包括生产各种产品或进行产品加工的生产加工企业(绝大多数工业企业都属于这一类);从事建筑、安装、施工、运输、储存及其他工业服务的工程与服务企业;集生产与销售于一体的工商一体化企业(许多现代公司都属于这一类)。

2. 商品经营企业　包括批发和零售企业。

(1) 批发企业:是指将生产企业的产品转售给零售企业用于再销售或供给生产企业用做生产原料的企业,其特点是进行大宗交易。

(2) 零售企业:是指通过商品销售直接满足消费者需求的商业企业,其特点是零星销售,交易频繁。

此外,还有为社会提供金融保险服务的银行、保险公司等企业。

(四) 按企业所使用的主要生产要素划分

1. 劳动密集型企业　又称劳动集约型企业,是指生产需要大量劳动力的企业,也就是说产品成本中活劳动量消耗占比重较大的企业,工人平均劳动装备不高。

2. 资金密集型企业　是指产品成本中物化劳动消耗所占比例较大或资金有机构成较高的企业。其特点是:投资大、占用资金多、现代化技术装备程度高、容纳劳动力相对少、劳动生产率高。

3. 技术与知识密集型企业　是指拥有大批高级和中级技术人才,主要依靠综合运用先进的科学技术求得生存和发展的企业。其特点是:企业内部员工主要由具有较高专业技术知识与技能的人员构成;拥有大量高、尖、新技术设备;产品具有较高的知识与技术含量;生产与管理内容和环节主要依赖知识与技术活动;企业无形资产占据相当大比重。

(五) 按企业资产的所有者形式划分

1. 业主制企业　也称独资企业。是由个人出资经营的企业,企业主就是企业的出资者,掌握企业的全部业务经营权力,独享企业的全部利润和独自承担所有风险,并对企业的债务负无限责任。它不是法人,全凭企业主的个人资信对外进行业务往来。

这一企业制度的物质载体是小规模的企业组织,即通常所说的独资企业。在业主制企业中,出资人既是财产的唯一所有者,又是经营者。企业主可以按照自己的意志经营,并独自获得全部经营收益。这种企业形式一般规模小,经营灵活。正是这些优点,使得业主制这一古老的企业制度一直延续至今。但业主制也有其缺陷,如资本来源有限,企业发展受限制;企业主要对企业的全部债务承担无限责任,经营风险大;企业的存在与解散完全取决于企业主,企业存续期限短等。因此业主制难以适应社会化商品经济发展和企业规模不断扩大的要求。

2. 合伙制企业　是指由两名以上企业主按照协议投资,共同经营、共负盈亏的企业。合伙制企业财产由全体合伙人共有,共同经营。合伙人出资可以是资金或其他财物,也可以是权利、信用和劳务等。企业不具有法人资格,各位合伙人对企业的债务承担无限连带责任。

这是一种由两个或两个以上的人共同投资,并分享剩余、共同监督和管理的企业制度。合伙企业的资本由合伙人共同筹集,扩大了资金来源;合伙人共同对企业承担无限责任,可以分散投资风险;合伙人共同管理企业,有助于提高决策能力。但是合伙人在经营决策上也容易产生意见分歧,合伙人之间可能出现偷懒的道德风险。所以合伙制企业一般都局限于较小的合伙范围,以小规模企业居多。

3. 公司制企业 是由许多人集资创办的企业。公司是法人,在法律上具有独立人格,这是公司制企业与个人业主制企业、合伙制企业的重要区别。公司具有依法规范的特点,适应现代企业大规模筹集资金等需要,内部运作比较科学、规范、有序,对外资信度高。

现代公司制企业的主要形式是有限责任公司和股份有限公司。公司制的特点是公司的资本来源广泛,使大规模生产成为可能;出资人对公司只负有限责任,投资风险相对降低;公司拥有独立的法人财产权,保证了企业决策的独立性、连续性和完整性;所有权与经营权相分离,为科学管理奠定了基础。

从企业发展的历史来看,业主制、合伙制、公司制是具有代表性的三种企业制度。

▶ **课堂活动**

请问公司是否等同于企业?

此外,企业还可按以下标准进行划分:按企业规模可分为大型企业、中型企业和小型企业等;按企业隶属关系可分为中央所属企业,省属企业,市、县、乡属企业等;按企业的法律形态可分为法人企业和非法人企业。

三、医药企业的含义和特征

(一) 医药企业的含义

医药企业是指医药行业的企业,可以分为药品生产企业和药品经营企业。按照《中华人民共和国药品管理法(2015 年修正)》中第一百条的定义,所谓药品生产企业,是指生产药品的专营企业或者兼营企业。所谓药品经营企业,是指经营药品的专营企业或者兼营企业。药品经营企业又可分为药品批发企业和药品零售企业。根据《中华人民共和国药品管理法实施条例(2017 年修订版)》中第七十七条的定义,所谓药品批发企业,是指将购进的药品销售给药品生产企业、药品经营企业、医疗机构的药品经营企业。所谓药品零售企业,是指将购进的药品直接销售给消费者的药品经营企业。

医药企业又可以分为医药工业企业和医药商业企业。前者包括制药工业(中药制药工业、化学制剂工业、生物制药工业)、器械制造业(医疗器械、制药机械)、相关制造业(卫生材料、药用包装材料)。后者包括药品零售企业和药品批发企业。

(二) 医药企业的特征

1. 医药企业是一个特殊行业,是永不衰落的朝阳行业 医药行业具有高附加值、高投入、高风险、高回报的特点。高附加值是指医药行业涉及多领域、多学科,技术含量高。高投入表现在企业对新产品研究开发的投入高。高风险与高回报相伴同生,即首先制药企业通过GMP投入较高,同时企业还要生产适销对路的产品,还要在适当的时候以新产品补充市场。药品作为特殊的商品其注册审批周期长,风险高,投入大,新药研发成功率较低。

医药行业是按国际标准划分的15类国际化产业之一,具有良好的发展前景。医药的发展与人民健康水平密切相关。全球人口的持续增长和人口老龄化趋势的加剧,将成为推动全球医药制造行业需求持续增长的强劲动力。同时,我国经济的迅猛增长,人们对于医药产品的需求日益提升,自我保健意识不断增强,不同类别的药物及相应的产业将得到迅速发展。

2. 医药企业的特殊企业文化向社会传达着积极、健康的理念 医药企业肩负着人类健康的特殊使命,提供给消费者的商品具有特殊的使用价值,人们对医药行业及企业有一种特殊的期待。因此,医药企业展示给公众、媒体的应该是一个健康、积极、进取、勇于为人类健康承担社会责任的形象,并能通过其产品传达给消费者,使消费者能够在对企业产生信任的基础上使用商品。大多数医药企业通过其企业愿景、理念、品牌、包装等企业形象识别系统将企业的乐观、向上、进取、责任感和使命感传达给公众。企业文化是企业赢得品牌忠诚度以及社会信誉的最重要、最有效的竞争手段。由于企业文化不易轻易被模仿,因此,构建特色的医药企业文化,是赢得核心竞争力的基础。

3. 医药企业承担着特殊的社会责任 医药企业最首要的社会责任是生产和销售高质量的产品,这是由医药企业生产产品的特殊性决定的。药品是特殊商品,它直接用于人体,其安全性是第一要求。另外,医药企业在生产药品这一维护人的身体健康的特殊产品的同时,也要向员工及社会宣扬其健康及公益的理念,即医药企业在生产销售产品的同时也为社会提供健康和公益。医药企业在生产销售产品过程中不仅要充分体现出其研究、生产、经营的合法性,倡导社会公认的商业道德和行为准则,还要为股东、员工、消费者、社会创造经济价值和社会利益。

4. 医药企业竞争环境进一步优化 新的《药品管理法》的颁布是我国医药领域法制化管理的标志,与药品研发、生产、经营、评价相关的一系列法规的实施是我国医药行业从研发到经营规范化的开始,此法规在使用过程中正在逐步完善。目前政府和药品监管部门对行业政策的制定开始转向营造公正的竞争环境,为主流企业的长远发展提供保障。

5. 我国医药企业规模小、数量多、产品低水平重复普遍的现象有望改善 我国医药企业数量较多,产品低水平重复生产严重。另外,我国医药企业还存在着技术含量低、研发投入低、管理能力及经济效益低等现象。我国的大部分化学药品企业几乎没有创新药品,多为仿制药。但是,随着我国药品监督管理机制的不断完善与健全,以上现象将有望得到改善。

6. 医药产品生产经营实行资格准入制度 药品生产企业须具备《药品生产企业许可证》、药品批发企业和药品零售企业须具备《药品经营企业许可证》,并取得《营业执照》,医疗机构销售医药产品须取得《医疗机构执业许可证》才算合法。对于药品生产企业还应按照有关规定实施GMP(《药品生产质量管理规范》)、药品批发企业和零售企业应实施GSP(《药品经营质量管理规范》),建立健全质量管理体系,以保证生产经营过程持续合规。

四、中国医药企业的发展趋势

(一) 从医药行业发展趋势来看

1. 医药产业的刚性需求非常旺盛,未来还将保持着高速增长。

2. 强制实施新 GMP 和 GSP,国家医保和新医改政策将导致产业格局出现巨大变化。

3. 生物制药潜力巨大。

4. 国际市场中药或天然药物发展前景广阔。

5. 中国化学原料药的国际竞争优势明显,但原料药的周期波动将越来越大;由于化学成品药在中国主要是仿制药,最终结局就是竞争越来越激烈、利润越来越薄。

6. 鼓励创新,加强知识产权保护。尤其在中药领域将不断地出现创新的局面。

7. 推进医药分开,医院将逐步改变以药补医机制。首先将适当提高医疗服务价格,降低药品、医用耗材和大型设备检查价格;最终将改革和逐步取消药品加成政策,公立医院将由服务收费和财政补助这两个渠道来补偿。

8. 医药电子商务和网络营销是大势所趋。

9. 医药市场结构继续向多元化、多层次发展。

10.“两票制”的实行,将有效减少药品从药厂到医院的流通环节,将防止一些不法的经销商利用一些假药、次药进行低价竞争的行为,必然要对原有的商业结构和对经营企业的选择上进行很大的调整。

(二) 从医药经营企业的角度来看

1. **整合(即集约化)** 年销售收入过千亿的全国性医药经营企业必将不断出现,规模化、集约化经营将进一步提高。

2. **深化** 目前医药经营企业的销售网络,主要覆盖的是三级、二级医院的医院终端,而对基层医疗机构、社区、农村乡镇卫生院等一级医疗机构的覆盖能力是不强的,而这些一级医疗机构却是第四次医疗体制改革后急剧扩容的市场发展方向。因此,在未来几年里,医药企业应不断深化这些区域的网络覆盖能力,扩大市场规模,增强服务能力。

3. **提升** 目前的常规医药经营模式将会被逐渐淘汰,因此,医药企业将不断创新经营模式,将越来越多地利用为顾客提供第三方物流、IT 系统、供应链整合能力等增值服务的形式来提升企业的利润空间。

4. 连锁药店竞争“白热化”,多种新的营销模式将不断出现,药品零售价仍将不断下降。非处方药品将进入快速发展阶段。

(三) 从医药生产企业的角度来看

1. 新医改制度的实施、药品的价格改革、医药产品同质化竞争越来越惨烈,这些都将导致一大批成本方面不占优势的小企业生存越来越困难。

2. 很多企业将面临“两降一升”的压力,即药品价格的不可逆转下降、市场中标率下降、成本上升,从而挤压企业的利润。

3. 前两个趋势将必然带来优胜劣汰。因此,可能会出现一大批企业的倒闭、破产及消失。

点滴积累 ∨

1. 企业是组合和运用各种生产要素,从事生产、流通和服务等经济活动,并为社会提供产品和服务,以营利为目的,依法自主经营、自负盈亏、自我发展,并具有独立法人资格的基本经济单位。
2. 企业具有的特征:经济性、组织性、营利性、独立性、社会性。
3. 企业本质是一种资源配置的机制,企业与市场是两种可以互相替代的资源配置方式。

第二节 企业制度与企业文化

人们常常把"文化与制度"对立起来,或把两者混为一谈,分不清两者在企业管理中的地位与作用。有人把企业文化概括成3个层次:物质文化、制度文化和精神文化。从广义角度界定的企业文化包含了企业制度,即制度也是一种文化。但从狭义角度去研究企业文化,制度只是文化的一种载体。制度与文化属于两个不同层次的管理和两种不同的管理方式。文化管理高于制度管理。制度更多地强调外在的监督与控制,是企业倡导的"文化底限",即要求员工必须做到的;文化则更多地强调价值观、理想信念和道德力量,强调内在的自觉与自律,是"文化的最高境界"。

一、企业制度与现代企业制度

企业制度是一个动态的范畴,它是随着商品经济的发展而不断创新和演进的。

(一) 企业制度

企业有其内在的运行规律,而企业制度则是运行规律的外在形式。企业制度是指以企业产权制度为核心和基础,包括企业组织制度和管理制度在内的各种制度的总称,三者分别构成企业制度的不同层次。

1. 企业产权制度 是以产权为依托,对企业财产关系进行合理有效的组合、调节的制度安排。它以法律制度形式对企业财产在占有、使用、收益、处分过程中所形成的各类产权主体的地位、权责及相互关系加以规范。对企业而言,合理的产权制度能够清晰地界定各个产权主体及其权能,从而建立有效的激励和约束机制,保障企业资产合理流动。

2. 企业组织制度 是企业组织形式的制度安排,规定着企业内部的分工协调和权责分配关系,如企业的治理结构、领导体制等。

组织制度是企业组织的基本规范。它既是企业各项组织工作的基础和依据,也是企业制度的一项基本内容。实践证明,组织制度合理与否,会对企业的生存发展产生至关重要的影响。

3. 企业管理制度 是对企业管理活动的制度安排。它由一整套企业管理活动的方式、标准和原则、理念等组成。如医药企业的药品质量管理制度、劳动人事制度、分配制度和财务会计制度等。管理制度是企业管理工作的基础。

上述三方面内容,产权制度是企业制度的基础和核心,它对企业制度的其他方面具有决定性的作用;而组织制度和管理制度在一定程度上又反映着企业财产权利的安排,三者共同构成了企业制度。

案例分析

案例

当年英国政府将流放澳洲的犯人交给往来于澳洲之间的商船来完成,但经常会发生因商船主或水手虐待犯人,致使大批流放人员死在途中(葬身大海)的事件发生。后来英国政府对运送犯人的办法(制度)稍加改变,流放人员仍然由往来于澳洲的商船来运送,只是运送犯人的费用要等到犯人送到澳洲后才由政府按实到犯人人数支付给商船。仅就这样一点小小的"改变",几乎再也没有犯人于中途死掉的事情发生。

分析

企业领导人应该去制定游戏规则,而不应该单纯地去做裁判。制度应当比个人的权威和魅力更重要。"说一个好的制度可以约束坏人;一个坏的制度可以使好人变坏"。

(二) 现代企业制度

现代企业制度是以规范和完善的法人制度为主体,以有限责任制度为保证,以效益驱动为内在动力,以公司制企业为主要形式,以产权清晰、权责明确、政企分开、管理科学为特征的一种新型的企业制度。其内容包括:

1. 完善的企业法人制度 企业法人制度是指依照相关法律建立起来的,使企业人格化和获得独立法人地位的企业制度。在市场经济活动中,企业作为法人,既独立享有民事权利,又承担民事责任。建立完善的企业法人制度,关键是确立企业法人财产权,因为企业法人财产权是企业成为自主经营、自负盈亏的法人实体的内在要求,也是企业进行独立经营和从事民事活动、承担民事责任的前提条件和物质基础。

2. 严格的有限责任制度 实行有限责任制度,企业以全部法人财产为限对企业债务承担有限责任,并在企业破产清算时,出资者只以其投入企业的出资额为限对企业债务承担有限责任。有限责任制度可以消除投资者顾虑从而获得建立大型企业的更多投资,有效适应现代市场经济的发展,降低投资者风险。因此,企业以其所拥有的法人财产承担有限责任,是现代企业制度的核心内容之一。

3. 合理的组织制度 合理的组织制度使所有者、经营决策者、监督者之间通过公司的权力机构、决策管理机构、监督机构形成各自独立、权责分明、相互制衡的机制,并通过法律和公司章程加以确立和实现。在现代市场经济条件下,现代企业的组织形式主要是公司制,形成由股东大会、董事会、监事会及经理构成的组织结构,这种制度使企业的权力机构、决策机构、执行机构和监督机构之间各自独立、权责分明、相互制约,形成一种良好的企业发展机制。

4. 严格的管理制度 为适应市场经济发展及社会化大生产要求,企业必须有一套科学的管理制度。包括能保障企业整体利益、有利于实现企业经营决策科学化、民主化、专业化的企业领导制度;客观准确反映企业经营状况及促进企业提高经济效益的财务会计制度;公平有效的激励制度等。

▶ 课堂活动

如何理解"一流企业搞标准、二流企业树品牌、三流企业做产品、四流企业卖苦力"?

二、企业文化的含义及内涵

企业文化是在一定的社会历史条件下,企业及其员工在生产经营和变革的实践中逐步形成的共同思想、作风、价值观念和行为准则,是一种具有企业个性特征的信念和行为方式,是一种企业管理哲学观念。其主要内涵包括:①企业精神:企业的使命、最高理想、宗旨等。如强生公司的"存在的目的是解除病痛"的企业精神;默克公司的"改善人类生活"的企业精神。②企业价值观:企业评判事物和指导行为的基本信念、总体观念和选择方针。默克公司的"诚实与正直;公司的社会责任;在科学的基础上创新,而不是模仿;公司各项工作的绝对优秀;利润,但是利润应来自有益于人类的工作"等。③企业形象:总体印象和总体评价。企业形象包括员工素质、企业风格、人文环境、发展战略、文化氛围、服务设施、工作场合、组织外貌等内容。

案例分析

案例

北京同仁堂制药有限公司秉承"同修仁德,济世养生"的同仁堂精神,建立了"以人为本,开拓创新"的企业文化,在企业内部形成一种以员工为中心,尊重人、关心人、激励人的机制和使人奋发进取的文化氛围,不断追求卓越的产品质量和工作质量。秉承"炮制虽繁必不敢省人工,品味虽贵必不敢减物力"的同仁堂古训;以诚信取信于市场,以优良的质量占领市场,以优质服务面向市场,以不断的科技创新求发展。

分析

作为中药老字号的代表同仁堂,其经典文化主要有:企业精神与道德文化、传统制剂文化、中医药非物质文化遗产、人物传奇文化等。企业文化的核心是企业价值观,同仁堂从质量观、信誉观、人才观、形象观、"人和"激励观、创新发展观这6个方面继承和弘扬了同仁堂文化,从而使企业具有强大的凝聚力和竞争力。

三、企业文化的内容

从企业文化的结构来看,企业文化的内容可分为显性和隐性两大类。所谓显性内容,是指那些以精神的物化产品和精神性行为为表现形式的,人们通过直观的视听器官能感受到的,又符合企业文化实质的内容。它包括视觉文化(标识文化)、行为文化等。所谓隐性内容,是指隐藏在显性内容的背后,直接表现为精神活动,直接具有文化的特质,直接影响企业的生产经营管理活动的理念文化。

从企业文化建设的层次来看,企业文化的内容一般可分为:

(一) 表层文化

表层文化,又称视觉文化或标识文化,这是一种以物质为基本形态的显示在表层的企业文化。它将企业所创造的文化品位、文化理念,通过企业的物质设施和产品的造型、商标、包装等表达出来,以其直观形象,而被更多的人所感知。这种视觉文化往往会让人产生"首因效应",成为社会公众对一个企业作总体评价的起点和首要因素。

这种视觉文化是通过一个完整的有机显示系统来表现的,主要有:

1. **企业名称**　是企业间相互区别的特定标志,也是企业的一种无形资产和竞争工具。企业名称涉及法律、风俗习惯、公众心理、美学、语言学等方面的问题,它具有很强的社会性,体现着一种文化道德走向。所以,名称不仅仅是两三个字的组合,而且是企业的旗帜、宗旨、信念等外观标识和内在精神的统一。一个驰名的企业,就凝聚着人类智慧和资本投入所沉淀的经济利益和文化品位,反映着公众的期望、信任和良好的评价,是吸引消费者的磁场,是代表企业的文化符号。

2. **企业标志**　是企业用以象征自己文化特征的视觉符号,也是拥有者传达、宣传信息和理念的文化载体。它由图形、文字和色彩构成,能综合反映企业的整体特点

▶ **课堂活动**

如何给企业取个好名字?

和体现企业的个性。成功的标志是科学与艺术的统一和结合,也是企业最有价值的无形资产和"竞争利器"。企业标志从广义上说,还包括厂牌、厂服、厂旗、厂歌以及商标等,这一整套企业标志,明显而形象地概括出企业文化的独特色彩。

3. **企业代表色**　人们生活在五颜六色的世界之中,人的生活通常受自然色的影响,对某一事物产生偏爱或舍弃,并为生活和工作创造更好的环境氛围。企业根据经营特色和产品特点,选择一个色调作为其代表色,形成企业的色调风格,在企业的整体形象传播中,发挥其显眼的识别效能,使公众产生固定印象,起到视觉聚焦作用。

4. **建筑装饰**　犹如人的面孔和外表,是给外界留下第一印象的重要标志,是企业文化的一种外在表现。企业建筑式样和内部环境,既要体现出企业的个性、风格和审美观,又要使其与企业整体形象完美结合,把企业内在精神凝结到企业外显物之中,创造出企业外显事务和内在精神合一的最佳境界,显示出现代企业的风采。

(二) 中层文化

中层文化,又称行为文化或制度文化,是一种中介文化。它是指一个企业中,从最高层领导到第一线工人,他们的言行举止中所包含、所反映的企业文化内涵;从企业的生产、经营等集体行为,到职工个人行为所反映的文化特征;企业为了保证实现目标和良好行为而形成的制度与规范等。企业的制度是个显在的文化元素,它不仅包括企业内的硬性规定,同时还包括员工们在实际工作中形成的行为习惯、方式、准则等固定化的行为模式。文化直接影响人的行为规范,一个人在社会中生存和活动,都必须使自己的行为符合社会规范,获得其所处文化的认同。

行为文化所包括的主要内容有:

1. **规章制度**　是指企业内部管理的标准化、专业化和规范化的制度与实践,以及通过严格的规

章制度保证命令的严肃性,即绝对服从和行为的(包括企业和个人行为)严格规范。制度问题带有根本性、全局性、稳定性和长期性的特性。一个企业的经营宗旨、管理风格、目标追求等,都需要制度来加以保证,而从众多制度的背后,往往又可以找出该企业的文化风格。企业文化对职工行为的导向和制约作用,主要也是通过制度和行为规范来体现的。俗话说"没有规矩不成方圆",每一个现代企业,为了保证其正常运转,都需要制定一套完整的规章制度。

企业制度是实现企业目标的可靠保障;是调节企业内部人际关系的基本准则;是组织企业生产经营,规范企业行为的基本程序和方法;是企业内部各部分之间相互联系的纽带;是企业各方面正常运转的实际根据。

建立规章制度要注意适用性。每个企业都有自己的特殊情况,职工队伍的构成也各不相同,如果把服务型企业的规章制度拿到生产型企业就不合适,即使是同行业的生产型企业,也会对员工行为有不同的要求。不适用的规章制度就不可能得到有效的贯彻,只有适合本企业的特点,又为广大员工所接受的规章制度,才会真正对广大员工的日常行为起到导向和约束作用。

2. 企业楷模(英雄人物) 《企业文化》一书指出"如果说价值观是文化的灵魂,那么英雄人物就是价值观的人格化,并集中体现了组织的力量所在。英雄人物是一个企业强有力文化中的核心人物,他们创造了供员工效法的楷模角色。"在企业行为文化建设中,英雄人物是一个至关重要的角色。因为无论企业领导者或企业文化建设组织者如何精心组织或多么努力,行为规划在相当一部分员工看来,仍然是比较抽象的东西,对执行行为规范之后的作用也往往持怀疑态度,这时就需要英雄人物身体力行、以身作则,通过自己的模范行为,来使广大员工切实体会到执行行为规范的重要性。因此,使企业文化得到人格化的体现,具有强大的感召力和影响力。

"榜样的力量是无穷的",企业楷模一般包含两类:一类是权力人物,即企业领导者所表现的表率作用;另一类企业楷模,则是劳动模范、先进典型等所起的榜样作用。

3. 礼仪活动 礼仪是指人们与他人交往的秩序、方式,以及实施交往时的外在表象方面的规范。它包括平常说的礼貌、礼节、仪表、仪式和礼俗等多方面的内容。礼仪的精髓是尊重他人,也尊重自己,给他人方便,也使自己方便。礼仪强调自律,即自我约束,礼仪能使人们在友好相处中获得尊重和被尊重的满足。

就个人来讲,礼仪是一个人思想水平、文化修养、交际能力等的外在表现;就社会来讲,礼仪是精神文明建设的重要组成部分,是社会文明程度、道德风尚和生活习俗的反映。庄严的仪式,能激发出人们崇高的情感;仪式进行的过程,就是向人们展开一个情感世界的过程。从这个意义上说,仪式也是一种文化形态。

企业的礼仪,对企业的发展具有重要影响,是企业文化的一个重要内容。任何企业都有其礼仪,并且具有自己的特点。企业礼仪,可以反映一个企业的精神面貌。良好的企业礼仪,可以促进和影响企业生产经营及各方面管理工作的发展、增强企业内部的凝聚力、增强职工的集体主义精神和爱厂如家的责任感。所以,企业礼仪绝不是形式主义的东西。

(三)深层文化

深层文化又称理念文化,是企业文化内容的最主要层次,它在企业文化内容系统中起着核心作用,是企业文化建设的灵魂,影响和决定企业文化的导向和发展。企业理念是企业的最高意识形态,是企业境界的核心构筑,是指导企业实践的根本思想。企业理念,从哲学层面提供了企业的世界观和方法论;以特定的价值取向规范了企业以及员工对行为意义的认识体系;以共同的价值观和信念凝聚了企业成员认同的群体意识;以追求理想的方式规定了企业争取实现的期望值。企业的成功,无一不源于成功的企业理念。

企业理念文化主要包括:

1. 企业宗旨　是指企业要达到的目标和追求的社会贡献,是企业员工努力争取的期望值。它体现了企业的执著追求,同时又是企业员工理想和信念的具体化。企业宗旨是企业文化追求的动力源。一个科学、合理的企业宗旨,可以激励人们不懈地努力创造卓越的成绩,有利于塑造优秀的企业文化。

企业宗旨既有国家规定的共同目标,也有不同企业的独特目标。企业必须营利,然而,单纯的盈利决不能成为企业的最高目标或宗旨,要把单纯谋利的动机转变为企业的一种社会责任感。

企业宗旨的主要功能,是对企业生产经营的行为导向,确定企业自身在社会中的地位和历史使命。它作为企业经营战略的第一个参项,反映着企业从现时起至未来的大致战略走向和主要预期成效。企业宗旨一经管理者传达给全体职工,便成了人们心目中的共同追求,它能使人们在工作中相互配合、协调,形成人际关系的向心力,并给人们以鼓舞和信心,激励人们不断向着既定目标奋进。

2. 企业价值观　价值观原为哲学名词,在哲学中,价值所揭示的是客体对主体所具有的意义。能够满足主体需要的客体属性,对于主体而言是有意义,即被认为是有价值。

企业价值观是企业文化的核心,是企业职工对本企业存在、发展的目的和意义的认识和评价,以及反映在生产经营活动中的精神境界、理想追求和是非标准,是一种企业群体人格的人生价值追求。价值观是一种深层的认定,而不是一种表层的、肤浅的、仅停留于一时一事的判断。一种价值观念,往往经过许多次的价值判断和认同才形成。价值观同时还是一种长期形成的文化积淀,每个人的价值观念,受到他本身的文化背景、民族传统、个人素质的影响,这种影响是这些因素在个人的长期发展中潜移默化所给予的,而不是一朝一夕就形成的。价值观作为一种最深层的文化内涵,存在于每个人的观念深处,影响着个人行为处世的一举一动。

3. 企业精神　是群体在长期生产经营中形成的一种信念和不懈追求,是企业优良传统与符合时代要求的信念、精神、作风的集中反映,是员工群众的先进思想、优秀品格和优良作风的结晶。企业价值观是企业精神的思想基础,企业精神则是企业价值观的集中体现。

毛泽东曾说过"人是要有一点精神的"。同样,作为一个独立的经济组织,企业也要有一点精神。一个企业的力量来自全体职工的力量,要把这些不同年龄、不同性格、不同心态,甚至不同民族、不同国籍的人维系在一起,只有靠倡导一种共同的企业精神才能做到。这种精神,在企业文化形态中,起到一种核心作用。

企业精神具有自己的特点:时代性、哲理性、个性。

4. 企业道德　是企业在生产经营过程中必须共同遵守的道德准则和伦理规范体系,它所协调的是企业在经营中发生的企业与企业之间、企业与消费者之间、员工与员工之间、企业与社会之间的关系。企业道德是一种特殊的行为规范,它同法规是一种互补关系。企业道德不具有法律那样的强制约束力,但是它具有积极的示范效应和强烈的感染力量,依靠社会舆论,通过人们逐渐形成一定的信念、习惯、传统而发生作用。因此,它具有更广泛的适应面,更大的作用场。企业道德的内容包括道德意识和道德评价,以及企业从业人员的职业道德。

任何一种道德观念,都有自己的一些基本原则。根据我国企业特点,企业道德的主要原则是:①集体主义原则;②公平竞争原则;③诚实守信原则。

四、企业文化的功能及建设

(一)企业文化的功能

学习与研究企业文化,其目的是利用企业文化为企业的生存与发展发挥作用。

1. 凝聚功能　企业文化像一根纽带,把员工个人的追求和企业的追求紧紧联系在一起,像磁石一般,将分散的员工个体力量聚合成团队的整体力量。通过企业文化对员工的熏陶、感染,它与企业外在的硬性管理方法相比,具有无可比拟的内在凝聚力和感召力,使每个员工产生浓厚的归属感、荣誉感和目标服从感,发自内心地为企业创造财富,这种巨大力量是无法去度量和计算的。

2. 导向功能　是指企业文化对企业的领导者和员工起引导作用,其主要体现在两个方面,即经营哲学和价值观念的指导。经营哲学决定了企业经营的思维方式和处理问题的法则,这些方式和法则指导经营者进行正确的决策,指导员工采取科学的方法从事生产经营活动。企业共同的价值观念规定了企业的价值取向,使员工对事物的评判形成共识,有着共同的价值目标,企业的领导和员工为着他们所认定的价值目标去行动。企业文化中所包容的共同理想、价值观念和行为准则作为一个群体心理定势及氛围存在于企业员工中。在这种企业文化面前,员工会自觉地按照企业的共同价值及行为准则去从事工作、学习、生活,力求使自己的行为符合企业目标的要求。

3. 激励功能　企业文化能够最大限度地激发员工的积极性和首创精神,使他们都感到自己存在的价值,以主人翁的姿态,关心企业的发展,贡献自己的聪明才智。在以人为本的企业文化氛围中,领导与员工、员工与员工之间互相尊重,互相关心,互相支持。特别是领导对员工的关心,员工会感到受人尊重,自然会振作精神,努力工作。另外,企业精神和企业形象对企业员工有着极大的鼓舞作用。这种良好的激励功能,能够使员工士气高昂,并保有最佳状态。

4. 约束功能　企业文化对企业员工的思想、心理和行为具有约束和规范作用。它把以尊重个人感情为基础的、无形的外部控制和以群体目标为己任的内在自我控制有机融合在一起,实现外部约束和自我约束的统一。

5. 调适功能　调适就是调整和适应。企业内部各部门之间、员工之间,由于各种原因难免产生各样矛盾,解决这些矛盾需要各自进行自我调节;企业与外部诸如环境、顾客、企业、国家、社会之间都会存在不协调、不和谐之处,需要进行调整和适应。企业哲学和企业道德规范使领导和员工能科学地处理这些矛盾,自觉地调适、约束自己,进而使得企业形象日趋完美,为企业带来持久的良性效应。

6. 品牌功能　企业在公众心目中的品牌形象,是一个由以产品服务为主的"硬件"和以企业文化为主的"软件"所组成的复合体。优秀的企业文化对于提升企业的品牌形象将发挥巨大的作用,能产生巨大的品牌效应。无论是世界著名的跨国公司,如"微软""可口可乐""玫琳凯""杨森"还是国内知名的企业集团,如"海尔""联想""步长"等,他们独特的企业文化在其品牌形象建设中发挥了巨大作用。企业文化是企业一项巨大的无形资产,为企业带来高美誉度和高生产力。

(二) 企业文化的建设

企业文化建设不是一蹴而就,它是一项长期的系统工程,也是一项艰巨、细致的系统过程。企业应当充分认识到,通过文化建设,企业才能获得持续发展的不竭动力。企业只有高度重视文化的功能和建设,切实增加企业管理中的文化含量,才能实现企业管理水平的提升。企业文化的培育和建设需要做好以下六方面的工作:

1. 选择价值标准　企业价值观是整个企业文化的核心和灵魂,因此,选择正确的企业价值观对于企业至关重要。选择企业价值观要立足于本企业的具体特点,选择适合自身发展的企业文化模式,否则就不会得到广大员工和社会公众的认可和理解,企业的价值观决定了企业之间的差别,也决定了企业的不同形象定位。

2. 规范企业行为　企业文化建设的重要内容之一是规范企业行为。企业中的领导者、模范人物以及全体员工的行为都应当有一定的规范。将企业的价值观贯彻到企业日常运作中,贯彻到员工的行为中,最重要的就是确立企业规范并通过管理机制实施这些规范。从人际行为、语言规范到个人仪表等都要严格按照这些规范行事。要做到这一点,很大程度上依赖于企业对全体成员的有效培训和无限沟通。

3. 强化成员认同　企业价值观和企业规范一旦选择并确立起来,就应当通过一定的强化手段使其深入到每个成员的心中。企业价值观和企业规范的实施要经过企业全体成员的了解、领悟和实践才能转化为成员的自觉意识和行动。要使企业的价值观和规范内化为成员的信念和自觉行动,必须让全体成员了解企业的宗旨、发展战略、行为准则、企业口号、企业标识等。而这取决于企业信息的沟通渠道和企业领导对企业价值的传播态度。优秀的领导注重通过企业创造史教育、模范人物宣传等手段,让广大成员了解企业价值观及其内容。

4. 设计企业形象　企业的价值观要通过一定的具体形象展示出来,才能为企业成员所真切感受到。企业建筑物设计、卫生状况、办公室环境、企业标识等信息就是企业价值观的重要体现。这些物质符号既可以强化已有的文化,也可以带来新的价值观和行为规范。

5. 重视文化网络　文化网络能够传递大量的信息,在一个企业中往往起着正式组织无法替代但又必不可少的作用。在企业文化建设中,要重视非正式组织的作用,使之能起到交流信息、提高素质、密切关系、寓教于乐的作用。另外也要善于利用特定的文化网络,用来传播对企业发展有益的信息,促进企业的稳定发展。

6. 完善组织结构设计　组织结构设计是企业文化建设的基础。为了使企业成员更有效地工作,通过组织结构设计,领导者可以表达自己的价值观和信念。企业的各项制度和程序可以把企业文化固定下来,因此,企业制定各项规章制度、确定各项办事程序,有助于企业文化的形成和维持。此外,组织结构、各种制度规章、程序等的变化也会引起企业文化的相应变化。

点滴积累 ∨

1. 产权制度、组织制度和管理制度构成了企业制度的内容。
2. 现代企业制度是以企业法人制度为主体、有限责任制度为保证、效益驱动为内在动力、公司企业为主要形式，以产权清晰、权责明确、政企分开、管理科学为特征的新型的企业制度。
3. 从企业文化建设的层次来看，企业文化的内容一般可分为：表层文化（又称视觉文化或标识文化）、中层文化（又称行为文化或制度文化）、深层文化（又称理念文化）。
4. 企业文化具有凝聚、导向、激励、约束、调适、品牌等功能。

第三节　管理与企业管理

管理是人类最基本的社会活动，有了人类就有了管理。随着企业近一百年来的扩张、经济的发展、社会的进步，企业管理思想也发生了突飞猛进的发展，它不仅是实践的理性总结和升华，也是进行企业管理实践不可缺少的指导思想和思维方式，所以，切不可片面强调管理的实践性而忽视管理理论的价值。尤其是作为现代社会的青年一代，更应对此有一个正确的认识。

一、管理的多样化定义

目前尚无被普遍认可的、较权威的管理定义，不同的人根据自己的研究对管理进行了定义，以下选取一些比较有代表性的观点。

▶ **课堂活动**

乐队指挥的工作算不算是管理工作?

1. 泰罗认为管理是一门怎样建立目标，然后用最好的方法经过他人的努力来达到的艺术。
2. 亨利·法约尔认为管理是由计划、组织、指挥、协调和控制等职能为要素组成的活动过程。
3. 哈罗德·孔茨认为管理就是通过别人来使事情做成的一种职能，包括计划、组织、人事、指挥、控制五项内容。
4. 赫伯特·西蒙认为管理就是决策。
5. 彼得·德鲁克认为管理就是界定企业的使命，并激励和组织人力资源去实现这个使命。

根据国内外管理学家们的研究成果，本书将管理作如下定义：管理就是在一定的环境条件下，管理者通过计划、组织、领导、控制等职能活动，来协调对所属组织中的人力、物力、财务、信息等在内的一切可以调动的资源，从而有效地达到组织目标的有机结合的一系列活动过程。这一定义包含：①管理是在一定的环境条件下进行的，环境既为组织提供了机会，也对组织形成威胁；②管理的目的是实现组织目标，管理是一种有意识、有组织、有目的进行的群体活动过程；③管理的作用在于它的有效性，管理者的最终责任是取得高的绩效，即以有效益和高效率的方式使用资源来实现组织的目标；④管理的过程是由一系列相互关联、连续进行的活动所构成的，这些活动作为实现目标的手段，成为管理的基本职能；⑤管理的本质是动态的协调过程；⑥管理的对象是以人为中心的组织资源。

从管理的定义出发，可以看出，管理包括 5 个要素：

（1）管理主体：就是指管理者。管理者是一个社会组织或社会单位的若干首脑或负责人组成的群体。管理者是管理活动的主体，管理者的知识、能力、素质、经验和技能，直接影响组织效能的发挥。

（2）管理客体：就是指管理对象。管理对象是管理者施加影响并产生作用的人和事。现代管理理论则认为，管理的对象主要应包括人、财、物、信息、时间等五个方面的资源。

（3）管理职能：就是指管理手段。管理职能是对管理行为的理论抽象，是管理者对管理对象发生作用和影响的手段，其目的是为了研究管理过程的规律性提供手段，也为概括和总结管理的理论、原则和方法等管理知识提供框架。管理的职能一般划分为4类：计划、组织、领导和控制。

这4个职能是互相渗透、融为一体的，他们分别回答了组织（如企业）要做什么、如何做、怎样做好、是否做得好的问题。一个组织在实际的运行中，基本是遵循这4个职能的时间顺序依次进行，管理的职能是遵照一个周而复始的环状规律运行的（图1-2）。

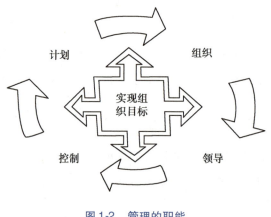

图1-2 管理的职能

（4）管理目标：就是指通过管理活动所要达到的预期。目标不明确或者目标错误的管理活动往往会给组织造成巨大的损失。

（5）管理环境：任何组织及其管理活动都是在一定的环境下进行的，直接地或间接地受到外部环境的影响或干扰。因此我们进行管理活动不能不考虑外部环境的影响。

二、管理的特性

1. 自然属性和社会属性 我们可以把管理的自然属性和社会属性简单地定义为：管理中表现出的不因国

▶ **课堂活动**

管理的多样化定义这一现象说明了什么？

家、民族、社会体制不同而不同的共性是管理的自然属性；管理中表现出的因国家、民族、社会体制不同而不同的差异性是管理的社会属性。产生管理二重性的原因是因为生产本身具有二重性，生产过程是生产力（自然属性）和生产关系（社会属性）的统一，生产过程中涉及技术、原材料、工具等，对这些因素进行协调的思路和方法在不同国家、不同社会体制下都是相同的，表现为自然属性；同时生产中还涉及人与人的协调、人与物的协调，其协调的思路和方法在不同国家、不同社会体制和民族文化背景下会有所区别，表现为社会属性。

中国在国门开放、世界经济一体化形势下,认识管理的二重性有重要的现实意义。它一方面使我们从思想上摆脱包袱,认同国际惯例,积极大胆地学习西方先进管理思想和方法;另一方面,结合中国国情进行扬弃和吸收,以提高我国企业的管理水平。此外,正确认识管理的二重性对跨国公司的管理也能进行有效的指导。

2. **科学性和艺术性** 科学往往意味着共性、必然性、可重复性,讲求严密的因果逻辑和推导。如数学,只要给出足够的条件或函数关系,就能按一定的法则进行运算并得到确定的结果。艺术往往意味着个性、偶然性、不可重复性,讲求直觉、灵感、感悟。

管理具有科学的属性,管理过程中存在现象背后的本质、规律、因果关系,管理学就是研究这些客观规律,由一整套的原则、主张和基本概念组成,具有普遍的指导意义。从这个意义上讲,管理是一门科学,可以学习和传授。但另一方面,管理中又不存在纯粹的必然性。因为管理中不仅涉及的因素多,而且许多是对未来的预测和假设,是不可控因素,每一个因素系统下的子系统又有极强的个性和不确定性,尤其是在以人为本的管理中,人具有十分丰富的情感、极强的个性差异、极其微妙的心理活动,实践中应根据具体情况使一般的原理、规则有较大的灵活性和变通性,这就是管理的另一重属性——艺术性。

因为管理具有科学性,所以我们能通过学习掌握其基本原理,并据此指导于实践;而又因为管理的艺术性,所以运用时要具体情况具体分析,不能生搬硬套。

由于管理同时具备了科学性和艺术性双重属性,所以管理不是一门严格意义上的科学。

三、企业管理与医药企业管理

▶ **课堂活动**

管理的科学性和艺术性为你的职业生涯规划能够提供哪些指导?

企业管理就是从市场需要出发,根据生产力和生产关系的要求,为了实现预期的目标,对企业的生产经营进行以人为中心、以协调为本质的计划、组织、领导和控制等活动。这一定义包含了以下几个方面的含义:

1. **市场需求是企业管理的出发点** 由于市场直接反映了社会生产和人民生活的实际需要,因而确定市场需求、满足消费者需要是一切企业从事生产经营活动的出发点。这也是检验企业管理工作绩效的唯一标准。因为市场是企业赖以生存的基础,企业管理则是以满足市场需要为中心而展开的活动。

2. **企业管理必须适应生产力和生产关系的发展要求** 企业管理是社会化生产的客观要求和必然产物。一方面,它执行着合理组织生产力的基本职能;另一方面,它总要体现一定的生产关系,是实现一定生产目的的手段。

3. **企业管理是一种有目的的活动** 每个企业都有自己的使命和目标,目标是企业各项管理活动所指向的终点,是企业奋力争取达到的希望所在。

4. **企业管理应以人为中心** 在企业的各种资源要素中,人是决定性的,因为一切其他要素只有通过人才能加以开发利用。

5. **企业管理本质任务是协调活动** 协调活动贯穿于企业管理的各个环节和各种活动过程之

中。它包括协调企业内部和外部的各种关系,使其构筑起良好的配合关系,以便更有效地实现企业目标。

六十个管理学定律

企业管理是企业生产经营活动不可分割的组成部分,与生产经营活动的各个部分、各个环节紧密相连,由此构成了企业管理的具体内容。医药企业管理的内容主要包括医药市场营销及本教材第五章至第十章中的内容。

管理理论的演进

医药企业管理是根据医药企业特性及其生产经营规律,按照医药市场要求,对企业的生产经营活动进行计划、组织、指挥、控制和协调等各种管理工作,充分利用各种资源,实现企业不同时期预期的目标;不断适应市场变化,满足社会需求,同时求得企业自身的发展和职工利益的满足。

点滴积累 ∨ ···

1. 管理就是在一定的环境条件下,管理者通过计划、组织、领导、控制等职能的发挥,来协调对所属组织中的人力、物力、财务、信息等在内的一切可以调动的资源,从而有效地达到组织目标的有机结合的一系列活动过程。

2. 管理包括 5 个要素:管理主体、管理客体、管理职能、管理目标、管理环境。

3. 管理具有的特性:自然属性和社会属性、科学性和艺术性。

4. 企业管理就是从市场需要出发,根据生产力和生产关系的要求,为了实现预期的目标,对企业的生产经营进行以人为中心、以协调为本质的计划、组织、领导和控制等活动。

目标检测

一、选择题

（一）单项选择题

1. 被称为"现代管理学之父"的是(　　)

　　A. 亨利·法约尔　　　　　　　　　B. 彼得·德鲁克

　　C. 泰罗　　　　　　　　　　　　　D. 亚当·斯密

2. 股东以其认购的股份为限对公司承担责任,公司以其全部资产对公司的债务承担责任的企业法人为(　　)

　　A. 上市公司　　　　　　　　　　　B. 非上市公司

　　C. 股份有限公司　　　　　　　　　D. 有限责任公司

3. 企业制度的核心是(　　)

　　A. 组织制度　　　　　　　　　　　B. 产权制度

　　C. 管理制度　　　　　　　　　　　D. 财会制度

4. 亚当·斯密的代表作是(　　)

　　A.《科学管理原理》　　　　　　　　B.《工业管理和一般管理》

　　C.《管理方格》　　　　　　　　　　D.《国富论》

5. 第一次提出计划、组织、指挥、协调、控制管理五大职能的管理学家是( )

  A. 亨利·法约尔   B. 亚当·斯密

  C. 泰罗   D. 韦伯

（二）多项选择题

1. 企业具有如下哪些特征( )

  A. 经济性   B. 营利性   C. 组织性

  D. 社会性   E. 独立性

2. 现代企业一般建立有哪些现代领导体制( )

  A. 股东大会   B. 工会   C. 董事会

  D. 监事会   E. 人事部门

3. 从企业发展的历史来看,以下具有代表性的企业制度有( )

  A. 混合所有制   B. 业主制   C. 合伙制

  D. 全民所有制   E. 公司制

4. 管理的对象应包括哪几个方面的资源( )

  A. 人   B. 财   C. 物

  D. 信息   E. 时间

5. 管理的基本职能包括( )

  A. 计划   B. 沟通   C. 组织

  D. 领导   E. 控制

二、简答题

1. 简述现代企业的含义与特征。

2. 如何理解业主制企业、合伙制企业和公司制企业?

3. 企业文化的功能有哪些?

4. 简述管理的 5 个要素。

三、实例分析

（一）分粥

有 7 个和尚曾经住在一起,每天分一大碗粥。要命的是,粥每天都是不够的。一开始,他们抓阄决定谁来分粥,每天轮一个。于是几乎每周下来,他们只有一天是饱的,就是自己分粥的那一天。

后来他们开始推选出一个道德高尚的人出来分粥。强权就会产生腐败,大家开始挖空心思去讨好他,贿赂他,搞得整个小团体乌烟瘴气。

然后大家开始组成 3 人的分粥委员会及 4 人的评选委员,但每天互相攻击扯皮,等分粥完毕,粥早就凉了。

直到现在,那 7 个笨和尚还在为吃粥的事情头疼不已。请针对实例内容并结合自己的认识回答以下问题:

1. 你有什么好办法能让大家都满意,从此不会争吵下去?

2. 这个游戏对我们的日常工作有什么启示?

(二)公司的社会责任

以下是强生公司的企业信条:

"强生信条真挚教诲每一位员工,首先关注我们的客户:关注世界上所有的医生、护士及父母们;其次,关注自己的员工,并尊重他们的尊严和价值;另外,也关注我们的社会,时刻提醒自己为社会做出贡献,维护我们所共有的财产;最后,关注股东的利益,给股东们合理的回报。

我们相信我们首先要对医生、护士和病人,对父母亲以及所有使用我们的产品和接受我们服务的人负责。为了满足他们的需求,我们所做的一切都必须是高质量的。我们必须不断地致力于降低成本,以保持合理的价格。客户的订货必须迅速而准确地供应。我们的供应商和经销商应该有机会获得合理的利润。我们要对世界各地和我们一起共事的男女同仁负责。每一位同仁都应视为独立的个体。我们必须维护他们的尊严,赞赏他们的优点。要使他们对其工作有一种安全感。薪酬必须公平合理,工作环境必须清洁、整齐和安全。我们必须设法帮助员工履行他们对家庭的责任。必须让员工在提出建议和申诉时畅所欲言。对于合格的人必须给予平等的聘用、发展和升迁的机会。我们必须具备称职的管理人员,他们的行为必须公正并符合道德。我们要对我们所生活和工作的社会,对整个世界负责。我们必须做好公民——支持对社会有益的活动和慈善事业,缴纳我们应付的税款。我们必须鼓励全民进步,促进健康和教育事业。我们必须很好地维护我们所使用的财产,保护环境和自然资源。

最后,我们要对全体股东负责。企业经营必须获得可靠的利润。我们必须尝试新的构想。必须坚持研究工作,开发革新项目,承担错误的代价并加以改正。必须购置新设备,提供新设施,推出新产品。必须设立储备金,以备不时之需。如果我们依照这些原则进行经营,股东们就会获得合理的回报。"

但我们也经常看到某些公司,在宣传自己伟大的时候,并不能完全按照企业信条做事,如苏丹红、石蜡油、三聚氰氨等事件的不断出现。

请针对实例内容并结合自己的认识回答以下问题:

1. 企业之间为何会有如此大的差别?

2. 从强生公司的企业信条的内容中,我们应如何认识企业社会责任的内涵?

(三)两位制药厂厂长的管理方法

在一个管理经验交流会上,有两位厂长分别论述了他们各自对如何进行有效管理的看法。

A厂长认为,企业首要的资产是员工,只有员工们都把企业当成自己的家,都把个人的命运与企业的命运紧密联系在一起,才能充分发挥他们的智慧和力量为企业服务。因此,管理者有什么问题,都应该与员工们商量解决;平时要十分注重对员工需求的分析,有针对性地给员工提供学习、娱乐的机会和条件;关注员工的生日及家人。员工们都普遍地把企业当作自己的家,全心全意地为企业服务,工厂日益兴旺发达。

B厂长则认为,只有实行严格的管理才能保证实现企业目标所必须开展的各项活动的顺利进行。因此,企业要制定严格的规章制度和岗位责任制,建立严格的控制体系;注重上岗培训;实行计件工资制等。故员工们都非常注意遵守规章制度,努力工作以完成任务,工厂发展迅速。

你认为两个厂长谁的做法正确?

ER-01章习题

（戴 宇）

第二章

企业质量管理

——约瑟夫·M·朱兰:"21 世纪是质量的世纪"

导学情景 ∨

情景描述

QC 小组（quality control circle,QCC）,即质量管理小组,是企业各工作岗位上的职工自发组成的小团体,以改进质量、降低消耗、提高经济效益为目的,运用质量管理的理论和方法,解决工作现场所发生的问题,是企业内部开展群众性的质量管理活动的小组。

某药业一直十分重视开展 QC 小组活动,集团内成立了 200 多个 QC 小组,围绕改进工艺、节能减排、降本增效等课题,常年组织开展质量改进、技术攻关活动,发挥了大作用并创造了显著的经济效益。 其生产的银杏叶提取物和银杏叶片获得欧盟 GMP 认证证书,成为国内第一家打进欧洲银杏叶市场的相关药品生产企业;2015 年荣登全国医药工业百强榜第一名。

学前导语

世界经济的发展正逐渐从数量型增长转变为质量型增长,市场竞争也由价格竞争为主转变为质量竞争为主,企业要想在日趋激烈的市场竞争中立于不败之地,就必须注重质量管理。

通用电气公司前总裁杰克·韦尔奇曾说"质量是维护顾客忠诚的最好保证"。高效的质量管理水平和完美的产品服务质量是企业不断追求的目标,也是企业降低成本、提高经济效益、有效改善经营管理状况、增强市场竞争能力的重要途径。药品作为特殊商品,其质量好坏直接关系到百姓的健康状况和生命安全,医药企业更要摆正观念,从源头做起,从建立严格的质量监管体系做起,做好药品质量的每一环节,保证百姓用药安全。质量管理已经成为现代医药企业管理的一个重要组成部分。

第一节　质量与药品质量

一、质量的定义

质量是企业永恒的话题,是企业生存和发展的基本保障,也是社会生活中最为常见的概念之一,关于质量的解释,不同时期不同研究主体给出了不同的看法。

美国著名的质量管理学家约瑟夫·M·朱兰（Joseph M. Juran）从顾客角度出发认为质量来源于顾客需求,"质量就是适用性","适用性"即产品或服务在使用过程中满足顾客要求的程度。美国另一位质量管理学家菲利浦·克劳斯比(Philip B. Crosby)从生产者角度出发认为"质量是产品符合规定要求的程度"。

国际标准 ISO9000 中将质量定义为"一组固有特性满足要求的程度"。其中,"固有特性"是指产品、过程的一部分,如药品的有效性、安全性,而非人为赋予的特性,如产品的价格,人为赋予的特性不是固有特性,不属于产品质量范畴。

在我国,按照国家标准的规定,质量是指"产品、过程或服务满足规定或潜在要求(或需要)的特征及特征的总和"。"质"即事物本体、本性,"量"即度、程度。这是广义的质量概念,即质量不单指产品质量,也包括过程质量和服务质量。其中,过程质量和服务质量可统称为工作质量。狭义的质量通常仅包括产品质量。

质量的定义中主要包括以下两个内涵:

1. 质量的动态性　质量不是固定不变的,随着人类科学技术的发展和顾客需求的不断改变,质量的要求也随之改变。企业需要根据科技发展的状况和顾客需求的变化,不断研发新产品、改进产品或服务的质量,以满足顾客的需求和欲望,企业获利。

2. 质量的相对性　不同国家和地区的经济发展和技术发展水平不同,顾客的需求也由于政治、法律、经济、自然、人口、文化等原因各有不同,相应的质量需要满足的规定要求和需要在不同地区也具有不同之处。质量的优劣是相对一定范围内的顾客而言,具有明显的相对性。企业应综合考虑不同市场的不同要求,提供适合当地市场顾客需要的产品或服务。

产品质量是广义质量概念中的一部分,指产品满足规定或潜在要求(或需要)的特征及特征的总和,即适用性。不同的产品有不同的要求,故而有着不同的质量特性。一般来说,产品的质量特性包括外观质量、性能、寿命、安全性、可靠性、经济性等方面。

工作质量包括广义质量概念中的过程质量和服务质量,是企业各层次各职能部门工作中与质量有关的各项工作满足规定或潜在要求(或需要)的特征及特征的总和。工作质量与产品质量不同,很难量化,但却客观存在于企业生产经营活动中,最终将以企业盈利、产品质量、工作效率等工作成果的形式表现出来。

工作质量和产品质量共同构成了广义的质量,两者各有不同而又密切相关。工作质量将影响产品质量,是产品质量的基础和保证,产品质量是工作质量的综合反映。

二、药品质量

(一) 药品质量的定义

药品是具有预防、治疗、诊断人的疾病,有目的的调节人的生理功能的特殊商品,既有一般商品的属性,也存在不同于其他商品的特殊属性。它对全人类的健康发展和繁衍有着重大的意义。根据质量的概念,将药品质量定义为药品满足国家法定药品标准的要求和患者防治、诊断疾病需要的特征的总和。

(二) 药品的质量特征

药品需满足的质量特征主要包括以下几个方面:

1. 安全性　是指按照规定的适应证、用法和用量使用药品后,人体产生毒副反应的程度。"是药三分毒",药品的作用具有两重性,在防治疾病的同时,大多数药品具有不同程度的毒副作用,如过敏反应、胃肠道反应等。药品的安全性是评价药品质量首先要考虑的特征,即使某物具有有效性,能够防治疾病,但同时可能对人体造成不可逆转的毒副作用,如出现了致畸、致癌、致突变等严重损伤甚至严重威胁生命安全的药品,也不能作为临床使用。

2. 有效性　是指按照规定的适应证、用法和用量使用药品后,可以产生预期的预防、治疗、诊断人的疾病,有目的调节人的生理机能的疗效。有效性是衡量药品质量的关键特征。没有防治疾病的预期效果,则不能成为药品。国外常根据药品有效性程度把药品的有效性分为"完全缓解""部分缓解"和"稳定"三个等级,国内则常用"痊愈""显效""有效"等来区别药品有效性的不同等级。

3. 稳定性　是指在规定的贮存条件和限定的使用期限内,药品保持其有效性和安全性的能力。基于药品不同的物理和化学性质,不同的生产工艺、包装、贮运条件等都会影响药品的有效性和安全性,药品上市前需要进行稳定性实验,确定药品的贮存条件和有效期,以保证临床使用中的药品可以在安全的前提下产生预期的疗效。

4. 均一性　是指药品的每一单位产品都符合有效性和安全性的要求,如每一片、每一粒、每一袋、每一瓶、每一支都具有相同的品质,有效成分均匀一致,保障安全的同时产生相同的疗效,尤其是对单位产品中有效成分含量较小的药品,若达不到均一性要求,则用药可能等同于未用药或用量过大导致中毒,甚至危及生命。

5. 经济性　是指药品效能和价格之间的最佳比例关系。药品是保障百姓生活质量和生命安全的基本措施,如果药品效能高,价格也高,甚至价格高到患者不愿意或无法承受的程度,这种药品的高效能就失去了实际意义,无法达到预期的救治疾患的目的,药品质量也就无从谈起。

案例分析

案例

安徽华源的"欣弗事件"

安徽华源生物药业有限公司(以下简称"安徽华源")产品以输液和柠檬酸为主。公司的明星产品"欣弗"(克林霉素磷酸酯葡萄糖注射液)占公司销售量的 18%,营利能力占到了 28%,是企业盈利最高的产品。

2006 年 7 月,部分患者使用安徽华源生产的"欣弗"后出现胸闷、心悸、恶心呕吐、过敏性休克、肝肾功能损害等症状。此次事件共涉及 16 个省份 93 例患者,死亡 11 人。CFDA 组织专家核查,最终确定,导致"欣弗"事件的主要原因是安徽华源 2006 年 6 月至 7 月生产的"欣弗"未按批准的工艺参数灭菌。

安徽省食品药品监督管理局认定安徽华源为制售劣药行为,没收安徽华源违法所得,并处 2 倍罚款,责令停产整顿;CFDA 责成安徽省食品药品监督管理局收回安徽华源大容量注射剂《药品 GMP 证书》,撤销"克林霉素磷酸酯葡萄糖注射液"的批准文号;对企业召回的欣弗由安徽省药监部门依法监督销毁。面临巨额赔偿、停产整顿、产品召回、重新认证等巨大压力,总经理裘祖贻自缢身亡。

分析

药品质量是关乎百姓生命安全的大事，需要提高药品生产企业以及医疗机构的药品质量管理水平，坚持科学和高效的原则，严把质量管理和监督体系的每个环节，调动企业全体员工参与质量工作的积极性和主动性，确保药品质量安全可靠。

（三）药品质量标准

为了加强对药品质量的监控和管理，各国对药品均制定了强制执行的质量标准。药品质量标准即药品标准，是国家为了保证药品质量，对药品的质量、规格和检验方法所做的技术规定，是药品生产、经营、使用、管理、监督及检验等部门共同遵循的法定依据。

我国现行的药品质量标准主要包括《中华人民共和国药典》和国家药品监督管理部门颁布的药品标准。此外，我国省级药品监督管理部门可以根据各地实际情况制定中药饮片炮制规范、地方性的中药材质量标准和医疗机构制剂规范，从而形成完备的药品质量标准管理体系。

1. **《中华人民共和国药典》**　《中华人民共和国药典》(Pharmacopoeia of the People's Republic of China)简称《中国药典》(Chinese Pharmacopoeia,ChP)，由国务院药品监督管理部门组织药典委员会负责制定并修订，国务院药品监督管理部门颁布，是国家为保证药品质量，保障人民用药的安全有效和药品质量可控而制定的法典，是国家药品标准体系的核心，具有强制性和法律效力。

知识链接

《中国药典》(2015年版)

《中国药典》(2015年版)首次整合为四部，共收载品种5608种，收载品种增幅达到27.4%。一部收载药材及饮片、植物油脂和提取物、成方制剂和单味制剂，共2598种；二部收载化学药品、抗生素、生化药品、放射性药品，共2603种；三部收载包括治疗类和预防类、体内诊断类、体外诊断类的生物制品，共137种；首次将上版药典附录整合为通则，并与药用辅料单独成卷作为四部，收载317个通则和270种药用辅料。

《中国药典》(2015年版)的特点：①收载品种总数增幅达到了23.7%，标准提高品种约2900个；②更加系统化、规范化；③健全药品标准体系；④整合了药典附录；⑤药用辅料收载品种显著增加；⑥药品安全性控制手段和方法得到明显加强；⑦加强全过程控制要求；⑧采用了先进的检测技术，检测能力大幅提高；⑨导向作用进一步强化，紧跟国际药品标准发展趋势，兼顾我国药品生产实际状况。

2. **国家药品监督管理部门颁布的药品标准**　即局颁标准，同样由国务院药品监督管理部门组织药典委员会负责制定并修订，国务院药品监督管理部门颁布，主要收载以下几类药品：

（1）国务院药品监督管理部门批准的新药；

（2）疗效肯定，但质量标准仍需进一步改进的新药；

（3）上版药典收载，而新版未收载的疗效肯定，国内仍生产、使用，需要统一标准的品种；

（4）原来地方标准收载的、医疗常用、疗效较好、生产地较多、需统一标准的品种。

点滴积累 V

1. 药品质量是药品满足国家法定标准的要求和患者防治、诊断疾病需要的特征的总和。

2. 药品的质量特征主要包括安全性、有效性、稳定性、均一性和经济性。

3. 药品质量标准即药品标准，是国家为了保证药品质量，对药品的质量、规格和检验方法所做的技术规定，是药品生产、经营、使用、管理、监督及检验等部门共同遵循的法定依据。

4. 我国现行的药品质量标准主要包括《中华人民共和国药典》和国家药品监督管理部门颁布的药品标准。

第二节 质量管理与药品质量管理

一、质量管理

（一）质量管理的定义

国际标准 ISO9000 定义为"在质量方面指挥和控制组织的协调活动"。在我国，质量管理是对产品质量和影响产品质量的各项职能活动进行科学管理的总称，包括制定质量方针和质量目标、为实现质量目标进行质量策划、实施质量保证和质量控制、开展质量改进等活动。

1. **质量方针（quality policy）** 是指由组织最高管理者制定并发布的该组织总的质量宗旨和方向，是最高管理者在组织质量管理工作中的指导思想。质量方针是建立质量管理体系的基础，需要与组织的总方针保持一致，同时为质量目标的确定提供框架。一般包括同供应厂商关系、产品设计质量、制造质量的要求、质量活动、售后服务、经济效益和质量检验的要求、质量管理培训等。

2. **质量目标（quality objective）** 是组织在质量方面所追求的目的，即在组织的质量方针框架下，各职能部门和层次（如决策层、执行层和作业层等）所要达到的主要任务目标。质量目标应是可测量的，应具有可评审性和可操作性，以确定其实现的程度。通常需要为组织的各职能部门分层次分别制定相应的质量目标。

3. **质量策划（quality planning）** 是质量管理的一部分，致力于制定质量目标并明确必要的运行过程和相关资源以实现质量目标。质量策划是组织建立质量方针后进行的一项质量管理活动，先于质量保证、质量控制和质量改进的实施，是连接质量方针和具体的质量管理活动之间的桥梁和纽带。

4. **质量控制（quality control）** 是为达到满足顾客需要的质量水平，在质量形成的过程中对每一环节从专业技术和管理技术等方面采取的各种作业技术和活动。其中，专业技术包括统计过程控制（SPC）、质量功能展开（QFD）、顾客满意度测评模型等质量控制专业技术，管理技术包括戴明环、5W1H 等有计划、有组织的质量控制方法与措施。质量控制的关键是使质量形成全过程和所有质量管理活动处于完全受控状态。

5. **质量保证(quality assurance)**　是为使顾客和企业高层管理者等其他相关方确信组织的产品、服务和过程达到规定的质量要求,而在质量管理体系中实施并根据需要进行证实的一系列有计划、有系统的活动总称。质量保证分为内部质量保证和外部质量保证,内部质量保证是为了取得企业领导的信任。外部质量保证是在合同环境中,组织取信于顾客信任的一种手段。质量保证和质量控制都以满足质量要求为目的,但是,质量保证侧重于为满足质量要求提供使对方信任的证据,而质量控制侧重于如何满足质量要求。

6. **质量改进(quality improvement)**　是在组织内采取的提高活动效果与效率的措施,目的是向本组织及其顾客提供增值效益,致力于增强满足质量要求的能力。质量改进是将现有的质量水平在质量控制的基础上加以提高,使质量管理效果达到前所未有的水平的突破过程,是质量控制的发展方向,质量控制是质量改进的前提,"控制"意味着维持其原有的质量水平,"改进"的效果则是实现突破或提高。

(二) 质量管理的发展历史

人类自古以来一直就面临着各种各样的质量问题。古代的食物采集者必须了解哪些果实、植物是可以食用的,而哪些是有毒的;古代的猎人必须了解哪些树木适宜制作弓箭,哪些是最坚固的。现代企业需要确定生产出来的产品是合格可用,能够满足顾客需求的。质量管理一直是人类社会普遍存在的一项管理内容。从古人简单的采集、保管、使用的质量管理,到现代社会的系统化质量管理,质量管理经历了漫长的历史过程。按照管理的方式方法的不同,质量管理的发展可分为以下3个阶段:

1. **质量检验管理阶段**　第二次世界大战前,企业对质量管理的认识只限于对产品质量的检验,通过特定岗位人员对于产品质量的事后检查来确定产品质量的好坏。根据检查人员的不同,质量检验阶段又分为以下三个不同时期:

(1) 操作者的质量检验阶段:20世纪以前,产品大多是在小作坊中制作完成,生产力低下,工人自己手工制造产品,由工人根据自己以往长期工作中积累的工作经验,靠手摸、眼看、鼻闻等感官简单度量、判断已完成的产品质量的好坏。工人既是操作者,同时也是检验者。我国《周礼·考工记》(公元前403年)就记载了周王朝手工业产品的技术规格、制造方法、技术要求和质量检验方法。当时的质量管理方法简单易行,经验就是标准,质量标准是靠原始的"师傅带徒弟"的方式口传身授的,没有系统的管理标准和操作规程,随意性较大。这个阶段被称为"操作者的质量检验阶段"。

(2) 工长的质量检验阶段:20世纪初,由于垄断资本的发展,机器逐渐代替手工操作,零部件互换性、标准化和通用化要求越来越高,泰罗(Frederick Winslow Taylor)提出使用科学系统的标准化管理方式方法,进行科学的分工,建立"工长"制,由工长对产品质量进行检验,彻底分离了操作者检验的职责,强化质量检验的岗位专业职能,这个阶段被称为"工长的质量检验阶段"。

(3) 检验员的质量检验阶段:随着资本主义工业的快速发展,公司规模逐渐扩大,专业分工愈加明显,企业开始设立专职的"质量检验员"岗位,检验职能又由工长转移给专职的质量检验人员,之后又逐渐成立了直属工厂厂长领导的专门的质量检验部门,专门负责产品质量的检验工作,开始运用各种各样的检测设备和仪器,进行百分之百的事后检验。

不管是操作者、工长,还是检验员,质量管理工作主要是对产品进行全数的事后检验,判断产品合格与否,剔除不合格产品,只是单纯地依靠检验进行事后把关,管理效能很低,这一阶段也被称为"防守型质量管理阶段",主要存在以下三个问题:①事后检验,由于是对成品进行的事后检验,即便发现产品不合格也只能淘汰,造成原料、人工等成本上的损失,很难补救;②全数检验,所有产品全数检验,工作量大、周期长、费用高,如果需要进行破坏性的检验,产品的保存和质量的判断之间就出现了不可调和的矛盾;③缺乏系统观念,质量管理工作仅由质量管理部门负责,没有其他职能部门和员工的参与,出现质量问题后容易出现扯皮、互相推诿的现象;质量管理对象仅局限在产品质量的管理上,缺乏对过程和工作的质量管理。

2. 统计质量管理阶段　质量检验管理阶段"事后全数检验"的不足引起了一些质量管理学家和数学家的关注,开始设法使用数理统计的原理来解决这些不足。

1917 年,美国军队仓促赴欧洲加入一战战场,急需解决军装和军械按什么规格生产才能既快又准地满足需要的问题,美国贝尔研究所工程师休哈特(Walter A. Shewhart)通过抽样调查,运用正态分布原理很快解决了这一难题。1926 年,休哈特又在美国西部电气公司发明并首先使用计量值控制图。1930 年发表了包括质量控制方案和控制图在内的《工业产品质量的经济控制》一书。同期,美国科学家道奇(H. F. Dodge)和罗米格(H. G. Romig)提出了《抽样检查表法》,用于解决事后全数检验和破坏性检验带来的问题。但当时资本主义危机迭起,运用数理统计方法进行质量管理工作量较大,需要增加大量人力物力,理论并未被普遍接受应用于实践中。

二次世界大战中,美国大批民用工业转为生产军需品,原有的质量水平和全数事后检验的工作方式出现了弊端,无法有效减少不合格产品,成品的质量可靠性较差。美国国防部邀请了休哈特、道奇、罗米格及美国标准协会、美国材料与试验协会等机构共同研究,先后公布了一系列"美国战时质量管理标准",要求军需品供应商实行统计质量管理,用统计方法代替单纯的产品质量检验,着重于生产过程和最终产品质量的控制,除保留成品检验把关外,还采用数理统计方法控制生产过程,以发现并预防不合格品的出现。统计质量管理的方法在二战后陆续在其他行业得到广泛使用。

由于可以通过预先预测质量事故的发生并加以预防,尽可能防止不合格品的出现,统计质量管理也被称为"预防性质量管理"。从质量检验管理到统计质量管理,很好解决了破坏性事后全数检验的难题,但是仍存在不少问题:①管理最终目标仍以满足产品标准为目的,忽略了顾客需要;②管理偏重于生产过程管理,忽略了产品质量形成的其他环节;③统计技术难度较大,给人以很高深的感觉,主要依靠专家和技术人员,广大工人参与质量管理的积极性较差;④过分强调质量管理过程中数理统计方法的"万能",造成"质量管理就是统计"的误解,一定程度上限制了统计质量管理的推广。

3. 全面质量管理阶段　20 世纪 50 年代后期,科学技术迅速发展,宇宙航行、军事工业和电子计算机等大型、精密复杂的产品出现,对产品质量控制提出了更高的要求。企业开始认识到,只在生产过程中进行质量控制的统计质量管理已经不能满足需要,出现了"系统"的概念,要求把质量问题作为一个有机整体看待。与此同时,行为科学理论出现,强调要依靠工人搞好质量管理,出现"质量管理小组活动"等群众性质量管理形式。

在这种社会背景下,质量管理出现了阶段性的跨越发展。1961 年,美国通用电气公司工程师阿曼德·费根堡姆(Armand Vallin Feigenbaum)出版了《全面质量管理》(total quality control)一书,提出"全面质量管理是为了能够以最经济的方法在满足用户要求的条件下进行市场研究、设计、生产和服务,把企业各部门的研究、维持和提高质量的活动构成一体的有效体系",主张用全面质量管理代替统计质量管理,认为质量管理应该冲破传统的、局限于制造过程的框架,把管理范围从制造过程扩展到所有可能对产品产生影响的过程。自此,开创了现代质量管理的新时代,在日本和其他各国企业质量管理实践中,众多学者总结研究,全面质量管理的理论得到了新的发展和完善。

进入 21 世纪,全面质量管理的理论和实践得到了丰富和发展,从 TQC(total quality control)到 TQM(total quality management),全面质量管理成为集质量管理思想、管理理念、管理方法和管理手段于一体的综合体系,强调全过程、全企业、全员的质量管理。

二、药品质量管理

药品质量管理是指在国家现行的法律法规指导下,对药品研发、生产、经营及使用等过程的指挥和控制组织的协调活动。各药事主体为保证药品质量、满足患者防治疾病、维护健康的需要,制定药品质量方针和质量目标,在质量体系内通过质量策划,运用质量控制和质量保证等手段,开展质量改进,实施整体质量管理的一系列活动,都属于药品质量管理范畴。

药品是特殊商品,为了最大程度上保证药品达到安全性、有效性、稳定性、均一性和经济性等质量特征,有必要对药品实行特殊的质量管理,其特点主要体现在以下 3 点:

1. 药品质量管理的全过程性　为了实施对药品质量的全面监控,保证百姓用药安全有效,国务院药品监督管理部门会同相关监督管理部门秉持全面质量管理的理念,在《中华人民共和国药品管理法》及《中华人民共和国药品管理法实施条例》的大框架下,建立了以《药物非临床研究质量管理规范》(GLP)、《药物临床试验质量管理规范》(GCP)、《药品生产质量管理规范》(GMP)及《药品经营质量管理规范》(GSP)为主的药品监管法规体系,对药品质量管理过程实施全过程的管理。

2. 宏观与微观管理的协调性　宏观管理是指从宏观角度出发,由国家和各级政府相关监管部门的管理,由国务院药品监督管理部门主管全国范围内的药品监督管理工作。国务院有关部门在各自的职责范围内负责与药品相关的监督管理工作。省、自治区、直辖市人民政府药品监督管理部门负责本辖区内的药品监督管理工作。微观管理是从微观企业角度出发,由企业内部组织的质量管理活动,企业按照国家法规要求设置质量管理机构,并配备具有相应资质的专业质量管理人员负责企业内的药品质量管理工作。此外,还设置了群众性的药品质量监督员和检查员。

3. 药品质量管理手段的多样性　为了保证药品质量安全,保障百姓用药安全,在质量管理过程中,国家政府部门和各企业综合使用行政方法、法律方法、经济方法、技术方法等一系列行之有效的管理方法,不仅仅局限于事后的检验和事先的统计预防,实行全方位、全过程、全员参与、多手段的全面质量管理体系。

知识链接

今后 GMP/GSP 将是最低要求，飞行检查将会更多

根据《国务院关于取消一批行政许可事项的决定》（国发〔2017〕46号），对于《药品生产质量管理规范》（GMP）认证、《药品经营质量管理规范》（GSP）认证，国务院将依照法定程序提请全国人民代表大会常务委员会修订相关法律规定后取消。2017年10月1日，中央办公厅、国务院办公厅印发《关于深化审评审批制度改革鼓励药品医疗器械创新的意见》，提出36项重要改革措施。为保障有关改革措施落实于法有据，国家食品药品监督管理总局（CFDA）就目前急需修改《药品管理法》的内容进行认真研究，形成了《中华人民共和国药品管理法修正案》（草案征求意见稿），其修改的总体思路包括：为落实国务院"放管服"要求，CFDA已按程序报请取消药物临床试验机构资格认定、《药品生产质量管理规范》认证和《药品经营质量管理规范》认证3项行政审批事项。2017年12月27日，国家发改委发布了《中华人民共和国国家发展和改革委员会令》（第12号），决定废止GMP、GSP等认证。按照"两证合一"的要求，CFDA积极推进将药品生产行政许可与《药品生产质量管理规范》（GMP）认证整合为一项行政许可，将药品经营行政许可与《药品经营质量管理规范》（GSP）认证整合为一项行政许可。

三、质量管理体系

（一）质量管理体系的概念

体系是相互关联或相互作用的一组要素。管理体系是建立方针目标并实现这些目标的体系。质量管理体系（quality management system，QMS）是组织为实现质量目标而在内部建立的必需的、系统的在质量方面指挥和控制组织的质量管理模式。它将组织资源与生产运行过程相结合，以过程管理方法进行的系统管理，根据组织特点将组织所拥有的各项资源搭配组合，涵盖了从调查确定顾客需求、设计研制、生产、检验到产品销售、售后服务全过程的策划、实施、监控、纠正与改进活动的要求，一般以文件化的形式，成为组织内部质量管理工作所要遵循的要求。现代企业管理中普遍采用的是ISO9000质量管理体系。

知识链接

ISO9000 系列标准

ISO9000系列标准是由国际标准化组织（International Organization for Standardization，ISO）的第176个技术委员会，成立于1980年的质量管理和质量保证技术委员会（ISO/TC176）在总结过去质量检验管理和统计质量管理的经验基础上制定的一系列质量保证模式，到目前为止已有5个版本，分别是1987年版、1994年版、2000年版和2015年版。企业可以申请由可充分信任的第三方证实某一经鉴定的产品或服务符合ISO9000系列标准，即ISO9000系列认证。ISO9000系列标准由一组密切相关的核心标准和其他支持性的标准和文件组成，主要包括四个核心标准，其中ISO9001是认证机构审核的依据，也是企业通过ISO9000认证时需要满足的标准。

（1）ISO9000：2015 标准，即《质量管理体系——基础和术语》

（2）ISO9001：2015 标准，即《质量管理体系——要求》

（3）ISO9004：2009 标准，即《质量管理体系业绩改进——指南》

（4）ISO9011：2011 标准，即《质量和（或）环境管理体系审核——指南》

ISO9000 系列标准并不是用来评估产品的优劣程度，而是用以评估企业在生产过程中对流程控制的能力，是一个组织建立质量管理体系的标准，为企业提供了一种具有科学性的质量管理和质量保证方法和手段，可用以提高企业内部管理水平，帮助组织实施并有效运行质量管理体系。

（二）质量管理体系的组成

完整的质量管理体系包括"硬件"和"软件"两部分。硬件是指组织所拥有的各项物质、技术和人力等资源，包括各种设备设施、专业技术和人力资源等硬性条件，是支撑质量管理体系、正确实施组织质量管理活动必不可少的条件。软件是组织在借助这些"硬件"实施质量管理活动中所形成的组织架构、岗位职责和管理制度等。

ISO9000 国际标准中将质量管理体系分为过程、组织架构、工作程序、资源和人员等 4 个组成部分，4 个部分相互联系组成有机的质量管理体系，保证质量管理活动的有效开展。

1. **过程**　是将输入转化为输出的一组相关资源和活动，包括资源管理过程、产品质量形成过程和分析与改进等过程，涉及组织产品质量形成的各阶段，从识别并确定用户需求到原材料采购、产品设计、研发、生产、检验、销售、售后及使用的全过程。

2. **组织架构**　是具体执行并维护质量管理体系运行的部门及其人员。组织应根据自身特点、产品特性、质量要求等，科学合理的设置与组织质量管理体系相适应的组织架构，明确各组成机构的隶属关系、联系方法和各自的职责范围，由组织架构负责组织内质量活动的计划、组织、领导、控制和协调活动。

ER-2-1

我国药品质量保证体系

3. **工作程序**　是开展某项工作环节所遵循的途径。组织应对所有可能直接或间接影响质量管理结果的工作环节制定相应的工作程序，对各工作环节的先后顺序、内容和应达到的要求提出详细要求，并对其工作效果进行持续的监控和验证，确保组织的质量方针和质量目标得以实现。如组织内部的质量手册、生产工艺文件、岗位操作规范、标准操作规程等都属于工作程序。

4. **资源和人员**　是完成质量目标必不可少的组成要素，也是质量管理体系的基本组成，包括组织所拥有的各项资源和各种专业技术人员，如物资资源、设施环境、信息资源、网络资源和人力资源等。

点滴积累 ∨

1. 质量管理是对产品质量和影响产品质量的各项职能活动进行科学管理的总称。它是企业经营管理的重要组成部分，包括制定质量方针和质量目标、为实现质量目标进行质量策划、实施质量保证和质量控制、开展质量改进等活动。

2. 药品质量管理是指在国家现行的法律法规指导下，对药品研发、生产、经营及使用等过程的指挥和控制组织的协调活动。

第三节　全面质量管理

1961 年,美国质量管理专家费根堡姆编著并出版了《全面质量管理》,他在书中总结了美国企业质量管理实践经验,正式提出了全面质量管理理论,主张用全面质量管理代替统计质量管理,把现代质量管理提高到了一个新的高度。

长期以来,经由美国著名的质量管理学家朱兰博士和戴明博士在日本大力推广而形成一种全新的质量管理模式,经过日本和其他各国企业质量管理的实践和众多质量管理学家的总结研究,全面质量管理的理论逐步发展和完善起来。

▶▶ 课堂活动

朱兰博士和戴明博士是如何推广全面质量管理理论的?

一、全面质量管理的含义

全面质量管理以系统理论、质量控制理论为指导,以产品质量为核心,运用数理统计、管理心理学和信息学等学科知识,在质量形成的各个阶段和环节,对影响产品质量的各种因素实施全面系统的控制,建立起一套科学、严密、高效的质量体系。国际标准 ISO9000 把全面质量管理(total quality management,TQM)定义为:"一个组织以质量为中心,以全员参与为基础,目的在于通过顾客满意和本组织所有成员及社会受益而达到长期成功的管理途径。"

产品质量的形成不只与生产制造过程有关,而应该是与产品的生产经营全过程有关。因此,质量管理应该是由全体人员参与的涉及生产经营全过程的管理活动,要求将产品研发、产品生产、经营管理等活动有机结合起来,形成一个比较完整的管理体系,确保产品的高质量,以满足客户的需求。全面质量管理应包含如下几个方面的含义:

1. 全面质量管理的中心是质量　质量是企业的生命线,是企业获得忠实顾客的根本,在全面质量管理中,质量处于中心地位。对于医药企业来说,由于其产品的特殊性,就更应该注重产品质量和工作质量,用合格达标的工作质量保证产品质量的安全性、有效性、稳定性和均一性。

2. 全面质量管理的基础是全员参与　企业从高层的管理者到基层工作人员都是全面质量管理的责任人,都对企业产品质量和工作质量负有责任。领导作为管理层,其作用主要体现在对企业发展策略的规划和制定上,而其他的管理人员,包括一线操作人员对产品质量和工作质量负有直接责任。只有企业全员参与质量管理,企业的产品质量才会更好。

3. 全面质量管理的最终目标是让顾客满意　对于企业来说,顾客就是上帝,企业只有让顾客满意自己的产品,才能在市场竞争中站稳脚跟,才能赢得忠实的顾客,进而获得更多的利润。因此,对于企业管理来说,就必须紧紧围绕让顾客满意这个原则来开展各项工作。这里的顾客不仅指企业外部的顾客,即产品的最终使用者,而且也包括企业内部的顾客,即下一工序。下一工序是上一工序的顾客。从表面看,顾客作为企业的外部因素,但本质上却是企业最重要的一部分。

4. 全面质量管理的最终受益者是企业成员和社会　全面质量管理的目标是让顾客满意,进而获取相应的经济效益和社会效益,获取相对客观的利润。无论是企业管理者还是普通员工或是顾客,均是全面质量管理的最终受益者。

> ┌─边学边练─────────────────────────
> 　　全面质量管理在企业的实际应用,请见实训一　医药企业的质量管理。

二、全面质量管理的特点

全面质量管理的特点可总结为"三全三一切",即全员、全过程、全方位、一切为顾客满意、一切以预防为主、一切用数据说话。

1. 全员参加的质量管理　质量是企业质量管理或质量检验部门的主要工作内容,事关产品设计、生产、供应、销售、服务过程中的所有人员,同时也事关企业各个部门如党政工团、财务、人力资源、培训、安保等所有人员。各职能部门如同一个链条环环相扣,每个员工都是链条上的一部分,他们的工作质量或多或少都直接或间接地影响着产品质量,一旦链条上的某一部分出现问题,都可能导致整个链条的断裂。所以全面质量管理要求企业全体人员都参与质量管理工作,人人承担质量责任,人人把好质量关。

2. 全过程的质量管理　全过程是指产品质量形成和实现的全过程。企业要在市场调查过程中全面收集、整理和分析市场信息,了解市场需求和环境因素,以期能够生产出满足消费者需要的产品。在产品设计研发阶段,提高研发质量,使产品的设计结果能充分满足消费者使用的各项要求。在产品生产各环节中,加强环节控制,消除产生不合格品的各种隐患,挖掘深层次的原因。在销售环节,保证技术服务质量,做到顾客满意,企业获利,社会受益。

3. 全方位的质量管理　全面的质量管理中的质量是广义的质量,不仅包括狭义的质量即产品质量,也包括与产品质量形成有关的工作质量,即过程质量和服务质量。良好的产品质量有赖于良好的工作质量,良好的工作质量不但能够保证产品质量,而且可以降低企业运营成本,提高顾客满意度,树立企业良好的形象。

4. 一切为顾客满意　企业的一切活动都是围绕顾客开展的,顾客是上帝,只有满足顾客需求的产品才能在市场上获得销路。只有顾客满意,企业才能获得满意的销售利润,企业才能长久的生存下去,企业需要不断了解发掘顾客的需要,才能有针对性地提供满足顾客需求的产品。一切为顾客满意的特点不仅指企业外部的顾客,即产品的最终使用者——患者,也包括企业内部的顾客及下游企业的顾客。

5. 一切以预防为主　全面质量管理要求将质量管理工作的重心由"事后把关"转到"事前控制",严格控制可能影响产品质量的各种因素,将每一道生产工序置于可控状态,通过事前的控制,预防事后的不合格品产生,造成生产浪费和成本增加。

6. 一切用数据说话　数据是定量反映客观事物的证据,是质量决策的依据。全面质量管理运用了多种管理方法,包括数理统计的分析方法,形成了科学有效的数据,企业可以通过对各种统计数据的加工、分析和处理,找出规律,运用专业知识对存在的问题做出正确判断并寻找正确地应对措施,从定量角度分析产品的质量是否满足顾客需要,是否达到企业的质量标准要求。

▶▶ **课堂活动**

有人说"产品质量是药品生产企业的事,与药品经营企业和医疗机构无关",这样的说法对不对? 为什么?

三、全面质量管理的工作程序

全面质量管理工作中最常采用的工作程序是 PDCA 循环法。PDCA 即英文中的 plan(计划)、do(实施)、check(检查)、action(处理)四个单词的首字母,它们的组合即 PDCA 循环,是指按照计划、实施、检查、处理顺序从事质量管理工作,并不断循环的一种科学管理方法。PDCA 循环是由美国著名的质量管理学家戴明(William Edwards Deming)博士发明并在全球推广的,故也称为"戴明环",它体现了全面质量管理的思想方法和工作步骤。

(一) PDCA 循环过程

PDCA 循环包括 4 个阶段、8 个步骤,即一次质量管理工作的活动过程,如图 2-1 所示。

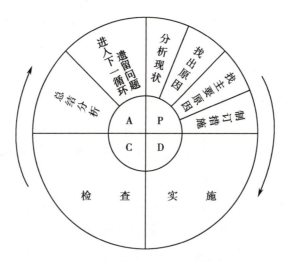

图 2-1 PDCA 循环示意图

1. **第一阶段** 为计划(plan)阶段,要求企业在充分调查研究的基础上,分析原因,制订应对措施和工作计划。具体包括 4 个步骤:①调查研究,分析质量管理现状,找出存在的问题;②根据存在的问题,分析其产生的各种原因和影响因素;③从诸多原因中找出影响质量的主要原因和影响因素;④针对影响质量的主要原因和影响因素,制订应对措施和工作计划。

2. **第二阶段** 为实施(do)阶段,即严格遵照并实施第一阶段制订的措施和计划,记录结果。

3. **第三阶段** 为检查(check)阶段,即在计划的实施过程中或实施之后,将实施结果与第一阶段所制订的质量工作目标进行比较,检查计划完成状况,及时发现计划执行过程中出现的问题,总结经验。

4. **第四阶段** 为处理(action)阶段,根据上一阶段的检查结果,采取相应措施,具体包括 2 个步骤:①总结计划执行过程中的经验教训,根据成功的经验和失败的教训修正原有的质量管理制度和质量标准,巩固成绩,防止问题重现;②尚未解决的遗留问题,留至下一次 PDCA 循环中继续解决。

（二） PDCA 循环的特点

1. 按顺序周而复始　PDCA 循环是按照 P-D-C-A 的顺序循环往复的,4 个阶段的顺序固定不变,同时这 4 个阶段不是运行一次就完结,而是周而复始地不断循环进行。一次循环帮助企业解决了一部分问题,可能还有问题没有解决,遗留问题再进入下一次 PDCA 循环,企业制订出新的计划,实施计划,检查执行情况,总结处理,依此类推。

2. 大环套小环,相互促进　企业的质量管理体系与其内部各职能部门的关系,是大环套小环的有机逻辑组合体。PDCA 循环不仅适用于整个企业,也适用于各个职能部门、车间、班组和个人。整个企业是一个大的 PDCA 循环,各职能部门的质量管理则是大环中的小环,形成大环套小环的有机循环组合体。大环是小环循环转动的依据,小环是大环循环转动的保证,小环的转动推动上一级循环乃至整个企业质量管理工作的循环转动,通过大环与小环的循环推动,促进企业各项质量管理工作协同前进。如图 2-2 所示。

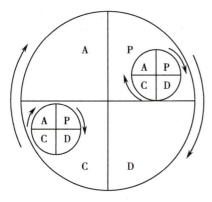

图 2-2　PDCA 循环的大环套小环

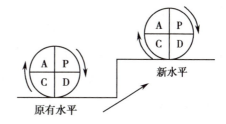

图 2-3　PDCA 循环的阶梯式上升,循环前进

3. 阶梯式上升,循环前进　PDCA 循环不是停留在同一个水平上的循环,而是阶梯状上升的循环,每经过一次循环,就解决了一部分现有问题,质量管理水平得到提高,达到新的质量管理高度,PDCA 循环过程就是质量管理工作循环前进,质量管理水平逐步上升的过程。如图 2-3 所示。

点滴积累 ˅ ···

1. 全面质量管理是一个组织以质量为中心,以全员参与为基础,目的在于通过顾客满意和本组织所有成员及社会受益而达到长期成功的管理途径。

2. 全面质量管理的特点可总结为"三全三一切",即全员、全过程、全方位、一切为顾客满意、一切以预防为主、一切用数据说话。

3. PDCA 循环包括计划、实施、检查、处理 4 个阶段,其特点为按顺序周而复始;大环套小环,相互促进;阶梯式上升,循环前进。

第四节　医药企业常用质量管理方法

20世纪50年代以前,我国医药企业还是处于毫无规章制度的传统经验管理阶段,随着企业质量管理的完善和发展,医药企业逐步形成了自己的质量管理标准,建立了质检机构,已经进入了质量检验阶段,而20世纪90年代以来,我国的医药企业逐步进入全面质量管理阶段。

目前,我国医药企业常用的质量管理和质量改进的方法主要有以下7种。这些方法能够在医药企业开展全面质量管理活动中收集和分析相关质量数据,从而能够更好地分析和确定质量问题,控制和改进质量水平。

一、调查表法

调查表法是利用统计调查表来记录和积累数据,进而进行数据的整理和分析,从而找到影响产品质量的原因,这是一种基于定量统计的技术和方法,根据概率论和数理统计的原理,利用样本观测值来分析和推断总体产品质量。

调查表的格式是多种多样的,通常可以根据调查目标的不同而使用不同的调查表。在医药企业中,常用的调查表通常有工序调查表、不合格品项目检查表、不合格位置检查表、不合格原因检查表、数据分布检查表等。

利用调查表,可以把要观察的项目进行分类,填在表中不同类别的位置上,以便对结果、缺陷和事故等进行核对。项目的分类根据不同需求有不同的划分方法,一般来说是按照事故项目、时序、工序、班组和场所等因素来进行划分的。调查表法一般和分层法结合使用,这样可以更好地把影响产品质量的因素调查清楚。

二、分层法

分层法又叫分类法,这种方法是把收集起来的数据根据不同的目的和需求,按其性质、来源和影响因素进行分类,划分主次。这种方法可以使杂乱无章的数据以及错综复杂的因素条理化、系统化,便于更好地找出质量问题的原因,从而采取适当的措施尽快解决问题。

分层法在质量管理中属于定性技术和方法,既可以采用统计表的形式也可以采取图形的形式。在实际应用中,分层法一般分为以下四个步骤:

1. **收集相关数据**　可以根据概率论和数理统计的原理,采取抽样调查法对要解决的质量问题,收集相关的数据。

2. **对数据分层**　对于要解决的质量问题,根据不同的目的选择相应的分层标志将收集到的数据进行分层。分层时要注意尽可能使同一层内的数据在性质上的差异不大,而层与层之间的差别要尽可能大一些。

3. **按层分类**　为了便于分析质量问题,找出原因,常常还要把不同层的数据加以分类。

4. **画出分层归类图表**　根据数据分层、分类,可以画出分层归类图表,以便能够直观地分析质量问题产生的主要原因,从而能够采取更好的措施解决问题。

三、排列图法

排列图又称为帕累托(Pareto)法,这种方法最早是由意大利经济学家帕累托最先使用的,他提出了"关键的少数以及无关紧要的多数"这样一个命题,美国著名的质量管理专家朱兰博士把这个命题应用到质量管理当中。现质量管理和质量改进中,使用排列图法是为寻找质量管理中的主要问题或是影响质量的主要因素。

一般来说,在排列图中往往将影响质量问题的原因按照其影响程度的大小进行累计统计,累计影响程度达到70%以上的因素可以作为影响质量问题的主要因素,累计影响程度在20%~30%之间的因素可以作为影响质量问题的次要因素,其他的因素则可以作为影响质量问题的一般因素。

常见的排列图由一个横坐标、两个纵坐标、一条累计百分比折线和表示各影响因素的长方形所组成的图。作图的一般步骤如下:

1. 确定要进行质量分析的项目。

2. **确定要进行质量分析的时间范围** 所选取的实际范围一定要恰当合适,确保在该范围内的数据能够具有明显的代表性。

3. 确定用于质量分析的数值和度量单位。

4. 收集确定的时间范围内的数据,并将收集到的数据进行整理分析,按照从大到小的顺序将数据填入到分析统计表中。

5. 根据收集的数据,计算影响质量各类因素出现的累计频数、频率以及累计频率。

6. **画横坐标** 横坐标表示影响质量问题的因素,并将各因素按出现的频数从大到小自左而右依次排列并在横坐标上按比例做出直方条。如果部分因素出现的频数相对来说非常小,可以将这部分因素合并到一起归并为"其他"项,并将之放到横坐标最右端。

7. **画纵坐标** 在横坐标的两端画出左右纵坐标各一条,左边纵坐标高度表示各因素出现的总频数,右边纵坐标高度表示各因素出现的累计频率(100%)。横坐标上直方条的高度对左纵坐标来说表示该因素出现的累计频数,对于右纵坐标来说表示该因素出现的累计频率(用百分比表示)。左右纵坐标的高度相同,比例相同。

8. 在每个横坐标上的直方条向左做平行于横坐标的直线,交于该直方条左侧相邻的直方条,形成矩形。

9. 自左至右累加每一因素的累计频率(用百分比表示),并画出累计频率折线。

10. 观察所画出的排列图,确定质量分析项目中影响质量最重要的因素。

一般来说,可以把影响质量问题的因素按照累计百分比即影响问题程度分为ABC三类,影响问题程度超过70%的,称为A类因素,影响问题程度比超过20%不到30%的称为B类因素,影响问题程度不足10%的称为C类因素。A、B、C三类因素分别对应影响质量问题的主要因素、次要因素和一般因素。

　　例:某医药企业对影响某月优级品率的 180 批合格片剂药品进行抽样分析统计,统计数据表如表 2-1 所示,找出影响优级品率的主要因素。

表 2-1　某医药企业某药品优极品率统计表

序号	项目	频数	累计数	累计百分比
1	片重差异	92	92	51.11%
2	溶出度	44	136	75.56%
3	硬度	15	151	83.89%
4	脆碎度	12	163	90.56%
5	微生物限度	9	172	95.56%
6	外观性状	5	177	98.33%
7	其他	3	180	100.00%

　　从上表可以看出,该片剂药品片重差异和溶出度累计比率达到 75.56%,对优级品影响率有关键性因素,因此属于 A 类因素,而硬度、脆碎度和微生物限度累计比率达到 20%,则属于 B 类因素,为次要因素,外观形状和其他则属于 C 类因素,对优级品率影响不大。对应的排列图如图 2-4 所示:

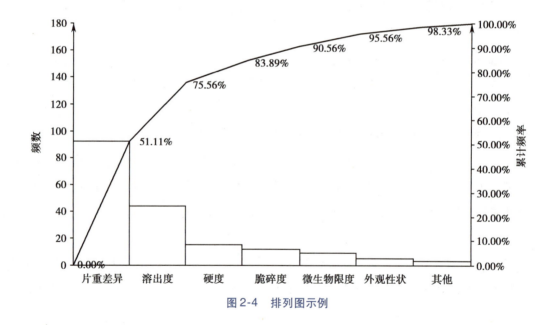

图 2-4　排列图示例

四、因果图法

　　在分析质量问题的过程中,有时候往往会通过分析质量问题的结果而去考虑产生这些结果的原因。实际上经常会使用头脑风暴(brain-storming)的方法把各种产生原因的因素列举出来,并将这些因素的特征加以整理分析,按照一定的关联性将它们画成图。由于按这种方法画出的图层次分明、条理清晰,并且在图形上能够标出重要因素,因此这种图称为因果分析图(因果图)、特性要因图,又因其形状与鱼骨相似,所以又称之为鱼骨图、鱼刺图。使用因果图来分析质量问题的方法往往称为因果图法,这也是一种定性分析的技术与方法。

因果图的应用步骤:

1. 提出质量问题,画出主干线,并把问题标在鱼骨的头部。

2. 召集所有和问题相关的人员,采用头脑风暴法,提出并整理、讨论大家能够想到所有因素,并将整理后的因素归类。

3. 在众多因素中,分析能够影响质量问题产生的原因,画出分支线。分析这些原因要由粗到细、由大到小,直到能采取措施为止。

4. 找出能够影响质量问题的主要原因,并用方框标注出来,作为制订质量改进措施的重点考虑对象。

5. 根据分析情况画出因果分析图,找出影响质量问题的主要原因后,并去现场落实主要原因项目,再拟定解决问题的下一步措施。

6. 措施实施后,可以再利用排列图法等其他方法检验其效果。

使用这种方法往往可以透过问题的现象看出本质问题,但这种方法需要将与质量问题有关的相关人员全部召集参与讨论,集思广益,还需要把各种意见和建议记录下来。因果图示例如图 2-5 所示。

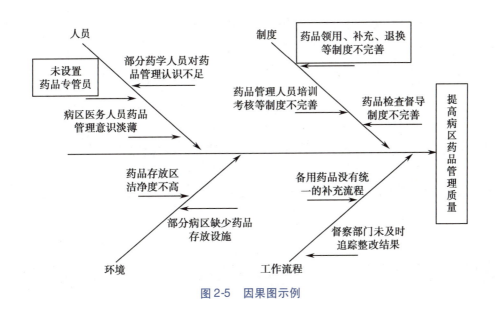

图 2-5 因果图示例

五、直方图法

直方图是一种几何形图表,也叫做柱状图或质量分布图,它是对收集来的大量数据进行分析整理,找出其统计规律,再根据数据分布情况,对其总体的分布特征进行推断,绘制成以组距为底边、以频数为高度的一系列矩形。

用直方图来分析问题的方法称为直方图法,这也是一种定量分析的技术和方法。使用直方图可以找出数据的统计规律,直观地看出产品质量特性的分布状态,进而判断其质量总体的分布状态。

直方图的应用步骤:

1. 数据抽样 根据统计学中的抽样原理,抽取一定数量的样品,观测或检测出相关数据,样品数量要足够多才具有代表性。例如我们抽取 80 粒某丸剂作为样品,对丸剂样品称重,并记录丸剂重量的原始数据。该丸剂要求合格重量为 0.5g,为方便计算,我们可以以毫克为单位,并取整数进行计算。

2. 对数据进行分组 把收集到的样本数据进行系统分析、整理,进行适当的计算,并按组距相等的原则对数据进行分组,分组时要确定组数和组距两个关键。根据称量样品丸剂重量所得到的原始数据,可以先确定抽样数据中的最大值和最小值,再根据具体情况选择适当的分组数,最后根据下面公式确定组距。

3. 根据分组情况,确定每组的频数 对样本原始数据进行统计,统计各组数据个数,从而确定每组的频数。

4. 以组距为底边,以相应的频数为高,按比例绘制出一系列矩形,最终构成直方图。

5. 对直方图的形状进行分析,推断总体质量状况。

例:某制药企业抽取 80 粒丸剂并称重,称重结果见表 2-2。

表 2-2　某丸剂样品重量记录表

某丸剂样品重量(单位: mg)							
523	522	522	473	477	476	504	470
507	520	488	512	473	499	501	482
472	481	492	528	473	482	492	483
523	476	492	497	520	517	511	517
529	472	527	490	512	512	503	477
521	481	477	517	522	487	470	499
490	523	481	475	498	517	520	514
525	477	476	506	486	480	473	528
473	483	500	474	510	474	529	490
491	515	494	526	522	515	471	518

从上表中,分析数据得到如表 2-3 的结果。

表 2-3　样本原始数据分析

分析项目	最大值	最小值	差距	组距
分析结果	529	470	59	10

为了便于分析,选取组数为 6,根据公式可以得到组距为 10。由此得到表 2-4 的直方图数据及图 2-6 直方图示例。

表 2-4　直方图数据表

分组	频数	分组	频数
470～479	20	510～519	13
480～489	11	520～529	18
490～499	12	合计	80
500～509	6		

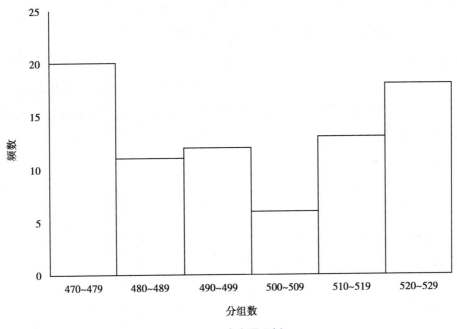

图 2-6　直方图示例

六、树图法

树图又称为系统图法,这种方法把目的和手段相互联系起来,并且用逐级展开的图形表示出来,是全面质量管理中一种用图形解决问题的方法。树图一般由矩形和箭头构成,形状好似树枝一样,因此被称为树图,也被称为系统图、家谱图、组织图等,其具体形状如图 2-7 所示。

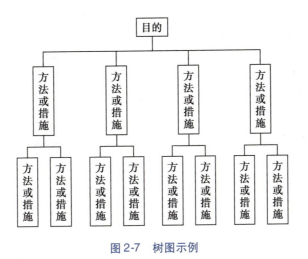

图 2-7　树图示例

在质量管理中,为了实现某个目的,就需要找到能够达到这一目的所采取的措施和手段,然后将这一措施或手段作为下一级目的,再去寻找解决这一目的的手段或措施,如此反复进行,直到将各级目层层展开,就能系统地掌握问题,进而寻找到实现最终目的的最佳方法,因此这种方法被广泛应用于质量管理当中,如质量保证体系的建立和各种质量管理措施的开展等。

树图主要因素有展开型系统图和措施展开型系统图两种,常用于质量管理活动的以下几个方面:

1. 新产品研究开发过程中,将设计质量按用户需求系统地展开。

2. 在内部质量目标管理中,将目标分解和系统展开,落实到各部门。

3. 在建立质量保证体系中,将各部门质量职能系统展开,使之能进一步开展质量保证活动。

4. 在制定相关方针、措施以保证目标具体实施的过程中,可以用树图法分析并找出重点措施。

5. 在产品质量改进过程中,可以用树图法分析并找出残次品产生的主要原因并找出重点改进措施。

树图的应用步骤:

1. 确定目的和目标。

2. 提出解决问题的手段和措施。

3. 对提出的手段和措施进行评价。

4. 根据各级目标和措施、手段绘制树图。

5. 根据树图法分析结果制订具体实施计划。

七、散布图法

散布图又叫相关图,是用来表示一组成对的数据之间是否具有相关性的一种图表。这种成对的数据是两个变量的数值,这两个变量可能会具有"特性-要因""特性-特性""要因-要因"的关系。这两个变量之间的函数关系可能不能完全确定,但是可以把观测的成对数据用点画在坐标图上,从而观察它们所反映出来的相关关系。散布图可以直观地分析出造成质量问题的各种原因,具有直观、快捷、易于理解的特点。

在质量管理过程中,常常要对很多因素进行分析和控制,这些因素错综复杂交错在一起,它们两

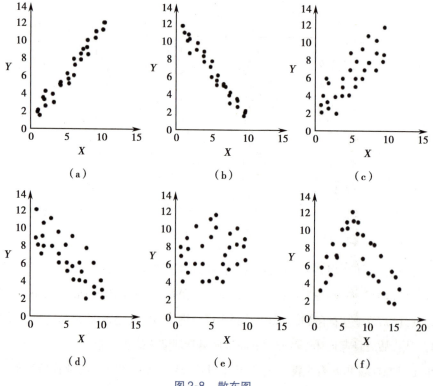

图2-8　散布图

两之间可能有很强的相关性,也可能没有任何相关性。利用散布图法把因素对应的数据在坐标图上标注出来,很容易发现它们之间的关联。

散布图的应用步骤:散布图的绘制很简单,我们把要分析的两个因素用 X 和 Y 表示成两个变量,把通过抽样收集到的相关数据对用 (x_1,y_1) ,(x_2,y_2) ,$\cdots$,(x_n,y_n) 对来表示,在坐标轴上分别用横轴和纵轴表示变量 X 和变量 Y,把数据对描绘在坐标系中,即得到散布图。我们可以通过图 2-8 中几种散布图的形状进行比较。

图 2-8 是常见的 6 种散布图,从图中也可以反映出两个变量之间的关系。(a)中变量 Y 随着变量 X 的增大而增大,说明两个变量强正相关。(b)中变量 Y 随着变量 X 的增大而减小,说明两个变量强负相关。(c)中变量 Y 随着变量 X 的增大而大致呈增大趋势,说明两个变量弱正相关。(d)中变量 Y 随着变量 X 的增大而大致呈减小趋势,说明两个变量弱负相关。(e)中变量 Y 和变量 X 完全看不出有什么关系,说明两个变量不相关。(f)中变量 Y 和变量 X 不存在某种线性关系,而可能是存在某种曲线关系。

点滴积累 V

目前,我国医药企业常用的质量管理和质量改进的方法有调查表法、分层法、排列图法、因果图法、直方图法、树图法、散布图法等。

目标检测

一、选择题

(一)单项选择题

1. 20 世纪 50 年代末 60 年代初,美国人费根堡姆提出了( )

    A. 质量检验管理   B. 统计质量控制管理

    C. 检验员质量管理   D. 全面质量管理

2. 现阶段质量管理处于( )

    A. 质量检验管理阶段   B. 统计质量管理阶段

    C. 检验员质量管理阶段   D. 全面质量管理阶段

3. ( )阶段认为质量管理应该冲破传统的、局限于制造过程的框架,把管理范围从制造过程扩展到所有可能对产品产生影响的过程。

    A. 质量检验管理阶段   B. 统计质量管理阶段

    C. 检验员质量管理阶段   D. 全面质量管理阶段

4. GMP 在我国称为( )

    A. 药品经营质量管理规范   B. 药品生产质量管理规范

    C. 药品非临床研究质量管理规范   D. 中药材生产质量管理规范

5. 下列说法正确的是( )

    A. 质量部门才有质量管理职能   B. 质量管理问题是生产过程造成的

    C. 质量管理人人有责   D. 高质量意味着高成本

（二）多项选择题

1. 下列( )环节对产品质量有影响

    A. 新药的研发　　　　　　B. 原料药的采购　　　　　C. 生产设备的维护

    D. 员工培训　　　　　　　E. 产品的运输

2. 全面质量管理特点中的"三全"是指( )

    A. 全员参加的质量管理　　　　　B. 全过程的质量管理

    C. 全方位的质量管理　　　　　　D. 全体质检部门人员的质量管理

    E. 全部一线工人参加的质量管理

3. 全面质量管理特点中的"三一切"是指( )

    A. 一切为顾客满意　　　　　　　B. 一切以预防为主

    C. 一切用数据说话　　　　　　　D. 一切以事后检验为主

    E. 一切以经济效益为中心的观点

4. PDCA 循环是指( )

    A. 计划　　　　　　　　　B. 实施　　　　　　　　　C. 控制

    D. 检查　　　　　　　　　E. 处理

5. 药品质量特征包括( )

    A. 有效性　　　　　　　　B. 安全性　　　　　　　　C. 稳定性

    D. 两重性　　　　　　　　E. 均一性

二、简答题

1. 全面质量管理的特点有哪些？

2. 质量管理经过了哪些发展阶段？

3. PDCA 循环有哪些特点？包括哪些阶段？

三、实例分析

请搜索"齐二药"事件始末,分析"齐二药"事件发生的原因,针对事件发生的原因为企业提供建设性意见。

ER-02章习题

（张　琳）

实训一　医药企业的质量管理

【实训目的】

1. 熟练掌握全面质量管理理论,通过对案例中医药企业质量管理状况的分析,帮助企业解决质

量管理中遇到的实际问题,加深对所学知识的理解;

2. 学会发扬团队合作精神,锻炼自我表达能力。

【实训内容】

1. 实训分组　将全班同学按照4~6名同学为一组进行分组。

2. 任务确定　由老师为各小组布置小组任务。

请学生通过网络等途径搜索国内外发生的药品质量安全事件,回答下面两个问题:

(1) 简要描述此次质量安全事件发生的始末,并分析质量安全事件发生的原因(发生过程、发生原因、处理结果);

(2) 运用全面质量管理理论分析此次质量安全事件对其他企业的启示。

3. 实训实施　各小组根据老师布置的小组任务,收集资料,并进行整理分析,将分析结果制作成PPT。

4. 成果汇报　实训课堂上以PPT形式进行成果汇报,各小组代表对本小组分析的事件进行总结说明。

5. 教师点评。

【实训要求】

1. 质量安全事件要求为国内外医药行业近期发生的事件。

2. 实验开始前期要搜集翔实的相关资料,避免临时抱佛脚。

3. 各小组代表发言时,台下同学注意保持安静。

4. 各小组发言结束后允许其他小组提问,就不同意见进行讨论。

【实训报告】

质量管理实训报告。

1. 实训目的

2. 实训内容

(1) 质量安全事件发生的始末(发生过程、发生原因、处理结果)。

(2) 质量安全事件对其他企业的启示。

3. 实训小结

【实训评价】

小组评分标准

评分项目	项目满分	小组得分	备注
能正确查阅相关资料	1分		
能够准确描述质量安全事件全过程	4分		
能正确运用全面质量管理理论深刻分析	4分		
能对实训内容进行良好汇报	1分		
总分	10分		

(张　琳)

第三章

企业战略管理

——彼得·德鲁克:"战略管理是分析式思维,是对资源的有效配置。"

导学情景 ∨

情景描述

　　江苏恒瑞医药股份有限公司始建于 1970 年,是集科研、生产和销售为一体的大型医药上市公司。 在早期国内制药行业整体投入不足、创新能力薄弱的情况下,恒瑞制定和深入贯彻"创新+国际化"的发展战略。 目前,恒瑞医药在美国、中国上海和连云港建有三大研究中心和一个临床医学部,拥有多名高层次专业技术人员,并建立了国家级企业技术中心和博士后科研工作站。 2016 年,恒瑞医药实现营业收入 110.94 亿元,其中海外收入达到 4.32 亿元。

学前导语

　　企业战略的制订和贯彻对企业管理来说至关重要。 请同学们带着这样的学习理念进入本章的学习。

　　彼得·德鲁克曾指出:战略管理不是一个魔术盒,也不只是一套技术。战略管理是分析式思维,是对资源的有效配置。对企业来说,未来至关重要,经营战略使企业为明天而战。战略管理对企业的生存与发展具有重要的作用。

第一节　企业战略管理认知

　　随着经济一体化进程的加快和市场环境的瞬息万变,企业如何在激烈的市场竞争中求得长期生存和持续发展,是所有企业面临的首要问题。据调查,20 世纪 80 年代中期以后,美国 95% 以上的大企业都积极推进企业的战略管理,经营成功的中小企业也大多结合自身特点实行了战略管理。可见,战略管理对企业的发展至关重要,是企业发展的指南针。

一、企业战略概述

(一) 企业战略的产生

　　战略的概念最早产生于军事领域,其含义是在敌对状态下指挥军队、克敌制胜的艺术和方法。西方国家的"战略"(strategy)一词,来源于希腊语"strategicon",相当于"将军"之意。在我国古代,战略意指对战争全局的策划。《辞海》将战略定义为:依据敌对双方军事、政治、经济、地理等因素照顾战争全局的各方面、各阶段之间的关系,规定军事力量的准备和运用。进入20世纪60年代以后,企业管理领域正式提出"战略"一词,1965年美国专家安索夫(H. I. Ansoff)发表了成名作《公司战略》,从此,制定和实施企业战略被视为企业成功与否的关键因素,并逐步普及开来。

(二) 企业战略的发展

企业战略的发展经历了4个时期,各个时期的代表人物及思想见表3-1。

表 3-1　企业战略演进及发展

时间	阶段	特点、代表人物及思想
20世纪30~60年代末	早期的战略管理思想	巴纳德在《经理的职能》中提出了战略因素的构想;小阿尔福莱德·D·钱德勒在《战略与结构:工业企业史的考证》中提出了"结构追随战略";安索夫在《公司战略》中提出计划战略思想
20世纪70年代	战略管理研究框架的基本成型期	肯尼斯·R·安德鲁斯在《公司战略概念》和《战略管理》中分别提出了两阶段和具有设计学派特点的战略管理模式;安索夫在《战略管理》中系统提出了战略管理模式和三个具有新意的战略管理观点:环境服务组织、战略追随结构、战略管理过程是一个开放系统
20世纪80~90年代初	反思与争鸣时期的战略管理思想	①产业结构理论学派:具有代表性的迈克尔·波特提出"五力模型"和"三种基本战略";②能力学派:具有代表性的汉默尔、普拉哈拉德、斯多克等提出核心竞争力与核心能力观;③资源学派:柯林斯和蒙歌马利提出资源价值评估方法,福克纳和鲍曼提出了"顾客矩阵"和"生产者矩阵"分析工具
20世纪90年代	各学派融合期的战略管理思想	出现了战略联盟观和基于信息技术的战略管理思想;战略管理思想和战略管理理念更趋于全面化

(三) 企业战略的含义

企业战略是指企业为了适应未来环境的变化,对企业生产经营和持续发展中的重大问题进行的全局性、长远性、纲领性的谋划和决策。企业战略就是企业的谋划和决策,是一种定位,主旨是在变化的环境中确定企业的业务范围和竞争优势。

(四) 企业战略的构成要素

1. **企业宗旨和目标**　企业宗旨是指企业区别于其他类型组织而存在的原因或目的,是关于企业存在目的或对社会发展的某一方面应做出贡献的陈述。企业目标是企业战略构成的基本内容,是企业在实现其使命的过程中要达到的长期结果。表现为企业在产品、市场以及内部经营结构和生产效率等方面都应达到相应的水平。

2. **经营范围**　经营范围又称经营领域,是指企业从事生产经营活动的产品领域和市场领域的集合,它反映出企业与外部环境相互作用的程度。

3. **竞争优势**　竞争优势是指企业在所从事的经营领域中与竞争对手相比较,强于竞争对手的市场地位。

4. **资源配置**　企业根据战略期所从事的经营领域,以及确立竞争优势的要求,对其所掌握的各种经济资源,在质和量上进行分配,其目的是形成战略所需的经营结构或战略体系。

5. **协同作用**　协同作用是指企业各经营领域之间联合作用而产生的整体效果大于各自单独进

行时效果之和的效应,即整体大于部分之和的效应。

(五) 企业的战略层次

一般来讲,在大中型企业中,企业战略可以划分为以下3个层次:

1. 企业总体战略　是一个企业的整体战略总纲,是企业最高管理层指导和控制企业的一切行为的最高纲领。企业总体战略重点解决两个方面的问题:一是从全局出发,根据企业内外部环境,选择企业的经营范围和领域;二是在确定经营业务后,在各部门间进行资源分配,以实现企业的整体战略意图。

企业总体战略具有以下特点:①企业总体战略是有关企业全局发展的、整体性的、长期的战略行为;②企业总体战略的制订与推行,主要是企业的高层管理人员;③企业总体战略与企业的组织形态有着密切的关系;④企业总体战略以抽象概念为基础,与企业经营战略和职能战略相比具有非具体性的特点;⑤企业总体战略具有风险大、成本高、预期收益大、革新性等特点。

2. 企业经营战略　又称业务战略或竞争战略,是指战略经营单位、事业部在企业总体战略的指导下的子战略,在选定的业务范围内,经营单位应在什么样的基础上进行竞争,以获取竞争优势。它主要应解决以下问题:①如何贯彻企业使命;②各经营领域发展的外部环境中的机会与威胁分析;③各经营领域的内部条件分析,以便认识自身的优势与劣势;④战略目标的制订;⑤明确各经营领域的战略重点、战略阶段和主要的战略措施。

3. 企业职能战略　又称为职能部门战略或功能战略,它是指为贯彻、实施和支持总体战略与事业部战略,而在企业特定的职能部门所进行的各项业务活动的战略。它所回答的是"我们应该怎么支撑总体战略和事业部战略"。职能战略通常包括市场策略、人事策略、财务策略、生产策略、研究与开发策略等。企业职能战略具有具体化和定量化的特点。

二、企业战略管理概述

(一) 企业战略管理的概念

企业战略管理是一个动态的管理过程,它是对企业

▶ **课堂活动**

战略与策略两个词语有什么不同?
试用一个例子来说明?

的生产经营活动实行的总体性管理,是企业制订和实施战略的一系列管理决策与行为,其核心问题是使企业自身条件与环境相适应,求得企业的长期生存与发展。可以说战略管理是现代企业管理发展的高级阶段。

(二) 企业战略管理的特征

1. 全局性和系统性　企业战略管理是以企业的全局为管理对象,根据企业的总体发展需要而制定的,它所规定的是企业的总体行为,它所追求的是企业的总体管理效果和效益。企业战略管理是一项系统工程,局部活动和利益必须与整体保持相对一致。这就使企业战略管理具有了全局性和系统性。

2. 长远性和相对稳定性　企业战略管理通常是对企业未来3~5年甚至更长远活动的规划与管理,是要在未来一个较长时期内发挥作用,是用企业长效利益来衡量的,这就体现了企业战略管理的长远性。企业战略管理的长远性决定了企业战略管理的稳定性,如果企业战略不具备稳定性,将

给企业带来巨大的经济损失和经营管理的混乱。但企业战略管理是一个动态过程,管理活动要适应企业内外部环境的变化,因此企业战略管理具有相对稳定性。

3. 涉及企业大量资源的配置 企业战略管理需要在较长一段时间内致力于一系列的管理活动,而实施这些管理活动需要大量的企业资源作为保障。企业需要投入人力和资金等资源。资源来源于企业内部或者企业外部筹集。因此,为保证企业战略的高效实施,企业需要对资源进行统筹规划和合理配置。

(三) 企业战略管理的基本过程

一个规范的、全面的战略管理过程包括以下3个阶段:

1. 战略分析阶段 战略分析是指对企业的战略环境进行分析和评价,并预测这些环境的发展趋势,以及其对企业可能带来的影响。企业战略分析包括企业外部环境分析和企业内部环境分析两个部分。外部环境是企业生存和发展的前提条件,内部环境则是企业生存和发展的基础。战略分析的任务是:在外部环境研究和内部环境分析的基础上,明确企业将面临的机会和威胁、自身的优势和劣势,从而为科学地制订企业战略提供依据。

2. 战略评价及选择阶段 首先需要制订战略选择方案,可供选择的方案越多越好;其次是评估战略备选方案,通常有两个标准:一是选择的战略是否发挥企业的优势,克服劣势,是否利用机会,将威胁降到最低程度。二是选择的战略能否被企业利益相关者所接受;再次是选择战略;最后是战略政策和计划,制订有关研究与开发、资本需求和人力资源方面的政策和计划。

ER-3-1

企业战略实施与控制

3. 战略实施及控制阶段 战略方案确定后,要通过具体的行动将战略方案进行实施,以实现战略目标。通过制订职能战略、构建组织机构和匹配人力资源来实现战略方案。在战略的实施过程中,为了达到预期战略目标,必须对战略实施过程进行控制。根据企业情况的发展变化,参照实际的经营事实、变化的经营环境、新的思维和新的机会,及时对所制订的战略进行调整、修正、补充和完善,以保证战略目标的实现。

点滴积累

1. 企业战略的3个层次:企业总体战略、企业经营战略和企业职能战略。
2. 企业战略管理的特征:全局性和系统性、长远性和相对稳定性、涉及企业大量资源的配置。
3. 战略管理过程包括3个阶段:战略分析阶段、战略评价及选择阶段、战略实施及控制阶段。

第二节 企业环境分析

企业是一个开放的系统,在企业内部以及企业与外界之间不断地发生各种资源和信息的变化,企业的活动受到内部与外部环境的影响和制约。对于企业来说,准确识别环境的特点,预测和把握环境的变化趋势,并有准备地予以应对,是企业科学实施战略管理的重要前提。企业要进行战略管理,必须全面地、客观地分析和掌握企业的内部与外部环境的变化,明确战略环境为企业发展提供的机会和构成的威胁,正确地定位自身的优势与劣势,并以此为出发点,制订切实可行的目标和实现目标的战略。

一、企业外部环境分析

企业外部环境是指那些给企业带来机会或构成威胁的主要社会力量,是企业不可控制的因素,它直接或间接地影响着企业的战略管理。外部环境主要包括:政治-法律(political-legal)、经济(economic)、社会(social)和技术(technological)等因素,简称为 PEST。

1. 政治-法律环境　企业的政治环境是指制约和影响企业的各种政治要素及其运行所形成的环境系统。政治环境包括国家的权力机构、政治制度、企业经营所涉及的政策等因素。这些因素都影响企业的战略制订及实施;企业的法律环境是指对企业经营活动具有现实或潜在影响的法律和法规等。法律环境包括国家制定的法律、法规和法令等,这些因素既对企业经营活动具有限制性规定,又为保护企业合法权益、消费者利益、促进公平竞争、维持良好的企业运营环境提供有利的保障。

知识链接

医药企业的政治环境

1. 产业政策　产业政策是指政府为实现一定的经济和社会目标而对产业的形成和发展进行干预的各种政策的总和。为了加快医药产业的快速发展,推进健康中国建设,国家出台了包括《国务院关于深化医药卫生体制改革的意见》《"健康中国 2030"规划纲要》《"十三五"深化医药卫生体制改革规划》《"十三五"卫生与健康规划》等一系列的产业政策,为医药产业的发展指明方向。

2. 政府投入　政府投入反映了资源在政府与企业之间的重新分配。近年来,政府对医药产业的投入呈现覆盖面广、投入规模大、投入资金不断增长等特点。政府投入的增加对于提高产业创新能力和国际竞争力起到至关重要的作用。

---

2. 经济环境　经济环境主要是指构成企业生存和发展的社会经济状况及国家的经济政策。主要包括国家及地方的经济发展状况、经济结构及产业结构、货币政策、收入水平等因素,其变化及走势都将影响企业的发展。

3. 社会-文化环境　社会-文化是人们的价值观、思想、态度和社会行为等的综合体,主要包括人口状况、收入分配、社会风俗及习惯、人的价值观念、文化传统等因素。社会因素对产品或劳务的需求产生影响,文化因素则会影响购买决策与企业经营行为,进而改变企业的战略选择。

4. 技术环境　技术环境是指企业所处环境中的科技要素及与其直接相关的各种社会现象的集合。企业技

▶ **课堂活动**

我国庞大的人口总量、老龄化的人口结构特点、"三高"及癌症人群的激增、工作生活带来的压力等环境特点给医药企业发展带来哪些影响?

术环境包括 4 个基本要素:社会科技水平、社会科技力量、国家科技体制和国家科技政策与科技立法。技术的发展与变化对企业的经营活动有直接和重大的影响,企业应及时分析并对应做出战略调整,以获取竞争优势。

> **知识链接**
>
> **"互联网+"为医药企业的发展注入新动力**
>
> 随着"互联网+"概念的提出,医药企业纷纷计划进入医药电商领域。以岭健康城的问世,云南白药自有商城和第三方平台的推出,复星医药线上导药网、挂号网,金象网与线下远程医疗、移动医疗等的有效资源整合,上海医药线上三大平台和线下三层网络的融合,仁和集团叮当大健康生态圈的构建战略等,都是医药企业在"互联网+"背景下的创新发展。

二、企业内部环境分析

企业内部环境是指处于企业内部的、企业能够加以控制的因素。企业内部环境是企业经营的基础,是战略制订的出发点、依据和条件。企业内部环境分析主要包括企业资源分析、企业文化分析和企业核心能力分析。企业文化分析见第一章中相关内容,本节就企业资源和企业核心能力进行分析。

1. **企业资源** 企业资源是指能够给企业带来竞争优势的任一要素,包括企业从事生产经营活动或提供服务所需的人力、资金、物料、信息、组织管理等方面的能力与条件。企业资源包括有形资源和无形资源。

(1) 有形资源:有形资源是指可见的、可量化的资产。包括财务资源、物质资源、人力资源和组织资源。财务资源通过资产负债率、资金周转率、可支配现金总量和信用等级等进行评估;物质资源通过固定资产现值、设备的先进程度与使用寿命、企业规模等进行评估;人力资源通过员工知识结构、受教育水平、技术等级、专业资格、进修培训情况等进行评估;组织资源通过企业的组织结构和计划、控制、协调机制等进行评估。通过评估确定有形资源的战略价值和竞争优势。

(2) 无形资源:无形资源是指那些根植于企业历史的、长期以来积累下来的、不容易辨别和量化的资产。主要包括企业的商誉和技术资源。企业的商誉通过品牌知名度、美誉度、企业形象、顾客的满意度、合作方的信任度等进行评估;企业的技术资源通过专利数量、科研成果转化率、研发人员的比例、企业的创新能力等进行评估。企业的无形资源由于具有竞争对手难以模仿、替代和购买等特点,在企业获取核心能力和竞争优势中将发挥越来越重要的作用。

2. **企业核心能力** 企业核心能力是指企业根据自身独特的资源,培育创造不同于其他企业的关键的竞争能力与优势。企业核心能力是一个复杂多元的系统,主要包括研究与开发能力、持续创新能力、科研成果转化能力、组织协调能力和应变能力。

点滴积累 ∨

1. 企业外部环境是指那些给企业带来机会或构成威胁的主要社会力量，它直接或间接的影响企业的战略管理。外部环境主要包括：政治-法律、经济、社会和技术等因素。

2. 企业内部环境是指处于企业内部的、企业能够加以控制的因素。企业内部环境分析主要包括企业资源分析、企业文化分析和企业核心能力分析。

第三节　企业战略管理分析方法

战略分析是指通过资料的收集和整理分析组织的内外环境。在本节中将介绍三种常用的战略分析方法：SWOT分析法、波士顿矩阵分析法和波特的五力模型。

一、SWOT分析法

SWOT分析是一种综合考虑企业内部条件和外部环境的各种因素，进行系统评价，从而选择最佳经营战略的方法，其中的S是指企业的优势（strengths），W是指企业的劣势（weaknesses），O是指企业外部环境的机会（opportunities），T是指企业外部环境的威胁（threats）。

（一）SWOT分析的步骤

1. 优势分析　优势是指企业所具有的、相对于竞争对手而言的优势资源或技术。企业的优势主要体现在技术、成本、竞争能力、规模经济、管理水平、员工素质、分销能力、品牌声誉、企业文化等方面的优势。

2. 劣势分析　劣势是指使企业在行业中处于劣势地位的条件和因素。企业的劣势主要体现在关键技术、人才引进、设备资源、组织管理能力等方面的劣势。

3. 机会分析　机会是指企业经营环境中出现的对企业的发展具有利好作用的形势。主要体现在市场增长速度快、新客户开发状况良好、产品线扩展满足消费者需求、并购联盟整合企业资源、有利的政府政策等方面。

4. 威胁分析　威胁是指企业经营环境中出现的对企业业务发展、营利能力或市场地位不利的因素。主要体现在市场增长速度慢、强大的竞争者进入、优质产品的出现、消费者需求产生偏移、买方或供应商讨价还价能力提高、不利的政府政策等方面。

完成以上内容的评价分析后，需进一步分析以下问题：在目前的内外部环境下，企业应如何寻找资源、如何最优的分配和使用资源，以提高企业的竞争优势。

（二）基于SWOT分析的战略选择

在利用SWOT分析法确定企业战略时，一般采用十字图结构，见图3-1。具体方法是建立一个十字象限，X轴表示为内部优势与劣势，Y轴表示外部机会与威胁，然后将各类要素逐项打分，按其重要程度加权并求其代数和，再将所得结果在SWOT分析图上具体定位，根据其所在的象限，确定企业的战略选择。

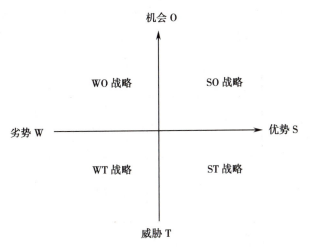

图 3-1　SWOT 分析战略选择的十字结构图

根据所在象限不同,企业战略可以分为:

1. 增长型战略(SO)　即依靠内部优势去抓住外部机会的战略。如一个资源雄厚的企业(具有内部优势)发现某一国际市场尚未饱和(存在外部机会),那么它就应该采取 SO 战略去开拓这一市场。

2. 扭转型战略(WO)　即利用外部机会来弥补企业内部劣势的战略。例如当市场上对于某项业务的需求快速增长的时候(外部机会),企业自身却缺乏这一方面的资源(内部劣势),企业就应该抓紧时机采取扭转型战略,购买相关设备、技术,雇用技术人员或者直接并购一个相关企业,以抓住这个机会。

3. 多元化战略(ST)　即利用企业的优势去避免或减轻外部威胁的打击。如一个企业的销售渠道很多(内在优势),但是由于种种限制又不允许它经营其他产品(外在威胁),那么企业就应该采取多元化经营战略,在产品的多样化以及其他优势方面创造优势。

4. 防御型战略(WT)　即减少内部弱点同时避免外部威胁的战略。例如一个资金不充裕(内在劣势),而市场对其产品的认知度又不高(外在威胁)的企业就应该采取防御型战略,稳扎稳打地强化企业管理,提高产品质量,稳定供应渠道,或者以联盟、合并的方式谋求长期的生存和发展。

┌─**边学边练**───┐

应用 SWOT 分析法分析学生所处的就业环境。并谈谈该采取什么战略或方法提高自身的就业竞争力。详见实训二　针对学生的就业环境和职业方向进行 SWOT 分析。

└──┘

二、波士顿矩阵分析法

波士顿矩阵(boston consulting group matrix,BCG matrix)是由美国波士顿咨询公司发明的一种被广泛运用的业务组合分析法。这种方法主要是通过为决策者提供产品组合是否合理的咨询,分析企业产品的走势并针对不同产品确定发展目标,进而帮助企业确定各项业务的经营发展方向,为每项业务制订相应的发展战略。

BCG 矩阵法是企业管理者用来分析企业战略经营单位(strategic business unit,SBU)的,针对分析结果提出相应的投资决策。将企业的每一个经营单位标注在二维的矩阵图上(图 3-2),通过矩阵图来评价经营单位的潜在收益情况。

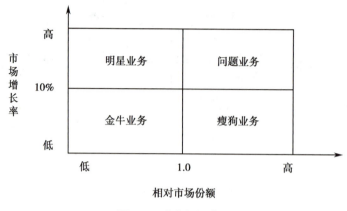

图 3-2　波士顿矩阵图

在图 3-2 中,矩阵的横轴表示企业在产业中所占的相对市场份额,是企业某项业务的市场份额与这个市场中最大的竞争对手的市场份额之比。它反映了该 SBU 在其业务市场中的竞争力。BCG 矩阵以 1 为分界点,1 以下表示该企业在该产品市场上的竞争力相对较弱,在市场上处于从属地位;1 以上表示该企业在该产品市场上的竞争力相对较强,在市场上处于领先地位,数值越大表示其竞争力越强。

纵轴表示市场增长率,指该 SBU 的年度市场增长率,BCG 矩阵以 10% 为增长率高低的分界线,年增长率在 10% 以上的为高增长业务,表示该业务有一个较好的竞争环境和发展前景;相反,10%以下的为低增长业务,说明该业务所处的市场竞争环境比较恶劣,发展前景较不好。

根据企业各个 SBU 的市场增长率和相对市场份额,BCG 矩阵将企业经营业务定位为以下四种类型:高增长高市场份额的明星业务;高增长低市场份额的问题业务;低增长高市场份额的金牛业务;低增长低市场份额的瘦狗业务。

1. **明星业务**　明星业务市场增长快,并处于市场领先地位,一般是企业的名牌产品。对这类业务企业应增加投资,巩固市场占有率,争取赢得较多的收益。

2. **问题业务**　问题业务市场增长速度快,企业需要投入大量资金支持其发展;但该业务市场份额较小,能够产出的资金较少。问题业务多数是新业务或投机性业务,具有一定的风险性。对能够成长为明星业务的问题业务采取增长型战略,相反则采取收缩型战略。

3. **金牛业务**　金牛业务是市场处于饱和期(或成长期)的产品,它们在市场上占主导地位,给企业带来大量的现金流。对这些业务不再需要投入大量的资金,只需设法延长其盈利期,依靠足够的市场份额,为企业获取大量利润。

4. **瘦狗业务**　瘦狗业务的市场份额不断下降,市场增长可能性极小。维持这类业务经营对企业来说不仅占用资金和资源,还会影响其他业务的发展。因此可以考虑撤退或淘汰。

三、波特的"五力"模型

美国著名战略管理学家迈克尔·波特(Michael E. Porter)认为:在一个产业中,存在着五种基本竞争力量:供应商的讨价还价能力、购买者的讨价还价能力、潜在进入者的威胁、替代品的威胁和行业内现有竞争者(图3-3)。五种竞争力合力的相互作用影响着该行业的竞争程度和利润水平。

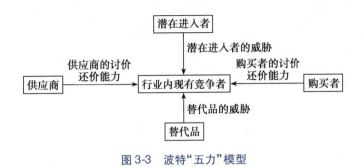

图 3-3　波特"五力"模型

(一) 供应商的讨价还价能力

企业一般都拥有原材料或设备等的供应商,企业的供应商可以通过其在市场中的地位与企业进行讨价还价,可表现为提高所供应产品或服务的价格,或降低所供应产品或服务的质量,从而使下游产业的利润降低。供应商讨价还价能力的大小取决于以下几个因素:

1. **供应商的集中度**　供应商集中程度越高,就会出现由少数几家企业控制的局面,供应商就会在产品价格、质量和供应条件上对企业施加较大的压力。

2. **供应商产品的可替代程度**　供应商产品的可替代程度越高,对企业越有利。即使供应商有较强的竞争优势,其竞争能力也会受到影响。

3. **供应商产品的标准化程度**　供应商产品的标准化程度越高,企业就要面对付出较高的转换成本,此时,供应商讨价还价的能力就会增强,会对企业造成较大的压力。

4. **供应商产品对企业的重要性**　供应商的产品对企业产品的质量、性能有重要的影响时,供应商将有较高的讨价还价的能力。

5. **供应商前向一体化的可能性**　供应商若通过收购或兼并的方式获取对下游分销系统的控制,即实施前向一体化战略,则其讨价还价的能力将会增强。

知识链接

纵向一体化战略

1. 前向一体化　是指企业通过收购或兼并其下游购买商,拥有或控制其分销系统,实施产销一体化。企业根据市场的需要和生产技术条件,利用自身优势,把成品进行深加工的战略,目的是为获得原有成品深加工的高附加值。这通常是制造商的战略。

2. 后向一体化　是指企业通过收购或兼并其上游供应商,拥有或控制其供应系统,实施供产一体化。企业利用其在产品上的优势,把原来属于外购的原材料和零件,改为自行生产的战略。在供货成本太高、供货方不可靠或不能保证供应,而企业本身有后向一体化能力时,常常采用这种战略。

(二) 购买者的讨价还价能力

购买者通过在市场上重要的地位与企业进行讨价还价。购买者的讨价还价能力表现为要求产

品的价格更低廉、质量更好或提供更为优质的售后服务等。购买者讨价还价能力的大小,取决于以下几个因素:

1. 购买者的集中度或购买量　当某产品的购买者集中度大或数量少,且每个购买者的购买量大,购买量占企业总销售量的比重较大时,购买者就具有较强的讨价还价能力。

2. 购买者所购买产品的标准化程度　购买者所购买的产品如果是标准的或差异性较小的,购买者的选择性就较大,从而使卖方处于劣势,购买者的讨价还价能力就越强。

▶ 课堂活动

　连锁药店作为药品的购买方,如何在购买药品过程中提高自己的讨价还价能力?

3. 购买者掌握的信息　购买者拥有关于需求、市场价格以及生产者的制造成本等信息越详尽和全面,其讨价还价能力越强。

4. 购买者的转换成本　购买者的转换成本越低,则其讨价还价的能力越强。

5. 购买者后向一体化的可能性　购买者通过收购或兼并若干供应商,拥有和控制其供应系统,则其讨价还价的能力就会增强。

（三）潜在进入者的威胁

当一个行业的平均利润率高于社会平均利润率,且该行业进入壁垒较低时,就会有新的投资者进入该行业。潜在进入者是一个产业的重要竞争力量,其进入威胁的强弱取决于进入壁垒和现有企业的反击力度。

▶ 课堂活动

　药品生产企业进入壁垒程度如何?体现在哪些方面?

1. 进入壁垒　行业进入壁垒主要包括:规模经济、产品差异化、资金需求、转换成本、销售渠道、成本优势和政府政策7个方面。进入壁垒越高、潜在进入者的威胁就会越小。

2. 现有企业的反击力度　行业内现有企业的反击力度越大,新进入者进入该行业的可能性越小,威胁就越小。

（四）替代品的威胁

替代品是指满足相同消费者同一需求的其他产品或服务,该产品或服务具有相同或类似功能,可与现有产品或服务相互替代。替代品的威胁程度主要取决于以下几个因素:

▶ 课堂活动

　药品生产企业如何降低替代品的威胁?　请举例说明?

1. 替代品的价格　替代品生产企业若具有成本优势或采用低价策略,则在产品或服务的价格上具有优势,对于消费者来说性价比较高,此时,替代品的威胁较大。

2. 消费者的转换成本　若消费者选择替代品的转换成本较小,则消费者放弃原有产品而购买使用替代品的可能性较大,这样,替代品构成的威胁就较大。

3. 顾客的转换欲望　若顾客对原有行业产品或服务购买欲望下降,则会对替代品的购买使用欲望增强,此时,替代品的威胁增强。

（五）行业内现有竞争者

行业内企业之间的竞争是企业获得竞争优势的必然存在。通常情况下,产业内企业竞争的激烈

程度主要由以下一系列因素决定:

1. **竞争者的数量** 一个产业内企业数量越多,竞争越激烈。每个企业都想通过竞争改善其市场地位,众多企业行动的必然结果便是竞争程度的加剧。

2. **产业增长速度** 产业增长缓慢时,企业为寻求发展,便会把力量放在争夺现有市场上,这样就会使现有企业竞争程度加剧。相反,产业快速增长时,产业内各企业可以与产业同步发展,企业还可以在发展的过程中充分利用自己的资金和资源,竞争程度有所下降。

3. **产品差异化程度** 产品和服务差异化程度越小,企业之间的竞争就会停留在价格层面,此时,行业内企业之间的竞争越激烈。相反,当产品和服务差异化程度较大时,消费者会产生差异化偏好和选择,进而形成消费忠诚度,则企业之间的竞争较缓和。

4. **固定成本或库存成本** 当固定成本或存货成本较高时,各个企业为了实现盈亏平衡或获得较高的利润,就会充分利用其生产能力抢占市场份额,当生产能力利用不足时,企业宁愿降低价格、扩大销售量也不愿闲置生产设备,因而企业间的竞争加剧。在库存成本高或产品不易保存的行业内,企业急于销售产品,也会使行业内竞争加剧。

5. **消费者转换成本** 若消费者购买产品或服务的转换成本较低时,消费者就可能转买另一企业的产品或服务,则竞争比较剧烈。相反,若消费者购买产品或服务的转换成本较高时,消费者转换产品或服务的概率则降低,不同企业产品各具特色,而各自拥有不同的消费者人群,则竞争比较缓和。

6. **生产能力** 若由于产业的技术特点和规模经济的要求,产业内不断增加新的生产能力,则必然会打破供求平衡,导致供过于求,产生过剩的产能,从而增加现有竞争者之间的抗衡,导致竞争加剧。

7. **退出障碍** 退出障碍是指企业在退出某一行业时所遇到的困难。当企业退出障碍高时,行业中因为存在过剩的生产能力而导致竞争加剧。企业退出障碍主要体现在以下几个方面:固定资产的专业化程度高,清算价值低或转换成本高;退出的固定费用高;战略上的协同关系影响;情感上的因素;政府和社会的限制等。

知识链接

我国医药生产企业的竞争状况

我国现有药品生产企业 4800 多家,其中 75% 为年销售额不足 5000 万元的小企业。企业数量多且多数为规模小的企业。我国医药企业的产品存在过度仿制、重复生产、同质化严重、大打价格战的竞争态势。呈现出创新水平不足,新药研发投入不足,承担风险能力弱等特点。随着新版 GMP、仿制药一致性评价和招标采购制度等一系列政策的出台,医药生产企业面临的竞争愈加激烈。在这样的竞争态势下,医药企业必须通过转型升级、并购联盟、提高自主创新能力等战略才能取得竞争优势。

点滴积累 ⅴ

1. SWOT 分析的分析步骤包括：优势分析、劣势分析、机会分析和威胁分析。 基于该方法的战略选择包括：增长型战略、扭转型战略、多元化战略和防御型战略。

2. 根据 BCG 矩阵法可将企业经营业务分为 4 种类型：明星业务、问题业务、金牛业务和瘦狗业务。

3. 波特认为在一个产业中，存在着 5 种基本竞争力量：供应商的讨价还价能力、购买者的讨价还价能力、潜在进入者的威胁、替代品的威胁和行业内现有竞争者。 五种竞争力合力的相互作用影响着该行业的竞争程度和利润水平。

目标检测

一、选择题

（一）单项选择题

1. 对企业的战略环境进行分析和评价，并预测这些环境的发展趋势，以及其对企业可能带来的影响是以下哪个阶段（　　）

　　A. 战略分析阶段　　　　　　　　　　B. 战略评价阶段

　　C. 战略实施阶段　　　　　　　　　　D. 战略控制阶段

2. 以下不属于经济环境范畴的是（　　）

　　A. 收入水平　　　　　　　　　　　　B. 货币政策

　　C. 消费支出分配　　　　　　　　　　D. 经济结构

3. 以下属于企业无形资源的是（　　）

　　A. 财务资源　　　　　　　　　　　　B. 人力资源

　　C. 品牌知名度　　　　　　　　　　　D. 设备资源

4. 企业经营环境中出现的对企业业务发展、盈利能力或市场地位不利的因素是（　　）

　　A. 劣势　　　　　　　　　　　　　　B. 威胁

　　C. 机会　　　　　　　　　　　　　　D. 竞争

5. 市场增长率较高，相对市场份额较小的业务是（　　）

　　A. 明星业务　　　　　　　　　　　　B. 金牛业务

　　C. 瘦狗业务　　　　　　　　　　　　D. 问题业务

6. 以下不属于影响替代品威胁大小的因素是（　　）

　　A. 替代品的价格　　　　　　　　　　B. 消费者的转换成本

　　C. 顾客的转换欲望　　　　　　　　　D. 企业的反击力度

（二）多项选择题

1. 企业战略的构成要素包括（　　）

　　A. 企业宗旨和目标　　　　　B. 经营范围　　　　　C. 竞争优势

D. 资源配置　　　　　　　E. 协同作用

2. 企业的战略可以划分为哪几个层次(　　　)

 A. 企业总体战略　　　　B. 企业经营战略　　　　C. 企业竞争战略

 D. 企业职能战略　　　　E. 企业规划战略

3. 企业战略管理的特征包括(　　　)

 A. 全局性　　　　　　　B. 系统性　　　　　　　C. 长远性

 D. 永久稳定性　　　　　E. 涉及企业大量资源的配置

4. 以下属于企业外部环境的是(　　　)

 A. 政治法律环境　　　　B. 经济环境　　　　　　C. 社会文化环境

 D. 企业资源　　　　　　E. 技术环境

5. 企业资源包括(　　　)

 A. 有形资源　　　　　　B. 无形资源　　　　　　C. 竞争能力

 D. 核心能力　　　　　　E. 管理能力

6. 以下属于影响购买者讨价还价能力大小的因素有(　　　)

 A. 购买者的集中度　　　　　B. 购买者掌握的信息

 C. 购买者的转换成本　　　　D. 购买者前向一体化的可能性

 E. 购买者后向一体化的可能性

二、简答题

1. 简述 SWOT 分析法的分析步骤。

2. 简析供应商讨价还价能力的大小取决于哪些因素?

3. 企业的退出障碍主要体现在哪些方面?

三、实例分析

复星医药集团的战略实施与控制方略

上海复星医药(集团)股份有限公司(以下简称"复星医药"),是一家业务遍及医药领域各个环节的企业集团,复星医药的专业运营能力已经得到业内认可。复星医药发展到今天,已经成为业务领域涵盖药品研发与制造、医药流通、诊断产品、医疗器械、化工与健康产业投资等多个业务领域的大型医药企业集团。

那么,复星医药究竟如何实施战略管控? 这种变革对复星的日常工作会带来何种新的变化?

1. 审视自身,做出理性选择　复星医药之所以将自身定位为战略管控型企业,是其在自身战略、资源、能力基础上做出的理性选择。作为一家业务遍及医药领域各个环节的专业医药企业集团,复星医药设立了打造主流市场一流企业的发展目标,但这一目标的落脚点和实现还是要以所投资的控、参股的产品经营企业为战略执行的主体。

2. 深入分析,抓住管理重点

(1) 战略目标:总部协同各部门和各企业对其战略目标的制订进行管理和考察,目标包括市场、竞争目标、运作目标及管理人员能力开发目标等,通过实现这些细分目标来实现集团的总体目标,并且应具有足够的挑战性。

（2）战略的可行性分析:集团总部汇集了众多企业的相关市场信息。在客户方面,总部主要考察和管理各企业对顾客需求的了解程度、对客户和目标客户群进行分类的方法和程序、对每类客户特殊需求的了解情况和为满足特殊需求做出的应对方案。在企业的定位方面总部重点关注以下几个关键点:复星的产品或服务对顾客的价值和所能为他们解决的问题;产品本身和相关服务的特色;同竞争对手相比,复星所具有的产品优势提出的定位要能够经得住市场考验;是否评估过其他更好的定位。

（3）资源和人力:总部的另外一个重要的管理职能就是帮助企业考察企业已经拥有的资源和需要争取的资源情况,并对使用资源的方式和效率进行分析;在人力方面分析人员、团队对支持战略举措的作用,如果作用不够,应能提出有效加强措施。

3. 三驾马车,构造管控体系　在具体操作层面,复星医药将通过组织保障系统、静态管控系统和动态管控系统三驾马车相结合的方式实施日常的管理工作。

4. 深化管控,进行全面管理　对于复星医药总部而言,目前为企业提供的各项服务不可放松和减少,并且未来的工作重点将主要围绕以下五个内容展开:战略规划、年度计划与财务预算、定期管理报告、绩效管理、人力资源评价。

由此可知,建设完善的战略管控体系,会给复星的工作带来一些新的变化。也就是说战略管控绝不是只管战略,而是推动企业最终目标实现的全方位管理。

问题:

1. 复星医药在实施战略管控时都考虑了哪些因素?

2. 复星医药的战略管控包括了哪些方面?

3. 通过复星医药操作层面管控体系的构建,你学到了什么?

（刘丹丹）

实训二　针对学生的就业环境和职业方向进行 SWOT 分析

【实训目的】

1. 学会使用 SWOT 分析法分析和解决问题。

2. 能够通过 SWOT 分析法的分析结果选择正确的发展战略。

3. 通过就业环境和职业方向的分析,准确定位,确定正确科学的学习目标。

【实训内容】

1. 分组　将班级学生按照 6 人一组的方式分组。

2. 确定实训主题及内容　针对本专业的就业环境进行 SWOT 分析,包括就业机会、威胁、优势和劣势。并根据分析结果确定未来发展战略及学习目标。

3. 分组讨论　根据实训内容,进行分组讨论,完成实训报告。

4. 汇报　每小组选择 1 名同学作为发言代表进行实训报告汇报。

5. 实训评议　教师根据学生汇报情况,进行评分并点评。

【实训要求】

1. 深入了解国家宏观医药环境和就业形势,分析本专业学生的就业机会和威胁。

2. 全面分析本人所具有的就业优势和就业劣势。

3. 根据以上分析结果,提出自己未来发展的战略,确定可行性的职业发展路径。

【实训报告】

按要求撰写一篇实训报告,主要包括:

1. 实训目的

2. 实训内容

(1) SWOT 分析

机会: 1. ＊＊＊＊＊＊＊ 2. ＊＊＊＊＊＊＊＊ ………	威胁: 1. ＊＊＊＊＊＊＊ 2. ＊＊＊＊＊＊＊＊ ………
优势: 1. ＊＊＊＊＊＊＊ 2. ＊＊＊＊＊＊＊＊ ………	劣势: 1. ＊＊＊＊＊＊＊ 2. ＊＊＊＊＊＊＊＊ ………

(2) 发展战略规划

3. 实训小结

【实训评价】

1. SWOT 分析内容的完整,机会、威胁、优势和劣势四项内容分析准确,符合实际情况,有深度,描述清晰。

2. 提出的未来发展战略和职业发展路径具有科学性、适用性和可行性。

3. 讨论积极、参与度高,汇报时思路清晰、表达顺畅。

小组评分标准

评分项目	项目分值	小组得分	备注
能够保证分析内容的完整性	2分		
能够体现分析内容的时效性及先进性	2分		

续表

评分项目	项目分值	小组得分	备注
提出的发展战略能够体现科学性及适用性	2分		
实训态度良好,参与度高	1分		
实训汇报逻辑性强,表达顺畅	3分		
总分	10分		

（刘丹丹）

第四章

企业管理职能

——管理是由计划、组织、领导和控制等职能为要素组成的活动过程

导学情景 ∨

情景描述

同仁堂的海外发展规划可分为"三大步"：第一步是借道香港；第二步成立北京同仁堂国际有限公司，目标是"有华人的地方就有同仁堂"；第三步进军西方主流市场，目标是"有健康需求的地方就有同仁堂"。 同仁堂国际下设了零售药店、中医诊所、配送中心、培训中心等多种不同的海外网点，其中，香港有生产研发基地，有大型养生保健中心。 除了在东南亚华人较为集中的地区开发市场外，针对欧美市场较为严苛的准入标准和文化差异，他们因地制宜、文化先行，在欧美国家建立养生中心、推广中医文化、推出中医推拿等传统中医项目，成立各国政策研究组并联手海外医药研究机构展开中药成分安全性研究。

学前导语

同仁堂紧紧抓住"一带一路"契机，探索出一条"产品、医疗、文化、科研、人才"五位一体的海外发展之路，完成了全球五大洲的全面布局。 到 2017 年年底，已成功实现了在海外 26 个国家和地区开设 130 余家零售终端的目标，累计诊疗的患者超过 3000 万人次。 同仁堂取得的成就，首先是具有明确的计划，然后设计了合理的组织结构，并较好地管控住了中西方文化的冲突。

企业管理的基本工作是通过一些具体职能来实现的。管理职能是指管理者为实现有效管理所应具备的职责和功能，是对千头万绪、纷繁复杂的管理工作系统的概括分类，包括计划、组织、领导和控制。

目标概述

目标管理

第一节　计划

在毛泽东《论持久战》中曾引用："'凡事豫则立，不豫则废'，没有事先的计划和准备，就不能获得战争的胜利。"同样，在企业管理过程中，有计划可以让事情做得更好；无计划则容易失去方向。

一、计划概述

计划是管理工作的首要职能,一切管理活动都是从计划开始的。对企业而言,要取得有效的工作成果,最主要的任务是设法使组织员工明确目的与目标,以及实现它们的方案。要管理好企业,就得有计划,把计划作为企业行为的准则,可以说,良好的计划是增强企业竞争力的重要途径和有利工具。然而在我国并非所有的管理者都能制订出合理的、有效的计划。有的管理者粗略地考虑过组织想要达到什么目标,以及如何实现目标,但不重视把目标写出来,没有使计划成为组织人员共同努力的目标。有的管理者没有按照总计划制订出具体计划,计划与现实脱节,组织成员无法按计划去工作,计划只是一个被装订得很精美的摆设而已。

（一）计划的含义与作用

1. 计划的含义　"计划"一词有名词和动词之分。名词的计划是指计划书,是用文字和指标等形式所表达的,是组织对未来一定时期内关于行动方向、内容和方式安排的指导性文件。动词的计划指计划工作,为实现组织目标而对未来行动做出的统筹安排。

在管理学中,计划的含义到底是什么呢?许多管理学界的大师们都曾经对此进行过阐述,尽管表述各有不同,但我们认为其核心的意义却基本一致,就是为了实现组织目标而对未来行动做出的统筹安排。我们采用美国管理学大师斯蒂芬·P·罗宾斯等著的《管理学》(第7版)的定义,计划包括定义组织的目标,制订实现目标的战略,以及开发一组广泛的相关计划以整合和协调组织的工作。因此,计划既涉及目标(做什么),也涉及实现目标的方法(怎么做)等。

计划的内容要素包括以下7个方面,即"5W2H":

What——做什么?

Why——为什么做?

Who——谁去做?

Where——何地做?

When——何时做?

How to do——怎样做?

How much——用多少钱?

"5W2H"是组织在制订计划时所必须具备的基本要素。

2. 计划的作用

（1）为企业管理工作指明了方向:计划明确了未来一定时期内的工作内容、行动方向和实现目标的方法。计划就如同乐队中的指挥一样,它将组织中的所有有关人员的方向和他们的活动统一协调起来,相互合作,实现组织目标。

（2）降低风险,减少不确定性:计划是面向未来的,而未来又是不确定的。管理者在制订计划时充分考虑未来各种变化可能带来的冲击,在科学预测的基础上,制订适当的对策。计划将不确定性降到最低,减少变化带来的影响。

（3）减少浪费,提高效率:科学的计划经过方案的选择和论证,在众多实现目标的方法和途径中选择了最满意的方案。实施前的协调过程可以最大限度地避免重复和浪费,使组织目标高效经济地完成。

▶ 课堂活动

常有人说"计划没有变化快",认为没必要做计划,你是怎么理解的?

(4)有利于进行控制:计划和控制是一个事物的两个方面。未经计划的活动是无法控制的、未经控制的计划是无效的。控制就是通过不断调整实际工作与计划的偏差来使行动保持既定的方向。计划是控制的标准,是控制的基础。

(二)计划的类型和层次

1. 计划的类型　计划的种类很多,可以按不同的标准进行分类。

(1)按计划的时间长短划分

1)长期计划:通常,人们习惯将五年以上的计划称为长期计划。长期计划描述了组织在较长时期的发展方向和方针,规定了组织的各个部门在较长时期内从事某种活动应达到的目标和要求,绘制了组织长期发展的蓝图。长期计划有时也称规划,例如我国的"国民经济和社会发展的第十三个五年规划"。

2)中期计划:一般指一年以上五年以内的计划。中期计划来自长期计划,只是比长期计划更为具体和详细,起到协调长期计划和短期计划的作用。

3)短期计划:是指不超过一年的计划。短期计划具体地规定了组织的各个部门在较短的时期阶段,特别是最近的时段中,应该从事何种活动,从事该种活动应达到何种要求,因而为各组织成员的行动提供了依据。如企业年度生产计划、上半年度销售计划都属于短期计划。

(2)按计划涉及的广度划分

1)战略计划:是指应用于整体组织的、为组织设立总体目标和寻求组织在环境中的地位的重大计划。通常,战略计划的周期较长,涉及面也较广,计划目标具有较大的弹性,制订难度较大,一般由组织中的高层管理者来制订。

2)作业计划:规定总体目标如何实现的细节计划。战略计划的一个重要的任务是设立目标,而作业计划是假定目标已经存在,只是提供实现目标的方法。作业计划一般由基层管理者制订。

(3)按计划内容的明确性划分

1)具体性计划:具有明确规定的目标,不存在模棱两可。比如,某医药公司销售经理打算使企业销售额在未来6个月中增长15%,他会制订明确的程序、预算方案以及日程进度表,这便是具体性计划。相对于指导性计划而言,具体性计划虽然更易于执行、考核及控制,但缺少灵活性,它要求的明确性和可预见性条件往往很难满足。

2)指导性计划:只规定某些一般的方针和行动原则,给予行动者较大的自由处置权,它指出重点但不把行动者限定在具体的目标上或特定的行动方案上。比如,某医药公司只规定未来6个月内销售额要增加12%～16%。

(4)其他划分类型:按照计划所指向的工作和活动领域不同,可分为采购计划、生产计划、销售计划、财务计划等;按照计划的对象不同,可分为综合性计划和专题性计划。

2. 计划的层次　管理学家哈罗德·孔茨和海因·韦里克把计划从抽象到具体划分为多个层

次,如图4-1所示。

（1）使命（或目的）：它是一个组织存在于社会的基本职能或根本任务,是区别于其他组织的标志。它指明了组织是干什么的,应该干什么。比如,大学的使命是教书育人和科学研究;医院的使命是治病救人;企业的使命是提供产品和服务,给投资者以合适的回报。

（2）目标：是指组织在未来一定时期内所要取得的预期成果。组织使命相对来说是抽象的、原则化的,它需要进一步具体为组织一定时期内的目标和各部门的目标。组织的使命支配着组织各个时期的目标和各个部门

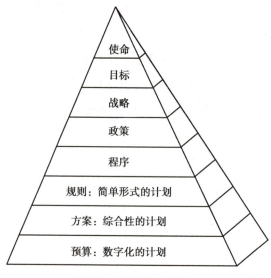

图4-1　计划的层次体系

的目标。比如,教书育人和科学研究是一所大学的使命,但一所大学在完成自己使命时会进一步具体化不同时期的目标和各院系的目标,如最近3年培养多少人才,发表多少篇论文等。

（3）战略：是为了达到组织总目标而采取的行动和利用资源的总计划。战略是一些方向性计划,并不确切地概述组织怎样去完成它的目标。

（4）政策：是指导或沟通决策思想的全面的陈述书或理解书。但不是所有政策都是陈述书,政策也常常会从主管人员的行动中含蓄地反映出来。比如,主管人员处理某问题的习惯方式往往会被下属作为处理该类问题的模式,这也许是一种含蓄的、潜在的政策。政策是用来帮助解决问题的处理方法,指导处理问题的原则,能减少处理例行事件的成本。

（5）程序：是制订处理未来活动的一种必需方法的计划。它详细列出必须完成某类活动的切实方式,并按时间顺序对必要的活动进行排列。程序是行动的指南,在实践工作中往往表现为组织的规章制度。

（6）规则：通常是最简单形式的计划。规则没有酌情处理的余地。它详细、明确地阐明必需行动或无须行动,其本质是一种管理决策。比如,"禁止吸烟"是一条规则,但和程序没有任何联系;而一个规定为顾客服务的程序可能表现为一些规则,如在接到顾客需要服务的信息后30分钟内必须给予答复的规定。

（7）方案：是对某个事件的一个综合的计划,它包括目标、政策、程序、规则、任务分配、要采取的步骤、要使用的资源以及为完成既定行动方针所需的其他因素。一项方案可能很大,也可能很小。通常情况下,一个主要方案可能需要很多支持计划,方案是这些支持计划的纲领。

（8）预算：是数字化的计划,采用数字形式对未来的收支状况进行计划。预算通常是为规划服务的,其本身可能也是一项规划。

（三）制订计划的程序

不论计划的内容如何、时间长短、简单或复杂,管理人员在编制计划时,其工作步骤都是相似的。

1. 认识机会　认识机会先于实际的计划工作开始以前,严格来讲,它不是计划的一个组成部

分,但却是计划工作的真正起点。因为它预测到了未来可能出现的变化,清晰而完整地认识到组织发展的机会,搞清了组织的优势、劣势及所处的地位,认识到组织利用机会的能力,意识到不确定因素对组织可能发生的影响程度等。

认识机会,对做好计划工作十分关键。诸葛亮"草船借箭"的故事流传百世,其高明之处就在于他预测到了三天后江上会起雾,神奇般地实现了自己的战略目标。企业经营中也不乏这样的例子。

2. **确定目标**　就是在认识机会的基础上,为整个组织及其所属的下级单位确定目标,目标是指期望达到的成果,它为组织整体、各部门和各成员指明了方向,描绘了组织未来的状况,并且作为标准可用来衡量实际的绩效。

3. **确定前提条件**　计划工作的前提条件是指计划实施时的预期环境。确定前提条件,就是对组织的内外部环境和所具备的条件进行分析和预测。预测的准确性越高,计划才会越可靠有效。

4. **拟定可供选择的可行方案**　即寻求、拟定、选择可行的行动方案。"条条道路通罗马",实现一个目标有多种方案。计划工作需要拟定多种方案以供选择,这些方案要符合计划目标,具有可行性。

5. **评价可供选择的方案**　拟定方案之后,根据前提条件和目标,权衡每一个方案的轻重优劣,对可供选择的方案进行评估。评估取决于评价者所采用的标准和对各个标准所赋予的权重。

每个方案都有各自的优缺点,如何选择,一方面要结合管理者的经验和水平,另一方面可以借助数学模型和计算机手段,做到定性分析和定量分析。

6. **选择方案**　这是在前五步工作的基础上,做出的关键一步,也是决策的实质性阶段——抉择阶段。在选择过程中,有时会发现同时有两个以上可取方案。在这种情况下,必须确定首先应采取哪个方案,而将其他方案也进行细化和完善,以作为后备方案。

7. **制订派生计划**　派生计划是总计划下的分计划,其作用是辅助并支持总计划的贯彻落实。比如,某医药公司年初制订了"当年销售额比上年增长15%"的销售计划,与这一计划相连的有许多计划,如生产计划、促销计划等。

▶▶ **课堂活动**

　　请同学们通过网上查阅某医药企业创业（或商业）计划书,熟悉其格式和内容。

8. **编制预算**　计划工作的最后一步就是把计划转变成预算,使计划数字化。编制预算,一方面是为了计划的指标体系更加明确,另一方面是使企业更易于对计划执行进行控制。

二、计划的工具与技术

计划制订的效率和质量很大程度上取决于所采用的计划方法,现代组织由于面对复杂和动荡的外部环境,未来不确定性因素也日益增多,组织规模也在不断扩大,故采用数学方法和计算机技术为基础的方法,可以帮助确立各种复杂的经济关系,提高计划工作的效率。下面介绍几种常用的计划方法。

（一）预测

预测是指在掌握现有信息的基础上,依照一定的方法和规律对未来的事情进行估计、分析、判断和推测,从而指导人们的行动。

预测的方法多种多样,一般可分为定量预测和定性预测。

定量预测能获得相对精确的数据,即根据过去的数据序列预测未来的结果。

定性预测是根据已掌握的信息资料,依靠具有丰富经验和能力的专家判断未来的结果。表 4-1 列出了一些常用的预测方法。

表 4-1　常用的预测方法

技术方法	描　述	应用举例
定量预测技术		
时间序列分析法	用数学方程拟合某个趋势曲线,然后根据此方程预测未来	依据前三年销售数据预测下一季度的销售额
回归模型法	根据已知或假设的变量预测另一个变量	找出能够预测特定销售水平的因子(如价格、广告支出等)
经济计量模型法	采用一组回归模型模拟经济的某个部分	当税法修改后药品销售的变化
经济指标法	采用一个或多个经济指标预测经济的未来结构	运用 GDP 的变化预测可支配收入的变化
替代效应法	采用数学公式预测一种新产品或新技术怎样、何时以及在什么情况下将替代原有的产品或技术	预测智能电子血压计对非智能电子血压计销售量的变化
定性预测技术		
评审小组意见法	综合和平均专家的意见	召集公司人力资源管理者预测下年度院校毕业生的招聘需求
销售人员意见构成法	综合某个领域销售人员的估计,以确定顾客期望的购买意愿	预测下一年度家用血糖仪的销售
顾客评价法	综合依据现有顾客购买情况所做的估计	调查某制药厂的主要经销商以决定市场期待的产品品种和数量

(二)　滚动计划法

1. 滚动计划法原理　滚动计划法是按照“远粗近细、分段编制”的原则制订一定时期内的计划,然后按照计划的执行情况和环境变化,调整和修订未来的计划,并逐期向后移动,把短期计划和中期计划结合起来的一种计划方法。

滚动计划法是一种动态编制计划的方法,不是在一项计划全部执行完成后,再重新编制下一阶段的计划,而是在每次编制或调整计划时,均将计划按时间顺序向前推进一个计划期,即向前滚动一次,使计划不断滚动延伸。

滚动计划的具体编制方法是在计划制订时,同时制订未来若干期的计划,近期计划尽可能详细,远期计划的内容则较粗。在已编制计划的基础上,每经过一段时期(如一年或一个季度,这段固定时期被称为滚动期),便根据内外部环境变化情况和该阶段计划的实际执行情况,对原计划进行调整。在保持原计划期限不变的前提下,将整个计划期限向前推进一个滚动期;以后再根据同样的原则逐期滚动,如图 4-2 所示。

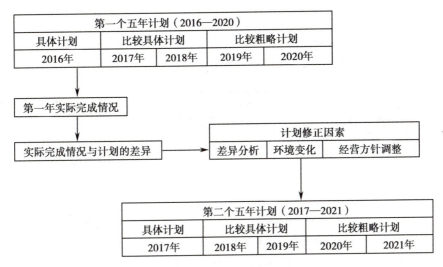

图 4-2　滚动计划法实例

2. 滚动计划法优缺点

（1）滚动计划法的优点:采用滚动计划法,可以根据环境变化和计划实际完成情况,定期地对计划进行修订,使组织始终有一个较为切合实际的长期计划作指导,并使长期计划与短期计划能够紧密地衔接在一起。

采用滚动计划法,可以避免各种不确定性带来的不良后果。制订计划时往往较难准确地预测未来各种影响因素的变化,而且计划期越长,这种不确定性会越大,若还是按照过去制订的计划实施,可能导致重大失误。

采用滚动计划法来制订计划,可以充分发挥计划的灵活性,增大了计划的弹性,从而提高了组织的应变能力。

（2）滚动计划法的缺点:编制计划的工作量较大。

（三）甘特图法

1. 甘特图简介　甘特图（Gantt chart）又称为横道图、条状图（bar chart）,是以图示的方式通过活动列表和时间刻度,形象地标识出任何特定项目的活动顺序与持续时间。它是在第一次世界大战时期发明的,以提出者亨利 L·甘特（Henry L. Gantt）先生的名字命名的。由于甘特图形象简单,所以在简单、短期项目中,甘特图都得到了广泛的应用。

甘特图基本上是一种线条图,横轴表示时间,纵轴表示要安排的活动,线条表示在整个期间内计划的和实际的活动完成情况。甘特图直观地表明任务计划在什么时候进行,以及实际进展与计划要求的对比。甘特图是对简单项目进行计划与排序的一种常用工具,用于解决负荷和排序问题时较为直观,它能使管理者先为项目活动做好进度安排,然后再随时间的推移,对比计划进度与实际进度,进行监控工作,把注意力调整到最需要加快速度的项目活动,使整个项目按期完成。

如图 4-3,我们以某医药公司仓库改造项目来说明一下甘特图。不难看出在本例中,除了仓库硬件安装配置未按计划完成,其他活动都是按计划完成的。

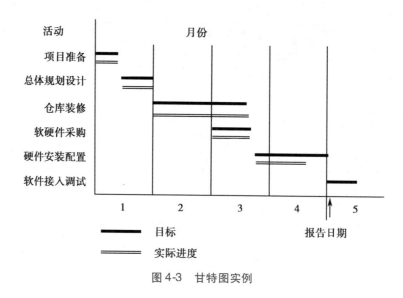

图 4-3　甘特图实例

2. 甘特图的优缺点

（1）甘特图的优点：直观地标明了各活动的计划进度和当前进度，能动态反映项目进展情况。

（2）甘特图的局限：甘特图事实上仅仅部分地反映了项目管理的三重约束（时间、成本和范围），因为它主要关注进程管理（时间）；尽管能够通过项目管理软件描绘出项目活动的内在关系，但是如果关系过多，纷繁复杂的线图必将增加甘特图的阅读难度。

（四）网络计划法

网络计划法于 20 世纪 50 年代起源于美国，是项目计划管理的重要方法，最初被运用于国防导弹工程，如关键路线法（CPM）、计划评审技术（PERT）等，后来被广泛应用于组织的管理实践中。

1. 网络计划法的基本原理

（1）首先将一个完整的计划分解成各项作业，并对各项作业按照先后顺序进行排序，绘制出网络图，反映整个计划任务的全过程；

（2）其次，根据网络图计算网络时间，确定关键工序和关键路线；然后进行网络方案的优化，求得工期、资源和成本最优的方案；

（3）最后进行计划的执行，通过监督和控制，保证计划目标的实现。

2. 网络计划法的优点

（1）通过网络图可以使整个项目及其各个组成部分一目了然。

（2）能够准确地估计项目完成时间，并指明哪些活动一定要按期完成。

（3）使参加项目的各个单位和有关人员了解他们各自的工作机器项目中的地位和作用。

（4）便于跟踪项目进度，抓住关键环节。

（5）可以简化管理，使管理者的注意力集中到可能出现问题的活动上。

点滴积累 ˅ ··

1. 计划包括定义组织的目标，制订实现目标的战略，以及开发一组广泛的相关计划以整合和协调组织的工作。因此，计划既涉及目标（做什么），也涉及实现目标的方法（怎么做）。

2. 一个常见的计划内容要素包括 7 个方面，即"5W2H"。

3. 制订计划的基本程序是认识机会、确定目标、确定前提条件、拟定可供选择的可行方案、评价可供选择的方案、选择方案、制订派生计划、编制预算。

4. 计划制订的效率和质量很大程度上取决于所采用的计划方法，常见的计划方法有预测、滚动计划法、甘特图法、网络计划法。

第二节　组织

组织职能是通过全体成员设计一个基本的组织框架，在这个基本的管理平台上集合全体成员的努力以有效地完成目标。一个良好的计划，常常因为管理人员没有适当的组织管理予以支持而落空。有效、灵活的组织结构是组织适应环境变化，谋求生存发展机会，在日益激烈的竞争环境中取胜的保证。

决策职能概述

决策的类型
与过程

一、组织概述

（一）组织的含义和部门的划分

1. 组织的含义　从广义上说，组织是指由诸多要素按照一定方式相互联系起来的系统。从狭义上说，组织是为了达到某一些特定目标，在分工合作基础上构成的人的集合，如：企业、工会、政府部门等。组织作为人的集合，不是简单的毫无关联和个人的加总，这些组织从事的活动各不相同，但它们都有目的、有计划、有步骤地对个体行为进行协调，形成集体的行为。组织不仅是社会的细胞、社会的基本单元，而且可以说是社会的基础。

社会系统学派的代表巴纳德给组织下的定义是："两个以上有意识地协调和活动的合作系统"。他提出的构成组织的基本要素有：共同的目标，合作的意愿，信息的交流。他认为，信息的交流是连接组织的共同目标与个人意愿的桥梁。没有信息的交流，目标难以为全体成员所接受，个人的合作意愿难以变成有效的行动。

2. 组织结构　在管理学中，组织被看作是反映一些职位和一些个人之间的关系的网络式结构。组织可以从静态与动态两个方面来理解。静态方面，指组织结构，即反映人、职位、任务以及它们之间的特定关系的网络。这一网络结构可以把相互之间的协调配合关系、各自的任务和职责等用部门和层次的方式确定下来，成为组织的框架体系。动态方面，指维持与变革组织结构，以完成组织目标的过程。企业组织结构是企业全体职工为实现企业目标，在管理工作中进行分工协作，共同决策，在职务范围、责任、权利方面所形成的结构体系。

正是从动态方面理解,组织被作为管理的一种基本职能。通过组织机构的建立与变革,将生产经营活动的各个要素、各个环节,从时间上、空间上科学地组织起来,使每个成员都能接受领导、协调行动,从而产生新的、大于个人和小于集体功能简单加总的整体职能。

> **知识链接**
>
> 现代管理学之父彼得·德鲁克对组织结构的认知
>
> 1. 组织结构不是"自发演变"的,在一个组织中,自发演变的只有混乱、摩擦和不良绩效,所以组织设计组织结构时需要思考、分析和系统的研究。
>
> 2. 设计组织结构并不是第一步,而是最后一步。第一步是对组织结构的基本构成单位进行识别和组织。其中,组织结构的基本构成单位是指那些必须包含在最后的结构之中,并承担整个组织的"结构负荷"的那些业务活动。并且,基本构成单位是由它们所做贡献的种类来决定的。
>
> 3. 战略决定结构。结构是实现某一机构的各种目标的一种手段,为了确保效率和合理性,必须使组织结构与战略相适应,即战略决定结构。战略就是对"我们的业务是什么、应该是什么和将来会是什么"这些问题的解答,它决定着组织结构的宗旨,并因此决定着在某一企业或服务机构中哪些是最关键的活动。有效的组织结构,就是使这些关键活动能够正常工作并取得杰出绩效的组织设计。因此,有关结构的任何工作,都必须从目标和战略出发。
>
> 4. 日常的经营管理、创新和高层管理这3种不同的工作必须组合在同一组织结构之中,组织结构必须一方面以任务为中心,另一方面以人为中心,并且既有一条权力的轴线,又有一条责任的轴线。

3. 部门的划分　组织结构的基础是组织内部的各种部门。部门是指组织中各类主管人员按照专业化分工的要求,为完成某一类特定的任务而有权管辖的一个特定的领域,它既是一个特定的工作领域,又是一个特定的权力领域。

企业发展壮大了,职能越来越多,分工越来越细,当职能分工细到一定程度的时候,一个层次的管理就不行了,这时必须把职能相近或者靠近的部门打个包合在一起,在这些部门中挑选一个能力较强的人来管理。比如,研发部、质控部、生产部,它们之间协调、合作得最多,就打成包,交给一个人来管理。

在组织设计方面,企业高层管理者需要反复考虑的内容是设置多少个管理部门;每个职能部门的职责权限是什么;应该建立几个管理层次;每一级的管理层次又起着什么样的作用。

(1)部门划分的原则

1)最少部门原理:指组织结构中的部门力求量少而精简,这是以有效地实现组织目标为前提的。

2)弹性原理:指划分部门应随业务的需要而增减。在一定时期划分的部门,没有永久性的概念,其增设和撤销应随业务工作而定。组织也可以设立临时部门或工作组来解决临时出现的问题。

3)目标实现原理:指的是必要的职能均应具备,以确保目标的实现。当某一职能与两个以上部门有关联时,应将每一部门所负责的部分加以明确规定。

4）指标均衡原理:指各部门职务的指标分派应达到平衡,避免忙闲不均,工作量分摊不均。

5）检查职务与业务部门分设:考核和检查业务部门的人员,不应隶属于受其检查评价的部门,这样就可以避免检查人员"偏心",能够真正发挥检查职务的作用。

（2）部门划分的方法

1）按人数划分:这是一种最简单的划分方法,即每个部门规定一定数量的人员,由主管人员指挥完成一定的任务。这种划分的特点是只考虑人力因素,在企业的基层组织的部门划分中使用较多,如每个班组人数的确定。

2）按时间划分:这种方法也常用于基层组织划分。如许多工业企业按早、中、晚三班制进行生产活动,这种方法适用于那些正常的工作日不能满足市场需求的企业。

3）按职能划分:这种方法是根据生产专业化原则,以工作或任务的性质为基础来划分部门的。这些部门被分为基本的职能部门和派生的职能部门。基本的职能部门处于组织机构的首要一级,当基本的职能部门的主管人员感到管理幅度太大,影响到管理效率时,就可将本部门任务细分,从而建立派生的职能部门。这种划分方法的优点是遵循了分工和专业化原则,有利于充分调动和发挥企业员工的专业才能,有利于培养和训练专门人才,提高企业各部门的工作效率。其缺点是,各职能部门容易从自身利益和需要出发,忽视与其他职能部门的配合,各部门横向协调差。

4）按产品划分:这种方法划分的部门是按产品或产品系列来组织业务活动。这样能发挥专业设备的效率,部门内部上下关系易协调;各部门主管人员将注意力集中在特定产品上,有利于产品的改进和生产效率的提高。但是这种方法使产品部门的独立性比较强而整体性比较差,加重了主管部门在协调和控制方面的负担。

5）按地区划分:当一个企业在空间分布上涉及地区广泛,并且各地区的政治、经济、文化、习俗等存在差别并影响到企业的经营管理,这时就将某个地区或区域的业务工作集中起来,委派一位主管人员负责。这种方法的优点是:因地制宜,取得地方化经营的优势效益。其缺点是:需要更多的具有全面管理能力的人员;增加了最高层主管对各部门控制的困难,地区之间不易协调。

6）按服务对象划分:它根据服务对象的需要,在分类的基础上划分部门。如生产企业可划分为专门服务于药店的部门、专门服务于医院的部门等。这种方法的优

▶ **课堂活动**

举例说明部门划分的几种方式。

点是:提供服务针对性强,便于企业从满足各类对象的要求出发安排活动。其缺点是:按这种方法组织起来的部门,主管人员常常列举某些原因要求给予特殊照顾和优待,从而使这些部门和按照其他方法组织起来的部门之间的协调发生困难。

此外,项目部门化跨越传统部门界限的团队的使用,使得原来僵硬的部门划分得到补充。随着任务变得越来越复杂,对协调的要求越来越高,为了实现组织目标,管理者越来越多地采用团队或任务小组的方式来完成相应的工作。

（二）管理层次和管理幅度

1. **管理层次** 是指组织纵向划分的等级结构和层级数目。不同的行政组织其管理层次的多寡

不同,但多数可以分为 3 ~ 4 层。但无论哪一种层次组建方式,其上下之间都有比较明确和严格的统属关系,都是自上而下的金字塔结构。

通常,管理层次划分为以下 3 个层次:

(1)高层管理者:是组织的高级管理者,其主要作用是确立组织的目标和计划;并且负责与外部环境联系,如与政府机构、学界、重要顾客或供应商、金融机构等沟通。

(2)中层管理者:负责分配资源,以实现高层管理者确立的目标,主要通过在其职权范围内执行计划并监督基层管理人员来完成。

(3)基层管理者:负责日常业务活动,通常监督指导作业人员,保证组织正常运转。

2. 管理幅度　亦称管理跨度或管理宽度,就是一个主管人员有效领导的直接下属的数量。在同一个组织中,不同层次的主管的管理幅度不一定相同。管理学家一般主张上层管理幅度小一些,下层管理幅度大一些,但具体多少人数为合理的管理幅度,意见不一。统计数字表明,在管理有效的行政组织中,管理幅度通常为 7 ~ 8 人,但也有的多至 24 人。

有效的管理幅度的大小受到以下几方面因素的影响:①管理者本身的能力与被管理者的素质;②下属工作的标准化程度;③工作环境与工作条件的影响。管理幅度过宽,会导致领导者负担过重或出现管理混乱。管理幅度过窄,会增加管理层次,降低工作效率。

3. 管理幅度与管理层次的关系　管理层次受到组织规模和管理幅度的影响。它与组织规模成正比:组织规模越大,包括的成员越多,则层次越多。在组织规模已定的条件下,它与管理幅度成反比:主管直接控制的下属越多,管理层次越少;相反,管理幅度减小,则管理层次增加。如图 4-4。现代管理理论主张组织成员民主参与组织决策,通过分权、授权等措施,加强自主管理、自我控制,因而倾向于适当扩大管理幅度以控制管理层次的增加。

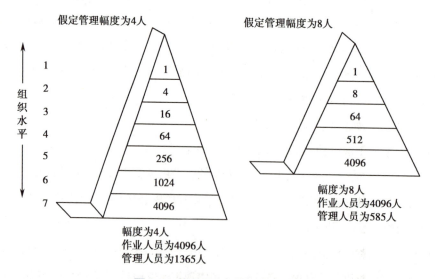

图 4-4　管理幅度和管理层次对比

管理层次与管理幅度的反比关系决定了两种基本的管理组织结构形态:扁平结构形态和锥型结构形态,它们各有利弊:

（1）扁平结构:有利于缩短上下级距离,密切上下级关系,信息纵向流动快,管理费用低,而且由于管理幅度较大,被管理者有较大的自主性、积极性、满足感,同时也有利于更好地选择和培训下层人员;但由于不能严密监督下级,上下级协调较差,管理宽度的加大,也加重了同级间相互沟通的困难。

德鲁克指出:"组织不良最常见的病症,也是最严重的病症,便是管理层次太多,组织结构上一项基本原则是,尽量减少管理层次,尽量形成一条最短的指挥链。"现代信息技术的发展使得信息、知识的共享可通过计算机网络得以完成,沟通的顺畅直接导致原先承担上传下达任务的中层管理人员人数的大大减少,带来"中层革命"。

▶▶ 课堂活动

讨论建立扁平化组织架构应具备的条件是什么?

（2）锥型结构:具有管理严密、分工明确、上下级易于协调的特点。但层次增多,带来的问题也越多。这是因为层次越多,需要从事管理的人员迅速增加,彼此之间的协调工作也急剧增加,互相扯皮的事会层出不穷。管理层次增多之后,在管理层次上所花费的设备和开支,所浪费的精力和时间也必然增加。管理层次的增加,会使上下的意见沟通和交流受阻,最高层主管所要求实现的目标,所制订的政策和计划,不是下层不完全了解,就是层层传达到基层之后变了样。管理层次增多后,上层管理者对下层的控制变得困难,易造成一个单位整体性的破裂;同时由于管理严密,而影响下级人员的主动性和创造性。因此,一般来说,为了达到有效,应尽可能地减少管理层次。

二、组织设计

现代管理学一条黄金法则:管理者应把最合适的人放在最合适的岗位,做到人尽其才。组织机构设计的框架要能实际运行,需要为不同岗位选配合适的人员,分析人与事的不同特点,谋求人与事的最佳组合,实现人与事的不断发展,"要因事设岗,不能因人设岗"。建立合理高效精简的组织机构是企业管理者核心职责之一。

（一）组织结构的类型

组织结构是组织内部分工和协作的基本形式和框架,是指由组织中纵向的等级关系及其沟通关系,横向的分工协作关系及其沟通关系而形成的一种无形的、相对稳定的企业构架。是组织内部汇报关系、业务流程和管理制度的逻辑关系。

组织结构对于组织效率、决策效率、管理水平具有决定性作用。适当的组织机构模式能够充分发挥企业各个职能和模块的积极作用,不匹配的模式将会逐渐暴露出各种问题。

1. **直线型组织结构** 是最早、最简单的一种组织结构形式,有时也称为"军队式结构"。其领导关系按垂直系统建立,不设立专门的职能机构,自上而下形同直线。这种结构的特点是:组织系统职权从组织上层"流向"组织基层;自上而下执行单一命令原则;主管人员通晓必需的各种专业知识,亲自处理各种业务。

（1）其优点是:结构比较简单,权力集中,责任明确,命令统一,联系简捷。

（2）其缺点是：缺乏专业化的管理分工，经营管理事务依赖于少数几个人。当企业规模扩大时，管理工作会超过个人能力所限，不利于集中精力解决企业管理的重大问题。一般，这种组织结构形式只适用于小型组织，或者是现场的作业管理。如图4-5所示。

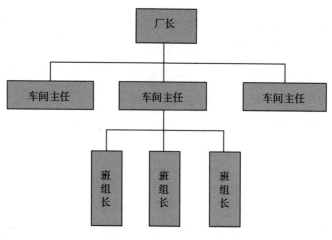

图 4-5　直线型组织结构

2. 直线职能型结构　是当前国内各类组织中最常见的组织模式。其特点是在直线式的基础上扩展出职能机构。管理者对业务和职能部门均实行垂直领导；职能管理部门的职能是向上级提供信息和建议，并对业务部门实施专业指导和监督，而不能直接发号施令。

（1）优点：既保证了集中统一指挥，又能发挥各种专家业务管理的作用；弥补管理者在专业管理知识和能力方面的不足。

（2）缺点：各职能单位自成体系，不重视信息的横向沟通，易出现矛盾和不协调，造成效率不高；职能部门缺乏弹性。这种组织结构适用规模中等的企业。随着规模的进一步扩大，将倾向于更多的分权。如图4-6所示。

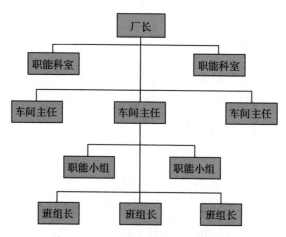

图 4-6　直线职能型组织机构

3. 事业部制结构　也称分权制结构，是一种在直线职能型基础上演变而成的现代企业组织结构。事业部制结构遵循"集中决策，分散经营"的总原则，实行集中决策指导下的分散经营，按产品、地区和顾客等划分为若干相对独立的经营单位,分别组成事业部,总公司只保留资金分配决策权、人事任免权和重大问题的决策权力。各事业部可根据需要设置相应的职能部门。

(1)优点:权力下放,有利于高层管理人员从日常行政事务中摆脱出来。各事业部主管拥有很大的自主权,有助于发挥主动性和创造性。从事某一方面的经营活动,实现高度专业化。

(2)缺点:容易造成组织机构重叠,管理人员膨胀;各事业部独立性强,考虑问题时容易忽视企业整体利益。这种组织结构多适应于规模较大、业务多样化、市场环境差异大的一些公司或组织,在国外已相当普及,在我国也是一种相当有发展潜力的组织结构形式。如图4-7所示。

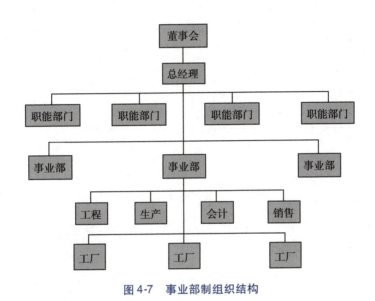

图 4-7　事业部制组织结构

4. **矩阵制组织结构**　是在直线职能型垂直形态组织系统的基础上,再增加一种横向的领导系统,它由职能部门系列和完成某一临时任务而组建的项目小组系列组成,在形态上有行列交叉之式,也可以称之为非长期固定

▶▶ **课堂活动**

比较直线职能型组织结构和事业部制组织结构的优缺点?

性组织结构。它的特点表现在围绕某项专门任务成立跨职能部门的专门机构,同时实现了事业部制与职能式组织结构的特征。例如组成一个专门的产品(项目)小组去从事新产品开发工作,在研究、设计、试验、制造各个不同阶段,由有关部门派人参加,力图做到条块结合,以协调有关部门的活动,保证任务的完成。

(1)优点:加强了各职能部门之间的横向联系,专业设备和人员得到了充分利用,实现了人力资源的弹性共享;具有较大的机动性,促进各种专业人员互相帮助,互相激发,相得益彰。

(2)缺点:成员位置不固定,有临时观念,有时责任心不够强;人员受双重领导,有时不易分清责任,需要花费很多时间用于协调,从而降低人员的积极性。

矩阵结构适用于一些重大攻关项目。企业可用来完成涉及面广的、临时性的、复杂的重大工程项目或管理改革任务。特别适用于以开发与实验为主的单位,例如科学研究,尤其是应用性研究单位等。如图4-8所示。

5. 网络型组织结构　该结构利用现代信息技术手段,是目前正在流行的一种新形式的组织设计。它是一种只有很精干的中心机构,以契约关系的建立和维持为基础,依靠外部机构进行制造、销售或其他重要业务经营活动的组织结构形式。该网络组织结构的核心是一个小规模的经理小组,负责监管公司内部开展的活动,同时协调和控制与外部协作机构之间的关系。其特点是组织的大部分职能从组织外"购买",这给管理当局提供了高度的灵活性,并使组织集中精力做它们最擅长的事。如图4-9所示。

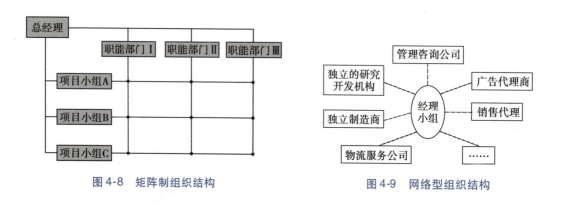

图4-8　矩阵制组织结构　　　　图4-9　网络型组织结构

（1）优点:具有更大的灵活性和柔性,以项目为中心的合作可以更好地结合市场需求来整合各项资源,而且容易操作,网络中各个价值链部分也随时可以根据市场需求的变动情况增加、调整或撤并;另外,这种组织结构简单、精炼,由于组织中的大多数活动都实现了外包,而这些活动更多的是靠电子商务来协调处理,故组织结构可以进一步扁平化,效率也更高了。

（2）缺点:可控性太差。这种组织的有效动作是靠与独立的供应商广泛而密切的合作来实现的,由于存在着道德风险和逆向选择性,一旦组织所依存的外部资源出现问题,如质量问题、提价问题、交货问题等,组织将陷于非常被动的境地,另外,外部合作组织都是临时的,如果网络中的合作单位因故退出且不可替代,组织将面临解体的危险。

早先的网络组织只适用于一些劳动密集型行业,如服装、钢铁、化工业等。近几年来,随着电子商务的发展以及外部合作竞争的加强,更多知识型企业依靠英特尔等信息技术手段,并以代为加工（OEM）、代为设计（ODM）等网络合作方式取得了快速响应市场变化的经营绩效。

┌─**边学边练**──────────────────────────────────────┐

让学生根据将来毕业后自主创业的需要和可能,以某个有一定规模的创业项目为前提,绘制拟成立公司的组织结构并进行分析。请见实训三　绘制组织结构图和分析评价。

└──┘

（二）组织设计的内容和程序

组织设计就是对组织开展工作、实现目标所必需的各种资源进行安排,以便在适当的时间、适当的地点把工作所需的各方面力量有效地组合到一起的管理活动过程。组织设计工作的直接结果是形成一种关系网络,或称协作系统。这种协作系统或关系网络,就是组织结构。

案例分析

案例

美国加利福尼亚大学的学者做了这样一个实验：把 6 只猴子分别关在 3 间空房子里，每间 2 只，房子里分别放着一定数量的食物，但放的位置高度不一样。第一间房子的食物就放在地上，第二间房子的食物分别从易到难悬挂在不同高度的适当位置上，第三间房子的食物悬挂在房顶。数日后，他们发现第一间房子的猴子一死一伤，第三间房子的猴子也死了，只有第二间房子的猴子活的好好的。

究其原因，第一间房子的 2 只猴子一进房间就看到了地上的食物，于是，为了争夺唾手可得的食物而大动干戈，结果伤的伤，死的死。第三间房子的猴子虽做了努力，但因食物太高，难度过大，够不着，被活活饿死了。只有第二间房子的两只猴子先是各自凭着自己的本能蹦跳取食，最后，随着悬挂食物高度的增加，难度增大，两只猴子只有协作才能取得食物，于是，一只猴子托起另一只猴子跳起取食。这样，每天都能取得够吃的食物，很好地活了下来。做的虽是猴子取食的实验，但在一定程度上也说明了人才与岗位的关系。

分析

岗位难度过低，体现不出能力与水平，反倒成了内耗式的争斗甚至残杀。岗位难度太大，虽努力而不能及，甚至埋没、抹杀了人才。岗位的难度要适当，循序渐进，才能体现人的能力与水平，发挥人的能动性和相互协作。

1. **组织设计的内容**　组织设计工作的内容通常体现在以下书面文件上。

（1）组织结构图：一般是以树形图的形式简洁明了地展示组织内的机构组成及主要职权关系。绘图时常以"方框"来表示职位或部门，方框的垂直排列位置说明该职位或部门在组织层级中所处的位置，而上下两方框间相连的"直线"则体现这两个职位或部门之间的隶属和权力关系。

（2）职务说明书：亦称职位说明书。它一般是以文字的形式规定某一职位的工作内容、职责和权力，与组织中其他职务或部门的关系以及该职务担当者所必须具备的任职条件，如基本素质、学历、工作经验、技术知识、处理问题的能力等。

生产车间主任
职务说明书

（3）组织手册：通常是职位说明书与组织系统的综合。用于说明组织机构目标，权责关系和职务说明等。目的是便于员工能够及时具体且系统化地了解公司组织架构和业务管理流程或运营流程。不同的企业组织手册格式各不相同，但通常包括部门的职责范围、人员定编、职务说明书和职务规范、组织和管理的原则等内容。

2. **组织设计的原则**　组织效率的降低大多是由于组织结构不合理造成的。在进行组织设计时，只要遵循有关的组织设计原则，就会大大减少组织结构上的不合理性。

（1）拔高原则：在为企业进行组织结构的重新设计时，必须遵循拔高原则，即整体设计应紧扣企业的发展战略，充分考虑企业未来所要从事的行业、规模、技术以及人力资源配置等，为企业提供一个几年内相对稳定且实用的平台。

（2）优化原则：任何组织都存在于一定的环境之中，组织的外部环境必然会对内部的结构形式产生一定程度的影响,因此企业组织结构的重新设计要充分考虑内外部环境,使企业组织结构适应于外部环境,谋求企业内外部资源的优化配置。

(3) 均衡原则:企业组织结构的重新设计应力求均衡,不能因为企业现阶段没有要求而合并部门和职能,在企业运行一段时间后又要重新进行设计,一句话:职能不能没有,岗位可以合并。

(4) 重点原则:随着企业的发展,会因环境的变化而使组织中各项工作完成的难易程度以及对组织目标实现的影响程度发生变化,企业的工作中心和职能部门的重要性亦随之变化,因此在进行企业组织结构设计时,要突出企业现阶段的重点工作和重点部门。

(5) 人本原则:设计企业组织结构前要综合考虑企业现有的人力资源状况以及企业未来几年对人力资源素质、数量等方面的需求,以人为本进行设计,切忌拿所谓先进的框架往企业身上套,更不能因人设岗,因岗找事。

(6) 适用原则:企业组织结构的重新设计要适应企业的执行能力和一些良好的习惯,使企业和企业员工在执行起来时容易上手,而不能脱离企业实际进行设计,使企业为适应新的组织结构而严重影响正常工作的开展。

(7) 强制原则:重新设计的组织结构必然会因企业内部认识上的不统一、权力重新划分、人事调整、责任明确且加重、考核细致且严格等现象的产生而导致管理者

课堂活动

为什么要进行组织设计?

和员工的消极抵制甚至反对,在这种情况下,设计人员和企业高层要有充分的心理准备,采取召开预备会、邀请员工参与设计、舆论引导等手段,消除阻力,但在最后实施时,必须强制执行,严厉惩罚一切违规行为,确保整体运行的有序性,某些被证明不适合企业的设计可在运行两三个月后再进行微调。

3. 组织设计的程序 组织设计是一个复杂的工作过程。无论是对新建组织的设计还是对原有组织的调整变革,组织设计的基本程序是一致的,只是设计的动因和设计的具体内容各有偏重。组织设计的基本程序一般如下:

(1) 调查分析组织设计原因

1) 企业目标:通过收集及分析资料,进行设计前的评估,以确定组织目标。

2) 企业外部环境:为了了解当前的现状,组织必须积极地依据顾客的期望、竞争者的优势以及本行业和其他行业的领先者来确定自己的基准,组织可以与之进行对比,发现自己的不足之处。

3) 企业内部:所有的组织都有与特定的绩效状况或系列战略目标相关联的优势和弱点。人们在收集组织运营现状,并与期望的状况进行对比的过程中,可以发现企业已经到了必须进行巨大改革的程度,这样会产生支持改革的动力。

(2) 职能分解与职务设计分析:职能分解和职务设计,是对企业的任务及其各项职能进行设计并层层分解到各部门、各岗位的工作。职务设计的结果通常体现在职务说明书上。此项工作主要内容有:

1) 基本职能设计:把国内外相关企业的基本职能与本企业的客观情况相结合,确定本企业应

具备的基本职能。

2）关键职能设计：根据企业实际，在众多基本设计中找出一两个起关键作用的职能，把关键职能置于企业组织结构的中心地位，确保企业目标的实现。

3）职能分解：根据目标一致和效率优先的原则，把达成组织目标的总的任务划分为一系列各不相同又互相联系的具体工作任务。把相近的工作归为一类，建立相应部门。这样，在组织内根据工作分工建立了职能各异的组织部门。

按职能划分部门，可以突出企业重点业务活动，强化高层管理人员对组织的控制，避免企业资源的重复配置。

4）横向协调设计：是将这些专业化分工的部门连接成一个整体，保证各部门为实现企业总目标而建立良好的协作关系。即设计各部门之间的协调方式和控制手段。

知识链接

组织协调方式的三阶段论

亨利·明茨伯格提出了协调方式的三阶段论。他提出，随着企业规模的扩大，分工的增加，协调方式经历了相互调整方式（双方直接接触，而不是借助规章制度来实现彼此的协作）、直接监督方式（由管理者统一指挥和监督职工的活动，以实现整体协调）、标准化方式（通过工作过程、工作成果、工作技能的标准化实现协作关系）三个阶段。这三种协调方式在现代企业中都具有一定的使用价值，应针对企业的情况灵活加以运用。在横向协调关系设计中，主要协调由于企业组织结构、组织运行和人际关系等方面存在问题所导致的工作失调。具体包括：①制度协调方式设计。不增设结构、人员，通过组织运行的规则与形式来实现协调。如各种标准化制度、例会制度，现场办公等。②结构协调方式设计。针对组织结构存在的某些缺陷，通过设立临时性或长久性的协调人员或协调组织，实现协调。③人际关系协调方式设计。通过大办公室制度、职工联谊制度、上下级定期交流制度等使企业员工保持一种友善的个人关系，促进工作的配合。

上述三种协调方式要结合企业工作失调的原因加以应用。其中，制度性与结构性协调方式都在一定程度上改变了责权关系，是协调的主要方法。人际关系协调方式是这两种方式的重要补充。

（3）组织结构的框架设计：按组织设计要求，决定组织的层次及部门结构，形成层次化的组织管理系统。在组织结构的总框架设计中应结合现存的组织结构模式，结合企业实际加以确定。其主要内容包括：

1）企业高层权责关系的形式；

2）企业各部门、岗位的责权划分。

框架结构可以先具体确定岗位、职务，由下至上组合成部门，再根据管理幅度的要求划定管理层次。通常企业采取自上而下，从抽象的原则入手，约定管理层次、应

▶ **课堂活动**

组织结构设计的核心支柱是什么？

设定的部门，最后确定岗位、职务。企业要把权责关系用简要、概括的形式表达出来。组织结构框架

图要进行反复的修改才能最终确定。

（4）组织运行保障设计

1）管理规范设计：管理规范包括企业管理中的各种规章制度、各项管理业务的工作程序、工作标准和管理人员应采用的管理方法等，是使企业组织结构能够按照设计要求正常运行的重要保障。管理规范设计可以说是组织结构设计的继续，内容较广，贯穿于企业管理的全过程。

2）人员配备与训练设计：这是人事组织职能的实施。按职务、岗位及技能要求，选择配备恰当的管理人员和员工。相应的人员配备是实现结构设计目标的保障，尤其是对主要从事协调工作的管理人员的培训，是结构设计的进一步细化。

（5）反馈与修正：组织设计的科学性需要通过组织的运行来体现，及时接受反馈信息有助于及时发现问题并进行必要的修正。组织与环境的动态适应关系要求组织保持修改的弹性。组织与人一样也有寿命周期。组织的设计工作与新产品开发一样，需要不断地推陈出新，在反馈中不断修正、完善。

三、组织变革

组织变革是指运用行为科学和相关管理方法，把人的成长和发展希望与组织目标结合起来，通过调整和变革组织结构及管理方式，对组织的权利结构、组织规模、沟通渠道、角色设定、组织与其他组织之间的关系，以及对组织成员的观念、态度和行为，成员之间的合作精神等进行有目的的、系统的调整和革新，以适应组织所处的内外环境、技术特征和组织任务等方面的变化，提高组织效能。

（一）组织变革的动因和必要性

任何组织机构，经过合理的设计并实施后，都不是一成不变的。它们如同生物的机体一样，必须随着外部环境和内部条件的变化而不断地进行调整和变革，才能顺利地成长、发展，避免老化和死亡。

1. **组织变革的动因**　企业的组织结构面临着外部环境和内部因素的双重压力，日益凸显出其效率低下、缺乏创新和灵活性、协调不力、官僚主义盛行、员工士气低落等劣势，已经阻碍了企业的可持续发展，因此，必须变革现有的组织结构。其变革的驱动因素有：

（1）外部环境因素：环境变化是导致组织结构变革的一个主要因素。组织外部环境的变化即社会大环境，包括科学技术的迅速进步、竞争压力的加大、顾客的改变、本地和国家的经济变化、组织活动范围的扩大、管理现代化的需要，具体可细化为国内外经济形势的变化、科学技术的进步；国内政治形势及政治制度的变化以及国家有关法律法规的颁布与修订；国家宏观经济调控手段的改变以及国家产业政策的调整与产业结构的优化；国际国内市场需求的变化及市场竞争激烈程度的加剧等。

企业组织结构是实现企业战略目标的手段，企业外部环境的变化必然要求企业组织结构做出适应性的调整。

（2）企业内部因素：组织内部条件的变化包括组织目标、结构、内部矛盾冲突、职能的变化以及员工价值观、社会心理的变化，总体可划分为技术、人员、管理 3 个方面。

1）技术条件的变化:组织运行政策与目标的改变,以及组织规模的扩张与业务的迅速发展,如企业实行技术改造,引进新的设备要求技术服务部门的加强,以及技术、生产、营销等部门的调整。

2）人员条件的变化:组织内部运行机制的优化以及组织成员对工作的期望与个人价值观念的变化,如人员结构和人员素质的提高等。

3）管理条件的变化:管理技术条件的改变以及管理人员的调整与管理水平的提高,如实行计算机辅助管理,实行优化组合等。

除以上 3 个方面以外,当组织内部出现以下情况时,也需要组织进行变革:组织决策失灵或决策经常出现错误或过于迟缓;沟通阻塞、信息渠道不畅、有效意见和建议难以沟通,以致造成活动失调等严重后果;机能失效,

▶ 课堂活动

推动组织变革的内部环境因素主要包括哪些?

不能发挥作用和效率,无法保证组织目标的实现;缺乏创新,墨守成规,难以产生新观念、新制度;组织成员的工作态度、价值观念等,以致造成工作效率不高、士气低落等现象。组织变革是全面而深刻的。这些因素的变化都会引起组织目标、结构及权力系统等的调整和修正。

2. 组织变革的必要性　任何设计得最完美的组织,在运行了一段时间以后也都必须进行变革,这样才能更好地适应组织内外条件变化的要求。组织变革实际上是组织发展过程中的一项经常性活动。也许正因为组织变革要经常进行的缘故,有人甚至指出,"组织"的准确名称其实应该叫"再组织"。组织变革是任何组织都不可回避的问题,而能否抓住时机顺利推进组织变革则成为衡量管理工作有效性的重要标志。研究表明:我国目前正处于组织变化迅速的年代,许多企业的组织结构在 3 年内都发生过一次较大的调整,而 10 年以上企业的组织和功能几乎都发生过变动。特别是那些高速成长的企业和产权发生变化的企业,组织变化更为明显。哈佛大学葛雷纳教授指出,组织变革伴随着企业发展的各个时期,组织的跳跃式变革与渐变式演进相互交替,由此推动企业的发展。

但是,组织结构的调整,不应该是为调整而调整,而要寻找、选择与经营战略相匹配的组织结构,切不可生搬硬套。

(二) 组织变革的内容和程序

"不变革的组织是没有生命力的,因此它必须消亡,但盲目地变革同样会使组织消亡,甚至更快"。因此,在组织变革中必须系统地深入地研究组织变革的规律性,根据未来发展可能出现的趋势,在科学预测的基础上有计划、有步骤地稳健进行,从而通过变革使企业获得更好、更快的发展。

1. 组织变革的内容　组织的变革一般包括以下 3 个主要内容:

(1) 对人员的变革:员工一直是企业发展变革最核心的资本。人员的变革是指员工在态度、技能、期望、认知和行为上的改变。人既可能是推动变革的力量也可能是反对变革的力量。变革的主要任务是组织成员之间在权力和利益等资源方面的重新分配。强调通过沟通、协调和激励来改变个人与集体的态度和行为,从而提高成员的满意度和敬业度,保证组织运行的效率。具体内容包括:①开展小组管理;②建立职工参与重大决策和参加日常生产管理的制度;③冲突管理;④工作评价制度的调整;⑤报酬制度改革;⑥提升的制度与方法的改革;⑦沟通渠道拓展和沟通制度化等。

（2）对结构的变革：结构的变革包括权力关系、协调机制、管理幅度、集权程度、职务与工作再设计等结构参数的变化。管理者的任务就是要对如何选择组织设计模式、如何制订工作计划、如何授予权力以及授权程度等一系列行动做出决策。具体内容包括：①管理幅度的重新设计；②集权分权程度的重新确定；③协作方式的调整；④部门化标准的修订；⑤组织机构的调整；⑥控制与鉴定评价系统的改革；⑦组织流程分析与再造；⑧完善信息沟通系统等。

（3）对技术与任务的变革：指对组织各个部门或各个层次工作任务进行重新组合，改革原有工作流程，更新企业设备等来实现组织的变革。技术与任务的改变包括对作业流程与方法的重新设计、修正和组合；更换机器设备，采用新工艺、新技术和新方法等。具体内容包括：①工作范围的扩大化；②工作内容的丰富化；③自治工作群体；④工作轮换等。

> **知识链接**
>
> ### "工作扩大化""工作丰富化"制度
>
> 在组织变革中积极推行的"工作扩大化""工作丰富化"等制度，试图使人们对所从事的工作感到更有意义，以提高满足感。"工作扩大化"是指从横的方面扩大工作范围，即在一些重复性的劳动工序中，为了减少工人单调、乏味的工作而扩大某些工作内容，每个工人同时承担几项工作，以增加他们对工作的兴趣。这种工作扩大化，不仅能明显地提高职工情绪，而且赋予职工以更多的责任，鼓励其自我发展、自我控制，有利于调动职工的积极性和创造性。"工作丰富化"即从纵向扩大工作范围，让人们的工作内容适当地向纵深发展，不仅参加生产，而且参加一部分管理工作，通过工作本身增加工人的责任感和成就感，从而得到更大的激励。

2. 组织变革的程序　为了使组织变革富有成效，达到预期的目的，必须遵循一定的程序，有计划、有步骤地进行组织变革。组织变革的基本程序主要有：

（1）通过组织诊断，发现变革征兆：当组织存在许多问题，影响了组织的效率，应通过搜集资料的方式，对组织的职能系统、工作流程系统、决策系统以及内在关系等进行全面的诊断。管理人员应从各种内在征兆中找出

▶ **课堂活动**

组织中推动组织变革的主要力量是什么？

导致组织效率低下的原因，若能够确定是由组织本身引起的，就应该深入分析，确定问题的实质和组织变革的目标。

（2）分析变革因素，制订改革方案：组织诊断任务完成之后，就要对组织变革的具体因素进行分析，如职能设置是否合理、决策中的分权程度如何、员工参与改革的积极性怎样、流程中的业务衔接是否紧密、各管理层级间或职能机构间的关系是否易于协调等。常用的方法有：

1）问卷调查：问卷可根据问题的性质设计，对组织结构、人员安排、工作责任、沟通方式、职权关系等进行调查，掌握问题的实质。主要对象是管理人员，抽样比例一般为总人数的5%～20%。

2）个别面谈和小型座谈会：对高级管理人员进行调查常采用，这样有利于了解到比较深层次的情况。在进行这种调查之前，应事先拟定好谈话提纲。

3）组织结构图：通过组织图，了解组织的职权关系。

4）职位说明书：通过职位说明书，了解各职位的工作、权限、职责以及组织关系。

5）组织手册：通过组织手册，了解组织的目标、政策和职权关系等。

其次，制订具体的变革方案，包括确定变革的步骤安排、变革所需费用的预算、变革的具体方式方法与保证措施等。同时，也要对变革可能带来的影响以及职工对变革的态度等有充分的估计，制订辅助的变革应变计划，以应对变革中可能出现的各种问题。

（3）选择正确方案，实施变革计划：组织变革的方案正确与否，直接影响到组织变革的效果。组织在选择具体方案时要充分考虑到改革的深度和难度、改革的影响程度、变革速度以及员工的可接受和参与程度等，做到有计划、有步骤、有控制地进行。当改革出现某些偏差时，要应用备用的纠偏措施及时纠正。

实施计划要采取有效措施，确保组织变革计划按照预期的目标进行，在变革中要充分调动职工的积极性，让职工参与变革，创造变革的气氛，使变革顺利进行。

知识链接

组织变革的理论模型

组织变革是一个复杂、动态的过程，需要有系统的理论指导。管理心理学对此提出了相应的理论模型。其中最具影响的有：Lewin变革模型，包含解冻、变革、再冻结等3个步骤，用以解释和指导如何发动、管理和稳定变革过程。

1. 解冻　这一步骤的焦点在于创设变革的动机。鼓励员工改变原有的行为模式和工作态度，采取新的适应组织战略发展的行为与态度。一方面，需要对旧的行为与态度加以否定；另一方面，要使干部员工认识到变革的紧迫性。可通过比较评估的办法，把本单位的总体情况、经营指标和业绩水平与其他优秀单位或竞争对手加以比较，找出差距和解冻的依据，帮助干部员工"解冻"现有态度和行为。此外，应注意创造开放的氛围和心理上的安全感，减少变革带来的心理障碍，提高成功的信心。

2. 变革　变革需要给干部员工提供新的信息、行为模式和视角，促进形成新的行为和态度。这一步骤中，应该注意为新的工作态度和行为树立榜样，采用角色模范、导师指导、专家演讲、群体培训等途径。

3. 再冻结　在再冻结阶段，强化新的态度与行为，使组织变革处于稳定状态。干部员工应该有机会尝试和检验新的态度与行为，并及时给予正面的强化；同时，加强群体变革行为的稳定性，促使形成稳定持久的群体行为规范。

（4）评价变革效果，及时进行反馈：再好的改革计划也不能保证完全取得理想的效果。因此，应根据组织变革实施后的结果，及时进行评估总结。如果变革达到了预期效果，说明变革采用的方案和计划是正确的；如果变革没有达到预期的效果，就要找出原因，调整变革的方案或计划，采取有效措施，确保组织变革能够达到预期的效果。

点滴积累　V

1. 从管理学的角度，组织是指这样一个社会实体，它具有明确的目标导向和精心设计的结构与有意识协调的活动系统，同时又同外部环境保持密切的联系。

2. 部门划分的方法有按人数、时间、职能、产品、地区、服务对象等划分。

3. 组织结构的类型有直线型、直线职能型、事业部制、矩阵制、网络型组织结构等。

4. 组织设计的原则有拔高原则、优化原则、均衡原则、重点原则、人本原则、适用原则、强制原则。

5. 组织设计的程序有调查分析组织设计原因、职能分解与职务设计分析、组织结构的框架设计、组织运行保障设计、反馈与修正。

6. 组织变革一般包括 3 个主要内容，即对人员的变革、对结构的变革和对技术与任务的变革。

7. 组织变革的程序有通过组织诊断,发现变革征兆;分析变革因素,制订改革方案;选择正确方案,实施变革计划;评价变革效果,及时进行反馈。

第三节　领导

领导是企业管理工作的一项重要职能,是连接计划工作、组织工作、人员配备和控制工作的纽带。

领导水平的高低常常决定着组织的成效。领导者身负组织首领的重任,其思想观念、心理素质和行为方式,不仅影响个人的工作成效,对其部属和团队都将产生深远的影响。

在企业管理中,我们要掌握领导的属性,领导权力的来源,熟悉经典的领导理论,以便领导者能够在管理的过程中更好地调动下属积极性,维护组织的有效沟通。

激励理论

有效沟通

一、领导性质及权力

(一) 领导者与管理者

领导是指管理者指挥、带领和激励下属努力实现组织目标的过程。领导的含义可概括如下:

1. 领导是一个运用权力指挥下属的行为过程。

2. 领导的目的是通过影响下属有效地实现组织的目标。

3. 领导是必须有下属和追随者。

在实际工作中,人们提到管理和领导时,常常把管理者和领导者混为一谈。其实两者有很大的区别。

在管理学中所说的管理是一个宽泛的概念,是指为实现目标对整个组织施加影响的全部行为和过程。而领导只是管理中的一个职能,是继计划与组织职能之后,指挥、带领和影响下属而实现组织目标的过程。

除了工作本质上的差异,领导者与管理者的产生和权力来源不同。管理者是被任命的,他们拥有权力基本来自于职位赋予的正式权力。领导者可以被任命,也可以是从一个群体中产生的,领导者很多时候不用正式权力影响下属。领导者与管理者区别如表4-2。

表4-2　领导者与管理者的区别

比较内容	领导者	管理者
职位取得	上级指定、下属接受	上级指定
权力基础	职权与个人权力结合	职权
决策方面	侧重未来、纵向发展	侧重当前、横向发展
处理问题出发点	全局出发	局部管理

(二)　领导的实质和作用

1. **领导的实质**　领导是由领导者向下属施加影响的行为,领导的实质在于影响,即对下属及其组织行为的影响力。

这种影响力能改变和推动下属及组织的认知和行为,为实现组织目标服务。领导工作有效性的核心内容就是领导者影响力的大小及其有效程度。

2. **领导的作用**　领导职能对组织绩效具有决定性的作用,领导的这种决定性作用具体体现在以下4个方面。

(1)指挥作用:在组织的任何活动中,都需要头脑清醒、高瞻远瞩、善于运筹的领导者,来帮助组织成员认清所处的环境和形势,指明目标和达到目标的途径。领导就是引导、指挥、指导和先导,领导者的任务就是站在队伍的前方,引导和鼓舞下属,促使被领导者最大限度地实现组织目标。

(2)协调作用:在组织实现其既定目标的过程中,人与人之间由于对目标的理解、对技术的掌握和对环境的认识,因个人的知识、能力、阅历等的差异,加上外部各种因素的干扰,必然会有矛盾和分歧。因此就需要领导者从中解释、调和、协调。

(3)沟通作用:领导者是信息传播者、监听者,是发言人和谈判者,在组织内部各个层次、各个部门起到上情下达、下情上报的作用。领导者一方面传达组织目标并确保每一位下属理解;另一方面加强组织成员思想、情感的交流,实现有效沟通。

(4)激励作用:组织是由具有不同需求、欲望和态度的个人组成,因而组织成员的个人目标和组织目标存在差异。领导的作用就是要把组织目标和个人目标结合

 课堂活动

领导在组织中发挥哪些作用?

起来,引导组织成员积极地为实现组织目标而努力。领导要使所有人最大限度发挥才能,就必须关心下属,激励和鼓舞他们的斗志,发掘、充实和加强下属积极进取的动力。

(三)　领导的权力

领导的权力主要分为两大类:制度权力和个人权力。

1. **制度权力**　是组织赋予领导者的岗位权力,它以服从为前提,具有明显的强制性。它随职务的授予而开始,以职务的免除而终止。通常包括:

（1）决策权：从某种意义上说，领导过程就是制订决策和实施决策的过程，决策正确与否是领导者成功的关键因素之一。

（2）组织权：主要包括了设计合理的组织机构，规定必要的组织纪律，确定适宜的人员编制和配备恰当的人员等。这是领导意图得以实现的组织保证。

（3）指挥权：是领导者实施领导决策或规划、计划等的必要保障，如果没有这种保障，领导者便无法完成其使命。

（4）人事权：是指领导者对工作人员的挑选录用、培养、调配、任免等权力。大量事实说明，如果人事问题不与主管领导发生直接联系，必然要削弱领导者的权力基础。

（5）奖惩权：领导者根据下属的功过表现进行奖励或惩罚的权力。

2. 个人权力 是与领导者的个人素质相关的权力。个人权力与强制性的制度权力不同，个人权力不是由领导者在组织中的职位产生，而是由领导者个人的品质、道德、学识、才能等方面的修养在被领导者心目中形成的形象与地位产生的，这种权力不会随着职位的消失而消失，故属于非正式权力。通常包括专家权和感召权。

（1）专家权：是指具有某些专门知识，特殊技能或知识。一个人以其知识和经验使下属不得不尊重他，下属就会在一些问题上服从于他的判断和决定。

（2）感召权：是领导者个人的品质、魅力、经历、背景等相关的权力，通常也称为个人影响力。一个拥有独特品质和超凡魅力的人，会使他人认同他、敬仰他，崇拜他，去听从、模仿他，这就是领导的感召权力。

二、领导理论

所谓领导理论，就是关于领导有效性的理论。人们从不同的角度对领导的有效性问题进行研究，以期解决如何选拔各级领导者和怎样进行有效的领导的问题。从研究发展的趋势和内容看，大致可以归结为三种带有典型性的领导理论：领导特质理论——集中研究领导者个人的品行、素质、修养；领导行为理论——集中研究领导者在领导过程中应如何作为；领导情景理论——集中研究特定情景中最有效的领导行为。

（一）领导特质理论

在 20 世纪 40 年代前，管理学研究的重点之一就是领导的特征，并在此基础上形成了领导特质理论。领导特质理论是最早对领导活动及行为进行系统研究的尝试。研究依据和方法是从优秀的人物身上寻找共同的东西，人们希望了解：为什么他们能够成为领导？什么是领导力的决定因素？领导者区别于普通人的到底是什么？

这一理论的出发点是：领导效率的高低主要取决于领导者的特质，那些成功的领导者也一定有某些共同点。根据领导效果的好坏，找出好的领导者与差的领导者在个人品质或特性方面有哪些差异，由此就可确定优秀的领导者应具备哪些特性。如果能够找出这些特质，人们就可以用这些特质来培养、挑选和考核领导者。

美国俄亥俄州立大学的拉尔夫·斯托迪尔（Ralph M. Stogdill）曾经整理了 1904—1947 年之间有

关领导者特质的120篇文献,并发现一些特质与领导有效性相关,如智力、毅力、自信、主动精神、关心下级人员的需要、勇于承担责任,以及占据支配和控制地位(有知名度和社会地位)等。1974年,斯托迪尔再次对20世纪50~70年代间的163篇文献进行分析,发现除上述特质外,还有一些特质不能忽视,如面对复杂的情况善于应变、注意外部环境的动向、有雄心、渴望取得成就、果断、善于与人共事、当机立断、忠诚可靠、充满活力、能承受压力等。另外,还有一些技巧也在领导者身上存在,如聪明灵活、观点清楚、有创新意识、有交际手段、口才流利、明确团体目标与任务、有组织能力、有说服力、容易相处等。

美国普林斯顿大学的威廉·鲍莫尔(William J. Baumol)提出了作为一个领导者应具备的十个条件:①合作精神:能赢得人们的合作,愿意与其他人一起工作,对人不是压服而是说服和感召;②决策能力:依据事实而非想象来进行决策,有高瞻远瞩的能力;③组织能力:善于组织人力、物力和财力;④精于授权:能抓住大事,把小事分给下属去完成;⑤善于应变:权宜通达,灵活进取而不是抱残守缺、墨守成规;⑥敢于创新:对新事物、新环境、新观念有敏锐的接受能力;⑦勇于负责:对上下级以及整个社会抱有高度责任心;⑧敢担风险:要敢于承担改变企业现状时遇到的风险,并有创造新局面的雄心和信心;⑨尊重他人:重视和采纳别人的合理化意见;⑩品德高尚:在品德上为社会和企业员工所敬仰。

领导特质理论也受到批评和质疑。这是因为它提出的领导特质包罗万象、说法不一,甚至相互矛盾;它不能够说明一个领导者究竟应该在多大程度上具备某种领导特质;它也不能解释为什么一些非领导者所具备的领导特质反倒比一些领导者还要多;它忽视了情景因素,没有考虑环境对个性的影响等。不过,大多数人还是相信在成功的领导者身上具有某些鲜明的个性特征。一些学者研究发现,领导者有六项特质不同于非领导者,即进取心、领导愿望、诚实与正直、自信、智慧和工作相关知识。

(1)进取心:领导者表现出的努力水平很高,拥有较高的成就渴望,他们进取心强,精力充沛,对自己所从事的活动坚持不懈,并有高度的主动精神。

(2)领导愿望:领导者有强烈的愿望去影响和领导别人,他们表现为乐于承担责任。

(3)诚实与正直:领导者通过真诚与无欺,以及言行高度一致,而在他们与下属之间建立相互依赖的关系。

(4)自信:下属觉得领导者从没缺乏过自信。为了使下属相信他的目标和决策的正确性,必须表现出高度的自信。

(5)智慧:领导者需要具备足够的智慧来收集、整理和解释大量信息,并能够确立目标、解决问题和做出正确的决策。

▶ 课堂活动

你眼里的领导应该具备哪些特性?假如你是连锁药店的店长,你需要具备哪些素质能力才能当好店长?

(6)工作相关知识:广博的知识能够使他们做出富有远见的决策,并能理解这种决策的意义。

(二) 领导行为理论

由于特质理论在解释有效领导的问题上遇到了困难,研究者开始把目标从研究领导者的内在特征转移到外在行为上。这就是领导者的行为理论。

1. 三分法理论 从领导者如何运用其职权的角度,德国的社会心理学家勒温提出了可以把领导方式分为专制式、民主式和放任式 3 种。

专制式亦称专权式或独裁式,这类领导者是由个人独自做出决策,然后命令下属予以执行,并要求下属不容置疑地遵从其命令。专制式领导行为的主要特点是:个人独断专行,从不考虑别人的意见,组织各种决策完全由领导者独自做出;领导者预先安排一切工作内容、程序和方法,下级只能服从;领导者单向式沟通,除了工作命令外,从不把更多的消息告诉下级,下级没有任何参与决策的机会,只能奉命行事;主要靠行政命令、纪律约束、训斥惩罚来维护领导者的权威,很少或只有偶尔的奖励;领导者与下级保持相当的心理距离。

民主式又称为参与式,这类领导者在采取行动方案或做出决策之前,由群体讨论后决定的民主模式,领导者采取鼓励及协助态度,员工间可客观交流,由领导者与被领导者共享职权的类型。民主式领导行为的主要特征是:领导者在做出决策之前通常都要同下属磋商,得不到下属的一致同意不会擅自采取行动;分配工作时,尽量照顾到组织每个成员的能力、兴趣和爱好;对下属工作的安排并不具体,个人有相当大的工作自由,有较多的选择性与灵活性;主要运用个人的权利和威信,而不是靠职位权力和命令使人服从;领导者积极参加团体活动,与下级无任何心理上的距离。

放任式,这类领导者全面放开,下属放任自由,一切悉听尊便。其领导行为的主要特点是领导者的职责仅仅是为下属提供信息并与组织外部环境进行联系,极少运用其权力影响下属,而给下属以高度的独立性,以致达到放任自流和行为根本不受约束的程度。这种领导方式虽能培养下属的独立性,但领导者采取无为而治的方法,下属各自为政,容易造成意见分歧,决策难以统一。

勒温根据试验认为放任式领导工作效率最低,只达到了社交目标,而不完成工作目标。专制式领导虽然通过严格管理达到了工作目标,但群体成员情绪消极、士气低落、争吵较多。只有民主式领导工作效率最高,不但完成工作目标,而且群体成员关系融洽、工作主动积极、有创造性。如表4-3。

表4-3 勒温的三分法理论

领导类型	主 要 特 征	工 作 效 率
专制型	领导者个人决定一切,布置下属执行。这种领导者要求下属绝对服从,并认为决策是自己一个人的事情	群体成员情绪消极;达到了工作目标
民主型	领导者发动下属讨论,共同商量,集思广益,然后决策,要求上下融洽,合作一致地工作	工作主动、积极、有创造性;完成工作目标
放任型	领导者撒手不管,下属愿意怎样做就怎样做,完全自由,他的职责仅仅是为下属提供信息并与企业外部进行联系,以利于下属的工作	工作效率最低;只达到了社交目标,而不完成工作目标

2. 四分图理论 美国俄亥俄州立大学的研究人员弗莱西曼和他的同事们进行了领导方式的比较研究,以国际收割机公司的一家卡车生产厂为调查对象,广泛的收集下属对其领导者行为的描述,罗列出 1000 多个因素,最后归结为 2 个维度,领导方式的关怀(consideration)维度和定规(initiation)维度(图4-10)。

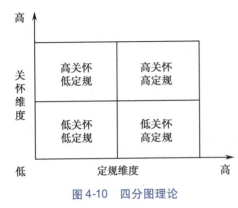

图4-10　四分图理论

关怀维度:代表领导者对员工之间以及领导者与追随者之间的关系、相互信任、尊重和友谊的关心,即领导者信任和尊重下属的观念程度。

定规维度:代表领导者构建任务、明察群体之间的关系和明晰沟通渠道的倾向,或者说,为了达到组织目标,领导者界定和构造自己与下属的角色的倾向程度。

研究者们认为,关怀维度与定规维度不是一个连续带的2个端点,不是注重了一个方面必须忽视另一方面,领导者的行为可以是这两个方面的任意组合,即高关怀与高定规,高关怀与低定规,低关怀与低定规,低关怀与高定规。

基于定规与关怀两个维度,大量研究发现,高关怀与高定规常常比其他3种类型的领导者更能使下属达到高绩效和高满意度。但是,高关怀与高定规并不总是产生积极效果。一般来说,低定规与低关怀带来更多的旷工、事故和抱怨。许多其他的研究证实了上述的一般结论,但也有人提供了相反的证据。同时,有人认为在生产部门中效率与"定规"之间的关系成正比,而与"关怀"的关系成反比,而在非生产部门中情况恰恰相反。

3. 管理方格图　美国管理学家布莱克(Robert R. Blake)和穆顿(Jane Mouton)于1964年设计了一个巧妙的管理方格图,其醒目地表示主管人员对生产关心程度和对人的关心程度。横坐标与纵坐标分别表示对生产和对人的关心程度。每个方格表示"关心生产"和"关心人"这两个基本因素以不同程度相结合的一个领导方式。对生产的关心表示为主管者对各种事物所持的态度,例如政策决定的质量与过程;研究的创造性;职能人员的服务质量,工作效率及产品产量等。人的关心含义也很广泛,例如个人对实现目标所承担的责任;保持职工的自尊;建立在信任而非顺从基础上的职责;保持良好的工作环境以及只有满意感的人际关系等。这和四分图理论的二维构面理论极为相似:①它也是采取二维面来说明领导方式:对人的关心程度(concern for people)和对工作的关心程度(concern for production);②它也以坐标方式表现上述二维面的各种组合方式,各有9种程度,因此可以有81种组合,形成81个方格。如图4-11所示。

图4-11形象地展示了"管理方格",其中有5种典型的组合,表示典型的领导方式。

1-1 贫乏型领导方式:表示对工作和人都极不关心,这种方式的领导者只做维持自己职务的最低限度的工作,也就是只要不出差错,多一事不如少一事,因而称为"贫乏型的管理"。

9-1 任务型领导方式:表示对工作极为关心,但忽略对人的关心,也就是不关心工作人员的需求和满足,并尽可能使后者不至于干扰工作的进行。这种方式领导者拥有很大的权力,强调有效地控制下属,努力完成各项工作。因而为"独裁的、重任务型的管理"。

1-9 乡村俱乐部型领导方式:表示对人极为关心,也就是关心工作人员的需求是否获得满足,重视搞好关系和强调同事和下级同自己的感情。但忽略工作的效果。因而被称为"乡村俱乐部型的管理"。

5-5 中庸型领导方式:表示既对工作关心,也对人关心,兼而顾之,程度适中,强调适可而止。这

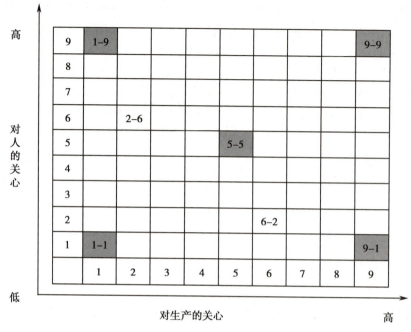

图 4-11　管理方格理论

种方式的领导既对工作的质量和数量有一定要求，又强调通过引导和激励去使下属完成任务。但是这种领导往往缺乏进取心，乐意保持现状。因而被称为"中庸之道型管理"。

9-9 团队型领导方式：表示对工作和对人都极为关心。这种方式的领导者能使组织的目标与个人的需求最有效地结合起来，既高度重视组织的各项工作，能通过沟通和激励，使群体合作，下属人员共同参与管理，使工作成为小组成员自觉自愿的行动，从而获得高的工作效率，因而被称为"战斗集体型管理"。

（三）领导情景理论

尽管领导特性理论和领导行为理论做出了大量有益的贡献，但实际上，领导行为的有效性受环境因素的影响很大，这种理论即是领导情景理论。该理论指出，在不同的情景中，不同的领导行为有不同的效果。

知识链接

情景领导理论的 3 大技巧

情景领导的 3 大技巧是：诊断、弹性与约定领导形态。

诊断是评估部属在发展阶段的需求；弹性是能轻松自在的使用不同的领导形态；约定领导形态是与部属建立伙伴关系，与部属协议其所需要的领导形态。

情景领导能改善主管与部属间的沟通，增加默契的培养，并使主管能够了解部属的发展需求，给予必要的协助。情境领导提出了主管除了要正确判断掌握部属的发展阶段外，也要学习采用正确的领导行为，包括处理能力问题的命令行为，以及处理意愿问题的支持行为，这是主管最重要的两项领导行为，运用得宜谓之弹性。

1. 菲德勒模型　美国华盛顿大学教授,当代著名心理学和管理专家弗雷德·菲德勒在大量研究的基础上提出了"领导方式取决于环境条件"的著名论断。他认为不存在一种"普遍适用"的领导方式,任何形态的领导方式都可能有效,其有效性完全取决于领导方式与环境是否适应。人们将他所提出的领导情景理论称为"菲德勒模型"。

菲德勒模型指出,有效的群体绩效取决于以下 2 个因素的合理匹配:与下属相互作用的领导者的风格;情景对领导者的控制和影响程度。按照菲德勒的模型,没有普遍有效并适用于任何情况的领导模式,所谓"最优",只是人们的一种理想愿望,并不存在一种普遍适用的"最好的"或"不好的"领导方式。任何领导方式均有可能有效,关键是要与环境情景相适应,即应当根据领导者的个性及其面临的组织环境的不同,采取不同的领导方式。

菲德勒开发了一种工具,叫做"最难共事者问卷"(LPC)。用以确定个体是任务导向型还是关系导向型。LPC 问卷的主要内容是询问领导者对最不与自己合作的同事即"最难共事者"(LPC)的评价。如果领导者对这种同事的评价大多用敌意的词语,则该领导趋向工作任务型的领导方式(低 LPC);如果评价大多用善意的词语,则该领导趋向人际关系型的领导方式(高 LPC)。

知识链接

LPC 问卷

快乐——8 7 6 5 4 3 2 1——不快乐

友善——8 7 6 5 4 3 2 1——不友善

拒绝——1 2 3 4 5 6 7 8——接纳

有益——8 7 6 5 4 3 2 1——无益

不热情——1 2 3 4 5 6 7 8——热情

紧张——1 2 3 4 5 6 7 8——轻松

疏远——1 2 3 4 5 6 7 8——亲密

冷漠——1 2 3 4 5 6 7 8——热心

合作——8 7 6 5 4 3 2 1——不合作

助人——8 7 6 5 4 3 2 1——敌意

无聊——1 2 3 4 5 6 7 8——有趣

好争——1 2 3 4 5 6 7 8——融洽

自信——8 7 6 5 4 3 2 1——犹豫

高效——8 7 6 5 4 3 2 1——低效

郁闷——1 2 3 4 5 6 7 8——开朗

开放——8 7 6 5 4 3 2 1——预备

你可以用此问卷测一测"最不与自己合作的同班同学",看看你选择是趋向于左边答案,还是右边的答案。由此判断一下自己是关系导向型的还是任务导向型的。

菲德勒认为决定领导有效性的环境因素主要有3个:

(1) 职位权力:这是指领导者所处的职位具有的权力和权威的大小。一个具有明确的并且高的职位权力的领导比缺乏这种权力的领导者更容易得到他人的追随。

(2) 任务结构:即工作任务的明确程度和部下对任务的负责程度。任务清楚,工作的质量就比较容易控制,也更容易为组织成员规定明确的工作职责。

(3) 上下级关系:指领导者受到下级爱戴、尊敬和信任以及下级情愿追随领导者的程度。

在实际管理工作中做到领导者与情景的匹配,在了解了个体的LPC分数,评估了3项权变因素之后,菲德勒指出,两者相互匹配时,才会达到最佳的领导效果。根据以上3个因素,将领导所处的环境从最有利到最不利分为8种类型,如图4-12。菲德勒认为领导者的行为方式应与环境类型相适应才能获得满意的效果。一般来讲,在最有利和最不利的情景下,工作任务型的领导方式比较有效;在中等状态情景下,人际关系型的领导方式比较有效。

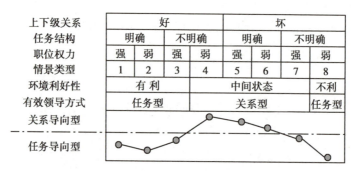

图4-12　菲德勒权变模型示意图

2. 途径-目标理论　是权变理论的一种,由多伦多大学的组织行为学教授罗伯特·豪斯(Robert House)于1968年最先提出,后来华盛顿大学的管理学教授特伦斯·米切尔(Terence R. Mitchell)也参与了这一理论的完善和补充。目前已经成为当今最受人们关注的领导观点之一。

"途径-目标理论"同以前的各种领导理论的最大区别在于,它立足于部下,而不是立足于领导者。在豪斯眼里,领导者的基本任务就是发挥部下的作用,而要发挥部下的作用,就得帮助部下设定目标,把握目标的价值,支持并帮助部下实现目标。在实现目标的过程中提高部下的能力,使部下得到满足。这一理论致力于研究领导者如何影响部下对其工作目标的理解和他们所遵循的实现目标的途径。这一理论的基本模式是:分析并依据情景因素选择适宜的领导行为模式,以满足部下的需要并提高管理的绩效。

该理论中关键的情景要素有:①部下的个人特征:对于员工的个人特质而言,新手和老手不一样,技术高低不一样,责任心的强度不一样,甚至年龄大小、任职时间长短,都会产生不同的反应;②环境压力和追随者达到目标的需要:对于员工面对的环境因素而言,不同企业、不同岗位的工作任务不一样,企业组织的权力系统不一样,基层的工作群体不一样。这些情景要素决定着何种领导行为方式更有用。

领导可以采用的行为方式有:①指导型领导:领导者给予部下相当具体明确的指令或指导,属于任务绩效型导向;②支持型领导:领导者关心下级,从各方面给予支持,属于群体维系型领导;③参与型领导:领导者征求并采纳下级建议,吸收下级参与决策;④成就取向型领导:领导者采用设置挑战性目标,奖励做出贡献行为的下属,采取各种手段激励下属取得成就。

依据对部下的特性和所处环境特点的分析,有针对性地选择恰当的领导方式,就能使下级获得满足,有效地实现组织目标。如图 4-13 所示。

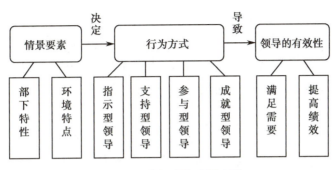

图 4-13　途径-目标领导理论

途径-目标领导理论认为,领导方式是有弹性的,这四种领导方式可能在同一个领导者身上出现,因为领导者可以根据不同的情况斟酌选择,在实践中采用最适合于下属特征和工作需要的领导风格。豪斯强调,领导者的责任就是根据不同的环境因素来选择不同的领导方式。如果强行用某一种领导方式在所有环境条件下实施领导行为,必然会导致领导活动的失败。

如果下属是教条的和权力主义的,任务是不明确的,组织的规章和程序是不清晰的,那么,指导型领导方式最适合。

对于结构层次清晰、令人不满意或者是令人感到灰心的工作,那么,领导者应该使用支持型方式。当下属从事于机械重复性的和没有挑战性的工作时,支持型方式能够为下属提供工作本身所缺少的"营养"。

当任务不明确时,参与型领导效果最佳,因为参与活动可以澄清达到目标的路径,帮助下属懂得通过什么路径和实现什么目标。另外,如果下属具有独立性,具有强烈的控制欲,参与型领导方式也具有积极影响,因为这种下属喜欢参与决策和工作建构。

如果组织要求下属履行模棱两可的任务,成就导向型领导方式效果最好。在这种情景中,激发挑战性和设置高标准的领导者,能够提高下属对自己有能力达到目标的自信心。事实上,成就导向型领导可以让下属感到他们的努力将会导致有效的成果。

点滴积累 ▽ ···

1. 领导的实质在于影响,即对下属及其组织行为的影响力。 领导职能对组织绩效具有决定性的作用,领导的这种决定性作用具体体现在指挥、协调、沟通和激励 4 个方面。

2. 领导的权力主要分为两大类:制度权力和个人权力。 制度权力包括:决策权、组织权、指挥权、人事权和奖惩权。 个人权力包括专家权和感召权。

3. 领导的特质理论是指领导效率的高低主要取决于领导者的特质,那些成功的领导者也一定有某些共同点。

4. 领导的行为理论包含:三分法理论、四分图理论和管理方格理论。

5. 领导的情景理论是从领导的有效性受环境因素的影响出发，主要有菲德勒模型和途径-目标理论。

第四节　控制

管理学家罗宾斯认为,控制是保证组织计划与实际作业动态相适应的管理职能。控制就是监视各项活动以保证它们按组织计划进行并纠正各种重要偏差的过程。

一、控制概述

管理信息

（一）控制的概念

法约尔曾经这样描述控制:"在一个企业中,控制就是核实所发生的每一件事是否符合所规定的计划、已发布的指示及所制订的原则,其目的是要指出计划实施过程中所出现的缺点和错误,以便纠正和避免再犯。对一切的事、人和工作活动都要控制。"

控制也就是指管理人员为了保证组织目标的实现,对下属工作人员的实际工作进行测量、衡量和评价,并采取相应措施纠正各种偏差的过程。它是管理的一项基本职能。也就是说,控制就是管理者要确保实际活动与规划活动相一致的过程。控制的概念主要包括如下 3 点内容:

（1）控制有很强的目的性,即:控制是为了保证组织中的各项活动按计划进行;

（2）控制是通过测量、衡量、评价和纠偏来实现的;

（3）控制是一个过程。

案例分析

案例

GMP 飞行检查

2017 年 5 月 31 日，国家食品药品监督管理总局发布《2016 年度药品检查报告》。报告显示，2016 年总局共开展药品注册生产现场检查、药品 GMP 认证检查、药品 GMP 跟踪检查、飞行检查、进口药品境外生产现场检查、流通检查以及观察检查434 项。其中，飞行检查的力度在逐年加大，GMP 证书从 2014 年收回 50 张升至 2016 年 172 张。

CFDA 药化监管司司长丁建华指出:"飞行检查就是突击检查、不打招呼的检查，目的是监督企业生产行为持续合规。"他表示，产品质量是设计出来的，也是生产出来的，只有生产企业日常生产行为都严格按照 GMP 规定执行，所有生产记录都如实、及时记录，所有数据可以溯源，才能保证药品质量，才能保证公众用药安全。

分析

CFDA 飞检事件说明了控制对医药企业和公众是何其重要。恰当的控制能够帮助管理者准确发现具体的绩效差距以及需要改进的领域。

控制工作是使组织活动达到预期目标的保证。控制是日常生活中常见现象。许多人希望自己身体健康,就坚持健身;高血压患者经常测量血压,以免身体出现问题;人们在上班途中经常看表、调整行走速度,以便能按

▶▶ **课堂活动**

你能找出医药流通企业中有哪些现象属于控制吗?

时到达工作地点;在工作环境中,为了团队有和谐的工作氛围,每个人尽可能地控制自己的独特的个性,这些都属于某种形式的控制。

(二) 控制工作的必要性

控制是管理职能链中的最后一环,无论计划制订的如何周密,由于各种各样的原因,人们在执行计划的活动中总是会或多或少地出现与计划不一致的现象。这些原因主要包括3点:

1. 工作能力的差异　由于组织中每一位成员在认识能力和工作能力上存在着差异,当他们在不同的时间段和不同的部门中进行工作时,由于认识能力不同,对计划要求的理解就有可能发生差异,因此加强对组织成员的工作控制是必不可少的。

2. 环境的变化　企业面对的不是静态的市场,影响企业活动的因素总会发生变化,管理者必须通过控制工作,及时发现已经发生的偏差,并立即采取措施给予纠正,以保证实现组织的预期目标。

3. 管理权力的分散　组织管理在纵向上是分层次、分权进行管理的,为了保证授予下属的权力得到正确的利用,每个层级的管理者都必须定期或不定期地检查下属的工作,即对下属进行控制,只有这样才能确保各级管理者的工作符合计划要求和组织目标。

如果没有控制,并且没有在组织中建立起来相应的控制系统,管理者就不能检查下级的工作情况,即使出现下级滥用权力、员工玩忽职守、组织行动不符合计划要求等情况,管理者也无法发现问题、更无法采取行动予以纠正。因此,控制是组织分权管理的必然产物,组织分权化程度越高,控制就越重要。

▶▶ **课堂活动**

请同学们根据"控制工作的必要性"这部分内容谈谈控制工作对于医药企业的重要性。

(三) 控制的基本过程

事实上,控制是根据计划的要求,设立衡量绩效的标准,然后把实际工作结果与预定标准相比较,以确定组织活动中出现的偏差及其严重程度;在此基础上,有针对性地采取必要的纠正措施,以确保组织资源的有效利用和组织目标的圆满实现。

不论控制的对象是新技术的研究与开发、产品的加工制造、市场营销宣传、企业的人力条件、物质要素或是财务资源,控制的过程都包括3个基本环节的工作:确立标准,衡量成效,纠正偏差。

1. 确立标准　标准是人们检查和衡量工作及其结果(包括阶段结果与最终结果)的规范。制定标准是进行控制的基础。没有一套完整的标准,衡量绩效或纠正偏差就失去了客观依据。

(1) 确定控制对象:标准的具体内容涉及需要控制的对象。那么,企业经营与管理中哪些事或物需要加以控制呢? 这是在建立标准之前首先要加以分析的。

无疑,生产经营活动的成果是需要控制的重点对象。控制工作的最初始动机就是要促进企业有效地取得预期的活动结果。因此,要分析企业需要什么样的结果。这种分析可以从营利性、市场占

有率等多个角度来进行。确定了企业活动需要的结果类型后,要对它们加以明确的、尽可能定量的描述,也就是说,要规定需要的结果在正常情况下希望达到的状况和水平。

要保证企业取得预期的成果,必须在成果最终形成以前进行控制,纠正与预期成果的要求不相符的活动。因此,需要分析影响企业生产经营结果的各种因素,并把它们列为需要控制的对象。影响企业在一定时期生产经营成果的主要因素如下:

1)关于环境特点及其发展趋势的假设:企业在特定时期的生产经营活动是根据决策者对生产经营环境的认识和预测来计划和安排的。如果预期的市场环境没有出现,或者企业外部发生了某种无法预料和抗拒的变化,那么原来计划的活动就可能无法继续进行,从而难以为组织带来预期的结果。因此,制订计划时对所依据的生产经营环境的认识应作为控制对象,列出"正常环境"的具体标志或标准。

2)资源投入:企业的生产经营成果是通过对一定资源的加工转换而得到的。没有或缺乏这些资源,企业生产经营就会成为无源之水,无本之木。投入的资源,不仅会影响生产经营活动的按期、按量、按要求进行,从而影响生产经营的营利程度。因此,必须对资源投入进行控制,使之在数量、质量以及价格等方面符合预期生产经营成果的要求。

3)组织的活动:输入到生产经营中的各种资源不可能自然形成产品。企业生产经营成果是通过全体员工在不同时间和空间上利用一定技术和设备对不同资源进行不同内容的加工劳动才最终得到的。企业员工的工作质量和数量是决定生产经营成果的重要因素,因此,必须使企业员工的活动符合计划和预期结果的要求。为此,必须建立员工的工作规范;各部门和各员工在各个时期的阶段成果的标准,以便对他们的活动进行控制。

(2)选择控制的重点:企业无力、也无必要对所有成员的所有活动进行控制,而必须在影响生产经营成果的众多因素中选择若干关键环节作为重点控制对象。美国通用电气公司关于关键绩效领域(key performance areas)的选择或许能为我们提供某种启示。通用电气公司在影响和反映企业生产经营绩效的众多因素中,选择了对企业生产经营成败起决定作用的8个方面:

1)获利能力:通过提供某种商品或服务取得一定的利润,这是任何企业从事生产经营的直接动因之一,也是衡量企业生产经营成败的综合标志,通常可用与销售额或资金占用量相比较的利用率来表示。

2)产品领导地位:通常指产品的技术先进水平和功能完善程度。

3)市场地位:是指对企业产品在市场上占有份额的要求。这是反映企业相对于其他厂家的经营实力和竞争能力的一个重要标志。

4)生产率:生产率标准可用来衡量企业各种资源的利用效果,通常用单位资源所能生产或提供的产品数量来表示。其中,最重要的是劳动生产率标准。企业其他资源的充分利用在很大程度上取决于劳动生产率的提高。

5)公共责任:企业的存续是以社会的承认为前提的。而要争取社会的承认,企业必须履行必要的社会责任,包括提供稳定的就业机会,参加公益事业等多个方面。公共责任能否很好地履行关系到企业的社会形象。

6）人员发展：企业的长期发展在很大程度上依赖于人员素质的提高。为此，需要测定企业目前的活动以及未来的发展对职工的技术、文化素质的要求，并对他们目前的实际能力相比较，以确定如何为提高人员素质采取必要的教育和培训措施。要通过人员发展规划的制订和实施，为企业及时供应足够的经过培训的人员，为员工提供成长和发展的机会。

7）员工态度：员工的工作态度对企业目前和未来的生产经营成就有着非常重要的影响。测定员工态度的标准是多个方面的。比如，可以通过分析离职率、缺勤率来判断员工对企业的忠诚；也可通过统计改进作业方法或管理方法的合理化建议的数量来了解员工对企业的关心程度；如果发现员工态度不符合企业的预期，那么任其恶化是非常危险的，企业应采取有效的措施来提高他们在工作或生活上的满足程度，以改变他们的态度。

8）短期目标与长期目标的平衡：企业目前的生存和未来的发展是相互依存，不可分割的。因此，在制订和实施经营活动计划时，应能统筹长期和短期的关系，检查各时期的生产经营成果，分析目前的高利润是否会影响未来的利益和生产经营的稳定性为代价而取得的。

（3）制定标准的方法：控制的对象不同，为它们建立标准的方法也不一样。一般来说，企业可以使用的建立标准的方法有 3 种：

1）统计性标准：也叫历史性标准，是以分析反映企业生产经营在历史上各个时期状况的数据为基础来为未来活动建立的标准。这些数据可能来自本企业的历史统计，也可能来自其他企业的经验；据此建立的标准，可能是历史数据的平均数，也可能是高于或低于中位数的某个数。

利用本企业的历史性统计资料为某项工作确定标准，具有简便易行的好处。但是，据此指定的工作标准可能低于同行业的卓越水平，甚至是平均水平。这种条件下，即使企业的各项工作都达到了标准的要求，但也可能造成劳动生产率的相对低下，制造成本的相对高昂，从而造成生产经营成果和竞争能力劣于竞争对手。为了克服这种局限性，在根据历史性统计数据制定未来工作标准时，充分考虑到行业的平均水平，并研究竞争企业的经验是非常必要的。

2）根据评估建立标准：实际上，并不是所有的工作质量和成果都能用统计数据来表示，也不是所有的企业活动都保存着历史统计数据。对于新从事的工作，或对于统计资料缺乏的工作，可以根据管理人员的经验、判断和评估来为之建立标准。利用这种方法建立工作标准时，要注意利用各方面管理人员的知识和经验，综合大家的判断，给出一个相对先进合理的标准。

3）工程标准：严格地说，工程标准也是一种用统计方法制定的控制标准，不过它不是对历史性统计资料的分析，而是通过对工作情况进行客观的定量分析来进行的。比如，产品标准是其设计者计算的在正常情况下被使用的最大产出量；工人操作标准是劳动研究人员在对构成作业的各项动作和要素的客观描述与分析的基础上，经过消除、改进和合并而确定的标准作业方法；劳动时间定额是测定的受过训练的普通工人以正常速度按照标准操作方法对产品或零部件进行某个（些）工序的加工所需的平均必需时间。

2. **衡量工作成效** 企业生产经营活动中的偏差如能在产生之前就被发现，则可指导管理者预先采取必要的措施以求避免。这种理想的控制和纠偏方式虽然有效，但其现实可能性不是很高。并非所有的管理人员都有卓越的远见，同时也并非所有的偏差都能在产生之前被预见，事实可能正好相反。在这种限制条件下,最满意的控制方式应是必要的纠偏行动能在偏差产生以后迅速采取。为此,要求管理者能够及时掌握反映偏差是否产生、并能判定其严重程度的信息。用预定标准对实际工作成效和进度进行检查、衡量和比较,以采取必要的纠偏。

为了能够及时、正确地提供能够反映偏差的信息,同时又符合控制工作在其他方面的要求,管理者在衡量工作成绩的过程中应注意以下几个问题:

(1)通过衡量成绩,检验标准的客观性和有效性:衡量工作成效是以预定的标准为依据的,但利用预先制定的标准去检查各部门在各个阶段的工作,这本身也是对标准的客观性和有效性进行检验的过程。

检验标准的客观性和有效性,是要分析通过对标准执行情况的测量能否取得符合控制需要的信息。在为控制对象确定标准的时候,人们可能只考虑了一些次要的因素,或只重视了一些表面的因素,因此,利用既定的标准去检查人们的工作,有时并不能达到有效控制的目的。比如,衡量职工出勤率是否达到了正常水平,不足以评价劳动者的工作热情、劳动效率或劳动贡献;分析产品数量是否达到计划目标,不足以判定企业的盈利程度等。在衡量过程中对标准本身进行检验,就是指出能够反映被控制对象的本质特征,从而是最适宜的标准。要评价员工的工作热情,可以考核他们提供有关生产经营或技术改造合理化建议的次数;评价他们的工作效率,可以计量他们提供的产品数量和质量;分析企业的盈利程度,可以统计和分析企业的利润额及其与资金、成本或销售额的相对百分比;衡量推销人员的工作绩效,可以检查他们的销售额是否比上年或平均水平高出一定数量等。

由于企业中许多类型的活动难以用精确的手段和方法加以衡量,建立标准也就相对困难,因此,企业可能会选择一些易于衡量、但并不反映控制对象特征的标准。比如,科研人员和管理人员的劳动效果,并不能总用精确的数字表示出来,有关领导可能根据研究小组上交研究报告的数量和质量来判断其工作进展;然而,根据这些标准去进行检查,得到的可能是误导信息:科研人员用更多的时间去撰写数量更多、结构更严谨的报告,而不是将这些精力真正花在科研上;管理人员花更多的精力去制作和张贴更漂亮的图表,而不是用这个时间去扎扎实实地进行必要的管理基础工作。

衡量过程中的检验就是要辨别并剔除这些不能为有效控制提供必需信息、容易产生误导作用的不适宜标准。

(2)确定适宜的衡量频度:有效控制系统的"适度控制"特征表明:控制过多或不足都会影响控制的有效性。这种"过多"或"不足",不仅体现在控制对象、衡量的标准数目的选择上,而且表现在对同一标准的衡量次数或频度上。对影响某种结果的要素或活动过于频繁的衡量,不仅会增加控制的费用,而且可能引起有关人员的不满,从而影响他们的工作态度;而检查和衡量的次数过少,则可能使许多重大的偏差不能及时发现,从而不能及时采取措施。以什么样的额度,在什么时候对某种活动的绩效进行衡量,这取决于被控制活动的性质。例如,对产品的质量控制常常需要以小时或以日为单位进行;而对新产品开发的控制则可能只需以月为单位进行就可以了。需要控制的对象可能发生重大事件的时间间隔是确定适宜的衡量频度所需考虑的主要因素。

管理人员经常在他们方便的时候,而不是在工作绩效"仍在控制中"的时候(即可能因人们采取的措施而改变时)进行衡量。这种现象必须避免,因为这可能导致行动的迟误。

(3)建立信息反馈系统:负有控制责任的管理人员只有及时掌握了反映实际工作与预期工作绩效之间偏差的信息,才能迅速采取有效的纠正措施。然而,并不是所有的衡量绩效的工作都是由主管直接进行的,有时需要借助专职的检测人员。因此,应该建立有效的信息反馈网络,使反映实际工作情况的信息适时地传递给适当的管理人员,使之能与预定标准相比较,及时发现问题。这个网络还应能及时将偏差信息传递给与被控制活动有关的部门和个人,以使他们及时知道自己的工作状况,错误原因,以及需要怎样做才能更有效地完成工作。建立这样的信息反馈系统,不仅更有利于保证预定计划的实施,而且能防止基层工作人员把衡量和控制视作上级检查工作、进行惩罚的手段,从而避免产生抵触情绪。

3.纠正偏差 利用科学的方法,依据客观的标准,对工作绩效的衡量,可以发现计划执行中出现的偏差。纠正偏差就是在此基础上,分析偏差产生的原因,制订并实施必要的纠正措施。这项工作使得控制过程得以完整,并将控制与管理的其他职能相互联结:通过纠偏,使组织计划得以遵循,使组织结构和人事安排得到调整。为了保证纠偏措施的针对性和有效性,必须在制订和实施纠偏措施的过程中注意下述问题:

(1)找出偏差产生的主要原因:并非所有的偏差都可能影响企业的最终成果。有些偏差可能反映了计划制订和执行工作中的严重问题,而另一些偏差则可能是一些偶然的、暂时的、区域性因素引起的,从而不一定会对组织活动的最终结果产生重要影响。因此,在采取任何纠正措施以前,必须首先对反映偏差的信息进行评估和分析。

1)要判断偏差的严重程度:是否足以构成对组织活动效率的威胁,从而值得去分析原因,采取纠正措施。

2)要探寻导致偏差产生的主要原因:纠正措施的制订是以偏差原因的分析为依据的。而同一偏差则可能由不同的原因造成,销售利润的下降,既可能是因为销售量的降低,也可能是因为生产成本的提高。前者既可能是因为市场上出现了技术更加先进的新产品,也可能是由于竞争对手采取了某种竞争策略,或是企业产品质量下降;后者既可能是原材料、劳动力消耗和占用数量的增加,也可能是由于购买价格的提高。不同的原因要求采取不同的纠正措施,透过表面现象找出造成偏差的深层原因;在众多的深层原因中找出主要者,为纠偏措施的制订指导方向。

(2)确定纠偏措施的实施对象:需要纠正的不仅可能是企业的实际活动,也可能是组织这些活动的计划或衡量这些活动的标准。大部分员工没有完成劳动定额,可能不是由于全体员工的抵制,而是定额水平太高;承包后企业经理的兑现收入可高达数万甚至数十万,可能不是由于经营者的努力数倍或数十倍于工人,而是由于承包基数不恰当或确定经营者收入挂钩方法不合理;企业产品销售量下降,可能并不是由于产品质量劣化或价格不合理,而是由于市场需求的饱和或周期性的经济萧条等。在这些情况下,首先要改变的是衡量这些工作的标准或指导工作的计划。

负有控制责任的管理者应该认识到,外界环境发生变化以后,如果不对预先制订的计划和行动准则进行及时的调整,那么,即使内部活动组织的非常完善,企业也不可能实现预定的目标。消费者的需求偏好转移,这时,企业的产品质量再高,功能再完善,生产成本、价格再低,仍然不可能找到销路,不会给企业带来期望利润。

（3）选择恰当的纠偏措施:针对产生偏差的主要原因,就可能制订改进工作或调整计划与标准的纠偏方案。纠偏措施的选择和实施过程中要注意:

1）使纠偏方案双重优化:纠正偏差,不仅在实施对象上可以进行选择,而且对同一对象的纠偏也可采取多种不同的措施。所有这些措施,其实施条件和效果的经济性都要优于不采取任何行动、使偏差任其发展可能给组织造成的损失。

有时最好的方案也许是不采取任何行动(如果行动的费用超过偏差带来的损失的话),这是纠偏方案选择过程中的第一重优化。第二重优化是在此基础上,通过对各种经济可行方案的比较,找出其中追加投入最少,解决偏差效果最好的方案来组织实施。

2）充分考虑原先计划实施的影响:由于对客观环境的认识能力提高,或者由于客观环境本身发生了重要变化而引起的纠偏需要,可能会导致原先计划与决策的局部甚至全局的否定,从而要求企业活动的方向和内容进行重大的调整。这种调整有时被称为"追踪决策",即"当原有决策的实施表明将危及决策目标的实现时,对目标或决策方案所进行的一种根本性修正"。

3）注意消除人们对纠偏措施的疑虑:任何纠偏措施都会在不同程度上引起组织的结构、关系和活动的调整,从而会涉及某些组织成员的利益。不同的组织成员会因此对纠偏措施持不同态度,特别是纠偏措施属于对原先决策和活动进行重大调整的"追踪决策"时。虽然一些原先反对初始决策的人会夸大原先决策的失误,反对保留其中任何合理的成分,但更多的人对纠偏措施持怀疑和反对的态度,原先决策的制定者和支持者会害怕改变决策标志着自己的失败,从而会公开或暗地里反对纠偏措施的实施;执行原决策、从事具体活动的基层工作人员则会对自己参与的已经形成的或开始形成的活动结果怀有感情,或者担心调整会使自己失去某种工作机会、影响自己的既得利益而极力反对任何重要的纠偏措施的制订和执行。

因此,控制人员要充分考虑到组织成员对纠偏措施的不同态度,注意消除执行者的疑虑,争取更多的人理解、赞同和支持,以保证避免在纠偏方案的实施过程中可能出现的人为障碍。

（四）控制的类型

在实施管理活动时,根据控制的着力点(控制对象的性质)不同,可进行事前控制、事中控制和事后控制。

1. 事前控制　也称前馈控制(feed forward control)或预先控制。是指在实际工作开始之前,通过最新信息或经验教训和预测,对影响因素进行预防式控制,做到防患于未然。事前控制的着力点在于预防。

2. 事中控制　也称实时控制(concurrent control)、现场控制或同步控制。是在系统进行到转换过程中,即企业生产或经营的过程中,对活动中的人和事进行指导和监督,以便管理者在问题出现时及时采取纠正措施。在工作进行的过程当中,管理者亲临现场所实施的控制,有监督和指导两项职能。事中控制的着力点在于及时了解情况并予以指导。

3. 事后控制　又称反馈控制(feedback control),是常见的控制类型。当系统最后阶段输出产品或服务时,来自系统内部对产生结果的总结和系统外部顾客与市场的反应,都是在计划完成后进行的总结和评定,具有滞后性的特点,但可为未来计划的制订和活动的安排以及系统持续的运作提供借鉴。事后控制的着力点在于矫正偏差。

案例分析

案例

魏文王问名医扁鹊说:"你们家兄弟三人,都精于医术,到底哪一位最好呢?"扁鹊答说:"长兄最好,中兄次之,我最差。"文王再问:"那么为什么你最出名呢?"扁鹊答说:"我长兄治病,是治病于病情发作之前。 由于一般人不知道他事先能铲除病因,所以他的名气无法传出去,只有我们家的人才知道。 我中兄治病,是治病于病情初起之时。 一般人以为他只能治轻微的小病,所以他的名气只及于本乡里。 而我扁鹊治病,是治病于病情严重之时。 一般人都看到我在经脉上穿针管来放血、在皮肤上敷药等大手术,所以以为我的医术高明,名气因此响遍全国。"

分析

管理心得:事后控制不如事中控制,事中控制不如事前控制,可惜大多数的事业经营者均未能体会到这一点,等到错误的决策造成了重大的损失才寻求弥补。 而常常是即使请来了名气很大的"空降兵",结果却于事无补。

二、实施控制的管理路径

ER-4-9

有效控制系统

(一) 行政控制

行政控制是指行政领导者和工作人员为了检查行政执行的进程和完成情况,纠正实施过程中的偏差,以确保实际工作与工作计划相一致而采取的措施。行政控制是管理过程的一个重要环节,对于决策计划的实施具有重大意义。行政控制的目的在于要指出计划实施过程中的缺点和错误,并对其加以纠正,以便在计划的行政工作状态和实际的行政工作状态之间实现一致。

行政控制对于做好行政执行工作是非常重要的。为了实现决策目标,当工作计划确定后,行政实施中的控制也就开始了。

1. 行政控制的分类

(1) 根据控制是否需要借助外在力量,可分为内在控制和外在控制。内在控制又叫自我控制,指行政组织及其成员自觉地用行政管理规范指导、约束、检查自己的行为。

外在控制指行政组织运用各种力量从外部规范、约束组织成员的行为。如法律、规章制度、组织纪律等。

(2) 根据控制方式的不同,可分为正式控制和非正式控制。正式控制又叫强制性控制,指行政组织依据有关法律、法规、制度等,通过有计划、有组织的方式所进行的控制。正式控制具有直接性、权威性以及强制性的特点。

非正式控制又叫非强制性控制,指行政组织根据自主的理解,无须按照正规的或法定的控制渠道所进行的控制。在现代法制社会,正式控制越来越多,非正式控制的重要性相对减弱。但非正式控制仍是不可忽视的一种控制手段,如果运用恰当,可弥补正式控制的不足。

(3) 根据控制实施时间的不同,可分为预先控制、过程控制和成果控制。预先控制指在计划实施的准备阶段所进行的控制。预先控制的目的是做好准备工作,避免不该发生的事情发生,做到未雨绸缪,防患于未然;过程控制指在计划实施过程中,对计划执行情况进行检查,发现问题并及时纠正、解决问题;成果控制指根据预期的目标对行政实施的结果进行检查,衡量最终结果是否有偏差,并对出现的问题进行可能的补救。与预先控制和过程控制不同,成果控制主要不是为保证现行决策的完满实现,而是为了有利于下一个环节的工作得以顺利开展。

2. 行政控制的作用

(1) 行政控制是完成计划的重要手段。

(2) 行政控制是行政方向正确的重要保障。

(3) 行政控制是贯彻依法行政的重要体现。

(4) 行政控制是保证行政目标实现的重要机制。

▶ 课堂活动

请思考:根据控制方式的不同,在医药企业中哪些控制方式属于强制性控制?

(二) 文化控制

文化控制是通过共享价值观、共同愿望、共同的行为标准等其他与组织文化相关的因素对组织中的个人和群体施以控制。通过文化控制可以实现由被动管理到自我管理的演进,加强组织文化建设是文化控制的关键措施。组织文化是在长期的实践活动中所形成的并且为组织成员普遍认可和遵循的具有本组织特色的价值观念、团体意识、行为规范和思维模式的总和。

组织文化作为团体共同价值观,并没有对组织成员有具体的硬性要求,而只是一种软性的理性约束,它通过组织共同价值观向个人的不断渗透和内化,使组织自动生成一套自我控制机制。它以尊重个人思想、感情为基础进行非正式控制,会使组织目标自动的转化为个体成员的自觉行动,达到个人与组织目标的高度一致。文化控制具有的这种软性约束往往比行政控制具有更强的控制力与持久力。尤为重要的是在知识经济社会中,组织有些问题的模糊性与不确定程度很高,不可能有标准化或程序化的工作方法,正式控制很难发挥作用。

文化控制要求管理者具有很高的管理水平与领导艺术。在实施文化控制的组织中,管理者不能通过行政控制来监督员工的行为,因此需要信任下属、合理的授权;文化控制在实行分权化、团队组织、网络组织、员工参与管理等类别的组织中应用较多。

企业文化是内部控制的重要组成部分,是增强组织凝聚力的方式之一。企业文化是指企业在生产经营过程中逐步形成的、由最高管理层倡导、为全体员工所认同并遵守的、带有本组织特点的价值观、信念和行为方式。

▶ 课堂活动

请同学利用互联网查阅:经典的企业文化控制的案例。

文化控制包括3个层次:价值观、信念和行为方式。

文化控制的实现方式:通过导向作用实现控制;通过凝聚作用实现控制;通过约束作用实现控制;通过激励作用实现控制。

（三）市场控制

市场经济是市场机制发挥调节作用的经济运行体制。然而我们在强调市场机制的同时,也不能忽略宏观计划的调控。从现阶段的经济发展来看,协调配套地运用经济杠杆,正确发挥各种政策对经济的调控作用是当务之急。市场控制则借助于经济力量,它通过价格机制来规范员工的行为,当组织利用竞争性价格来评定公司和部门的效率的时候,市场控制的方法就已经开始起作用了。市场控制,属于经济控制的范畴。

企业的运行受着市场的约束,所以,搞好市场控制决定着企业的运行,具体来说,市场控制的作用在于:

1. 能够约束企业的投资和生产规模　企业的生产决策受着市场的制约,企业投资多少、生产什么、生产多少、如何以最小的投放取得最大的产出,以获得相应的经济效益,以及企业的经营方向都离不开市场环境。通过对市场的控制,可以使企业从实际资源量、销售量、生产量、产品品种和质量等方面都得到控制,这样就实现了国家对企业的间接控制。

2. 能够约束企业的投入和产出　企业的投入和产出引起企业的资金循环,这个过程涉及购买生产和销售的过程。企业的资金从周转方面来看,可分为流动资金和固定资金。市场的约束力不同,企业流动资金和固定资金的比例也不同,市场通过流动资金和固定资金之间比例的变动来调节企业资金的循环。如果控制好市场,也就间接地约束了企业的投入和产出。

3. 能够实现对企业的预算约束　企业的预算约束是使企业支出总额小于收入总额,这样企业才能营利,市场制约着资源购进,影响着企业的生产成本,而生产成本主要是由企业购买投入品的开支决定的,购买投入品的开支又是由投入品的市场价格和企业对投入品的购买量决定的。控制市场价格就会影响到企业的生产成本,从而影响到预算,从企业收入总额来看,企业生产经营的产品要流向市场,和市场价格发生关系,控制市场,无疑会影响企业的收入。

4. 能够合理的引导消费　市场约束着生产,同时也引导消费。国家从宏观经济调控着手,通过市场指导微观经济的运行。而宏观调节的实质是谋求生产和消费的统一,具体来说,就是生产和消费都要适度。消费的超前和滞后都是与生产不相适应的。而调解生产和消费的关系是通过市场控制间接地实现的,所以,市场控制能抑制超前消费,同时也能引导滞后消费,以实现宏观上生产和消费的统一。

市场控制主要是调节微观经济的,微观经济的主体是企业,国家应该为企业创造一个适于生存的环境。例如,需求过于膨胀的市场会导致通货膨胀,又会引发企业的盲目扩张,这势必会使一批企业陷入结构性生产能力过剩的困境。

市场控制应该有预测性,抑制需求的膨胀,避免企业误入歧途。我国对经济几次大的调整都是在问题发生以后才采取对策,这体现了计划预测性的不足,原因是多方面的,关键是长期以来对企业和市场的直接干预破坏了整个经济系统,使系统失去了自身的弹性,也是预测结果产生失误的原因之一,所以市场控制应致力于合理约束企业生产,引导社会消费。

三、控制方法

企业管理实践中运用着多种控制方法。经营单位组合矩阵（BCG）、企业资源计划（ERP）等既是计划和决策的工具,也是企业管理控制的方法,本节主要介绍财务控制、预算控制、库存控制、人员控制的常用控制理论和方法。

（一）财务控制

财务控制是指对企业的资金投入及收益过程和结果进行衡量与校正,目的是确保企业目标以及为达到此目标所制订的财务计划得以实现。现代财务理论认为企业理财的目标以及它所反映的企业目标是股东财富最大化(在一定条件下也就是企业价值最大化)。

财务控制总体目标是在确保法律法规和规章制度贯彻执行的基础上,优化企业整体资源综合配置效益,厘定资本保值和增值的委托责任目标与其他各项绩效考核标准来制订财务控制目标,是企业理财活动的关键环节,也是确保实现理财目标的根本保证,所以财务控制将服务于企业的理财目标。

事实上,任何组织要生存和发展,投入和产出之间就要实现一种平衡关系,而这种关系的实现要依赖对组织财务的控制。对财务进行控制主要包括:控制会计记录信息的准确性、定期审核财务会计报告,保证财务目标的实现等几个方面的工作。当然财务控制不仅仅局限于私人企业,对非营利性组织同样适用,如预算控制对于学校、医院和政府也是极为重要的控制手段。况且每家企业都想获取利润,为了实现这个目标,管理者必须实施财务控制。例如,为了弄清楚过度开支,他们可能会分析季度财务报告。他们还可能会计算一些财务比率以确保有足够现金来支付当期开支、债务水平没有变得过高或者组织的资产正在被高效利用。

1. 财务控制的作用　一是有助于实现公司经营方针和目标,它既是工作中的实时监控手段,也是评价标准;二是保护单位各项资产的安全和完整,防止资产流失;三是保证业务经营信息和财务会计资料的真实性和完整性。

2. 财务控制的局限性　良好的财务控制虽然能够达到上述目标,但无论控制的设计和运行多么完善,它都无法消除其本身固有的局限,为此必须对这些局限性加以研究和预防。局限性主要有三方面:一是受成本效益原则的局限;二是财务控制人员由于判断错误、忽略控制程序或人为作假等原因,导致财务控制失灵;三是管理人员的行政干预,致使建立的财务控制制度形同虚设。

由于财务管理存在于企业经济活动的方方面面,因此其对企业生产经营的影响非常大。财务控制有一套完整的体系,它由财务控制环境、会计系统和控制程序三部分组成。其中财务控制环境是指建立或实施财务控制的各种因素。主要因素为管理单位和相关人员对财务控制的态度、认识和行为,具体包括:单位组织结构、管理者的经营思想和经营作风、管理者的职能和对这些职能的制约、确定职权和责任的方法、管理者监控和检查工作时所采用的控制措施、人事工作方针及其实施、影响单位业务的各种外部关系等。

财务控制,是指按照一定的程序与方法,确保企业及其内部机构和人员全面落实和实现财务预算的过程。因此,财务控制的特征有:以价值形式为控制手段;以不同岗位、部门和层次的不同经济业务为综合控制对象;以控制日常现金流量为主要内容。财务控制是内部控制的一个重要组成部分,是内部控制的核心,是内部控制在资金和价值方面的体现。

3. 财务控制的基本原则包括　①目的性原则;②充分性原则;③及时性原则;④认同性原则;

⑤经济性原则;⑥客观性原则;⑦灵活性原则;⑧适应性原则;⑨协调性原则;⑩简明性原则。

(二) 预算控制

企业在未来的几乎所有活动都可以利用预算进行控制。预算预估了企业在未来时期的经营收入或现金流量,同时也为各部门、各项活动规定了在资金、劳动、材料、能源等方面的支出不能超过的额度。预算控制就是根据预算规定的收入与支出标准来检查和监督各个部门的生产经营活动,以保证各种活动或各个部门在充分达成既成目标、实现利润的过程中对经营资源的利用,从而费用支出受到严格有效的约束。

1. 预算的形式 为了有效地从预期收入和费用两个方面对企业经营全面控制,不仅需要对各个部门、各项活动制订分预算,而且要对企业整体编制全面预算。分预算是按照部门和项目来编制的,它们详细说明了相应部门的收入目标或费用支出的水平,规定了它们在生产活动、销售活动、采购活动,研究开发活动或财务活动中筹措和利用劳动力、资金等生产要素的标准;全面预算则是在对所有部门或项目分预算进行综合平衡的基础上编制而成的,它概括了企业相互联系的各个方面在未来时期的总体目标。只有编制了总体预算,才能进一步明确组织各部门的任务、目标、制约条件以及各部门在活动中的相互关系,从而为正确评价和控制各部门的工作提供客观的依据。

2. 预算的内容 同一企业,由于生产经营活动的特点不同,预算表中的项目会有不同程度的差异。但一般来说,预算内容要涉及以下几个方面:收入预算;支出预算;现金预算;资金支出预算;资产负债预算。

(1) 收入预算:收入预算和支出预算都是从财务角度计划和预测了未来活动的成果以及为取得这些成果所需付出的费用。

由于企业收入主要来源于产品销售,因此收入预算的主要内容是销售预算。销售预算是在销售预测的基础上编制的,即通过分析企业过去的销售情况,目前和未来的市场需求特点及其发展趋势,比较竞争对手和本企业的经营实力,确定企业在未来时期内,为了实现目标利润必须达到的销售水平。

由于企业通常不止生产一种产品,这些产品也不仅在某一个区域市场上销售,因此,为了能为控制未来的活动提供详细的依据,便于检查计划的执行情况,往往需要按产品、区域市场或消费者群(市场层次)为某个经营单位编制分项销售预算。同时,由于在一年中的不同季度和月度,销售量也往往不稳定,所以通常还需预计不同季度和月度的销售收入,这种预算对编制现金预算是很重要的。

(2) 支出预算:企业销售的产品是在内部生产过程中加工制造出来的,在这个过程中,企业需要借助一定的劳动力,利用和消耗一定的物质资源。因此,与销售预算相对应,企业必须编制能够保证销售过程得以进行的生产活动的预算,关于生产活动的预算,不仅要确定为取得一定销售收入所需要的产品数量,而且更重要的是要预计为得到这些产品、实现销售收入需要付出的费用,即编制各种支出预算。

1) 直接材料预算:直接材料预算是根据实现销售收入所需的产品种类和数量,详细分析为了生产这些产品,企业必须利用的原材料的种类数量,它通常以实物单位表示,考虑到库存因素后,直接材料预算可以成为采购部门编制采购预算、组织采购活动的基础。

2）直接人工预算:直接人工预算需要预计企业为了生产一定量的产品,需要哪些种类的工人,每种类型的工人在什么时候需要多少数量,以及利用这些人员劳动的直接成本是多少。

3）附加费用预算:直接材料和直接人工只是企业经营全部费用的一部分。企业的行政管理、营销宣传、人员推销、销售服务、设备维修、固定资产折旧、资金筹措以及税金等,也要耗费企业的资金。对这些费用也需要进行预算,这就是附加费用预算。

（3）现金预算:现金预算是对企业未来生产与销售活动中现金的流入与流出进行预测,通常由财务部门编制。现金预算只能包括现金流程中的项目:赊销所得的应收款在用户实际支付以前不能列作现金收入,赊购所得的原材料在未向供应商付款以前也不能列入现金支出,而需要今后连年分摊的投资费用却需要当年实际支出现金。因此,现金预算并不需要反映企业的资产负债情况,而是要反映企业在未来活动中的实际现金流量和流程。企业的销售收入、利润即使相当可观,但大部分尚未收回,或收回后被大量的库存材料或在制品所占用,那么它不可能给企业带来现金上的方便。通过现金预算,可以帮助企业发现资金的闲置或不足,从而指导企业及时利用暂时过剩的现金,或及早筹齐维持营运所短缺的现金。

（4）资金支出预算:上述各种预算通常只涉及某个经营阶段,是短期预算,而资金支出预算则可能涉及好几个阶段,是长期预算。如果企业的收支预算被很好地执行,企业有效地组织了资源的利用,那么利用这些资源得到的产品销售以后的收入就会超出资源消耗的支出,从而给企业带来盈余,企业可以利用盈利的一个部分来进行生产能力的恢复和扩大。这些支出,由于具有投资的性质,因此对其计划安排通常被称为投资预算或资金支出预算。资金支出预算的项目包括:用于更新改造或扩充包括厂房、设备在内的生产设施的支出;用于增加品种,完善产品性能或改进工艺的研究与开发支出;用于提高职工和管理队伍素质的人事培训与发展支出;用于广告宣传、寻找顾客的市场发展支出等。

（5）资产负债预算:资产负债预算是对企业会计年度末期的财务状况进行预测。它通过将各部门和各项目的分预算汇总在一起,表明如果企业的各种业务活动达到预先规定的标准,在财务期末,企业资产与负债会呈现何种状况;作为各分预算的汇总,管理人员在编制资产负债预算时,虽然不需做出新的计划或决策,但通过对预算表的分析,可以发现某些分预算的问题,从而有助于采取及时的调整措施。

3. 预算的作用及其局限性　由于预算的实质是用统一的货币单位为企业各部门的各项活动编制计划,因此它使得企业在不同时期的活动效果和不同部门的经营绩效具有可比性,可以使管理者了解企业经营状况的变化方向和组织中的优势部门与问题部门,从而为调整企业活动指明了方向;通过为不同的职能部门和职能活动编制预算,也为协调企业活动提供了依据。

更重要的是,预算的编制与执行始终是与控制过程联系在一起的;编制预算是为企业的各项活动确立财务标准;用数量形式的预算标准来对照企业活动的实际效果,大大方便了控制过程中的绩效衡量工作,也使之更加客观可靠;在此基础上,很容易测量出实际活动对预期效果的偏离程度,从而为采取纠正措施奠定了基础。

由于这些积极作用,预算手段在组织管理中得到了广泛运用。但在预算的编制和执行中,也有一些局限性：

（1）只能帮助企业控制那些可以计量的、特别是可以用货币单位计量的业务活动，而不能促使企业对那些不能计量的企业文化、企业形象、企业活力的改善予以足够的重视。

（2）编制预算时通常参照上期的预算项目和标准，从而会忽视本期活动的实际需要，因此会导致这样的错误：上期有的而本期不需的项目仍然沿用，而本期必需上期没有的项目会因缺乏先例而不能增设。

（3）企业活动的外部环境是在不断变化的，这些变化会改变企业获取资源的支出或销售产品实现的收入，从而使预算变得不合时宜。因此，缺乏弹性、非常具体、特别是涉及较长时期的预算可能会过度束缚决策者的行动，使企业经营缺乏灵活性和适应性。

（4）项目预算或部门预算不仅对有关负责人提出了希望他们实现的结果，而且也为他们得到这些成果而有效开支的费用规定了限度。这种规定可能使得主管们在活动中精打细算，小心翼翼地遵守不得超过支出预算的准则，而忽视了部门活动的本来目的。

（三）库存控制

任何企业都或多或少存在一定量的库存。从生产组织的角度看，一定量的库存对于企业的生产经营有着积极的作用，其作用主要表现在以下几个方面：

1. 对供、产、销过程中的不确定性因素起缓冲作用　在产品和销售过程中，原材料和零部件的供给、顾客对产品的需求和各工序状态等，都存在着各种不确定性，随时可能出现各种意外事故和变化，企业建立起一定的安全库存即可对这些不确定性因素起到缓冲作用，用库存来调节预期误差。

2. 对生产工序起分解和隔离作用　在生产系统中，相邻的各工序之间设置一定的在制品库存，就可使上下工序成柔性连接，必须的工序能相对独立，使相邻工序的时间差、效率差不至于相互牵连影响，从而保证了整个系统生产顺利进行。

3. 对季节性供需矛盾起调节作用　企业生产中某些原材料和产品的供需有着极强的季节性，建立一定的季节性库存能够调节季节性供需矛盾，充分发挥企业的生产能力，保持生产的均衡性。

4. 合理的库存可提高产品生产和订货的经济性　企业通常是按批量进行生产和订货的。生产批量大，设备调整费用就低，生产规模经济就好；订货批量大可享受数量折扣，订货费用就低。通过设置合理的周转库存，按经济批量进行生产和订货，可降低产品生产和订货的总费用，提高生产的经济性。

库存对企业的生产经营虽然具有上述重要作用，但在传统的管理中常常被强调到不适当的地位，使得企业的库存成本人为加大，造成很大浪费。不仅如此，过大的库存还可能会掩盖企业生产管理中存在的一些严重问题。如生产计划不合理，生产过程组织不合理，产品制造质量问题，供应商或外协厂商的材料质量以及劳动纪律差，生产现场管理混乱等问题。这些问题如果不能及时被发现解决，会导致企业生产管理水平上不去，生产成本居高不下。

因此，从企业降低生产成本和提高生产管理水平的角度考虑，生产管理中的一个重要任务就是努力控制库存，把企业的库存水平降到能够保证生产顺利进行的最低限度。

（四）人员控制

我们知道"管理就是通过他人完成组织目标的活动"，从这个基本的定义中，我们可以看出，本质上对任何对象的控制,最终都可以落实到对人的行为的控制。因此掌握对人员的控制方法、技巧是管理者最基本的工作技能之一。对人员进行控制有两种方法:一是直接巡视、观察、发现问题,现场解决;二是对员工进行系统评估,找出原因,寻求系统解决方案。具体来说,对员工行为的控制手段有:

1. **甄选**　识别和雇佣那些价值观、态度和个性符合组织期望的人。

2. **目标**　为员工设定工作目标,用目标引导和约束他们的行为。

3. **职务设计**　通过职务设计决定人们的工作内容、进度、权责范围,从而影响其行为。比如为了减少组织内部舞弊现象的发生,常常使某些职务分离以达到相互牵制的效果。比如财务部门会计与审计就会由不同的员工来担任。

4. **直接监督**　监督人员现场检查、控制员工的行为。

5. **培训与传授**　通过正规的教育培训及新老员工之间的经验交流与传授,向员工灌输正确的工作知识和操作方式。

6. **制度化**　制定规章制度来规范员工行为。

7. **绩效评估**　定期对员工进行考核,确保员工行为符合组织要求。

8. **报酬系统**　制定奖勤罚懒的报酬制度,强化和鼓励员工符合组织期望的行为,弱化甚至消除员工非组织期望行为的发生。

9. **组织文化**　通过组织的故事、仪式和高层的表率作用,影响员工的价值观和行为模式。

▶ **课堂活动**

企业管理实践中运用着多种控制方法,请你利用互联网试查阅找出财务控制、预算控制、库存控制、人员控制的相关案例。

点滴积累 ∨

1. 控制是指管理人员为了保证组织目标的实现,对下属工作人员的实际工作进行测量、衡量和评价,并采取相应措施纠正各种偏差的过程。

2. 控制的过程包括 3 个基本环节的工作　确立标准,衡量成效,纠正偏差。

3. 控制的类型:事前控制、事中控制和事后控制。

4. 实施控制的管理途径分为:行政控制、文化控制和市场控制 3 种。

5. 控制方法有:财务控制、预算控制、库存控制和人员控制。

目标检测

一、选择题

（一）单项选择题

1. 管理学中对计划职能的理解:计划是(　　　)

A. 确定目标　　　　　　　　　　　B. 管理

C. 确定目标实现的手段　　　　　　D. A 和 C

2. (　　　)明确规定了目标,并提供了一整套明确的行动步骤和方案

A. 战略计划　　　　B. 作业计划　　　　C. 指导性计划　　　　D. 具体性计划

3. 计划是一动态过程,其步骤包括(　　)

A. 预测、决策、制订方案

B. 确定目标、预测、拟定可行方案、决策、制订计划、预算

C. 预测、决策、制订方案、预算

D. 确定目标、拟定可行方案、决策、执行可行方案

4. 组织设计的结果是形成所谓的(　　)

A. 组织结构　　　B. 正式组织　　　C. 非正式组织　　　D. 组织框架

5. 部门化的目的在于确定组织中各项任务的分配与责任的归属,以求(　　),从而有效地达到组织的目标

A. 机构合理　　　　　　　B. 沟通渠道畅通

C. 分工合理、职责明确　　D. 提高组织的灵活性

6. 事业部制的管理原则是(　　)

A. 分工合理、职责明确　　B. 独立经营、增强协作

C. 职责明确、团结协作　　D. 集中决策、分散经营

7. 领导职能对组织绩效具有决定性的作用,领导的这种决定性作用具体体现在指挥、协调、(　　)和激励4个方面

A. 计划　　　B. 决策　　　C. 组织　　　D. 沟通

8. 利用财务报告分析进行控制是属于按纠正措施环节分类的(　　)

A. 现场控制　　B. 反馈控制　　C. 前馈控制　　D. 直接控制

9. 控制的主要目的是(　　)

A. 提高企业的整体素质　　B. 改善组织的外部环境

C. 确保组织目标的实现　　D. 保证组织不出现偏差

10. 控制的过程包括(　　)3个基本环节的工作

A. 确立标准、衡量成效和纠正偏差　　B. 确立标准、偏差信息和纠正偏差

C. 确立标准、信息收集和纠正偏差　　D. 确立标准、信息储存和信息反馈

11. 关于控制标准,下述说法中不正确的是(　　)

A. 建立的标准应有利于组织目标的实现

B. 建立的标准应是经过努力后可以达到的

C. 建立的标准应有一定的弹性

D. 建立的标准应代表目前的最高水平

12. 所有权和经营权相分离的股份公司,为强化对经营者行为的约束,往往设计有各种治理和制衡的手段,包括:①股东们要召开大会对董事和监事人选进行投票表决;②董事会要对经理人员的行为进行监督和控制;③监事会要对董事会和经理人员的经营行为进行检查监督;④要强化审计监督等。这些措施(　　)

A. 均为事前控制

B. 均为事后控制

C. ①事前控制,②事中控制,③、④事后控制

D. ①、②事前控制,③、④事后控制

(二) 多项选择题

1. 计划的作用主要有(　　)

A. 计划为管理工作指明了方向

B. 计划可以降低风险,减少变化的冲击

C. 计划可以减少浪费,提高效率

D. 计划是管理者进行控制的标准

E. 计划能起到上情下达、下情上报的作用

2. 实践中对计划组织实施行之有效的方法主要有(　　)等方法

A. 决策树法　　　　　B. 滚动方式计划　　　　　C. 网络计划技术

D. 目标管理　　　　　E. 波士顿矩阵分析

3. 组织部门化的方式包括(　　)

A. 职能部门化　　　　B. 产品部门化　　　　　C. 顾客部门化

D. 区域部门化　　　　E. 项目部门化

4. 组织管理的职能包括(　　)

A. 组织设计　　　　　B. 组织运用　　　　　C. 人员任用

D. 组织变革　　　　　E. 员工职业生涯规划

5. 弗莱西曼广泛收集下属对其领导者行为的描述,罗列出1000多个因素,最后归结为(　　)

A. 关怀维度　　　　　B. 定规维度　　　　　C. 关心人

D. 关心生产　　　　　E. 情景要素

6. 菲德勒认为决定领导有效性的环境因素主要有(　　)

A. 职位权力　　　　　B. 任务结构　　　　　C. 上下级关系

D. 领导方式　　　　　E. 部下的个人特征

7. 下列属于运用前馈控制的是(　　)

A. 企业根据现有产品销售不畅的情况,决定改变产品结构

B. 猎人把瞄准点定在飞奔的野兔的前方

C. 根据虫情预报,农业公司做好农药储备

D. 汽车驾驶员在上坡时,为了保持一定的车速,提前踩加速器

E. 瞄准靶心射击

8. 下列关于纠正偏差工作表述正确的有(　　)

A. 纠正偏差是控制的关键

B. 纠正偏差是整个管理系统中的部分工作内容

C. 纠正偏差是控制过程的一个重要步骤

D. 纠正偏差是制定控制标准的前提

E. 纠正偏差是其他各项管理职能发挥作用的关键环节

二、简答题

1. 简述计划的编制过程。

2. 什么是管理幅度和管理层次？如何确定有效的管理幅度和合理的管理层次？

3. 简述组织变革的内容与程序。

4. 领导的实质和作用有哪些？

5. 什么是管理方格理论？其对现代企业管理指导意义有哪些？

三、实例分析

实例1

石匠的故事

有个人经过一个建筑工地,问那里的石匠们在干什么？三个石匠有三个不同的回答：

第一个石匠回答："我在做养家糊口的事,混口饭吃。"

第二个石匠回答："我在做整个国家最出色的石匠工作。"

第三个石匠回答："我正在建造一座大教堂。"

问题：三个石匠的回答都与目标有关,谈谈你对此的理解。

实例2

组织机构的再设计

一个270人左右的中型药企,包括两个业务部门(分公司)及相关职能管理机构,一个是药品研发应用,一个是制药生产服务。业务结构相对简单也比较稳定。其中制药生产的人员180左右。管理团队由6个人组成,董事长兼任CEO、总经理助理、COO、CTO、两个业务部门总经理。公司全部管理层、职能部门、研发业务部门及生产业务的管理部门在一个地点(以下称总部),只有生产业务的生产基地设在距总部10多公里的另一个地点。其中,办公室、人力资源部、财务部、公关部设置在总部,独立于业务部门,是公司的职能部门;研发和生产业务分别成立了独立核算的公司,是业务部门,也是公司的两个利润中心。公司目前设计的组织结构是典型的矩阵型组织结构。

问题：该公司采用的矩阵型组织结构与组织实际运作情况相适应吗？如需再设计,有何建议？

实例3

李副总的领导

一家连锁药店的销售李副总在外开会时家里暖气管爆裂,屋里屋外到处都是水,家里一团糟。他接到妻子求救电话后,连夜火速赶回家。第二天一早去公司向老总请假,说明家里情况要请两天假处理。但老总却不准请假,并厉声道："谁批准你回来的？你必须马上返回会场,如果你下午还不走,我就免你的职。"销售李副总听后很有情绪,但又无可奈何地从老总办公室里出来后,马上赶去会场。

在李副总离开后,老总马上把后勤处和办公室的负责人叫了过来,要求他们分头行动,在最短时间内,务必把副总家里的暖气管修理好,把家属安顿好。

讨论题:

1. 从管理方格理论分析这位老总属于哪一种领导风格?为什么?

2. 你赞成这位老总的做法吗?有何建议呢?

实例4

杰克公司是由一家国有企业转制而来,经过数十年的发展积累了相当丰富的工艺技术和一定的管理经验,有许多公司管理制度。但在经营过程中出现了一些问题,已经影响到公司的发展。

该公司出纳员李敏,给人印象兢兢业业,受到领导的器重、同事的信任。而事实上,李敏在其工作的一年半期间,先后利用22张现金支票编造各种理由提取现金98.96万元,均未计入现金日记账,构成贪污罪。具体手段如下:

1. 隐匿3笔结汇收入和7笔会计开好的收汇转账单(记账联),共计10笔销售收入98.96万元,将其提现的金额与其隐匿的收入相抵,使32笔收支业务均未在银行存款日记账和银行余额调节表中反映。

2. 由于公司财务印鉴和行政印鉴合并,统一由行政人员保管,李敏利用行政人员疏于监督开具现金支票。

3. 伪造银行对照单,将提现的整数金额改成带尾数的金额,并将提现的银行代码"11"改成托收的代码"88"。杰克公司在清理逾期未收汇款时发现有3笔结汇收入未在银行日记账和余额调节表中反映,但当时由于人手较少未能对此进行专项清查。

导致李敏截留收入贪污得心应手,猖狂作案的主要原因在于公司缺乏一套相互牵制的、有效的约束机制和监督机制。

问题:请同学们从控制理论的角度去分析杰克公司存在哪些管理上的漏洞?

（杨韵菲　帅银花　王国妮　王芬）

实训三　绘制组织结构和分析评价

【实训目的】

1. 使学生加深对组织结构形式的理解。

2. 使学生加深对组织变革相关问题的认识。

【实训内容】

1. 以小组为单位,让学生根据将来毕业后自主创业的需要和可能,以某个有一定规模的创业项目为前提,绘制拟成立公司的组织结构。然后,可将资料收集起来,让大家传阅,并按其合理化程度予以评价。

2. 让学生分组讨论本班现有组织结构的状况,找出其优缺点所在,然后根据现实需要草拟一份班级组织结构变更的建议。随后,由大家对其进行比较、质疑和评价,并按其合理化程度排序。最后,由大家对其中排序领先者再加以补充和完善。

3. 实训步骤

(1) 实训分组:将全班同学按照4~6名同学为一组进行分组。

(2) 任务确定:由老师为各小组布置小组任务。

(3) 实训实施:各小组根据老师布置的小组任务,收集资料,并进行整理分析,将分析结果制作成PPT。

(4) 成果汇报:实训课堂上以PPT形式进行成果汇报,各小组代表对本小组分析的事件进行总结说明。

(5) 教师点评。

【实训要求】

1. 实训开始前期要搜集详实的相关资料;

2. 各小组发言结束后允许其他小组提问,就不同意见讨论。

【实训报告】

就组织结构的类型和设计或组织变革的内容和程序写一篇心得体会。

【实训评价】

小组评分标准

评分项目	项目分值	小组得分	备注
能正确查阅相关资料	2分		
能够正确绘制组织结构图	2分		
能体现分析内容的完整性	2分		
实训态度良好,参与度高	1分		
实训汇报逻辑性强,表达顺畅	3分		
总分	10分		

(帅银花)

第五章

人力资源管理

——麦格雷戈:"当管理者为员工提供他们的个人目的得以与公司的
商务目的一致的机会时,组织就会更为有效与有力。"

导学情景 ∨

情景描述

　　阿斯利康制药有限公司在招聘的时候会与企业文化相联系,使得从人才招聘、人才的培训与培养,直至绩效评估、奖励机制等都是一个完整统一的系统。 从目标的设定、定期的反馈沟通到最后的绩效评估,人才的甄选是根据公司已制定的胜任能力模型来进行的,可以分为技术性考核、行为面试等多种形式。 以期每个员工的潜力都会在企业得到充分发挥,员工的贡献得到尊重、认可和奖励。 因此,阿斯利康在招聘的时候就注意招聘那些素质和可塑性都比较好的员工。 其人均培训时间为 60 小时,提供了一系列培训课程,分别着眼于长期和短期的业务目标。

学前导语

　　任何一个企业,尤其是制药企业,研发新产品的能力至关重要,另一方面,市场也很重要,然而最重要的是人,因为这些东西都要靠人来完成。 对任何公司都是一样,有很好的产品,有很大的市场,有很强的融资能力,但是最重要的还是人。 因为新的技术要靠人来发明,新的市场要靠人来开拓,融资也是一样。 说到底,公司好不好,要靠人来代表。

　　纵观管理理论的发展史我们知道,企业的管理模式经历了以机器为本的物本管理时代、以技术为本的技术管理时代和以资本为本的资本管理时代,才进入到当前的以人为本的人本管理时代。人本管理是把人作为组织中最重要的资源,把人置于组织管理的核心地位。人本管理实现组织目标的主要方式是利用和开发组织的人力资源。在技术更新越来越快、信息可以做到即时传递的今天,技术产品的复制变得越来越容易,这就使得企业可以更快速地战胜对方,一个企业很难长久地保持竞争优势。一个企业要想取得优势地位,关键不在于其产品和服务,而在于企业集团头脑的优势,在于企业人力资源利用开发的程度。

第一节　概述

一、人力资源的概念

随着人类社会知识经济时代的来临,科学技术得以突飞猛进地发展,市场竞争更是日趋激烈,特

118

别是我国加入世界卫生组织（WTO）以后，市场的全面开放，更使得企业间的竞争趋向白热化。在此种境况下，各企业都不约而同地将目光投向人力资源，以期通过高质量的人力资源开发与管理，来保障企业的生存与快速发展。那么，什么是人力资源呢？

1. **资源**　谈及人力资源，首先应该了解资源的概念。联合国环境规划署对资源的定义是："所谓资源，特别是自然资源，是指在一定时期、地点条件下能够产生经济价值，以提高人类当前和将来福利的自然因素和条件。"这主要限于对自然资源的解释。其实，资源的来源及组成，不仅是自然资源，还包括人力、人才、智力（信息、知识）等资源。一般综合的认为，资源指的是一切可被人类开发和利用的物质、能量和信息的总称，它广泛地存在于自然界和人类社会中，是一种自然存在物或能够给人类带来物质财富的财富。

2. **人力资源**　根据以上概念，人作为企业生产链中不可或缺的一环，自然也包含在资源的范畴之中了。彼得·德鲁克（Peter Drucker）在其《管理与实践》一书中，首次提出了"人力资源"的概念。他指出："人力资源和其他资源相比较而言，唯一的区别就是它是人"。与其他资源相比，人力资源拥有独特的"协调能力、融合能力、判断力和想象力"，管理者必须明白，这一"特殊资产"只能为人力资源所有者自己所利用。德鲁克虽然提出了人力资源的概念，并指出它的重要性，但却没有对人力资源这一概念进行详细的定义。

什么是人力资源呢？雷西斯·列科（Rensis Lakere）认为，人力资源是企业人力结构的生产和顾客信誉的价值。伊凡·伯格（Ivan Berg）则认为，人力资源是具有智力劳动或体力劳动的人们的总和。国内学者对这一概念的理解有：人力资源是指一定范围内的人总体上所具有的劳动能力的总和；或者说，人力资源是能够推动社会和经济发展的具有智力和体力劳动能力的人的总称等。

从以上表述中可见，理论界对于人力资源的定义很多，但仍然没有一个统一的看法和认识。也有人干脆大而笼统地认为，凡是健康的人都是人力资源，或者凡是智力正常的人都是人力资源。其实这也并不十分恰当，因为日常中身心有残缺但却贡献斐然的实例是屡见不鲜的，如斯蒂芬·霍金、音乐指挥家舟舟等。综上所述，我们认为，人力资源就是所有可能通过脑力或体力创造出价值的人的总称，即所有可能在脑力或者体力上，为价值创造而做出贡献的人都是人力资源。

二、人力资源管理在我国的发展

人力资源管理在中国的发展大约经历了以下 3 个阶段：

第一阶段是人事劳资管理阶段。在这个阶段，人仅被看成是一种劳动力，单纯地以一种"档案式"的方式进行管理，人事、劳动部门定期或根据部门的需要，有的时候甚至是上级的指标分配，从学校招聘或者社会其他招聘如转业军人分配等进入企业；人事部门对员工进行教育和考核，负责员工的日常考勤、工资奖金发放，办理离职、退休、离休等。这是计划经济下的特定产物。

第二阶段是单纯的人力资源管理（human resource management，HRM）阶段。在这个阶段，生产过程中的人力开始被看成是一种资源，但还没有达到影响企业战略发展的高度，对人力资源的开发强调以"工作"为核心，强调人对工作的适应性。这一时期对员工的工作绩效考核主要取决于工作要求，进行的所谓人力资源开发也是紧紧围绕着工作，人事部门对员工的知识素养、工作技能等进行培训,尽力使员工的工作接近企业的标准要求。此外,工资分配的标准则取决于工作特征。这在一定程度上调动了员工的积极性,但由于这种人力资源管理以"工作"为核心,往往更加注重工作结果的输出,尚不利于员工潜在能力的开发。

第三阶段是人力资源的战略管理阶段。在这一阶段,人力资源管理与企业的目标和战略紧密结合起来,人力资源的重要性日渐凸显。在充分认识到人力资源的能动性和激励开发性之后,人力资源开发及管理就以"人"为中心,寻求个人职业生涯发展与企业战略发展的有效结合,将人的发展与企业的发展有机地联系起来。人力资源部的工作也被提升到整合企业战略、运营流程等工作中去,这使得人力资源部能够为组织的战略和运营配备合适的人员,使整个组织的战略管理能力获得提升。

三、人力资源管理机制

人力资源管理机制,在本质上就是揭示人力资源管理系统的各要素通过什么样的机制来整合企业的人力资源,以及整合人力资源之后所能达到的状态和效果。

(一) 牵引机制

所谓牵引机制,是指通过明确组织对员工的期望和要求,使员工能够正确地选择自身的行为,最终组织能够将员工的努力和贡献引入到帮助企业完成其目标,提升其核心能力的轨道中来。牵引机制的关键在于向员工清晰地表达组织和工作对员工的行为和绩效期望。因此,牵引机制主要依靠以下人力资源管理模块来实现:

1. **企业文化与价值观体系** 企业文化往往隐藏于每个员工的行为和企业的制度化系统的背后,并借助于它们来得以体现。通过企业文化,企业传递给每一位员工什么是正确的行为,什么是错误的行为;什么是企业所赞同和提倡的,什么是企业所反对和打击的。因此,企业文化是企业牵引机制的重要组成部分。

2. **职位说明书** 明确组织和工作对员工的期望和要求,首先是通过职位说明书来完成的。通过职位说明书我们可以明确员工承担的职位所要履行的主要职责和工作内容,这些职责的业绩标准,以及完成这些职责所需

▶ **课堂活动**

请查阅有关资料,简述职位说明书的内容有哪些?

具备的知识、技能和胜任能力要求。因此,职位说明书一方面向员工传达了在本职位上的主要工作内容的要求,另一方面,也向员工传达了完成这些工作内容的标准要求,以及所需的能力要求。

3. **绩效指标体系** 职位说明书仅仅说明了组织对员工行为和工作的基本期望,但如果要从组织战略和部门目标的高度来提出对员工的期望,则需要建立以战略为导向的绩效指标体系。绩效指标体系不仅仅是企业的考核体系,更为重要的在于,它是通过对组织战略的层层分解,形成企业自上而下的目标牵引机制。通过绩效指标体系,可以让每个部门、每个员工都明确,为了实现组织的战略,自身应该承担什么样的关键绩效指标(KPI指标),以及自己应该采取什么样的行动来确保KPI指标的达成。因此可以说,绩效指标体系是形成一个企业的牵引机制的核心职能模块。

绩效指标体系

　　绩效指标体系按照不同的维度可以分为不同的类别，按照指标的来源，可以把绩效指标分为关键绩效指标（key performance indicator，KPI）、岗位职责指标（position responsibility indicator，PRI）、工作态度指标（work attitude indicator，WAI）、岗位胜任特征指标（position competence indicator，PCI）、否决指标（no-no indicator，NNI）等；按照企业层级的分类，可以分为企业指标、部门指标、班组指标以及岗位指标等。在管理实践中，绩效指标体系主要是从上述这两个维度进行构建的。

　　4. 培训开发体系　对员工行为的牵引，还要依赖于企业的培训开发体系。通过培训开发，不仅可以提高员工为顾客创造价值的核心专长与技能，还可以传递企业文化与价值观，并提高员工对企业管理系统的理解与认同，从而使企业的制度化牵引和文化牵引能够找到深化的载体和落地的途径。因此，培训开发体系也是企业牵引机制的重要组成部分。

（二）激励机制

　　根据现代组织行为学理论，激励的本质是员工去做某件事的意愿，这种意愿是以满足员工的个人需要为条件的。因此激励的核心在于对员工内在需求的把握与满足。而需求意味着使特定的结构具有吸引力的一种生理或者心理上的缺乏。

　　未被满足的需要产生紧张的心理状态，紧张刺激个人内在的驱动力，这些驱动力产生寻求特定目标的行为。如果目标达到，则需要得以满足，心态的紧张程度也就降低。员工受到激励后，就处于紧张状态，为了缓解紧张，他们就会忙于工作。紧张程度越高，需要做越多的工作来缓解紧张。所以，当员工努力工作时，我们认为他们是被实现所看重目标的欲望而驱动的。

　　从人力资源管理的操作实践来看，激励在企业的人力资源管理系统设计中，更多地体现为企业的薪酬体系设计、职业生涯管理和升迁异动制度。即依靠科学、公平、公正的薪酬体系设计，将员工对企业的价值、员工的投入、员工承担的责任、员工的工作成果等与其获得的报酬待遇相挂钩，依靠利益驱动和对员工的内在需求的满足来实现对员工激励，这充分体现了需求理论和公平理论的主要思想。另一方面，现代企业的员工越来越重视在企业中获得更多更广的发展空间以及提高自身终身就业能力的机会，因此为员工提供更多的培训机会和建立多元化的职业生涯通道、以能力和业绩为导向的升迁异动制度也将成为现代企业激励机制至关重要的组成部分，这一点主要体现了赫茨伯格的双因素理论，以及当代企业知识型员工激励因素分析理论。具体而言，企业的激励机制主要依靠以下几个人力资源模块来完成：

　　1. 薪酬体系设计　薪酬是现代企业人力资源管理的核心职能。而要实现薪酬对员工的有效激励，企业必须树立科学的薪酬分配理念，合理拉开分配差距，在企业中建立依靠业绩和能力来支付报酬的制度化体系。

　　2. 职业生涯管理与升迁异动制度　企业传统的职业生涯通道是建立在企业的职务等级体系基础之上的，是一种官本位的职业生涯管理制度。现代人力资源管理往往倡导建立多元化的职业生涯通道,为同一个员工提供职务等级和职能等级两种不同的职业生涯通道,即一位员工可以选择成为企业中的管理者,也可以选择成为企业中具有核心专长和技能的专家,专家在企业中也可以获得与管理者同样的报酬待遇、权限、地位和尊重。

3. 分权与授权系统 在知识经济时代的知识型工作者,不仅将薪酬分配和升迁发展看作是一种重要的需求,而且将组织所赋予的工作自主性和工作权限也视为极为重要的工作要素。因此,企业建立科学有序的分权和授权机制,不仅能够大幅度提高组织运行的效率和效果,同时也是对员工进行激励的重要手段。所谓分权与授权,是指根据组织中每个部门和每个职位的工作职责与内容,同时充分考虑任职者的成熟度、企业制度化管理的规范性等因素,合理赋予每个员工在财务、人事和业务方面的权限。

(三) 约束机制

所谓约束机制,其本质是对员工的行为进行限定,使其符合企业发展要求的一种行为控制,它使得员工的行为始终在预定的轨道上运行。约束机制的核心是企业以 KPI 指标为核心的绩效考核体系和以任职资格体系为核心的职业化行为评价体系。约束机制主要依靠以下人力资源管理模块来实现:

1. 以 KPI 指标为核心的绩效考核体系 绩效指标体系一方面来自于对企业战略目标的分解,另一方面来自于对外部市场需求的分解,通过这两种分解,使得企业的战略目标和外部市场的要求能够有效地传递到组织中的每一位员工,使高层管理的战略职责和市场终端的压力都得到无依赖的传递。同时通过将 KPI 指标考核结果与员工的报酬待遇、升迁发展相挂钩,依靠利益动力机制形成对员工的约束。

2. 以任职资格体系为核心的职业化行为评价体系 任职资格具体包括完成工作所需采取的行为,以及在背后支持这些行为的知识、技能和素质等。任职资格的关键在于行为标准和要求,而这种行为标准和要求又来自于对流程的分解和对工作内容、绩效标准的分析,只要员工按照这样的行为标准去指导自己的工作,就能够有效地提高工作的效率和效果。

(四) 竞争与淘汰机制

企业不仅要有正向的牵引机制和激励机制,不断推动员工提升自己的能力和业绩,而且还必须有反向的竞争淘汰机制,将不适合组织成长和发展需要的员工释放于组织之外,同时将外部市场的压力传递到组织之中,从而实现对企业人力资源的激活,防止人力资本的沉淀或者缩水。企业的竞争与淘汰机制主要依靠以下人力资源管理模块来实现:

1. 竞聘上岗制度 客观地讲,一个组织中并不是每个人都能适应工作岗位提出的新要求。所以,无论是对于员工个人,还是对于组织而言,都面临着重新选择和重新安置的问题。解决这一问题的有效途径之一就是建立公平有效的竞争上岗制度,全体人员,不论职务高低,贡献大小,都站在同一起跑线上,重新接受组织的挑选和任用。竞聘上岗制度可以避免或降低部分人不平衡的心志,有利于强化员工的使命感、责任感;同时也有利于打破因循守旧,固步自封的传统观念,摒弃论资排辈的落后体制。

2. 末位淘汰制度 末位淘汰并不意味着完全要将排名最后的员工淘汰出组织之外,而是可以采取如调岗、降职等更为温和的处理手段,这在中国企业管理的现实状况下,是一个更好的选择。因此,国内学者何凡兴将"末位淘汰"界定为:企业为满足竞争的需要,通过科学的评价手段,对员工进行合理排序,并在一定的范围内,实行奖优罚劣,对排名在后面的员工,以一定的比例予以调岗、降职、降薪或下岗、辞退的行为。其目的是促进在岗者激发工作潜力,为企业获得竞争力。

四大机制的重心在于企业人力资源价值链管理的整合。所谓人力资源价值链,是指人力资源在企业中的价值创造、价值评价、价值分配三个环节所形成的整个人力资源管理的横向链条。人力资源价值链管理,使得企业的牵引机制、激励机制、约束机制能够相互整合,使四大人力资源管理机制能够成为一个有机的整体。

点滴积累 ╲╱

1. 人力资源就是所有可能通过脑力或体力创造出价值的人的总称,即所有可能在脑力或者体力上,为价值创造而做出贡献的人都是人力资源。
2. 人力资源管理在中国的发展大约经历了 3 个阶段:人事劳资管理阶段、单纯的人力资源管理阶段、人力资源的战略管理阶段。
3. 人力资源四大管理机制:牵引机制、激励机制、约束机制、竞争与淘汰机制。

第二节 人力资源规划

人力资源规划是指依据企业战略、业务模式、业务流程和组织对员工行为要求,设计各职类、职种、职层人员的任职资格要求,包括素质模型、行为能力及行为标准等。人力资源规划是企业开展选人、用人、育人和留人活动的基础与前提条件。

一、人力资源规划的含义

人力资源规划,也叫人力资源计划,是指在企业发展战略和经营规划的指导下进行人员的供需平衡,以满足企业在不同发展时期对人员的需求,为企业的发展提供合质合量的人力资源保证,其最终目标是达成企业的战略目标和长期利益。

简单地讲,人力资源规划就是对企业在某个时期内的人员供给和人员需求进行预测,并根据预测的结果采取相应的措施来平衡人力资源的供需。

人力资源规划包含三层含义:一是企业进行的人力资源规划是一种预测;二是人力资源规划的主要工作是预测供需关系,制定必要的人力资源政策和措施;三是人力资源规划必须和企业的战略相适应,必须反映企业的战略意图和目标。

二、人力资源规划的内容

人力资源规划的内容就是它的最终结果,包括以下两个方面的内容:人力资源总体规划和人力资源业务规划。

（一）人力资源总体规划

人力资源总体规划,是指对计划期内结果的总体描述。人力资源总体规划中最主要的内容包括:

1. 供给和需要的比较结果,也可称作净需求。

2. 阐述在规划期内企业对各种人力资源的需求和各种人力资源配置的总体框架,阐述有关人力资源方面的重要方针、政策和原则。

3. 确定人力资源投资预算。

（二）人力资源业务规划

人力资源业务规划,是指总体规划的分解和具体化。

人力资源业务规划包括人员补充计划、人员配置计划、人员接替和提升计划、人员培训与开发计划、工资激励计划、员工关系计划和退休解聘计划等内容。

每一项业务规划都设有自己的目标、任务和实施步骤,它们的有效实施是总体规划得以实现的重要保证。

（三）人力资源规划的意义和作用

人力资源规划的实施,对于企业的良性发展以及人力资源管理系统的有效运转具有非常重要的作用。

1. 有助于企业发展战略的制定;

2. 有助于企业人员状况的稳定;

3. 有助于企业人工成本的降低;

4. 对人力资源管理的其他职能具有指导意义。

（四）人力资源规划与人力资源管理其他职能的关系

1. **与薪酬管理的关系**　人力资源需求预测的结果是企业制订薪酬计划的依据;企业的薪酬政策也是预测供给时需要考虑的一个重要因素。

2. **与绩效管理的关系**　绩效考核是进行人员需求和供给预测的一个重要基础。

3. **与员工招聘的关系**　招聘的主要依据就是人力资源规划的结果,包括招聘的人员数量和人员质量。

4. **与员工配置的关系**　员工配置就是企业内部进行人员的晋升、调动和降职,员工配置的决策取决于多种因素,人力资源规划就是其中的一个重要因素。企业可以根据预测结果和现有人员状况来制订相应的人员配置计划。

5. **与员工培训的关系**　通过人力资源供需预测的结果可以确定培训的需求,通过培训就可以提高内部供给的质量,增加内部供给。

6. **与员工解聘的关系**　人力资源规划与员工解聘的关系是比较明显而直接的,在长期内如果需求小于企业内部的供给,就要通过对人员的解聘辞退实现供需的平衡。

（五）人力资源供需的平衡

人力资源规划的最终目的是实现企业人力资源供给和需求的平衡,因此在预测人力资源的供给和需求之后,就要对这两者进行比较,并根据比较的结果来采取相应的措施。

人力资源供给和需求预测的比较结果,一般有以下四种:一是供给和需求在数量、质量及结构等方面基本相等;二是供给和需求在总量上平衡,但结构上不匹配;三是供给大于需求;四是供给小于需求。对于企业来说,更多地会出现后三种情况,当然即便是出现第一种情况也并不意味着不需要采取任何措施了,因为这种平衡是在一定条件下出现的,一旦条件发生变化,供给和需求就会出现不平衡。

1. 供给和需求总量平衡,结构不匹配　出现此种结果,应采取如下措施:①进行人员内部的重新配置,包括晋升、调动、降职等,来弥补空缺职位;②对人员进行有针对性的培训,使他们能够从事空缺职位的工作;③进行人员的置换,释放那些企业不需要的人员,弥补需要的人员,以调整人员结构。

2. 供给大于需求　出现此种结果,应采取如下措施:①企业扩大经营规模,或者开拓新的增长点;②永久性的裁员或是辞退员工;③鼓励员工提前退休;④冻结招聘;⑤缩短员工的工作时间、实行工作分享或是降低员工工资;⑥对富余员工进行培训。

▶ **课堂活动**

讨论人力资源规划的编制程序。

3. 供给小于需求　出现此种结果,应采取如下措施:①从外部雇用人员,包括返聘退休人员;②提高现有员工的工作效率;③延长工作时间,让员工加班加点;④降低员工离职率,减少员工流失,进行内部调配;⑤将企业的某些业务外包。

点滴积累 ∨

1. 人力资源规划也叫人力资源计划,是指在企业发展战略和经营规划的指导下进行人员的供需平衡,以满足企业在不同发展时期对人员的需求,为企业的发展提供合质合量的人力资源保证,其最终目标是为了达成企业的战略目标和长期利益。

2. 人力资源规划包含 3 层含义:一是企业进行的人力资源规划是一种预测;二是人力资源规划的主要工作是预测供需关系,制定必要的人力资源政策和措施;三是人力资源规划必须和企业的战略相适应,必须反映企业的战略意图和目标。

3. 人力资源规划的内容就是它的最终结果,包括两个方面的内容:人力资源总体规划和人力资源业务规划。

第三节　招聘录用

一、员工招聘

(一) 招聘的含义

招聘是指在企业总体发展战略规划的指导下,制订相应的职位空缺计划,并决定如何寻找合适的人员来填补这些职位空缺的过程,它的实质是让潜在的合格人员对本企业的相关职位产生兴趣并且前来应聘这些职位。

准确理解招聘的含义,需要把握以下几个要点:

1. 招聘活动的目的是为了吸引人员。

2. 招聘活动所要吸引的应当是企业需要的人员。

3. 招聘活动吸引人员的数量应该适当。

（二）招聘应遵循的原则

1. 合法性原则　员工招聘应该坚持平等就业、双向选择、公平竞争、照顾特殊群体、先培训后就业、不歧视残疾人员的原则。特别是新劳动法颁布以后，企业应依照国家法律、法规与劳动者签订合法、规范的劳动合同，以保证劳动者的合法权益。

2. 客观性原则　员工招聘的目的是为企业录用到高质量的员工，但是如何才能确保质量呢？这就要求企业必须拥有一套客观、科学的选拔制度，以保证在公平、公正、客观的情况下选拔，不能被个人的主观态度所左右而错失良才，达不到人力资源开发的目的。

3. 适用性原则　企业选拔的人员并非质量越高越好，因为如果无法为"优秀"人才提供他们所认为的待遇或空间的话，可能导致人才快速流失，或者产生消极怠工情绪等。我们应该寻找的是那些适合企业发展所需要的人才，即"合适"为最佳。这要求企业应根据人力资源规划的工作需求和职位说明书中应聘人员的任职资格要求，运用科学的方法和程序开展招聘和选拔工作。

知识链接

招聘活动的 6R 目标

恰当的时间（right time）

恰当的范围（right area）

恰当的来源（right source）

恰当的信息（right information）

恰当的成本（right cost）

恰当的人选（right people）

（三）招聘工作的意义

招聘工作的有效实施不仅对人力资源管理本身，而且对于整个企业都具有非常重要的作用。

1. 招聘工作决定了企业能否吸纳到优秀的人力资源；

2. 招聘工作影响着人员的流动；

3. 招聘工作影响着人力资源管理的费用；

4. 招聘工作是企业进行对外宣传的一条有效途径。

（四）招聘计划的内容

1. 招聘的规模　企业准备通过招聘活动吸引多少数量的应聘者。一般企业通过招聘录用的"金字塔"来确定招聘规模（图5-1）。

"金字塔"模型将整个招聘录用过程分为若干个阶段，以每个阶段通过的人数和参加人数的比例来确定招聘的规模。使用这一模型确定招聘规模，取决于两个因素：一是企业招聘录用的阶段，阶

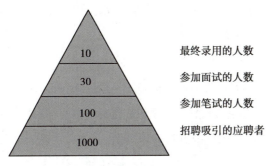

图 5-1　招聘录用的"金字塔"模型

段越多,规模相应就越大;二是各个阶段通过的比例,每一阶段的比例越高,招聘的规模就越大。

2. 招聘的范围　企业在多大的地域范围内进行招聘活动,范围越大,招聘效果越大,但招聘成本也会增加。招聘范围应该适度,需要考虑空缺职位的类型、企业当地劳动力市场状况等因素。

3. 招聘的时间　要考虑整个招聘录用的阶段和每个阶段的时间间隔。阶段越多,每个阶段的时间越长,招聘开始的时间就应越早。

4. 招聘的预算　招聘的成本费用:人工费用、业务费用、其他费用。

二、招聘的渠道与方法

(一) 内部招聘

内部招聘的优势在于:一是准确性高;二是适应较快;三是激励性强;四是费用较低。

1. 内部招聘的来源

(1) 下级职位上的人员,以晋升方式来填补空缺职位。

(2) 同级职位上的人员,以工作调换或工作轮换来填补空缺职位。

(3) 上级职位上的人员,以降职的方式填补空缺职位。

2. 内部招聘的方法

(1) 工作公告:在确定了空缺岗位的性质、职责及其所要求的条件等情况后,将这些信息以布告的形式,公布在企业中一切可利用的墙报、布告栏、内部报刊上,尽可能使全体员工都能获得信息,所有对此岗位感兴趣并具有此岗位任职能力的员工均可申请此岗位。该方法经常用于非管理层人员的招聘,特别适合于普通职员的招聘。

(2) 档案记录:现在已经有很多企业建立了人力资源招聘信息系统。

3. 内部招聘的具体措施

(1) 内部晋升和岗位轮换:该方法建立在职位管理和职业生涯规划管理体系基础之上:首先,需要建立一套完整的职位体系,明确职位职责、级别和晋升轮换关系。其次,在员工的绩效管理基础上建立员工的职业生涯管理体系。最后,建立一个接班人计划。

(2) 内部公开招聘:一是发布招聘信息;二是对参加内部招聘的员工进行选拔评价;三是对应聘内部职位的员工的条件也应有一定的界定。

(3) 临时人员的转正。

(二) 外部招聘

外部招聘的优势在于能够带来新思想和新方法,有利于招聘一流人才,起到树立形象的作用。不足之处在于:一是筛选难度大、时间长;二是进入角色慢;三是招募成本大;四是决策风险大;五是会影响内部员工的积极性。

1. 外部招聘的来源　根据 R·韦恩·蒙迪和罗伯特·M·诺埃的观点,外部招聘的来源有:学校、竞争者和其他公司、失业者、老年群体、军人、自我雇用者。

2. 外部招聘的方法

(1) 广告招聘:广告招聘需要考虑广告媒体的选择和广告内容的构思。一般说来,可采用的广告媒体主要有报刊杂志、广播电视、网站以及随机发放的宣传材料等。组织在选择招募媒体时,首要考虑的是媒体本身承载信息传播的能力,即各种传播媒体的优缺点和适用范围。其次,在确定了媒体形式后,应进一步选择刊登招募广告的具体媒体单位,主要有以下思考点:媒体的定位、媒体的相关内容集中度、多种媒体并用。

知识链接

广告的设计要遵循 AIDA 原则

A,即 attention,广告要吸引人注意;

I,即 interest,广告要激起人们对空缺职位的兴趣;

D,即 desire,广告要唤起人们应聘的愿望;

A,即 action,广告要促使人们能够采取行动。

---

(2) 外出招聘:由招聘人员直接实施,可以有效地避免信息传递过程中的"漏斗现象"和失真现象,使潜在的应聘人员得到真实信息。根据招聘对象和方式的不同,又可分为校园招聘和社会招聘。招聘人员和应聘人员能够直接见面交流,这是一种初步筛选机制,可以很好地宣传企业的自我形象。但是,费用高,需要投入大量的人力和物力,并且会受时间限制。

案例分析

案例

宝洁公司在用人方面是外企中比较独特的,只接收刚从大学毕业的学生。 由于我国绝大部分学生 7 月份才毕业, 宝洁公司才不得不接收少量的非应届毕业生。 中国宝洁公司北京地区人力资源部傅经理介绍说, 在中国, 宝洁公司 90% 的管理人员是从各大学的应届毕业生中招聘来的。 20 年来, 宝洁公司已经聘用了几千名应届毕业生。

分析

在进行校园招聘时, 宝洁公司一般会注意以下问题:

(1) 注意了解和掌握政府在大学生就业方面的相关政策和规定。

(2) 注意一部分大学生在就业中有脚踩两只船或几只船的现象。

(3) 由于大学生缺乏社会经验, 在走入社会之前, 往往对自己有不切实际的过高评价, 或存在好高骛远的倾向。

(4) 针对学生感兴趣的问题做好应答准备。

（3）借助职业中介机构招聘：节省时间，使招聘有针对性。但是，招聘的人员可能不符合要求，费用高。

> **知识链接**
>
> ### "猎头"途径
>
> "headhunting"在国外是一种十分流行的人才招聘方式，引进中国后我们称之为"猎头"，意思即指"网罗高级人才"。最早的猎头公司成立于"二战"后的美国，它的主要业务是受企业委托，搜寻中高级的管理或技术人才。在国外，猎头除了 headhunting 这样的俗称，还有个非常专业的名字叫 executive search，即高层行政人员招聘，与律师、会计师等有着相似的地位，是受人尊敬的行业。
>
> "猎头"也是通过"挖人"来网罗人才的，它与"挖人"策略不同的是，"挖人"策略主要是企业自己来实施，他们根据自己需要，确定"挖"的对象，直奔目标，采取措施；而"猎头"是依靠猎头公司帮助企业来"挖人"。
>
> 企业需要招聘中高级人才时，"猎头"往往是他们的首选。按照目前猎头公司的一般运作程序，企业是他们的第一客户，首先由企业提出招聘要求，他们便会通过各种途径找到相应的人，然后在"被猎者"和企业间充当桥梁，通过一定的措施实施"围猎"。"围猎"是一个充分发挥猎头顾问的智慧与沟通技巧的过程。

（4）推荐招聘：推荐招聘是指通过企业的员工、客户以及合作伙伴等推荐人选，是组织招聘的重要形式。这种方法的优点是：招聘成本低；推荐人对应聘人员比较了解；离职率较低。缺点是：容易形成非正式的小团体；容易出现任人唯亲现象；选拔范围小。组织可以建立一些特别的奖励机制，鼓励员工向企业推荐员工。

三、选拔录用

（一）选拔录用的含义

选拔录用也叫人员甄选，是指通过运用一定的工具和手段对已经招募到的求职者进行鉴别和观察，区分他们的人格特点与知识技能水平、预测他们未来的工作绩效，最终挑选出企业所需要的、恰当的职位空缺填补者。

准确理解选拔录用的含义，需要把握以下几个要点：

1. 选拔录用应包括评价应聘者的知识、能力和个性，以及预测应聘者未来在企业中的绩效两方面工作。

2. 选拔录用要以空缺职位所要求的任职资格条件为依据来进行。

3. 选拔录用由人力资源部门和直线部门共同完成，最终的录用决策由直线部门做出。

（二）选拔录用的步骤

1. 评价应聘者的工作申请表和简历；

2. 进行选拔测试和面试；

3. 审核应聘者材料的真实性；

4. 体检；

5. 试用期的考察；

6. 正式录用的决策。

（三）选拔测验的方法

1. 知识测验　多为笔试,测量应聘者的基本知识、专业知识、管理知识以及综合分析能力、文字表达能力等方面的差异。

2. 能力测验　能力测试用于衡量应聘者是否具备完成职位职责所要求的能力。

（1）能力测试的功能:能力测试有两种功能,一是诊断功能,判断应聘者具备什么样的能力。二是预测功能,测定在从事活动中成功的可能性。

（2）能力测试的类别:①一般能力测试:韦克斯勒智力量表和瑞文推理测验;②能力倾向测验:言语理解能力、数量关系能力、逻辑推理能力、综合分析能力、知觉速度、准确性等;③特殊能力测试:明尼苏达办事员测试、西肖音乐能力测试、梅尔美术判断能力测试。

3. 性格和兴趣测试

（1）性格测试:对应聘者的性格测试有助于判断他们是否能胜任所应聘的职位。

（2）兴趣测试:指的是职业兴趣,是指人们对具有不同特点的各种职业的偏好以及从事这一职业的愿望。兴趣测试的方法主要有斯通-坎贝尔测试等。

4. 工作样本测验　是指要求应聘者完成职位中的一项或若干项任务,依据任务的完成情况来做出评价,由于这种方法强调直接衡量工作的绩效,因此其具有较高的预测效度。

（1）优点:测量的是实际工作任务,应聘者很难伪装或给出假答案。

（2）缺点:需要对每个应聘者进行单独测试,成本高,不适用于那些完成周期比较长的任务。

（3）步骤:①首先要挑选出职位中的关键任务;②让应聘者来完成这些任务,同时由测试者对他们的表现进行检测并记录下任务的执行情况;③由测试者对应聘者的表现和工作完成情况做出评价。

5. 评价中心测试　评价中心测试就是通过情景模拟的方法来对应聘者进行评价。评价中心测试常采用的方法有以下几种:

▶▶ **课堂活动**

学生分组,每组 5～7 人,按照教师给定问题,进行无领导小组讨论。

（1）无领导小组讨论:指由一组求职者（5～7 人）组成一个临时工作小组,讨论给定的问题,并做出决策。

（2）公文处理:公文处理又叫"公文筐"测验,是评价中心技术中最常用、最具特色的工具之一（它在评价中心的使用频率为 95%）,它是对实际工作中管理人员掌握和分析资料、处理各种信息,以及做出决策的工作活动的一种抽象和集中。

（3）角色扮演:角色扮演是一种比较复杂的测评方法,它要求多个应试者共同参加一个管理性质的活动,每个人扮演一定的角色,模拟实际工作中的一系列活动。

（4）演讲:应试者按照给定的材料组织并表达自己的观点和理由。

（5）其他方法：例如管理游戏、案例分析等。

> **知识链接**
>
> 选拔测试中应注意的问题
>
> （1）测试的条件标准：要使所有的应聘者在相同的条件下接受测试。
>
> （2）测试的过程客观：要尽可能地使用客观性试题。
>
> （3）测试的环境合适：提供比较合适的测试环境。
>
> （4）测试的方法可靠：测试方法本身应具有信度和效度。

（四）面试

1. 面试的准备

（1）选择面试考官：人力资源部门和业务部门共同组成。

（2）明确面试时间。

（3）了解应聘者的情况。

（4）准备面试材料：面试评价表和面试提纲。

（5）安排面试场所：舒适、安静；便于寻找。

> **知识链接**
>
> 企业在面试中常见的错误
>
> （1）面试考官说话过多，有碍于从应聘者那里得到与工作相关的信息。
>
> （2）对应聘者的提问不统一，造成从每个应聘者那里获得的信息类型不同。
>
> （3）问的问题与工作业绩无关，或者关系很小。
>
> （4）在面试过程中使应聘者感觉不自在，使得较难获得真实的或深入的信息。
>
> （5）面试考官对评价应聘者的能力过于自信，从而导致草率的决定。
>
> （6）对应聘者有刻板的看法，让个人偏见影响了客观评价。
>
> （7）被应聘者的非语言行为所影响。
>
> （8）给许多应聘者相同的评价，如优秀（面试过于宽大）、一般（有集中的趋势）或较差（过于严厉）。
>
> （9）某个应聘者的一两个优点或缺点，影响了对这位应聘者其他特征的评价（晕轮效应）。
>
> （10）由于一些应聘者的资格超过了当前的应聘者，就影响了对当前应聘者的评价。
>
> （11）在最初的几分钟面试时，就对应聘者做了评价（第一印象）。
>
> （12）由于应聘者在某个方面和面试考官相似，而给应聘者较好的评价（像我效应）。

2. 面试的提问技巧

（1）善于运用多种提问方式。问题的类型有：行为型问题、情景型问题、智能型问题、意愿型问题等。

（2）提问时尽量避免应聘者能用"是"与"否"回答的问题。

（3）不论应聘者的回答是否正确，都不要做任何评价，要学会倾听和观察，必要时给予目光接触以示鼓励。

（4）注意掌握和控制时间。

点滴积累 ∨

1. 招聘应遵循的原则有合法性原则、客观性原则、适用性原则。

2. 选拔录用的步骤是评价应聘者的工作申请表和简历、进行选拔测试和面试、审核应聘者材料的真实性、体检、试用期的考察、正式录用的决策。

3. 工作样本测验是指要求应聘者完成职位中的一项或若干项任务，依据任务的完成情况来做出评价，由于这种方法强调直接衡量工作的绩效，因此具有较高的预测效度。

4. 评价中心测试就是通过情景模拟的方法来对应聘者进行评价。

第四节　培训开发

一、人才培训的目的

员工培训工作往往是要花费很大成本的，不仅包括直接费用投入，还包括了时间、精力的投入等。那么企业为什么要花如此大的成本来进行员工的培训呢？其目的主要体现在以下几个方面：

1. 学校教育的持续　企业所招收的员工中有很大一部分是刚刚走出校园的毕业生，他们之前主要接受的是学校的教育，完成的是基础教育和基本的专业技术教育，这些毕业生进入企业时一般不能完全适应和满足企业的工作要求。因此，在他们进入企业后，应该对其进行一些新员工入职及企业的工作流程等的教育，以便使其能很快地适应企业的要求。

2. 同化员工的理念　员工培养可以促使许多具有不同价值观、不同信念及不同工作作风和习惯的人，按照企业的要求，得以规范统一，形成一个统一、团结、和谐的团体，这样才能提高企业的工作效率，使企业的员工感觉和谐、快乐。

3. 满足员工自我实现的需求　从马斯洛需要层次理论可知，人的需要是具有多层次的，在满足物质需求之后，人们会更看重精神层面的需求，追求自我实现和自我发展。企业对人才的培养，使员工感受到自己被重视，感受到自己的成长，这将增加他们对企业的认同感和忠诚度。事实证明，现在仅仅靠高工资已经不能留住优秀的员工，有吸引力的培训以及广阔的发展空间已经为越来越多的人才所看重。

4. 提高企业的效益　企业的直接目的是效益最大化，而它们之所以愿意花费很大成本进行人才培训，最主要的原因还是，培训员工可以为其带来更大的收益。对员工的培训，不仅可以提高他们的知识水平和业务技能，还能统一他们的思想，提高对企业的认同度，最终提高企业的劳动生产率。

人才培养创造利润的理念已经为许多国际大公司所重视。松下王国的掌舵人松下幸之助就曾说过"松下王国是造就人才的公司,并兼制造电器用品"。

二、人才培训的原则及内容

(一)人才培训的原则

1. 目标性原则　目标是人们做事情的方向,是完成期望值的导向,因此企业的人才培训应该贯彻目标性原则。在培训之初首先设置明确的目的、情形及通过培训所希望达到的效果,这样才能落实培养的意义,实现培训的目的。

> **案例分析**
>
> 案例
>
> 　　某医药企业发现员工在日常工作中运用电脑很不熟练,认为员工需要进行有关电脑方面的培训,于是让员工们参加某大学开办的一个很出名的电脑培训班。结果员工学到一半才发现这个培训班主要是关于高级程序语言的,而员工们只需要掌握基本办公软件的操作应用就可以了。
>
> 分析
>
> 　　该企业的问题是培训需求与培训提供的内容错位。出现这种状况的原因主要是企业负责培训工作的管理人员没有很好地分析目前员工到底需要哪方面的培训,所以在培训前,必须进行员工的培训需求分析。需求分析的目的就是确定谁最需要培训、最需要什么培训,即需要确认培训对象和培训内容。

2. 差异化原则　企业的培训是为了达成一定目的和效果而设置的,不是为了培训而培训,因此不能千篇一律。因为受训者的情况是各式各样的,他们需要提高的方面也是不同的,此外每个人所能接受的最有效的培训方式也是不一样的,以此针对不同的人应该实施不同的培训。另外,根据"二八原则",企业中80%的价值是由20%的员工所创造的,因此培训也应该分清主次。

3. 实效性原则　培训的目的在于员工个人和企业的绩效改善,因此培训要讲究实效,而不能只注重形式。首先要对培训进行系统的考核,保证员工的参与率,保证每次培训的效果和员工的接受程度;其次,要注重学以致用,要将培训和工作结合起来,不能只学习而不使用,这样不仅造成培训资源的严重浪费,而且失去培训的意义。

(二)人才培训的内容

培训是企业人才培养的主要形式,针对各自的不同情况,各企业对人才培训内容的设置也是各不相同,但是综合起来,一般包含以下的内容:

1. 企业文化与企业精神　一名新入职的员工,要想完全融入到企业中去,就必须清楚地了解企业的文化和精神,这样才能顺应企业的"性格",为企业其他员工所接受。另外,只有认同企业文化和企业精神的人,才能在企业中立足和发展。因此,对员工进行企业文化与企业精神的培训是人才培养首先应该做的内容。

2. 从业方式及心态　不同的行业均有其特有的从业方式和从业心态,比如教育行业,需要有很大的耐心和谆谆教诲的心态,销售行业需要有高涨的热情和积极的心态,而医药行业则需要有谨慎、细心的工作习惯。因此,对于一个新入职的员工,必须对其进行行业的工作方式及合适的从业心态培训,以促使其尽快地进入工作角色,帮助其提高。即使对那些从业一段时间的老员工,也应实施此方面的培训、学习,以形成企业共同的行业心态。

3. **岗位职责**　岗位职责是岗位工作的指导,用来界定岗位的工作内容及责权范围,告诉岗位工作者什么应该做,什么不该做;应该与哪些人配合以完成本职工作等。任何一个组织都会对其成员进行岗位职责培训,这样才能使他们明确自己的工作内容和工作要求,以有序地开展工作。

4. **专业知识与职业技能**　岗位职责解决了"做什么"的问题,那么"怎么做""怎样做得好"就是专业知识和技能技巧方面的事了。随着现代科学技术的发展,一个岗位的工作方式不断地随之改变,比如计算机技术的普及使得很多以前人工完成的岗位工作实现了网络化、电算化等,那么这就对岗位从业者提出了新的要求。再者,一个员工即使能够应付目前的岗位工作,也应该对他们进行专业知识的补充和岗位技能技巧的训练,以提高其工作质量和效率,实现企业整体效益的提高。况且,这也是员工自我价值实现的需要。

三、人才培训的方式方法

1. **学徒式培训**　就是师傅带徒弟式地进行手把手式的授教。这种方法是针对非管理人员的培训,一般多应用于生产过程中直接培训技术工人。

这种方法的优势在于手把手式的授教,容易将一些晦涩、难以操作的技能比较快地传授;缺点就是传授过程中,师傅的一些不良习惯等可能得以"复制"。

2. **轮岗式培训**　也称岗位轮换,就是对员工组织的一种系统的定期换岗工作安排。这种方法多用于培养管理岗位的人员。通过在不同岗位的工作体验,可以使员工积累丰富的工作经验,开发其工作潜能。

这种方法的优点不言而喻,有助于积累员工多样化的工作技能,另外可以使员工对自己的工作有一个更宏观、全方位、系统的认识和理解,锻炼从全局角度看待工作和问题的能力。缺点是它只适用培养"通才化"或管理类人才,而非某一专业的技术佼佼者。

3. **集中讲授式培训**　是由企业讲师(一般由经验丰富且讲授能力较强的老员工或管理人员担任)将员工集中起来进行知识传授、信息传递以及问题解答的培训方法。该方法多用于新员工的入职培训或适用于多数人的通用类知识、技能培训。这种方法对讲师的要求比较高,要求他们既有丰富的工作经验,又有很好的演讲技巧,这样才能调动受训者的热情。

该方法的优点是可以集中、有效、快捷地进行知识的传递,另外其成本相对比较低;缺点是如果讲师的水平一般或者听训者不认真的话,培训效果将难以得到保证。

4. **模拟训练**　是就工作的内容等模拟一个场景,由受训人员模拟其中的角色进行演练的培训方法,这种方法多用于对客户服务等工作岗位。

该方法的优点在于通过比较正式地参与演练,可以锻炼员工的技巧应用、临场反应等综合素质;缺点是如果进行一一训练的话,所需的时间等成本比较高。

5. 建立学习型企业 彼得·圣吉教授认为学习型组织是这么一种组织:"在其中,大家得以不断突破自己的能力上限,创造真心向往的结果,培养全新、前瞻而开阔的思考方式,全力实现共同的抱负,以及不断一起学习如何共同学习"。

以此为鉴,我们应该激励全体企业成员,建立一种充满积极、上进氛围的学习型企业。在学习型企业中,个人、团队和组织是学习的三个层次,他们在由企业共同愿景的引导和激励下,不断学习新知识和新技能,并在学习的基础上持续创新,以实现企业的可持续发展和个人的全面提高。

▶ **课堂活动**

討论什么是学习型企业。

四、人才培训的注意事项与效果评估

（一）注意事项

很多企业在进行员工培训时,都存在着这样那样的误区,通过对存在问题的归纳、研究发现在人才培训过程中,企业必须注意以下两个问题:

1. 先培训后上岗 这是针对新员工而言的。很多企业都是因为人员的缺乏才进行人员的招聘、引入,因此在完成人才引进之后,他们急切地想让新员工立刻进入工作岗位。也有管理人员认为,培训的确非常重要,但是可以在员工进入工作岗位之后,边工作边培训,这样会更有效。这些想法或举动是比较短视和片面的,企业新招入的员工必须先培训后上岗。新员工的培训从大的方面可分为岗前入职培训和岗位培训。诚然,岗位培训非常重要,但是岗前入职培训也是不可或缺的。岗前入职培训主要包括对企业背景、基本情况、发展战略目标、企业文化、企业的一些基本政策、岗位职责的讲授,以及对从事本行业需要具备的一些基本的素质要求等的介绍。这部分内容对于员工快速融入企业,明晰大体的工作思路,提高工作效率是非常重要的,正所谓"磨刀不误砍柴工",因此岗前入职培训是不能被省略的。

2. 分阶段培训 员工培训是一个系统性的工作,并非一蹴而就、一劳永逸的。企业在对员工进行培训时,应该根据员工不同时期的表现而进行分阶段的培训,不能只在入职阶段进行一些岗前和岗位培训,然后就不再进行培训。一般的,一个员工进入企业工作,他的心理变化是有一定的周期规律的。这种心理变化一般分为四个阶段:首先是开始期,是在员工刚进入企业的一段时期,这时他们会略显紧张、局促和生疏,没有融入企业;第二阶段是成长期,是在渡过开始期之后,初步融入企业时。这时员工会对周围的环境、事物等感到新奇,他们不断地学习、了解和掌握企业的情况和工作技能,以完善自己,使自己成长;第三阶段是稳定期,在成长期结束后,员工已经熟悉了周围的环境和状况,对工作技能等也较为熟练地掌握,这时的他们处于一种比较平稳的工作状态之中;第四阶段是疲惫期,在经历比较长的稳定期之后,由于经常性按部就班的工作,重复的流程,重复的操作,重复的注意事项等,使得员工进入了一种"职业式"的、疲惫的心理状态之中。

针对员工工作心理的不同阶段,企业应相应地采用不同的培训。在第一阶段即开始期,应该设置一些岗位入职培训和基本岗位培训,使得员工快速地融入企业,进入工作角色。对于成长期的员工,应着重进行技术技能类的岗位培训,以满足他们要求完善及成长的心理。针对稳定期的员工,可以适当进行一些新知识、新技术的培训,以全面地充实他们。对于疲惫期的员工,可以着重进行一些轮岗类的培训等,以调动他们的工作积极性。

(二) 培训效果评估

培训效果评估是指通过对培训过程的考核以及各种培训反应等的收集来衡量培训是否有效的过程。培训评估是培训管理流程中的一个重要环节,是衡量企业培训效果的重要途径和手段。通过评估,管理者可以知道培训使学员的知识得到了怎样的更新,学员的工作表现产生了怎样的变化。同时,可以对本期培训的效果有一个反馈,以指导下期培训工作更好的实施。

培训评估要讲求一定的方法,一般来讲,根据受训员工在培训过程中的表现以及对培训的考核,可以用反应评估、学习评估、行为评估、结果评估等方法来对培训效果加以评估。

点滴积累 ＞

1. 所谓"学徒式"培训,就是师傅带徒弟式地进行手把手式的授教。
2. 轮岗也称岗位轮换,就是对员工组织的一种系统的定期换岗工作安排。
3. 培训效果评估是指通过对培训过程的考核以及各种培训反应等的收集来衡量培训是否有效的过程。

第五节　绩效管理

一、相关的概念

1. **绩效**　绩效管理是基于绩效来进行的,因此我们首先要弄清楚绩效的概念。绩效,顾名思义就是"业绩"和"效率",是工作结果的体现。在管理学上,将绩效分为组织绩效和员工绩效。组织绩效是指组织在某一时期内,完成预定任务的数量、质量及盈利等状况。员工绩效是指员工在工作过程中所表现出来的与组织目标相关并且能够被考核的工作业绩、工作能力和工作态度的总和。

综上所述,我们可以理解,绩效首先是基于工作而产生的。工作之外,无绩效可谈。其次,绩效是基于组织的目标而产生的。一个人只有为企业的目标实现而工作,才能衡量其绩效。最后,绩效既反映于结果又反映在过程之中。西方企业大多只注重结果,不考虑过程,他们认为即使付出再大的努力,没有完成目标或任务,也是完全失败的。中国企业则既注重结果也注重过程,"没有功劳,也有苦劳",就是对努力工作过程的肯定。

2. **绩效考核**　绩效考核通常也称为业绩考评或"考绩",是针对企业中每个职工所承担的工作,应用各种科学的定性和定量的方法,对职工行为的实际效果及其对企业的贡献或价值进行考核和评价。它是企业人事管理的重要内容,更是企业管理强有力的手段之一。业绩考评的目的是通过考核提高每个个体的效率,最终实现企业的目标。

3. **绩效管理**　"绩效管理"的概念最早是 20 世纪 70 年代由美国管理学家 Aubrey Daniels 所

提出的,他认为采用适当的绩效管理措施,可以很大程度上提高企业的工作效率。关于绩效管理,我们简单的理解就是以绩效考核的结果为依据,对被考核者施加影响的管理过程。具体而言,则是通过识别、衡量、传达有关员工绩效水平的信息,使组织目标得以实现的一种逐步定位的方法。

二、绩效管理的实施

绩效管理是一个系统的管理过程。很多人经常将绩效考核与绩效管理混为一谈,其实两者是有较大区别的。绩效考核只是绩效管理的一部分,是通过一些方法,实现对员工绩效表现的反映。而绩效管理则是为激励员工实现组织目标而努力所采用的一套管理方法。绩效管理的内容包括设置绩效目标、确定目标实施措施及考核标准、实施绩效考核以及绩效反馈与激励。

1. **设置绩效目标** 绩效管理必须是基于一定的绩效目标而实施的,是为促使目标早日实现而制订的。这个绩效目标可以是一个比较大的、综合性的目标,也可以是比较小的分解目标,但它必须是与组织的发展目标相一致的,换句话说,就是促进组织目标的实现。

2. **确定实施措施及考评标准** 在绩效目标的基础上,通过目标细分、具体措施应对等进行目标的措施制定。此外,为了保证措施实施过程的效果,还应针对这些措施制定出一系列考核标准,以对过程进行监督。这些标准必须是与实施措施过程紧密相关的,并且是易考核、易衡量的。

边学边练

学会制定员工绩效考评标准,请见实训四 设计评价量表。

---

3. **实施绩效考核** 根据制定的考核标准,采用一定的方法,对员工的目标实施过程进行考核。通过绩效考核,对员工目标的完成程度如何,实施效果怎么样,可以有清晰的认识。另外,绩效考核也为企业的晋升与奖励等激励措施的施行提供依据。

4. **绩效反馈与激励** 根据绩效考核的结果,对员工的工作表现、效果等会形成一个结论,对员工的工作过程做出一个多方面的评价,如工作态度积极与否,工作效率高与低,工作完成的情况好与坏等。管理者应将考核的结果向员工进行反馈,这样可以使员工清晰认识自身的优势与不足,以便完善。还有,企业管理者应该根据考核的结果对员工进行适当的激励,当然根据表现的好坏,可能存在"正激励"与"负激励",以激励员工的积极性,促使其继续努力。

绩效考核的反馈也可以是在一个绩效目标的实现过程中来进行,这样可以及时对员工的一些不当之处进行纠偏,以保证后续过程的完善。另外,在一个绩效目标完成之后,通过对员工在整个过程中的表现进行激励,可以大大调动他们的积极性,以保证其在新的绩效目标实施过程中的热情。

▶▶ **课堂活动**

讨论高薪水是否一定能够带来高效率。

三、绩效管理应注意的问题

1. 设置合适的绩效目标　在绩效管理中,必须设置合适的绩效目标。这个目标必须是员工可以看得到,但又不能轻易实现,只有通过一番努力才能达到的。目标不能过高,也不能过低。太高,员工无论怎样努力也完成不了,会逐渐丧失积极性;太低,又根本起不到激励的效果。因此,只有设置合适的目标,才能在目标完成之后,使员工产生一种成就感,才能达到激励员工的效果。

2. 制定清晰的考核标准　绩效考核必须以一套标准清晰、标准齐全、尺度公平合理的考核标准为依据,这样才能保证考核结果的公平合理,使得员工心服口服,才能起到激励的效果。如果考核标准过于模糊,以主观代替客观,其考核结果是不会得到被考核者的认同的。

3. 及时进行绩效反馈　对于绩效管理过程中考核结果的反馈必须及时。绩效反馈的目的,是使员工明确认识自身的优势与不足,扬长避短,不断完善自我,提高工作效率。但如果考核完成之后,反馈结果拖的时间过长,甚至不进行反馈,会使员工无所适从,不知道该如何改进和完善自己,也就起不到绩效考核的目的。

点滴积累　∨

> 1. 绩效考核通常也称为业绩考评或"考绩",是针对企业中每个职工所承担的工作,应用各种科学的定性和定量的方法,对职工行为的实际效果及其对企业的贡献或价值进行考核和评价。
>
> 2. 绩效管理的内容包括设置绩效目标、确定目标实施措施及考核标准、实施绩效考核以及绩效反馈与激励。

第六节　薪酬管理

一、薪酬概述

(一) 薪酬的含义

薪酬是指员工从事组织所需要的劳动或服务,而从组织得到的以货币形式和非货币形式所表现的补偿或报酬。狭义的薪酬是指个人获得的以工资、奖金及以金钱或实物形式支付的劳动回报。广义的薪酬包括经济性的报酬和非经济性的报酬。经济性的报酬指工资、奖金、福利待遇和假期等,也叫货币薪酬;非经济性的报酬指个人对企业及对工作本身在心理上的一种感受,也叫非货币薪酬。

(二) 薪酬的构成

薪酬的构成具有多层次内容,并通过不同形式体现出来,其中主要包括三个板块:基本薪酬、绩效薪酬和间接薪酬。其中基本薪酬对应基本工资;绩效薪酬对应奖金和分红;间接薪酬对应津贴、补贴和福利等。

1. **基本工资**　基本工资是指用来维持员工基本生活的工资。它常常以岗位工资、职务工资、技能工资、工龄工资等形式来表现。它一般不与企业经营效益挂钩，是薪酬中相对稳定的部分。

2. **奖金**　奖金即奖励或考核工资，是与员工、团队或组织的绩效挂钩的薪酬。它体现的是员工提供的超额劳动的价值，具有很强的激励作用。

3. **分红**　分红也叫利润分享，是员工对组织经营效益的分享。它常常以股票、期权等形式来表现。它也可看成奖金的第二种形式，即来自利润的绩效奖金，其直接与组织效益状况挂钩。

4. **津贴和补贴**　它们是对工资或薪水难以全面、准确反映的劳动条件、劳动环境、社会评价等因素对员工造成的某种不利影响或者保证员工工资水平不受物价影响而支付给职工的一种补偿。人们常把与工作联系的补偿叫津贴，如高温费、出差补助等；把与生活相联系的叫补贴，如误餐费。

5. **福利**　福利与基本工资和奖金不同，一般不以员工的劳动情况为支付依据，而以员工作为组织成员的身份为支付依据，是一种强调组织文化的补充性报酬。福利按其针对对象的范围大小，可分为全员性福利和部分

▶ **课堂活动**

　　什么是"三险一金"？　什么是"五险一金"？

员工福利（如某些企业内部有针对高层管理者的每年一周的海外旅游考察福利）。福利按照其是否具有强制性，可分为法定福利与企业自主福利。法定福利包括基本养老保险、医疗保险、失业保险、工伤保险、生育保险和住房公积金等。其中前三项保险通常称为"三险"，为强制险种，是各企事业单位必须按规定严格执行的。五项保险统称为"五险"；"五险"再加上住房公积金统称为"五险一金"。企业自主福利则多种多样，如带薪年假、晋升、培训、免费班车等。组织福利在改善员工满意度方面起着重要的调节作用。

二、薪酬制度

（一）概念

薪酬制度是指组织的工资制度，是关于组织标准报酬的制度，它是以员工劳动的熟练程度、复杂程度、责任及劳动强度为基准，按照员工实际完成的劳动定额、工作时间或劳动消耗而计付的劳动薪酬。

（二）基本工资的类型

基本工资制度，也称工资等级制度，就是根据劳动的复杂程度、繁重程度、责任大小等因素划分等级，按等级规定工资标准的准则和方法。基本工资制度主要包括以下几种类型：

1. **计时工资制**　计时工资制是一种按照单位时间的工资标准和劳动时间来计算和支付的工资制度。

2. **计件工资制**　计件工资制是根据员工完成的工作量或合格产品的数量和计价单价来计发工资的制度。

3. **岗位工资制度**　岗位工资制度是以员工在企业中担任的职位和岗位为基础确定工资等级和工资标准，进行工资支付的工资制度。它最大的特点是"对岗不对人"，工资水平的差异来源于员工岗位的不同，在相同岗位上工作的员工，获得相同的工资。

4. 技能工资制度 有一种可取代传统职位评价方式的方案,即根据技能或知识确定工资,这就是技能工资制。技能工资制强调根据员工的个人能力提供工资,而且只有确定员工达到了某种技术能力标准以后,才能对员工提供与这种能力相对应的工资。技能工资制包括技术工资制和能力工资制两种类型。

5. 业绩工资制度 业绩工资制度是以员工的工作业绩为基础支付工资,支付的主要依据是工作业绩和劳动效率,员工工资与绩效直接挂钩,随绩效而浮动。

6. 契约工资制度 又称为谈判工资制度,指员工的工资由企业和员工之间根据市场工资水平和员工的能力、贡献特征进行磋商决定的工资制度。

(三) 法律关于工资、福利的相关规定

1. 最低工资标准 是指劳动者在法定工作时间或依法签订的劳动合同约定的工作时间内提供了正常劳动的前提下,用人单位依法应支付的最低劳动报酬。

2. 加班工资 即加班费,指劳动者按照用人单位生产和工作的需要在规定工作时间之外继续工作所获得的劳动报酬。

3. 个人所得税 个人所得税是指在中国境内有住所,或者虽无住所但在境内居住满一年,以及无住所又不居住或居住不满一年但有从中国境内取得所得的个人,从中国境内和境外取得的所得,依照规定缴纳个人所得税。它是以个人(自然人)取得的各项应税所得为对象征收的一种税,其中的个人包括中国公民、个体工商户、外籍个人等。

4. 法定福利等 国家依法建立社会保险制度,设立社会保险基金,使劳动者在年老、失业疾病、工伤、生育时获得帮助和经济补偿,保障他们的基本生活和基本医疗。

(1) 福利的特点:社会保险是国家对劳动者履行的社会责任,它具有强制性、保障性、福利性和普遍性等特点,对于保障广大劳动者的合法权益、维护社会安定、促进社会经济发展具有重要作用。

(2) 福利的缴纳:社会保险费用是由国家、企业和个人共同承担。按照《劳动法》等有关法规的规定,用人单位为劳动者缴纳社会保险是法定的职责,不能以任何借口停止缴费。缴费单位未按规定缴纳和代扣代缴的,由劳动保障行政部门或者税务机关责令限期缴纳;逾期仍不缴纳的,除补缴欠缴数额外,从欠缴之日起,按日加收千分之一的滞纳金,滞纳金并入社会保险基金。缴费单位和缴费个人应当以货币形式全额缴纳社会保险费。缴费个人应当缴纳社会保险费,费用由所在单位从其本人工资中代扣代缴。

(3) 福利缴纳比例:各项社会保险费的缴纳是有一定的比例的,而各项福利缴费的基数是一致的,都是由缴费职工的上年工资总额确定的。在岗职工工资总额由计时工资、计件工资、奖金、津贴及补贴、加班加点工资和特殊情况下支付的工资等六部分组成。

三、薪酬管理

(一) 薪酬管理的含义

薪酬管理是指企业在经营战略和发展规划的指导下,综合考虑内外部各种因素的影响,确定自

身的薪酬水平、薪酬结构和薪酬形式,进行薪酬调整和薪酬控制。

薪酬结构指企业内部各个职位之间薪酬的相互关系,它反映了企业所支付薪酬的内部一致性。薪酬形式则是指在员工和企业总体的薪酬中,不同类型的薪酬的组合方式。薪酬调整是指企业根据内外部各种因素的变化,对薪酬水平、薪酬结构和薪酬形式进行相应的变动。薪酬控制指企业对支付的薪酬总额进行测算和监控,以维持正常的薪酬成本开支,避免给企业带来过重的财务负担。

全面理解薪酬管理的含义,需要注意:

1. 薪酬管理必须服务企业的经营战略,要为战略的实现提供有力的支持。

2. 薪酬管理不仅是让员工获得一定的经济收入,还要引导员工的工作行为,激发他们的工作热情。

3. 给员工发放工资只是薪酬管理最低层次的活动。

(二) 薪酬管理的作用

薪酬管理是企业人力资源管理的一种重要职能活动,是一项影响企业经营目标实现程度的战略管理活动。有效的薪酬管理具有以下重要的促进作用:

1. 有助于吸引和保留优秀的员工。

2. 有助于实现对员工的激励。

3. 有助于改善企业的绩效。

4. 有助于塑造良好的企业文化。

值得注意的是,企业中存在的很多问题是薪酬管理所不能解决的,而必须依靠人力资源管理的其他职能解决。

知识链接

薪资的发放

薪酬发放是指以什么样的形式支付薪酬,涉及薪酬发放的时间、途径、支付办法等问题。在薪酬发放管理中,一个重要问题是薪酬公开性与保密性的处理。有研究表明,工资政策公开的公司,员工对工资和工资制度表示出更高的满意度。事实上,作为共同标准的薪酬政策,体现了企业的经营理念,是塑造员工期望的重要依托。因此透明的薪酬标准,对于创造公平、公正的企业氛围是十分必要的。有的企业提倡与员工共享财务信息,员工可以从公开的财务报表中了解企业收入和劳动力成本方面的信息,从而了解企业发展状况和自身效益之间的联系,能够与企业建立更为牢固的心理契约关系。但是,薪酬具有敏感性。不同的员工对于薪酬差异的理解是不一样的,因此薪酬信息公开,有可能导致员工对薪酬政策的误解和抵触,而且这里还涉及企业薪酬信息的保密性和员工薪酬信息的私密性问题。因此,一般而言,薪酬标准可以公开,而实际发放额度是不公开的。员工或许会从非正式途径获得相关的信息,但是对于企业而言,在正规途径上,应该注意不要让员工与员工之间的薪酬差异产生矛盾。以什么样的方式把薪酬支付到员工手中,也是薪酬管理必须解决的一个重要问题。

（三）薪酬管理的原则

1. 合法性原则　薪酬管理应遵循的最基本原则。企业的薪酬管理政策要符合国家法律和政策的有关规定。保障劳动者的合法权益、维护社会稳定和经济健康发展。各国制定相关法律对企业薪酬体系施加约束力和影响力。

2. 公平性原则　薪酬管理应遵循的最重要原则,亚当斯的公平理论是公平性原则的理论基础（公平原则与平均原则有本质区别）。公平性包括以下三种形式:外部公平性、内部公平性、个人公平性。

3. 及时性原则　薪酬是员工的生活的主要来源,如果不能及时发放,势必会影响到他们正常的生活。薪酬是一种重要的激励手段,是对员工有效行为的一种奖励。

4. 经济性原则　企业支付薪酬应当在自身可以承受的范围内进行。设计的薪酬水平应当与企业的财务水平相适应。超出承受能力会带来负担。有效的薪酬管理应当在竞争性和经济性间找到恰当的平衡点。

5. 动态性原则　企业面临的内外部环境处于不断变化之中。根据环境因素的变动随时调整,以确保企业薪酬的适应性。企业整体的薪酬水平、薪酬结构和薪酬形式保持动态性。员工个人的薪酬具有动态性。

点滴积累　∨

1. 薪酬是指员工从事组织所需要的劳动或服务，而从组织得到的以货币形式和非货币形式所表现的补偿或报酬。

2. 薪酬的构成具有多层次内容,并通过不同形式体现出来,其中主要包括三个版块：基本薪酬、绩效薪酬和间接薪酬。 其中基本薪酬对应基本工资；绩效薪酬对应奖金和分红；间接薪酬对应津贴、补贴和福利等。

3. 薪酬管理是指企业在经营战略和发展规划的指导下，综合考虑内外部各种因素的影响，确定自身的薪酬水平、薪酬结构和薪酬形式，进行薪酬调整和薪酬控制。

目标检测

一、选择题

（一）单项选择题

1. 下面关于人力资源概念的说法正确的是(　　　)

    A. 只有身体健康的人,才是人力资源

    B. 只有具有一定学历水平的人,才是人力资源

    C. 只有 18 周岁以上的人,才是人力资源

    D. 能够推动社会和经济发展的具有智力和体力劳动能力的人都可称为人力资源

2. 企业招聘中,应(　　　)

    A. 尽可能选择学历高的人　　　　　　　　B. 尽可能选择能力最强的人

C. 尽可能选择经验丰富的人　　　　　D. 尽可能选择适合企业发展的人

3. 绩效管理是为了激励员工的工作积极性而实施的,因此应该(　　)

　　A. 只奖励不惩罚　　　　　　　　　B. 只惩罚不奖励

　　C. 多奖励少惩罚　　　　　　　　　D. 多惩罚少奖励

4. 下列(　　)不属于内部招募的优势

　　A. 准确性高　　　　　　　　　　　B. 适应较快

　　C. 容易抑制创新　　　　　　　　　D. 激励性强

5. (　　)可以对大规模的应聘者同时进行筛选,花较少的时间达到高效率

　　A. 笔试　　　　　　B. 面试　　　　　　C. 调查　　　　　　D. 档案

6. (　　)是现代培训活动的首要环节

　　A. 培训需求分析　　　　　　　　　B. 培训效果评估

　　C. 培训计划制订　　　　　　　　　D. 培训项目设计

7. (　　)泛指员工获得的一切形式的报酬

　　A. 薪酬　　　　　　B. 报酬　　　　　　C. 收入　　　　　　D. 分配

(二) 多项选择题

1. 招聘应遵循的原则有(　　)

　　A. 合法性原则　　　　　B. 客观性原则　　　　　C. 适用性原则

　　D. 高学历原则　　　　　E. 通用性原则

2. 企业人才培训的内容一般包括(　　)

　　A. 企业文化与企业精神　　　　　　B. 从业方式与心态

　　C. 岗位职责　　　　　　　　　　　D. 专业知识与职业技能

　　E. 企业人际关系的处理

3. 在设置激励时,应该遵循(　　)基本原则

　　A. 公平性原则　　　　　　　　　　B. 时效性原则

　　C. 按需激励原则　　　　　　　　　D. 正激励和负激励相结合的原则

　　E. 物质激励优先的原则

4. 绩效薪酬包括(　　)

　　A. 基本工资　　　　　　B. 奖金　　　　　　C. 分红

　　D. 补贴　　　　　　　　E. 福利

5. 评价中心测试常采用的方法有(　　)

　　A. 无领导小组讨论　　　　B. 公文处理　　　　C. 角色扮演

　　D. 演讲　　　　　　　　　E. 案例分析

二、简答题

1. 人力资源管理在我国经历了哪几个发展阶段?

2. 简述人力资源管理机制。

3. 简述人力资源规划的内容。

4. 激励应该遵循哪些原则?

5. 简述绩效管理应注意的问题。

三、实例分析

裁 员 风 波

某医药公司由于销售额减少而运营费用没有降低,导致公司上半年发生了亏损。公司总经理在没有与任何人商量的情况下,决定在全公司范围内裁员,所有部门都必须裁剪10%的员工。这招致了某营利部门主管的强烈反对,并扬言要是非得裁员,就从他开始,该主管所在部门是公司最赚钱的部门,解雇他会给公司的经营带来很大影响。总经理陷入了困境。

问题:

1. 该案例中公司总经理犯了什么错误?

2. 请为总经理提供脱离困境的对策。

（林莉莉）

实训四　设计评价量表

【实训目的】

1. 熟悉绩效管理系统。

2. 学会制定员工绩效考评标准。

【实训内容】

某医药公司为了提高公司的效益,树立公司的形象,形成文明礼仪的风气,准备对公司的行政人员从以下几方面进行考评:①打字速写;②接待;③计划安排;④文件与资料管理;⑤办公室一般服务。

请根据以上内容为办公室人员设计一张图解式评价量表,以评选出公司的优秀员工。设计方案时须考虑各因素权重的不同。

【实训要求】

1. 了解绩效考核方案设计的原则。

2. 理解绩效考核的方法。

3. 了解绩效考核的组织工作及绩效考核实施过程中应该注意的问题。

4. 设置评价等级,确定各因素权重并阐明各因素具体考评标准。

【实训报告】

行政人员图解式评价量表

被考评者姓名		所属部门		职务名称	
绩效考评期限				考评者	
（评价等级为5级，请描述等级要求）					
被评价岗位：					
A. 打字速写(权重:)			评价等级:1□ 2□ 3□ 4□ 5□		
（阐明具体考评标准）					
B. 接待(权重:)			评价等级:1□ 2□ 3□ 4□ 5□		
（阐明具体考评标准）					
C. 计划安排(权重:)			评价等级:1□ 2□ 3□ 4□ 5□		
（阐明具体考评标准）					
D. 文件与资料管理(权重:)			评价等级:1□ 2□ 3□ 4□ 5□		
（阐明具体考评标准）					
E. 办公室一般服务(权重:)			评价等级:1□ 2□ 3□ 4□ 5□		
（阐明具体考评标准）					

【实训评价】

1. 内容填写完整，条理清楚，格式规范。

2. 各因素权重设置合理，各因素具体考评标准描述规范、具体，可操作性强。

个人评分标准

评分项目	项目分值	个人得分	备注
内容填写完整，条理清楚，格式规范	1分		
任务完成及时	1分		
各因素权重设置合理	1分		
考评标准描述规范、具体，可操作性强	6分		
实训态度良好，参与度高	1分		
总分	10分		

（林莉莉）

第六章

医药企业财务管理

> ——西方著名经济学家利奥·雅可夫逊："财务控制是理智地射击，使你不会浪费子弹，也不让你去射击会给你带来毁灭性后果的目标，财务控制能够使资金运转有序而有效。"

导学情景 ∨

情景描述

据 2017 年报显示，沪深两市 219 家上市医药制造企业中，上海医药夺得当年上市药企营业收入（是企业的主要经营成果，也是企业取得利润的重要保障，更是企业现金流入量的重要组成部分）排行榜魁首、冠福股份位居营业收入增长率（是评价企业成长情况和发展能力的重要指标，也是衡量企业经营状况和市场占有能力、预测企业经营业务拓展趋势的重要标志）榜首、净利润（是衡量一个企业经营效益的主要指标）榜首为丽珠集团、智飞生物拿下净利润增长幅度（代表企业盈利能力）榜首、我武生物拿下毛利率（是企业经营获利的基础）最高榜首、市值最大企业为恒瑞医药。

学前导语

在这个成败论英雄的残酷市场上，企业面前的机会很多，但同时又是危机四伏。那么，我们该如何开展企业筹资、投资、经营、分配引起的财务活动，处理好企业与有关各方面发生的财务关系呢？加强筹资管理、投资管理、资产管理、成本费用管理、收入和分配管理就尤为重要。通过本章的学习，我们会对医药企业的财务管理有一个更清楚的认识。

财务管理作为一个严谨独立的运作体系，与现代市场经济息息相关，渗透于企业生产经营活动的各个环节和各个方面，只有正确处理好财务工作与其他管理工作之间的关系，才能使企业快速健康发展。

第一节　医药企业财务管理概述

一、财务管理的含义及目标

医药企业财务管理是指医药企业按照资金运动规律的要求，组织财务活动、处理财务关系的一项价值管理工作，是医药企业管理工作中不可或缺的重要组成部分，是整个医药企业管理的核心所在，为推动企业自身发展壮大提供强有力的保障。

首先财务管理作为一项非常重要的管理内容,我们要明确它的价值所在,即财务管理所需要达到的目标是什么。

财务管理目标是指医药企业进行财务活动所要达到的根本目的,它决定着企业财务管理的基本方向。财务管理目标是一切财务活动的出发点和归宿,是评价企业理财活动是否合理的基本标准。财务管理目标也是企业经营目标在财务上的集中和概括。制定财务管理目标是现代企业财务管理成功的前提,只有有了明确合理的财务管理目标,财务管理工作才有明确的方向。

企业财务管理目标具有以下特征:

1. 相对稳定性 随着宏观经济体制和企业经营方式的变化以及人们认识的深化,财务管理目标也会发生变化。但是,宏观经济体制和企业经营方式的变化是渐进的,只有发展到一定阶段以后才会产生质变;人们的认识在达到一个新的高度以后,也需要有一个达成共识、为人所普遍接受的过程。因此,财务管理目标作为人们对客观规律性的一种概括,总的说来是相对稳定的。

2. 应可计量、可追溯、可控制 财务管理目标是实行财务目标管理的前提,它要能够起到组织动员的作用,要能够据以制定经济指标并进行分解,实现职工的控制,进行科学的绩效考评,因此,财务管理目标就必须具有可操作性。

3. 层次性 财务管理目标是企业财务管理这个系统顺利运行的前提条件,同时它本身也是一个系统。各种各样的理财目标构成了一个网络,这个网络反映着各个目标之间的内在联系。财务管理目标之所以有层次性,是因为企业财务管理内容和方法具有多样性以及它们相互关系上具有层次性。

二、财务管理目标的理论演变

随着市场经济体制的逐步完善,关于财务管理目标的理论在不断地丰富和发展。它的演进过程,直接反映着财务管理环境的变化,反映着企业内外各个利益集团的利益均衡关系的变化。到目前为止,对于财务管理目标,先后出现了以下5种比较具有代表性的观点:

1. 利润最大化 企业从事生产活动的目的就是为了赚取利润,利润代表了企业新创造的财富,利润越多则说明企业财富增加得越多,越接近企业的目标。因此,实现利润最大化是财务管理工作的目标。

但这种观点没有考虑利润的取得时间,不符合现代企业“时间就是价值”的理财理念;不符合风险-报酬均衡的理财原则,它没有考虑利润和所承担风险的关系,增大了企业的经营风险和财务风险;没有考虑利润取得与投入资本额的关系。该利润是绝对指标,不能真正衡量企业经营业绩的优劣,也不利于本企业在同行业中竞争优势的确立。

2. 股东财富最大化 就是指通过财务上的合理经营,为股东创造最多的财富,实现企业财务管理目标。它作为财务管理目标的优点在于:由于它考虑了风险因素、货币的时间价值,减少了企业片面追求利润的短期行为;在股市上的“市值”是所有指标中最具有可观测性的指标,可以更好地反映公司决策的长期影响,也能让管理者对决策做出及时反馈,因此,在西方财务理论中,股东财富最大化逐渐成为股份公司财务目标中最具有代表性的观点。

该目标也存在很明显的缺点：比如，该目标适用范围存在限制，只适用于上市公司；不符合可控性原则，因为股票价格的高低受国家政策的调整、国内外经济形势的变化、股民的心理等各种因素的影响，对企业而言不可能完全加以控制；它强调的更多的是股东利益，而对其他相关者的利益重视不够。

3. 企业价值最大化　是指通过企业财务上的合理经营，采用最优的财务政策，充分考虑资金的时间价值和风险与报酬的关系，在保证企业长期稳定发展的基础上，使企业总价值达到最大。其基本思想是将企业长期稳定发展摆在首位，在企业价值增长中满足各方利益关系。

该目标的一个显著特点就是全面地考虑到了企业利益相关者和社会责任对企业财务管理目标的影响，但该目标也有许多问题：①企业价值计量方面存在问题，把不同理财主体的自由现金流混合折现不具有可比性；②企业价值最大化实际上是几个具体财务管理目标的综合体，包括股东财富最大化、债权人财富最大化和其他各种利益财富最大化，这些具体目标的衡量有不同的评价指标，使财务管理人员无所适从，不易为管理当局理解和掌握；③没有考虑股权资本成本，在现代社会，股权资本和债权资本一样，不是免费取得的，如果不能获得最低的投资报酬，股东们就会转移资本投向。

4. 利益相关者财富最大化　此观点认为：现代企业是一个由多个利益相关者组成的集合体，财务管理是正确组织财务活动、妥善处理财务关系的一项经济管理工作，财务管理目标应从更广泛、更长远的角度来找到一个更为合适的理财目标，这就是利益相关者财富最大化。但此观点也有明显的缺点：①企业在特定的经营时期，几乎不可能使利益相关者财富最大化，只能做到其协调化；②所涉及的计量指标中销售收入、产品市场占有率是企业的经营指标，已超出了财务管理自身的范畴。

5. 企业资本可持续有效增值原则　资本可持续有效增值原则能较好地体现财务管理的综合目标与效果，同时也是财务管理目标的回归。因为财务管理最终要落实在资金的管理上，资本持续、有效的增加直接体现财务管理的效果。企业资本可持续有效增值计量时可以用"所有者权益有效报酬率＝资产报酬率×有效增值乘数×资金有效回收率"这一关系式，这一计量过程对资金结构、资金回收以及资金使用都有所考虑，它一定程度上避免了虚假利润和短期效应问题。许多西方经济学家认为，从长远观点看，企业长期追求资本可持续有效增值对企业、对社会均有好处。

ER-6-1

实现财务资本和知识资本效用最大化

三、医药企业财务管理体制

财务管理体制是指明确医药企业内部各财务层级的财务权限、责任和利益的制度，其核心问题是如何配置财务管理权限，体制决定着企业财务管理的运行机制和实施模式。

财务管理的主要形式：在现代管理制度下，财务管理主要有三种类型，即集权型、分权型以及两者相结合的形式，企业管理者应当根据行业特点、企业自身的特点、经营规模来从中选择最合适的管理模式。

1. 集权型财务管理体制　是指企业对所属单位的所有财务管理决策都进行集中统一，各所属单位没有财务决策权，企业总部财务部门不但参与决策和执行决策，在特定的情况下还直接参与各所属单位的执行过程。

集权型财务管理体制下,企业内部的主要管理权限都集中在了企业总部,各所属单位只是负责执行企业总部的各项指令。

优点:企业内部可充分展现其一体化的管理优势,整合企业各种资源,努力降低资金运营的成本和风险,可以使决策的统一化、制度化得到有力的保障;有利于在整个企业内部优化配置资源,有利于施行内部调拨价格,有利于内部采取合理避税措施以及防范汇率风险等。

缺点:权力过度集中后,使得各所属单位缺乏积极性、主动性,丧失了活力,亦有可能因为决策程序相对复杂而失去适应市场的弹性,抓不住稍纵即逝的市场机会。

2. 分权型财务管理体制 是指企业将财务决策权与管理权完全下放到各所属单位,各所属单位只需要对一些决策结果报企业总部备案即可。

分权式财务管理最大的优势就是自由,由于企业内各单位的经营情况、人员配置等不尽相同,各单位的发展方向或者重点也不尽相同,权力下放后,各单位就可以根据各自的实际情况进行更有针对性的财务管理。

优点:由于各所属单位的负责人非常了解本单位的情况,且有权力对影响经营成果的因素进行干预,有利于针对本单位存在的问题及时做出最有效的决策;因地制宜地搞好各项业务,利于分散经营风险,促进各单位管理人员和财务人员的成长。

缺点:各所属单位大都从本单位的利益出发安排财务活动,缺乏整体观念和意识,可能资金管理过度分散,成本增大,费用失控,利润分配无序。

3. 集权与分权相结合财务管理体制 其实质是集权下的分权管理,以企业发展战略和经营目标为核心,企业对各所属单位在重大问题的决策和处理上实施高度集权管理,将企业内重大决策权集中于企业总部,而对于各所属单位的日常经营管理,企业总部干涉较少,赋予各所属单位自主经营权。

它的特点:

(1) 企业集团内部制定有统一的管理制度,确立了财务权限和利益分配的办法,各所属单位只有制度执行权,而无制度制定和解释权,但可以根据自身需要制定实施细则和补充规定。

(2) 在管理上,利用各项优势,对财务机构设置权、筹资融资权、投资权、固定资产购置权、收益分配权等主要权限集中管理。

(3) 在经营上,各所属单位围绕企业发展战略和经营目标,在遵守企业统一制度的前提下,可自行制定生产经营各项决策。在人员管理权上,各所属单位负责人有权任免下属管理人员,有权决定员工的聘用与辞退,企业总部原则上不应干预。在费用开支审批权上,各所属单位在遵守财务制度的原则下,由其负责人批准各种合理的、用于企业经营管理的费用开支。

这种管理体制吸收了集权型和分权型财务管理体制各自的优点,同时又避免了各自的不足,在具有高度统一性的同时,又不失灵活性,在管理上具有很大的优势。

医药企业的财务特征决定了分权的必要性,而企业的规模效益、风险的防范又要求权力的集中,企业管理者应该根据自身的需要,以及所处的发展阶段选择或更新为最合适的财务管理模式。

点滴积累　∨

1. 财务管理目标是一切财务活动的出发点和归宿，是评价企业理财活动的基本标准。

2. 5 种具有代表性的财务管理理论分别是利润最大化、股东财富最大化、企业价值最大化、利益相关者财富最大化、企业资本可持续有效增值。

3. 医药企业财务管理的 3 种类型，即集权型、分权型以及两者相结合的形式。

第二节　医药企业筹资管理

如果企业处在新建时期,厂房的建设、设备的购入、人员的招聘培训等方面都需要一定的资金投入,而因企业生产经营运作的需要,企业在日常的生产经营过程中,需要一定数额的资金;如果企业处于成长时期,因扩大生产经营规模或提档升级,这时候都需要有大量的资金投入。

筹集资金是企业成立、壮大发展所必须经历的阶段,那么什么时候筹集资金最合适,筹集的资金是不是越多越好呢?

▶▶ 课堂活动

"世界那么大，我想去看看。"如果你打算利用假期的时间外出旅游，好好去放松一下身心，你的旅游经费怎么解决？向父母、朋友伸手还是自己打工，还是……。

一、医药企业筹集资金的要求

医药企业要在严格遵守国家法律法规的基础上,分析影响筹资的各种因素,权衡筹资的数量、成本和风险,确定最佳的筹资方式,提高筹资的综合经济效益。其筹资原则:

1. **遵循国家法律法规,依法筹集资金**　医药企业筹资活动不仅为自身的生产经营提供了资金来源,也会影响投资者的经济利益,进而影响社会的经济秩序,所以,企业筹集资金的行为必须要符合国家相关法律法规的规定,依法筹集资金,依法履行相应的义务,维护各方的合法权益。

2. **分析企业发展状况,预测合理资金需求量**　医药企业应根据生产经营以及发展的需要,合理预测资金需求量,筹资规模应与资金需求量相匹配,既要避免因筹资不足影响正常生产经营,又要防止筹资过多,造成资金闲置浪费。

3. **合理确定筹资时间,适时取得资金**　医药企业筹集资金,需要合理安排资金筹集的到位时间,使筹资与用资在时间上相衔接,既要避免过早筹资形成资金闲置,又要防止时间滞后,错过资金投放的最佳时机。

4. **选择最恰当的资金来源,降低资金成本**　资金来源不同,筹集的成本和风险也不同,因此医药企业应当在考虑筹资难易程度的基础上,针对不同来源资金的成本,选择经济可行的筹资方式,降低筹资风险和成本。

5. **结构合理**　医药企业要综合考虑各种筹资方式,优化资本结构,综合考虑股份资金与债务资金的关系、长期资金与短期资金的关系、内部筹资与外部筹资的关系,合理安排资本结构,保持适当偿债能力,防范财务危机的发生。

二、资金需求量的确定

资金需求量预测的方法主要有定性预测法和定量预测法。

定性预测法主要依靠预测者个人的经验、主观分析和判断力,对未来时期资金的需求量进行评估预算,由于缺乏完整的历史资料,不能科学体现资金需求量与相关影响因素之间的数量关系,所以得到的结果准确性较差,一般只能作为预测的辅助方法。

定量预测法主要分为以下 2 种:

1. 销售百分比法 首先假设某些资产与销售数额之间存在着稳定的比例关系,然后根据销售与资产的比例关系预算资产数额,根据资产数额预算相应的负债和所有者权益,进而确定筹资的需求量。该方法能为筹资管理提供短期预计的财务报表,以适应外部筹资的需要,且易于使用,但在有关因素发生变动的情况下,必须相应地调整原来的销售百分比。

2. 资金习性预测法 是一种根据资金习性预测未来资金需求量的方法。所谓资金习性是指资金的变动与产销量变动之间的依存关系。按照依存关系,资金可以分为不变资金、变动资金和半变动资金。资金习性预测法有两种形式:一种是根据资金占用总额同产销量的关系来预测资金需要量;另一种是采用先分项后汇总的方式预测资金需要量。

三、医药企业筹集资金的渠道

根据所取得的资金权益特性划分,可以分为债务筹资和股权筹资。

(一)债务筹资

债务筹资形成企业的债务资金,债务资金是企业通过银行借款、向社会发行公司债券、融资租赁等方式筹集和取得的资金。主要有以下四种基本形式:

1. 银行借款 是指企业向银行或其他非银行金融机构借入的,需要还本付息的款项,包括偿还期限超过 1 年的长期借款和不足 1 年的短期借款,主要用于企业购建固定资产和满足流动资金周转的需要。

银行借款与其他债务筹资方式相比,具有筹资速度快、资本成本较低、筹资弹性较大等优点;但是这种方法筹资,限制条款多、筹资的数额也有限,难以像发行公司债券、股票那样一次筹集到大笔资金,无法满足公司大规模筹资的需要。

2. 发行公司债券 企业依照法定程序发行,约定在一定期限内还本付息的有价证券。债券是持券人拥有公司债权的书面证明,它代表债券持有人与发债公司之间的债权债务关系。

债券筹资能够筹集大额的资金,满足公司大规模筹资的需要;与银行借款相比,募集资金的使用限制条件少,在使用上具有相对灵活性和自主性。但是,相对于银行借款筹资,发行债券的利息负担和筹资费用都比较高,而且债券不能像银行借款一样可以进行债务展期,加上大额的本金和较高的利息,在固定的到期日,将会对公司现金流量产生巨大的财务压力。

3. 融资租赁 租赁是指通过签订资产出让合同的方式,使用资产的一方通过支付租金,向出让资产的一方取得资产使用权的一种交易行为。在这项交易中,承租方通过得到所需资产的使用权,完成筹集资金的行为。

租赁是以商品形态与货币形态相结合提供的信用活动,出租人在向企业出租资产的同时,解决了企业的资金需求。但不同于一般的借钱还钱、借物还物形式,而是借物还钱,并以分期支付租金的方式来体现。租赁的这一特点使融资与融物相结合在一起,成为企业融资的一种新形式。

融资租赁无须大量资金就能迅速获得资产,特别是针对中小企业而言,这是一条重要的融资途径。由于租金支出是分期的,企业无须一次筹集大量资金偿还,财务风险小。但是,融资租赁的租金通常比银行借款或发行债券的利息高得多,租金总额通常要比设备价值高出 30%。尽管融资租赁能够避免到期一次性集中偿还的财务压力,但高额的固定租金也给各期的经营带来了负担。

4. 商业信用　是指商品交易中以延期付款或预收货款的方式进行购销活动而形成的借贷关系,主要形式有应付账款、应付票据和预收货款等。通过商业信用筹资便利,限制条件少,有时甚至无筹资成本,但是期限较短。

(二) 股权筹资

股权筹资形成企业的股权资金,是企业最基本的筹资方式。有以下三种基本形式:

1. 吸收直接投资　是非股份制企业筹集权益资本的基本形式,直接投资的渠道主要有吸收国家投资、外商直接投资、法人投资、社会公众投资,出资的方式也比较灵活多样。按照 2013 年修订的《中华人民共和国公司法》第 27 条规定:"股东可以用货币出资,也可以用实物、知识产权、土地使用权等可以用货币估价并可以依法转让的非货币财产作价出资。但是,法律、行政法规规定不得作为出资的财产除外。"

对作为出资的非货币财产应当评估作价,核实财产,不得高估或者低估作价。法律、行政法规对评估作价有规定的,从其规定。

知识链接

新公司法对有限责任公司出资方式的规定

其中对非货币财产作价出资,规定了 2 个限制原则:一是可以用货币估价,即可以用货币评估、计量并确定其价值,无法估量其价值的,如人的思想、智慧等不宜作为出资;二是可以依法转让,法律、行政法规规定禁止转让的财产,如禁止转让的文物等,以及根据其性能不可转让的财产,不得用于出资。

新公司法取消了"全体股东的货币出资金额不得低于有限责任公司注册资本的 30%"的规定。这大大鼓励了创业者,为他们打开了成立公司的大门,体现了国家对缺少资金的创业者的鼓励和支持。

---

(1) 以货币形式出资:以货币形式出资是吸收直接投资中最重要的方式,创建公司时的开支和启动公司的运营,都需要一定数量的流动资金予以支持,来获取其他物质资源或者满足日常周转的需要。

（2）以实物形式出资：一般是指投资者以机器设备、建筑物和厂房等固定资产或者原料、零部件、货物等流动资产作为出资，实物的作价，可以由出资各方协商确定，也可以聘请专业资产评估机构予以评估确定。比如，以国有资产出资的，应当遵守有关国有资产评估的规定。

（3）以工业产权形式出资：工业产权是指人们依法对应用于商品生产和流通中的创造发明和显著标记等智力成果，在一定地区和期限内享有的专有权。主要是指专有技术、商标权、专利权等无形资产。

它们虽然不具备独立的有形实体，但是却能在生产经营中持续地发挥作用，使企业在市场竞争中取得有利地位并为企业带来经济利益。对于知识、技术密集型的上市公司来说，工业产权的作用也就尤为突出，但是由于技术具有强烈的时效性，会因其不断老化落后而导致实际价值不断减少甚至完全丧失。

知识链接

非专利技术

又称专有技术，一般指未经申请专利但具有实用价值的专门知识和特有经验，如技术诀窍和特定工艺。因为要取得专利权就要公开有关的专利内容，但有些诀窍或特定技术所有者却不愿技术细节让公众知道，所以就无法取得专利权。因此，如果要进行技术转让，非专利技术所有者就不能采取买卖专利的方式，而是以签订合同来达成双方的协议。云南白药的配方、可口可乐的配方就属于非专利技术。

（4）以土地使用权形式出资：土地使用权是指土地经营者对依法取得的土地在一定期限内进行建筑、生产经营或其他活动的权利。公司取得土地使用权的方式有两种，一种是股东以土地使用权作价后向公司出资而使公司取得土地使用权；另一种是公司向所在地的县市级土地管理部门提出申请，经过审查批准后，通过订阅合同而取得土地使用权，公司依照规定缴纳场地使用费。前者为股东的出资方式，但必须依法履行有关手续。土地使用权具有相对独立性，在土地使用权存续期间，包括土地所有者在内的任何单位和个人，不能任意收回土地或非法干预使用者的经营活动。

2. 发行股票　股票是股份有限公司为筹措股权资本而发行的有价证券，是公司签发的证明股东持有公司股份的凭证。股票作为一种所有权凭证，代表着对发行公司净资产的所有权。股票只能由股份有限公司发行。按股东权利和义务，分为优先股股票和普通股股票。

优先股股票简称优先股，是公司发行的相对于普通股具有一定优先权的股票。其优先权利主要表现在股利分配优先权和分取剩余财产优先权上。优先股股东在股东大会上无表决权，在参与公司经营管理上受到一定限制。普通股股票简称普通股，是公司发行的代表着股东享有平等的权利义务，不加特别限制的，股利不固定的股票。普通股是最基本的股票，股份有限公司通常情况只发行普通股。

发行普通股股票的筹资特点：

（1）两权分离，有利于公司自主经营管理：公司通过对外发行股票筹资，公司的所有权与经营权相分离,分散了公司控制权,有利于公司自主管理、自主经营。普通股筹资的股东众多,公司的日常经营管理事务主要由公司的董事会和经理层负责。但公司的控制权分散,公司也容易被经理人控制。

（2）资本成本较高:由于股票投资的风险较大,收益具有不确定性,投资者就会要求较高的风险补偿。因此,股票筹资的资本成本较高。

（3）能增强公司的社会声誉,促进股权流通和转让:普通股筹资,股东的大众化,为公司带来了广泛的社会影响。特别是上市公司,其股票的流通性强,有利于市场确认公司的价值。普通股筹资以股票作为媒介,便于股权的流通和转让,便于吸收新的投资者。但是,流通性强的股票交易,也容易在资本市场上被恶意收购。

（4）不易及时形成生产能力:普通股筹资吸收的一般都是货币资金,还需要通过购置和建造形成生产经营能力。相对吸收直接投资方式来说,不易及时形成生产能力。

3. 留存收益　是指公司在经营过程中所创造的,由于公司经营发展的需要或法定的原因等,没有分配给所有者而留存在公司的盈利。是企业从历年实现的利润中提取或留存于企业的内部积累,它来源于企业的生产经营活动所实现的净利润,包括企业的盈余公积金和未分配利润两个部分,其中盈余公积金是有特定用途的累积盈余,未分配利润是没有指定用途的累积盈余。

利用留存收益筹资,不需要发生筹资费用,资本成本较低,而且,不用对外发行新股或吸收新投资者,由此增加的权益资本不会改变公司的股权结构,不会稀释原有股东的控制权。但是,筹资数额有限,不如外部筹资一次性可以筹资大量资金。

四、资金成本

医药企业在选择筹资方式的同时,还要合理安排资本结构。资本结构的优化是企业筹资管理的基本目标,也会对企业的生产经营安排产生制约性影响,资本成本是资本结构优化的标准。

1. 资金成本　天下没有免费的午餐,所以企业为了能够筹集到资金是需要付出代价的,资金成本(cost of funds)是指医药企业为筹集和使用资金而付出的代价,是资金使用者向资金所有者和中介机构支付的筹集费用和资金使用费。所以,一般来讲,资金成本由资金筹集费用和资金使用费用两部分构成。

资金筹集费用指企业在筹集资金过程中支付的各种费用,如发行股票或债券时支付的印刷费、律师费、公证费、担保费及广告宣传费等。此类费用通常在筹集资金时一次性发生,在资本使用过程中不再发生,在这里,需要注意的是,企业发行股票或债券时,支付给发行公司的手续费不作为企业筹集费用,因为该手续费并未通过企业会计进行账务处理,发行企业是按发行价格扣除发行手续费后的净额入账。

资金占用费是指资金使用者占用他人资金应付出的代价,或者说是资金所有者凭借其对资金所有权向资金使用者索取的报酬。如股东的股息、红利、债券及银行借款支付的利息等,是资本成本的主要内容。

ER-6-2

资金成本的作用

2. 资金成本率　资金成本是商品经济条件下资金所有权和使用权分离的必然

产物,是按资分配的集中体现,每一种资本都有其特定的资金成本。例如,利用债券筹资必须支付相应的利息,利息支付可以是固定利率,也可以是变动利率。股票筹资必须支付相关股利,大多数情况下,投资者的资本收益预期会随着股票市场价值的变化而变化。所以,资本的成本也会有所不同,在财务管理中,通常用资金成本率来衡量资金成本的大小,资金成本率是企业筹集资金费用与实际使用资金(筹集到的资金总额扣除筹资费用后的余额)的比率。正确预算资金成本率则显得尤为重要。

ER-6-3

个别资金成本率的计算

资金成本在现代企业中是关系到企业筹资决策和投资决策的重要问题。它是企业选择筹资方式,选择是否追加投资的重要依据,资金成本的高低可以作为比较各种筹资方式优劣的一个依据,站在筹资者的角度,一般选择资金成本最低的方案。资金成本在企业筹资决策中的作用表现为:资金成本是影响企业筹资总额的重要因素;是企业选择资金来源的主要依据;是企业选择筹资方式的参考标准;是确定最优资金结构的主要参考。

点滴积累 ∨

1. 债务筹资的 4 种基本形式:银行借款、发行债券、融资租赁和商业信用。

2. 股权筹资的 3 种基本形式:吸收直接投资、发行股票和利用留存收益。

第三节　医药企业投资管理

投资,广义地讲,是指政府、企业或个人以本金回收并获利为基本目的,将货币、实物资产等作为资本投放到某一具体对象,以期在未来较长时间内获取预期经济利益的经济行为。

医药企业投资是指医药企业在符合国家产业政策、满足市场需求的前提下,运用投入的资本创建各种生产经营条件和开展某种生产经营活动的行为。在市场经济条件下,企业能否把资金投放到收益高、回收快、风险小的项目上面,做出正确的投资决策,对于医药企业的生存和发展起着重要的导向作用。投资是维持企业简单再生产和保证扩大再生产的必要手段,是推动医药企业科技的进步,调整和优化医药企业生产能力结构的有力保障。

▶▶ 课堂活动

"无财作力,少有斗智,既饶争时。"这句话出自司马迁的《史记·货殖列传》,你知道这句话是什么意思吗?

一、企业投资的特点

企业的投资活动不同于经营活动,投资活动的结果对企业的经济利益有长期的影响,投资涉及的资金多,周期长,对企业的财务状况和经营活动都有较大的影响,与日常经营活动相比,投资的主要特点表现在:

1. 属于企业的战略性决策　企业的投资活动一般涉及企业未来的经营发展方向,生产规模等问题,如厂房设施的新建或更新,新产品的研发,对其他企业的并购等。这种投资活动往往需要一次性地投入大量的资金,并在一段较长的时期内发生

ER-6-4

企业投资的意义

作用,对企业经营活动的方向产生重大影响。

2. 属于企业的非程序化管理　企业的投资活动涉及企业的未来经营发展方向和规模等重大问题,是不经常发生的。投资经济活动具有一次性和独特性的特点,投资管理属非程序化管理。每一次投资的背景、特点、要求等都不一样,无明显的规律性可遵循,管理时更需要周密思考、慎重考虑。

3. 投资价值的波动性大　投资项目的价值,是由投资的标的物资产的内在获利能力决定的。这些标的物资产的形态是不断转换的,未来收益的获得具有较强的不确定性,其价值也具有较强的波动性。同时,各种外部因素,如市场利率、物价等的变化,也时刻影响着投资的标的物资产价值。因此,企业投资管理决策时,要充分考虑投资项目的时间价值和风险价值。

另外,企业投资项目的变现能力是不强的,因为其投放的标的物大多是机器设备等变现能力较差的长期资产,这些资产的持有目的也不是为了变现,并不准备在一年或超过一年的一个营业周期内变现。因此,投资项目的价值也是不易确定的。

二、企业投资的分类

(一) 对内投资管理

对内投资是指在企业范围内部的资金投放,用于购买和配置各种生产经营所需的经营性资产的投资。主要形式有:

1. 流动资产管理

(1) 现金类资产的管理:包括现金、银行存款和其他货币资金等。

现金类资产是指企业持有的货币资金和将以固定或可确定的金额收取的资产,包括现金、银行存款和应收票据以及准备持有至到期的债券投资等。一般广义上的现金资产包括库存现金、银行存款和其他货币资金。

医药企业在日常生产经营中,必须持存一定数量的现金,以维持日常周转和正常的商业活动,或者应对突发事件和抓住突然出现的投资机会。现金类资产是流动性最强而获利能力最弱的资产形式。因此,企业必须将日常持有的现金数量控制在合理的范围内,这样,既能满足各种经营活动的需要,又能避免数量过多而造成的资金闲置浪费,提高资金使用效率。

(2) 应收款项的管理:应收款项是指企业因销售商品、产品或提供劳务等活动为客户提供商业信用所形成的应收而未收的款项,它包括应收账款和应收票据等。医药企业通过提供商业信用,采取赊销、分期付款等方式可以扩大销售,增强竞争力,获得利润。应收账款作为企业为扩大销售和盈利的一项投资,也会产生一定的成本,所以企业需要在应收账款所增加的盈利和所增加的成本之间做出权衡,应收账款管理就是分析赊销条件,使赊销带来的盈利的增加大于其产生的成本的增加,最终使企业收入增加,价值上升。

应收票据是以书面形式表现的债权资产,由出票人签发,并于指定日期对持票人无条件付款,医药企业需要通过设置应收票据备查簿逐笔登记每一应收票据的种类、出票日期、票面金额、收款人、承兑人、背书人的姓名或单位名称、到期日等资料,定期审查延期付款的合理性,按期办理划款手续,还要对付款人的资信情况进行调查,以便有针对性地采取相应措施。

应收账款和票据管理是公司财务健康的核心环节,特别是对于一些有着众多上下游合作伙伴的企业来说,这一点就更为重要,管理好这两个方面的工作有着战略性的意义。

ER-6-5

应收账款及票据的管理的作用

应收款项及票据管理的另一个重要方面是坏账管理,企业只要有应收账款就会有产生坏账的可能性,一旦发生坏账,由于无法收回或不能如期足额收回款项而给债权人带来损失。在企业应收账款日常管理中,通过加强对客户的信用调查,正确评价客户的信用,来降低坏账产生的可能性,对应收账款进行保理,使企业从应收账款的管理中解脱出来。由专门的保理企业对应收账款进行管理,及时收回账款,帮助企业降低其客户违约的风险,能够很大程度上降低坏账发生的可能性,使企业减少坏账损失,降低经营风险。

(3)存货管理:存货是指企业在生产经营活动中为了销售或者耗用而储存的各种资产,包括商品、产成品、半成品、在产品,以及各类材料、燃料、包装物、低值易耗品等。存货管理水平的高低直接影响着企业的生产经营能否顺利进行,并最终影响企业的收益、风险等状况,因此,存货管理是财务管理中一项非常重要的内容。

企业持有存货的原因较多,主要有以下几个方面:①为了保证生产或销售的需要:生产过程中使用的原材料是生产的物质保障,为保证生产的正常进行,企业必须储备一定量的原材料,否则可能会造成生产中断、停工待料的情况。一定量的存货储备能够增加企业在销售方面的机动性和适应市场变化的能力,当市场需求量增加时,若产品储备不足就有可能失去销售良机,再者,由于顾客为了节约采购成本和其他费用,一般可能成批采购,成批运输,所以保持一定量的存货是有利于市场销售的;②降低生产成本,防止意外事件的发生:一般情况下,当企业进行采购时,进货的总成本与采购物资的单价和采购次数有密切联系,所以企业通过大批量集中进货,享受价格折扣,降低购置成本;企业在采购、运输、生产和销售过程中,都有可能发生意料之外的情况,保持必要的存货用以保险储备,可以避免和减少意外事件带来的影响。

但是,存货也不是越多越好,存货量的增加会导致营运资金占用,会增加存货损失及其保管费用,在存货的市场价格下降时还会带来降价损失等。存货管理应考虑存货的成本,力争在存货效益与存货成本之间达到权衡,使存货效益-存货成本最优化。

2. 固定资产管理　固定资产是指企业为生产产品、提供劳务、出租或者经营管理而持有的,使用时间在一年以上,单位价值在规定的标准以上,并在使用过程中保持原有实物形态的非货币性资产,包括房屋、建筑物、机器、机械、运输工具以及其他与生产经营活动有关的设备、器具、工具等。固定资产是企业的劳动手段,也是企业赖以生产经营的主要资产。

固定资产的特点:①固定资产的投资价值一般比较大,使用时间比较长,能长期地、重复地参加生产过程,与流动资产投资相比,投资次数少,特别是大型或大规模的基建项目的投资,一般要若干年才发生一次;②固定资产的投资回收期较长,一般都在一年以上,在生产过程中虽然发生磨损,但是并不改变其本身的实物形态,而是根据其磨损程度,逐步地将其价值转移到产品中去,其价值转移部分回收后形成折旧基金。

固定资产的周转期较长,价值补偿和更新是分离的,管理有特殊性,其管理应做好以下几个

方面:

(1) 建立固定资产管理责任制:实施固定资产归口分级管理,在企业财务部门统一协调下,各级使用单位负责管理,进一步落实到科室以至个人,做到权责分明,使固定资产的安全完整和有效使用得到保证。

(2) 做好固定资产的折旧管理:企业应依据财务相关制度规定,结合本企业的具体情况,选择合适的折旧方法,计算固定资产折旧额,加强对折旧费的提取管理,以保证固定资产更新资金的积累和供应。

(3) 做好固定资产的维护和修理工作:包括固定资产的日常维护、保养、检查和修理工作。

(4) 定期组织实施固定资产的清理核查工作:固定资产清查主要是实物盘点,账目核查,固定资产盘存报告单的编制,如果固定资产出现盘亏、损毁等情况,及时查明原因,分清责任,认真妥善处理。

3. 无形资产管理 无形资产是企业拥有的一个特殊资产项目,科技的发展与经济的增长已经证明,无形资产日渐成为企业最活跃,最积极的要素,已经无可辩驳地成为企业核心竞争力的决定因素。无形资产是指企业拥有或者控制的没有实物形态可供辨认的非货币性资产,主要包括专利权、商标权、著作权、土地使用权、专营权、非专利技术等。

知识链接

《企业会计准则》

《企业会计准则》由财政部制定,于 2006 年 2 月 15 日发布,自 2007 年 1 月 1 日起在上市公司中率先施行,本准则对加强和规范企业会计行为,提高企业经营管理水平和会计规范处理,促进企业可持续发展起到指导作用。 2014 年,财政部相继对《企业会计准则——基本准则》《企业会计准则第 2 号——长期股权投资》《企业会计准则第 9 号——职工薪酬》《企业会计准则第 30 号——财务报表列报》《企业会计准则第 33 号——合并财务报表》和《企业会计准则第 37 号——金融工具列报》进行了修订,并发布了《企业会计准则第 39 号——公允价值计量》《企业会计准则第 40 号——合营安排》和《企业会计准则第 41 号——在其他主体中权益的披露》等 3 项具体准则。 在新版《企业会计准则》中,对无形资产的定义进行了修订,企业自创商誉以及内部产生的品牌、报刊名等,不应确认为无形资产。

无形资产是一种使用特权,如场地使用权、租赁权,拥有这种特权有利于企业的生存和发展;无形资产是一种技术特权,如专利权、非专利技术,拥有这种特权有利于企业保持生产技术和管理水平的领先优势;无形资产是一种获利特权,如专营权、商标权等,拥有这种特权有利于企业获得超额的收益。

无形资产的管理主要需要解决好合理确定入账价值、摊销 2 个问题。

ER-6-6

合理确定入
账价值

ER-6-7

无形资产的
摊销

案例分析

案例

国家政策如今鼓励对"中国制造2025"有帮助的创新型产业，随着中国药企寻求成为全球新药开发的领军者的机遇，中国投资者正向美国医药初创企业大手笔投资，希望能够更早也更容易地获得新的医疗技术，并分享这些公司可能得到的高回报。2018年第一季度，中国在医药行业的投资超过去年同期10倍。

分析

随着中国政府鼓励中国药企摆脱低成本仿制药模式，中国投资浪潮可能方兴未艾。对外投资既是一项财务决策，也是一项战略决策。投资有风险，决策需谨慎。企业投资管理决策时，要充分考虑投资项目的时间价值和风险价值。投资的前提是要维系企业正常生产经营运转。在支付方式方面，可以灵活选择现金+股份的方式。毕竟，企业并购要达成的目标是实现全方位的协同，如战略协同、业务协同、渠道协同，这样才能真正实现1+1>2的效果。

（二）对外投资管理

对外投资是指把资金向本企业范围以外的其他单位投放。医药企业为了提高资金的使用效率，在有闲置资金出现时，一般会将多余的资金进行合理的安排，对外进行投资，提升企业价值，获取收益的同时，还可以分散投资风险。常见的对外投资形式有债券投资、股票投资和对外直接投资。

1. 债券投资管理　是医药企业通过购买债券成为发行单位的债权人，并获取债券利息的投资行为。购买的债券可以是国库券、金融债券、公司债券等，企业可以根据闲置资金的情况选择长期或短期投资，短期债券投资可以利用暂时的闲置资金，调节现金金额，而长期债券投资则可以在较长时间内获得较为稳定的收益。

债券投资的风险较小，安全性高，收益高，流动性强，由于票面利率固定，所以债券投资者能够获得稳定的利息收益，大部分债券都可以在证券市场上进行交易，具有较好的流动性，尤其是国债和一些大公司发行的债券一般都能在市场上迅速售出，但是债券投资获得的只是债权，债券投资者没有管理权，投资方与债券发行方之间形成的是债权债务关系，不能对债券发行方做其他任何干预。

当然，债券投资也是有风险的，它的风险主要包括：①信用风险：是指在企业债券的投资中，企业由于各种原因，无力偿还本金和利息，存在着不能完全履行其责任的风险。一般来说，政府债券由于有政府作担保，风险较小；而公司债券风险相对较大，但其投资风险也要比股票投资风险小得多。②利率风险：是指利率的变动导致债券价格与收益率发生变动的风险。可以采用分期购买债券的方式减小此类风险的影响。③通货膨胀风险：是指债券发行者在协议中承诺付给债券持有人的利息或本金的偿还，都是事先议定的固定金额。当通货膨胀发生，货币的实际购买能力下降，就会造成在市场上能购买的东西相对减少，甚至有可能低于原来投资金额的购买力。④变现风险：是指证券资产持有者无法在市场上以正常的价格平仓出货的可能性。各种债券的变现力是不同的，交易越频繁的债券，其变现能力越强。⑤破产风险：是指证券资产发行者由于经营管理不善而破产时，投资者无法收回应得权益的可能性。所以,企业在进行债券投资时,不能只考虑债券的收益情况,同时要考虑其投资风险的大小。

2. 股票投资管理 是指企业以购买公司股票的方式对其他企业进行的投资,股票是股份制企业发给股东的所有权凭证,企业进行股票投资的目的主要有两种:一是获利,即作为一般的证券投资,获取股利收入及股票买卖差价;二是控股,即通过购买某一企业的大量股票获得其控制权,从而使企业以较少的资金实现企业扩张的目的。

股票投资的价值是指股票未来收益的现值,在计算股票的价值时,考虑的未来收益是永久持有股票的每年股利收益。在进行股票投资分析时,可以将股票价值与当前的股票价格进行比较,来考虑股票投资的可行性。

与债券投资相比,股票投资能够获得对企业的经营控制权,具有高风险、高收益等特点。股价的高低不仅与股票发行公司的经营状况和盈利水平高度相关,投资者的心理变化和一些突发的重大事件都有可能对股价产生重大影响,导致股票收益不稳,而且股东对公司的剩余索取权居于最后,一旦股票发行公司经营出现问题,股票投资者往往遭受重大损失。因此,投资者在做出股票投资决策时必须结合本企业的实际状况,结合风险分散原则、量力而行原则,制定出可行的投资政策,找到收益和风险两者的平衡点,在可接受的风险水平之内,实现收益最大化。

3. 对外直接投资管理 是指企业以现金、实物、无形资产等投入其他企业进行的投资。投资直接形成生产经营活动的能力并为从事某种生产经营活动创造必要条件。它具有与生产经营紧密联系、投资回收期较长、投资变现速度慢、流动性差等特点。

对外直接投资的主要方式有:合作经营、合资经营、并购控股等。

点滴积累 ∨

1. 应收账款和票据管理是公司财务健康的核心环节,特别是对于一些有着众多上下游合作伙伴的企业来说,这一点就更为重要,管理好这两方面有着战略性的意义。

2. 无形资产日渐成为企业最活跃、最积极的要素,已经无可辩驳地成为企业核心竞争力的决定因素。

3. 常见的对外投资形式有债券投资、股票投资和对外直接投资。

第四节 医药企业成本管理

随着科技的进步,社会的发展,市场竞争越来越激烈,企业要生存发展,就必须要有自身的竞争优势,而企业要建立这种优势,成本管理无疑是达到目的的有力工具。因此在当前医药行业所处的特定环境下,研究企业成本具有重要的现实意义。

医药企业成本管理是指医药企业在生产经营过程中进行成本核算、成本分析、成本决策和成本控制等一系列科学管理行为的总称。成本管理是企业管理的一个重要组成部分,它要求企业充分动员和组织全体人员,在保证产品质量的前提下,对各个环节进行科学管理,改进企业管理,提高企业整体管理水平,力求以最少的生产耗费取得最大的生产成果。

一、成本管理的意义

成本管理是企业日常经营管理的一项中心工作,对企业生产经营有着重要的意义。其重要性体现在:

1. 降低成本,为企业扩大再生产创造条件 在一定的经济规模、技术水平、质量标准等前提条件下,通过合理的组织管理可以提高生产效率、降低生产消耗,降低生产成本,获得更多的剩余价值;或者通过引入新技术设备、新工艺流程、新产品设计、新材料等,使成本的结构得到改善,也可以为成本的进一步降低提供新的空间,进一步降低成本,为企业扩大再生产创造条件。

2. 增加企业利润,提高企业经济效益 降低成本与增加收入一样,都是提高企业效益的重要方面。但是成本是与其他因素相关联的,不能单纯以成本的降低为标准,成本管理就是要综合分析产品成本、产品质量、产品价格、销售情况等因素之间的相互关系,来满足企业为维系质量、调整价格、扩大市场份额等对成本的需要,从而帮助企业最大限度地提高经济效益。

3. 帮助企业取得竞争优势,增强企业的竞争能力和抗压能力 在竞争激烈的市场环境中,企业为了取得竞争优势,抵抗内外部压力,往往会实施低成本战略,即通过成本管理降低单位产品成本,这样就能迅速提高企业在市场上的主动性和话语权;或者实施差异化战略,通过成本管理规范成本形成过程,适时进行流程优化或流程再造,在资源既定的前提下,生产出满足客户需求的产品。

成本管理的
目标

二、成本管理的基本环节

医药企业成本管理主要包括以下五个环节,其中的核心环节是成本控制。

1. 成本规划 是指企业成本管理战略的制定,为具体的成本管理提供战略思路和总体要求。成本规划是根据企业所处的经济环境和制定的竞争战略而制定的,主要包括确定成本管理的重点,规划控制成本的战略途径,提出成本计算的精度要求,确定业绩评价的目的和标准等内容。一般情况下,在制定成本规划之前,需对过去的老产品进行充分分析,并在此基础上制定出更适宜的规划。制定成本规划时,首先要对质量和成本的关系进行认真分析,在质量展开表中所列的各种质量特性发生变化时,成本会相应发生怎样的变化,然后要站在企业和客户的立场上对其经济性进行评价,制定出最优的成本规划。

2. 成本核算 是指企业把一定时期内发生在生产经营过程中的费用,按其性质和发生地点,分类归集、汇总、核算,计算出该时期内生产经营费用发生总额并分别计算出每种产品的实际成本和单位成本的管理活动。成本核算是成本管理的基础环节,是进行成本分析和成本控制的信息基础,成本核算正确与否,直接影响着企业的成本分析、考核等控制工作,同时也对企业的成本决策和经营决策的正确与否产生重大影响。

成本核算时需
遵循的原则

进行成本核算时,首先要审核生产经营管理费用,确定其是否已经发生,是否应当发生,已发生的是否应当计入产品成本,实现对生产经营管理费用和产品成本直接的管理和控制。其次对已发生的费用按照用途进行分配和归集,计算各种产品的总成本和单位成本,为成本管理提供真实的成本资料。

3. 成本控制　该环节是成本管理的核心,是指企业采取经济、技术和组织等手段降低成本或改善成本的一系列活动。成本控制的关键是选取适用于本企业的成本控制方法,它决定着成本控制的效果。传统的成本控制基本上都是采用经济手段,通过分析实际成本和标准成本之间的差异来进行控制,如标准成本法等,而现代的成本控制使用了包括技术和组织手段在内的所有可能的控制手段,如责任成本法等。

成本控制的原则主要有以下三方面:①全面控制原则:即成本控制要全部、全员、全程控制。全部控制是指要对产品生产的全部费用加以控制;全员控制是指要发动全体员工树立成本意识,参与成本控制;全程控制是指要对产品设计、制造、销售的全流程进行控制。②经济效益原则:提高经济效益不单是依靠降低成本的绝对数,更重要的是实现相对的节约,以较少的消耗取得更多的成果,取得最佳的经济效益。③例外管理原则:即成本控制要将注意力集中在不同寻常的情况上。因为实际发生的费用往往与预算有出入,没有必要一一查明原因,只需要将注意力集中在非正常的例外事件上,调查并及时进行信息反馈。

4. 成本分析　利用成本核算,结合有关计划、预算和技术资料,应用一定的方法对影响成本升降的各种因素进行科学的分析和比较,了解成本变动情况,系统地研究成本变动的因素和原因。通过成本分析,深入了解成本变动的规律,寻求降低成本的方法。

成本分析的方法主要有:①对比分析法:是通过成本指标在不同时期(或不同情况)数据的对比,来揭露矛盾的一种方法,比较形式有绝对数比较、增减数比较、指数比较这三种形式,成本指标的对比,必须注意指标的可比性。②连环代替法:是确定引起某经济指标变动的各个因素影响程度的一种计算方法。在几个相互联系的因素共同影响着某一指标的情况下,可应用这一计算方法。③相关分析法:是指企业的各种经济指标,存在着相互依存关系,一个指标变了,就会影响到其他经济指标,利用数学方法进行相关分析,找出有关经济指标之间规律性的联系。

5. 成本考核　是定期对成本计划及有关指标实际完成情况进行总结和评价,对成本控制的效果进行评估。其目的在于改进原有的成本控制活动并激励约束员工和团体的成本行为,更好地履行经济责任,提高企业成本管理水平。成本考核的关键是评价指标体系的选择和评价结果与约束激励机制的衔接。考核指标可以是财务指标,也可以是非财务指标,如:实施成本领先战略的企业应主要选用财务指标,而实施差异化战略的企业则大多选用非财务指标。

上述成本管理的主要内容中,成本分析贯穿于成本管理的全过程,成本规划在战略上对成本核算、成本控制、成本分析和成本考核进行指导,成本规划的变动是企业外部的经营环境和企业内部发展战略变动的结果,而成本核算、成本控制、成本分析和成本考核则通过成本信息的流动互相联系起来。

点滴积累 ╲

1. 医药企业成本管理的五个环节:成本规划、成本核算、成本控制、成本分析、成本考核。

2. 医药企业成本管理的核心环节是成本控制。

第五节　医药企业利润分配管理

利润是企业一定时期从事生产经营等各项活动取得的净收益,是企业的最终财务成果,它直接反映着该企业在该时期的经营业绩,是衡量企业生产经营状况的重要指标。

一、利润构成

根据国家财政部颁布的《企业会计制度》第一百零六条规定:利润,是指企业在一定会计期间的经营成果,包括营业利润、利润总额和净利润。

1. 营业利润　是指主营业务收入减去主营业务成本和主营业务税金及附加,加上其他业务利润,减去营业费用、管理费用和财务费用后的金额。其计算公式如下:

$$营业利润=主营业务收入-主营业务成本-主营业务税金及附加+其他业务收入-$$
$$其他业务支出-营业费用-管理费用-财务费用 \qquad 式(6\text{-}1)$$

2. 利润总额　是指营业利润加上投资收益、补贴收入、营业外收入,减去营业外支出后的金额。其计算公式如下:

$$利润总额=营业利润+投资收益+补贴收入+营业外净收入 \qquad 式(6\text{-}2)$$

其中,投资收益,是指企业对外投资所取得的收益,减去发生的投资损失和计提的投资减值准备后的净额。补贴收入,是指企业按规定实际收到退还的增值税,或按销量或工作量等依据国家规定的补助定额计算并按期给予的定额补贴,以及属于国家财政扶持的领域而给予的其他形式的补贴。营业外收入和营业外支出,是指企业发生的与其生产经营活动无直接关系的各项收入和各项支出,两者之差为营业外净收入。营业外收入包括固定资产盘盈、处置固定资产净收益、处置无形资产净收益、罚款净收入等。营业外支出包括固定资产盘亏、处置固定资产净损失、处置无形资产净损失、债务重组损失、计提的无形资产减值准备、计提的固定资产减值准备、计提的在建工程减值准备、罚款支出、捐赠支出、非常损失等。营业外收入和营业外支出应当分别核算,并在利润表中分列项目反映。营业外收入和营业外支出还应当按照具体收入和支出设置明细项目,进行明细核算。

3. 所得税　是指企业应计入当期损益的所得税费用。

4. 净利润　是指利润总额减去所得税后的金额。

二、利润分配顺序

国家有关法律、法规对企业利润分配的基本原则、一般次序和重大比例作了明确规定,目的就是为了保障企业利润分配的有序进行,维护企业和所有者、债权人以及职工的合法权益,促使企业增加积累,增强风险防范能力。利润分配在企业内部属于重大事项,企业的章程必须在不违背国家有关规定的前提下,对本企业利润分配的原则、方法、决策程序等内容做出明确具体的规定。

医药企业在依法缴纳所得税后,则可以在净利润的基础上进行利润分配了,除国家另有规定外,

利润分配活动须按照以下顺序进行:

1. 计算出可供分配的利润总额　企业当期实现的净利润,加上年初未分配利润(或减去年初未弥补亏损)和其他转入后的余额,为可供分配的利润。如果可供分配的利润为负数,则不能进行后续分配,如果可供分配的利润为正数,表示本年累计盈利,则可进行后续分配。其计算公式如下:

$$可供分配利润=当年净利润+年初未分配利润(或减年初未弥补亏损)+其他转入 \quad 式(6-3)$$

2. 提取法定盈余公积　根据公司法规定,公司制企业应当按照净利润(减弥补以前年度亏损)的 10% 提取法定盈余公积金。盈余公积累计余额达到注册资本 50% 以后,可以不再提取。企业提取的盈余公积可用于弥补亏损、扩大生产经营、转增资本(或股本)或派送新股等。

3. 提取法定公益金　外商投资企业应当按照法律、行政法规的规定按净利润提取储备基金、企业发展基金、职工奖励及福利基金等。

中外合作经营企业按规定在合作期内以利润归还投资者的投资,以及国有工业企业按规定以利润补充的流动资本,也从可供分配的利润中扣除。

4. 计算可供投资者分配的利润　可供分配的利润减去提取的法定盈余公积、法定公益金等后,为可供投资者分配的利润。可供投资者分配的利润,按下列顺序分配:

(1) 应付优先股股利:是指企业按照利润分配方案分配给优先股股东的现金股利。

(2) 提取任意盈余公积:是指企业按规定提取的任意盈余公积。

(3) 应付普通股股利:是指企业按照利润分配方案分配给普通股股东的现金股利。企业分配给投资者的利润,也在本项目核算。

(4) 转作资本(或股本)的普通股股利:是指企业按照利润分配方案以分派股票股利的形式转作的资本(或股本)。企业以利润转增的资本,也在本项目核算。

可供投资者分配的利润,经过上述分配后,为未分配利润(或未弥补亏损)。未分配利润可留待以后年度进行分配。企业如发生亏损,可以按规定由以后年度利润进行弥补。

企业未分配的利润(或未弥补的亏损)应当在资产负债表的所有者权益项目中单独反映。

三、股利分配政策

股利分配是指企业向股东分派股利,是企业利润分配的一部分,股利分配涉及的方面很多,包括股利支付程序中各日期的确定、股利支付比率的确定、支付现金股利所需资金的筹集方式的确定等。在制定股利分配政策时,要遵循一定的原则,充分考虑影响股利分配政策的相关因素与市场反应,使公司的收益分配规范化。常用的股利分配政策主要有以下几种形式:

1. 剩余股利政策　其理论依据是 MM 理论(股利无关论)。该理论是由美国财务专家米勒(Miller)和莫迪格莱尼(Modigliani)于 1961 年在他们的著名论文《股利政策,增长和股票价值》中首先提出的,因此被称为 MM 理论。剩余股利政策是企业在有良好的投资机会时,税后利润在目标资本结构下,满足所有的投资项目需要后,如果还有剩余,则派发股利;如果没有剩余,则不派发股利的政策。剩余股利政策有利于企业目标资本结构的保持,降低筹资成本,但是由于股利发放的不确定性,导致股东缺乏信心,一般适用于公司的初创阶段和衰退阶段。

2. 固定或持续增长股利政策 这一股利政策是企业将每年发放的股利固定在某一相对稳定的水平上并在较长的时期内不变,只有当管理层认为未来的盈余会显著地、不可逆转地增长时,才会提高年度的股利发放水平。稳定的股利向市场传递着公司正常发展的信息,有利于树立公司良好形象,增强投资者对公司的信心,稳定股票的价格。该股利政策的缺点在于股利的支付与盈余脱节,当盈余较低时,仍要支付固定的股利,这可能导致资金短缺,财务状况恶化,资本成本较高。一般适用于公司的稳定增长阶段。

3. 固定股利支付率政策 是指企业确定一个股利占盈余的比率,并且长期按此比率支付股利的政策,每年发放的股利额都等于企业盈余乘以固定的股利支付率。在这一股利政策下,每年的股利额随着公司经营的好坏而上下波动,获得较多盈余的年份股利额高,获得盈余少的年份股利额就低,使股东获得的股利与公司盈余紧密地结合在一起,体现多赢多分、少盈少分、无盈不分的原则。在这种政策下各年的股利变动较大,极易造成公司运营不稳定的感觉,不利于稳定股票的价格。一般适用于公司的成熟阶段。

4. 低正常股利加额外股利政策 是指企业在一般情况下每年只向股东支付固定的、数额较低的股利,而在盈余较多的年份,再根据实际情况向股东发放额外股利,但额外股利并不是固定化的。这种分配政策使企业具有较大的灵活性,当公司盈余较少或投资需用较多资金时,可维持设定较低但正常的股利,股东不会有股利跌落感;而当盈余有较大幅度增加时,则可适度增发股利,股东可以得到更多的利益,增强了对公司的信心。这种股利政策一般适用于企业的高速发展阶段。

医药企业在某一特定的发展阶段上,也可以根据自身特征以及所处的市场环境选择一种以上的股利分配政策,采用最佳的股利分配形式,取得最大的收益,使企业持续稳定的发展。

点滴积累 ∨
1. 提取法定盈余公积是根据公司法规定,公司制企业应当按照净利润(减弥补以前年度亏损)的10%提取法定盈余公积金。盈余公积累计余额达到注册资本50%以后,可以不再提取。
2. 常用的股利分配政策有剩余股利政策、固定或持续增长股利政策、固定股利支付率政策、低正常股利加额外股利政策。

第六节 医药企业财务分析

医药企业财务分析是指医药企业利用财务报表及其他有关资料,运用专门的分析方法对企业过去和现在的财务状况和经营成果等相关方面进行动态比较和评价,为企业管理当局、投资者、债权人和政府机构等主体的决策行为提供依据的一项管理活动。在我国医药企业一般采用的财务报表包括资产负债表、损益表、现金流量表或财务状况变动表等几种形式。财务分析是一个认识过程,它把财务报表等资料的数据分割成不同部分,从而找到相关指标之间的联系,对企业经济效益的优劣做出准确的评价和判断,以达到真正地把握企业总体运营状况的目的。

一、医药企业财务分析的意义

1. 判断企业的财务实力 通过对资产负债表和利润表有关资料进行分析,计算相关指标,可以了解企业的资产结构和负债水平是否合理,从而判断企业的偿债能力、营运能力及营利能力等财务实力,及时发现企业在财务状况方面可能存在的问题,为正确做出经营决策,起着重大的促进作用。

2. 评价和考核企业的经营业绩,揭示财务活动存在的问题 通过指标的计算、分析和比较,能够准确得出企业的营利能力和资产周转状况,揭示企业在经营管理中各个环节存在的问题,找出差距,得出分析结论。

3. 挖掘企业潜力,寻求提高企业经营管理水平和经济效益的途径 财务分析的目的不仅仅是发现问题,更重要的是分析问题和解决问题。通过财务分析,总结生产经营管理中成功的经验,对存在的问题提出解决的策略和措施,以达到扬长避短、提高经营管理水平和经济效益的目的。

4. 评价企业的发展趋势 通过各种财务分析,可以判断企业的发展趋势,预测其生产经营的前景及偿债能力,从而为企业领导层进行生产经营决策、投资者进行投资决策和债权人进行信贷决策提供重要的依据,避免因决策错误带来重大的损失。

二、医药企业财务分析的内容

财务分析信息的需求者主要包括企业所有者、企业债权人、企业经营决策者和政府等。不同主体出于不同的利益考虑,对财务分析信息有着各自不同的要求。企业所有者作为投资人,关心其资本的保值和增值状况,主要进行企业营利能力分析,为他们正确地进行投资决策,提供科学依据;企业债权人关注的是其投资的安全性,因此更重视企业偿债能力指标和营利能力分析;企业经营决策者必须对企业经营理财的各个方面进行综合分析,关注企业财务风险和经营风险;而政府主要是想通过了解企业会计信息,为制定政策提供客观依据,也可以为财政、税务、银行和审计等部门加强经济监督和调控提供依据。

▶▶ **课堂活动**

"现金流量是企业的脉搏,是企业生存的关键信号,现金流在现代企业管理中的重要性要胜过利润,企业管理是以财务管理为中心的,而财务管理的中心是资金管理,资金管理的中心则是现金流量管理"——麦肯锡 McKinsey
这句话你怎么看?

所以,为了满足不同需求者的需求,财务分析一般应包括:偿债能力分析、营运能力分析、营利能力分析、发展能力分析和现金流量分析等方面。

三、医药企业财务分析的要求

为了发挥会计报表的作用,满足有关报表使用者的需要,进行财务分析时还应做好以下工作:

1. 按照财务报表使用者的要求,搜集必要的分析资料 财务报表不同的使用者,他们各有自己关注的重点内容,因此,报表分析人员应当深入了解报表使用者的具体要求,尽可能有重点、有针对性地进行分析。为了确保报表使用者正确地评价企业的财务状况和经营成果,满足报表使用者的需要,报表分析人员应尽可能搜集其他方面的有关企业内、外各方面的资料。

2. 选择正确的分析方法　在明确报表使用者使用报表目的的前提下,根据需要和可能,选择适当的分析方法。

3. 确定适当的评价标准　报表分析者为分析企业经营绩效,必须寻找某种比较基准,以判断报表分析所揭示的关系是否对报表使用者有利。

可供选择的、常用的比较基准有两种:一是企业过去的绩效。将当期所分析的绩效数据同前期按同样方法所求得的绩效数据进行比较,可以评价企业某方面情况的变化趋势,据此以预测未来。二是参照医药行业先进或平均水平。将企业某方面的绩效数据与同行业平均水平或先进水平进行比较,或同某种预定的标准进行比较,以判断和正确评价企业绩效水平,为企业继续提高绩效指明方向。

四、医药企业财务分析方法

财务分析是一项技术要求较高的工作,分析者要有扎实的专业理论知识,能理解财务报表及相关财务资料所提供的财务信息,而且要系统地掌握一套具体的分析方法、工具和分析程序。

财务分析方法主要有以下 3 种:

1. 比较分析法　按照特定的指标系将客观事物加以比较,从而认识事物的本质和规律并做出正确的评价。财务报表的比较分析法,是指对两个或两个以上的可比数据进行对比,找出企业财务状况、经营成果中的差异与问题。

比较分析法是最基本的分析方法,可以说,财务分析的其他方法在一定程度上都是建立在比较分析法基础之上的。采用比较分析法时,应当注意以下问题:①用于对比的各个时期的指标,其计算口径必须保持一致,但在实践中,由于各种具体原因,所取得资料的可比性往往很难保持一致,这就要求分析者必须对所对比的指标进行必要的调整;②应剔除偶发性项目的影响,保证用于分析的数据能反映正常的生产经营状况;③应运用例外原则对某项有显著变动的指标作重点分析,研究其产生的原因,以便采取对策,趋利避害。

根据比较对象的不同,比较分析法又分为趋势分析法、横向比较法和预算差异分析法。趋势分析法的比较对象是本企业的历史;横向比较法的比较对象是同类企业,比如行业平均水平或竞争对手;预算差异分析法的比较对象是预算数据。在财务分析中,最常用的是趋势分析法。

趋势分析法,是通过对比两期或连续数期财务报告中的相同指标,确定其增减变动的方向、数额和幅度,来说明企业财务状况或经营成果变动趋势的一种方法。采用这种方法,可以分析引起变化的主要原因、变动的性质,并预测企业未来的发展趋势。

比较分析法的具体运用主要有重要财务指标的比较、会计报表的比较和会计报表项目构成的比较三种方式。下面以趋势分析法为例进行进一步阐述:

(1)重要财务指标的比较:趋势分析法运用动态比率对不同时期的指标进行比较和分析时,由于所采用的基期数不同,计算的动态比率指标因此也有两种形式:定基动态比率和环比动态比率。

定基动态比率是以某一时期的指标值为固定的基数进行计算的;而环比动态比率,则是以每一分析期的前期数为基数计算出来的比率。

(2) 会计报表的比较:是指将连续数期的会计报表的金额并列起来,比较各指标不同期间的增减变动金额和幅度,并判断企业财务状况和经营成果发展变化的一种方法。具体包括资产负债表比较、损益表比较和现金流量表比较等。

(3) 会计报表项目构成的比较:这种方法是在会计报表比较的基础上发展而来的,是以会计报表中的某个总体指标作为100%,再计算出各组成项目占该总体指标的百分比,从而比较各个项目百分比的增减情况,来判断有关财务活动的变化趋势。

2. 比率分析法　是指通过计算各种比率指标,来揭示财务活动变动程度的分析方法。财务比率根据涉及指标的关系可分为以下三种类型:

(1) 结构比率:又称构成比率,是反映经济指标的局部与总体关系的指标,即分子是包含于分母之中的,如流动资产、固定资产和无形资产占资产总额的比重就属于此类比率。利用结构比率,可以帮助我们考察某一总体指标构成项目的比例安排是否合理有效,以便于进行结构调整。

(2) 效率比率:是用以反映经济活动中所费与所得的比例的指标,体现投入与产出的关系,比如,用利润项目与销售成本、销售收入、资本金等项目加以对比,可以计算出成本利润率、销售利润率和资本金利润率等指标,利用效率比率,可以权衡得失,评价经营效果的好坏。

(3) 相关比率:是以某个项目和与其有关但又不同的项目加以对比所得的比率,反映有关经济活动的相互关系。利用相关比率指标,可以考察企业相互关联的业务安排得是否合理,生产经营活动是否顺畅进行。比如,将流动资产与流动负债进行对比,计算出流动比率,可以判断企业的短期偿债能力;将负债总额与资产总额进行对比,可以判断企业长期偿债能力。

3. 因素分析法　是用来测定某经济指标各构成因素的变动分别对该经济指标的影响程度。反映企业经营活动成果的经济指标,往往同时受到其他影响因素的制约。为了有效地分析原因,就有必要弄清这些影响因素分别对分析指标差异所应承担的责任,找出工作中的薄弱环节,如价格的波动、成本的升降、销售量的增减等,都是影响利润指标完成的因素。

因素分析法具体有2种:

(1) 连环替代法:是将分析指标分解为各个可以计量的因素,并根据各个因素之间的依存关系,顺次用各因素的比较值(通常为实际值)替代基准值(通常为标准值或计划值),据此测定各因素对分析指标的影响。

(2) 差额分析法:是连环替代法的一种简化形式,是利用各个因素的比较值与基准值之间的差额,来计算各因素对分析指标的影响。

采用因素分析法时,必须注意以下问题:①因素分解要具有关联性。构成指标的因素,必须客观上存在着因果关系,并能够反映形成该项指标差异的内在构成原因,否则就没有应用价值。②替代因素要具有顺序性。确定替代因素时,必须根据各因素的依存关系,遵循一定的顺序并依次替代,不可随意调换,否则就会得出不同的计算结果。③顺序替代的连环性。因素分析法在计算每一因素变动的影响时,都是在前一次计算的基础上进行,并采用连环比较的方法确定因素变化的影响结果。

④计算结果的假定性。由于因素分析法计算的各因素变动的影响数,会因替代顺序不同而有差别,因此计算结果达不到绝对的准确。因此,分析时应力求使假定合乎逻辑,具有实际的经济意义。

五、医药企业财务指标分析

财务报表分析是财务管理工作的重要一环,在财务工作实践中,医药企业通过对财务状况和经营成果进行解析,能够对企业经济效益的优劣做出准确的评价与判断,而作为评价与判断标准的财务指标的选择和运用尤为重要。《企业财务通则》中为企业规定的三种财务指标为:偿债能力指标、营运能力指标、营利能力指标。

-----边学边练-----

解读医药企业财务报表的内容,理解财务报表的意义,请见实训五　医药企业财务报表分析。

(一) 医药企业偿债能力分析

医药企业偿债能力是指医药企业偿还全部到期债务的现金保证程度。对偿债能力进行分析有利于债权人进行正确的借贷决策;有利于投资者进行正确的投资决策;有利于企业经营者进行正确的经营决策;有利于正确评价企业的财务状况。

偿债能力的衡量方法有两种:一种是比较可供偿债资产与债务的存量,资产存量超过债务存量较多,则认为偿债能力较强;另一种是比较经营活动现金流量和偿债所需现金,如果产生的现金超过需要的现金较多,则认为偿债能力较强。

债务一般按到期时间分为短期债务和长期债务,偿债能力分析也由此分为短期偿债能力分析和长期偿债能力分析。

1. **短期偿债能力分析**　是指偿还期在1年或一个营业周期以内到期债务的偿还能力分析,偿还的主要是流动负债,因此短期偿债能力衡量的是对流动负债的清偿能力。企业的短期偿债能力取决于短期内企业产生现金的能力,即在短期内能够转化为现金的流动资产的多少。所以,短期偿债能力比率也称为变现能力比率或流动性比率,主要考察的是流动资产对流动负债的清偿能力。企业短期偿债能力的衡量指标主要有:

(1) 流动比率:是企业流动资产与流动负债之比。其计算公式为:

$$流动比率=流动资产÷流动负债 \qquad 式(6-4)$$

流动比率表明每1元流动负债有多少流动资产作为保障,流动比率越大通常短期偿债能力越强。一般认为,流动比率应大于等于200%比较合适,这是因为流动资产中变现能力最差的存货金额约占流动资产总额的一半,剩下的流动性较大的流动资产至少要等于流动负债,企业短期偿债能力才会有保证。

但是,流动比率高不意味着短期偿债能力一定很强。因为,流动比率假设的是全部流动资产可变现清偿流动负债。实际上,各项流动资产的变现能力并不相同而且变现金额可能与账面金额存在较大差异。因此,流动比率是对短期偿债能力的粗略估计,还需进一步分析流动资产的构成项目。

（2）速动比率:用来衡量企业速动资产中可以到期用于偿还现金的能力。其中速动资产是具有高度变现性的流动资产,包括现金、短期有价证券和应收款项净额。与流动比率相比,速动比率能更准确、可靠地评价企业资产的流动性及偿还短期债务的能力。其计算公式为:

$$速动比率=速动资产\div流动负债 \qquad 式(6-5)$$

一般情况下,速动比率越大,短期偿债能力越强。由于通常认为存货占了流动资产的一半左右,因此剔除存货影响的速动比率应该等于或大于100%。速动比率过低,企业面临偿债风险;但速动比率过高,会因占用现金及应收账款过多而增加企业的机会成本。

（3）现金比率:现金资产包括货币资金和交易性金融资产等。现金资产与流动负债的比值称为现金比率。现金比率计算公式为:

$$现金比率=(货币资金+交易性金融资产)\div流动负债 \qquad 式(6-6)$$

现金比率剔除了应收账款对偿债能力的影响,这一指标反映企业具有立即或随时支付和偿债的能力。企业并不需要保留相当于流动负债金额的现金资产。经验表明,0.2 的现金比率就可以接受。而现金比率过高,就意味着企业过多资源占用在营利能力较低的现金资产上,从而影响企业的营利能力。

2. 长期偿债能力分析　长期偿债能力是指医药企业偿还超过 1 年以上到期债务的能力。在这期间,企业不仅需要偿还流动负债,还需要偿还非流动负债,因此,长期偿债能力衡量的是企业对所有负债的清偿能力。企业对所有负债的清偿能力取决于其总资产水平,因此长期偿债能力比率考察的是企业资产、负债和所有者权益之间的关系。其财务指标主要有四项:

（1）资产负债率:是指由他人提供的借贷资本占企业总资产的比重大小。该指标可以衡量企业清算时资产对债权人权益的保障程度,同时也是一项衡量公司利用债权人资金进行经营活动能力的指标,以及反映债权人发放贷款的安全程度。

当资产负债率低于50%时,表明企业资产的主要来源是所有者权益,财务比较稳健;当高于50%时,表明企业资产来源主要依靠的是负债,财务风险较大;如果资产负债率达到100%或超过100%了,则说明公司已经没有净资产或资不抵债。在企业管理中,资产负债率的高低也不是一成不变的,这要看从什么角度分析,利益主体不同,看待该指标的立场也不同;还要看国际国内经济大环境是顶峰回落期还是见底回升期;还要看管理层是激进者、中庸者还是保守者,所以多年来也没有统一的标准,但是对企业来说,一般认为,资产负债率的适宜水平是40%～60%。

（2）产权比率:又称资本负债率,是负债总额与所有者权益的比率,是评估资金结构合理性的一种指标,它是企业财务结构稳健与否的重要标志。其计算公式为:

$$产权比率=负债总额\div所有者权益 \qquad 式(6-7)$$

产权比率反映了由债务人提供的资本与所有者提供的资金来源的相对关系,而且反映了债权人资本受股东权益保障的程度。一般来说,这一比率越低,表明企业自有资本占总资产的比重越大,企业长期偿债能力越强,债权人权益保障程度越高。在分析时,同样需要结合企业的具体情况加以分析,当企业的资产收益率大于负债成本率时,负债经营有利于提高资金收益率,获得额外的利润,这时的产权比率可适当提高些。产权比率高,是高风险、高报酬的财务结构,反之亦然。

产权比率与资产负债率对评价偿债能力的作用基本一致,但是,资产负债率侧重于分析债务偿付安全性的物质保障程度,产权比率则侧重于揭示财务结构的稳健程度以及自有资金对偿债风险的承受能力。

(3)权益乘数:是总资产与股东权益的比值。其计算公式为:

$$权益乘数 = 总资产 \div 股东权益 \qquad 式(6\text{-}8)$$

权益乘数表明股东每投入1元钱可实际拥有和控制的金额。在企业存在负债的情况下,权益乘数大于1。企业负债比例越高,权益乘数越大。产权比率和权益乘数是资产负债率的另外两种表现形式,是常用的反映财务杠杆水平的指标。

(4)利息保障倍数:是指企业息税前利润与全部利息费用之比,又称已获利息倍数,用以衡量偿付借款利息的能力。其计算公式为:

$$利息保障倍数 = 息税前利润 \div 全部利息费用 \qquad 式(6\text{-}9)$$

式(6-9)中"息税前利润"是指利润表中未扣除利息费用和所得税前的利润。"全部利息费用"是指本期发生的全部应付利息,不仅包括财务费用中的利息费用,还应包括计入固定资产成本的资本化利息。利息保障倍数的重点是衡量企业支付利息的能力,没有足够大的息税前利润,利息的支付就会发生困难。

利息保障倍数越高,长期偿债能力越强。从长期看,利息保障倍数至少要大于1(国际公认标准为3),也就是说,息税前利润至少要大于利息费用,企业才具有负债的可能性。如果利息保障倍数过低,企业将面临亏损、偿债的安全性与稳定性下降的风险。在短期内,利息保障倍数小于1也仍然具有利息支付能力,但这种支付能力是暂时的,当企业需要重置资产时,势必发生支付困难。因此,在分析时需要比较企业连续多个会计年度(如5年)的利息保障倍数,以说明企业付息能力的稳定性。

(二)企业营运能力分析

营运能力主要指资产运用、循环的效率高低。一般而言,资金周转速度越快,说明企业的资金管理水平越高,资金利用效率越高,企业可以用较少的投入获得较多的收益。因此,营运能力指标是通过投入与产出之间的关系反映的。企业营运能力分析主要从流动资产营运能力分析、固定资产营运能力分析和总资产营运能力分析三个方面来评价。

1. 流动资产营运能力分析　反映流动资产营运能力的指标主要有:

(1)应收账款周转率:应收账款在流动资产中有着举足轻重的地位,及时收回应收账款,不仅增强了企业的短期偿债能力,也反映出企业管理应收账款的效率。反映应收账款周转情况的比率有应收账款周转率(次数)和应收账款周转天数。

应收账款周转率,是一定时期内商品或产品销售收入净额与应收账款平均余额的比值,表明一定时期内应收账款平均收回的次数。通常,应收账款周转率高,应收账款回收速度快,坏账损失少,应收账款管理效率高。

（2）存货周转率：在流动资产中，存货所占用的资金的比重较大，存货的流动性将直接影响企业的流动比率，存货周转率是指一定时期内企业销货成本与存货平均资金占用额的比率，是评价企业购入存货、投入生产、销售收回等各环节管理效率的综合指标，可以用来衡量企业的销货能力。一般来讲，存货周转速度越快，存货占用水平越低，存货转化为现金的速度也越快，营运能力就越强。

（3）流动资产周转率：是指在一定时期内，销售收入净额与企业流动资产平均占用额之间的比率，是反映企业流动资产周转速度的指标。在一定时期内，流动资产周转次数越多，流动资产利用效果越好，企业的营利能力越强。

2. 固定资产营运能力分析　反映固定资产营运能力的指标为固定资产周转率，它是指企业年销售收入净额与固定资产平均净值的比率。它是反映企业对厂房、设备等固定资产周转情况，衡量固定资产利用效率的一项指标。其计算公式为：

$$固定资产周转率 = 销售收入净额 \div 固定资产平均净值 \qquad 式(6\text{-}10)$$

式（6-10）中：固定资产平均净值 =（期初固定资产净值 + 期末固定资产净值）÷ 2

固定资产周转率高，说明企业固定资产投资得当，结构合理，利用效率高；反之，如果固定资产周转率不高，则表明固定资产利用效率不高，企业的营运能力不强。

3. 总资产营运能力分析　反映总资产营运能力的指标是总资产周转率，它是企业销售收入净额与企业资产平均总额的比率。

这个比率可以衡量企业全部资产的使用效率，如果比率低，说明企业利用其资产进行经营的效率差，会影响企业的营运能力。总资产由各项资产组成，在销售收入既定的情况下，总资产周转率的驱动因素是各项资产。因此，对总资产周转情况的分析应结合各项资产的周转情况，以发现影响企业资产周转的主要因素。

（三）企业营利能力分析

不管是投资人、债权人还是经营决策者，都非常重视和关心企业的营利能力。营利能力就是企业获取利润、实现资金增值的能力。因此，营利能力指标主要通过收入与利润之间的关系、资产与利润之间的关系反映。反映企业营利能力的指标主要有：

1. 销售毛利率　是指销售毛利与销售收入之比，可以反映出每销售 1 元所包含的毛利润，即销售收入扣除销售成本后还有多少剩余可用于各期费用和形成利润。销售毛利率越高，表明产品的营利能力越强，企业产品在市场竞争中就处于优势地位。

2. 销售净利率　是净利润与销售收入之比，可以反映出每 1 元销售收入最终赚取了多少利润，用于反映产品最终的营利能力。由于从销售收入到净利润需要扣除销售成本、期间费用、税金等项目，因此，将销售净利率按利润的扣除项目进行分解可以识别影响销售净利率的主要因素，以便企业查明原因后，采取相应措施，提高营利水平。

3. 总资产净利率　是指净利润与平均总资产的比率，衡量的是企业资产的营利能力。总资产净利率越高，表明企业资产的利用效果越好。影响总资产净利率的因素是销售净利率和总资产周转率。因此,企业可以通过提高销售净利率、加速资产周转来提高总资产净利率。

4. 净资产收益率　又称为权益净利率或权益报酬率,是净利润与平均所有者权益的比值,表示每1元股东资本赚取的净利润,反映资本经营的营利能力。

该指标是企业营利能力指标的核心,更是投资者关注的重点。一般来说,净资产收益率越高,股东和债权人的利益保障程度越高。如果企业的净资产收益率在一段时期内持续增长,说明资本营利能力稳定上升。

但净资产收益率并不是越高越好,要注意控制企业的财务风险。改善资产营利能力和增加企业负债都可以提高净资产收益率,如果不改善资产营利能力,单纯通过加大举债提高净资产收益率的做法则十分危险。因为,企业负债经营的前提是有足够的营利能力来保障偿还债务,单纯增加负债对净资产收益率的改善只具有短期效应,最终将因营利能力无法涵盖增加的财务风险而使企业面临财务困境。因此,只有当企业净资产收益率上升同时财务风险没有明显加大,才能说明企业财务状况良好。

总之,财务分析的最终目的是客观、全面、准确地反映出企业财务状况和经营情况,并借以对企业经营效益优劣做出合理的评价,要达到这一目的,仅仅测量几个简单的经济指标,不可能得出合理的综合性结论,甚至可能得出错误的结论。因此,只有将企业偿债能力、营运能力、营利能力等各项分析指标有机地结合起来,作为一套完整的体系,相互配合使用,才能更好地评价企业财务状况和经营情况。

点滴积累 ╲

1. 为了满足不同需求者的需求,财务分析一般应包括偿债能力分析、营运能力分析、营利能力分析、发展能力分析和现金流量分析等方面。
2. 财务分析方法有比较分析法、比率分析法和因素分析法。
3. 3种财务指标分别是偿债能力指标、营运能力指标、营利能力指标。

目标检测

一、选择题

（一）单项选择题

1. 以下筹资方式中不属于债务筹资的是(　　)

A. 银行借款　　　　B. 发行债券　　　　C. 普通股筹资　　　　D. 融资租赁

2. 根据风险收益对等观念,在一般情况下,各筹资方式资金成本由小到大依次是(　　)

A. 银行借款、企业债券、普通股　　　　B. 普通股、银行借款、企业债券

C. 普通股、企业债券、银行借款　　　　D. 银行借款、企业债券、普通股

3. 可以衡量医药企业销货能力,说明销售效率的指标是(　　)

A. 存货周转率　　　　　　　　　　B. 应收账款周转率

C. 总资产周转率　　　　　　　　　　D. 固定资产周转率

4. 在常用的股利分配政策中,一般适用于公司的成熟阶段的是(　　)

    A. 低正常股利加额外股利政策　　　　　　B. 固定股利支付率政策

    C. 固定或持续增长股利政策　　　　　　　D. 剩余股利政策

5. 无形资产是企业拥有的一个特殊资产项目,科技的发展与经济的增长已经证明,无形资产日渐成为企业最活跃,最积极的要素,下列不属于无形资产的是(　　)

    A. 商标权　　　　　B. 土地使用权　　　　C. 著作权　　　　D. 商誉

6. 根据公司法规定,公司制企业应当按照净利润(减弥补以前年度亏损)的10%提取法定盈余公积金。盈余公积累计余额达到注册资本(　　)以后,可以不再提取

    A. 50%　　　　　　B. 25%　　　　　　C. 75%　　　　　D. 90%

7. 企业将每年发放的股利固定在某一相对稳定的水平上并在较长的时期内不变,只有当管理层认为未来的盈余会显著地、不可逆转地增长时,才会提高年度的股利发放水平,这一股利政策是(　　)

    A. 低正常股利加额外股利政策　　　　　　B. 固定股利支付率政策

    C. 固定或持续增长股利政策　　　　　　　D. 剩余股利政策

8. 企业全部负债总额与全部资产总额的比率称为(　　)

    A. 流动比率　　　　B. 速动比率　　　　C. 资产负债率　　　D. 存货周转率

(二) 多项选择题

1. 以下筹资方式中,属于债务筹资的是(　　)

    A. 银行借款

    B. 发行债券公司债券筹资的资金成本相对较低

    C. 普通股筹资

    D. 融资租赁

2. 下列属于股权筹资基本形式的是(　　)

    A. 吸收直接投资　　　B. 发行股票　　　C. 利用留存收益　　　D. 商业信用

二、简答题

1. 简要分析医药企业财务管理的重要性。

2. 医药企业采用吸收直接投资方式筹资有哪些利弊?

3. 简述医药企业一般采用的财务分析方法。

三、实例分析

    某大型医药股份有限公司经营业绩一直很稳定,其盈余的长期增长率为10%,2017年公司税后利润为1000万元,当年可发放股利250万元。2018年初公司面临一项投资机会,项目投资总额为900万元,预计该项目年营利1200万元,预计2019年仍会恢复10%的增长率。该公司目前的资本结构权益与负债比为6∶4,该公司认为这是最优的资本结构。现在公司面临股利分配政策的调整,可供选择的分配方案有固定股利支付率政策、剩余股利政策以及固定或持续增长的股利政策。

　　请计算出 2018 年公司实行不同股利政策的股利水平,如果你是该公司的财务主管,从有利于公司的发展和兼顾股东的利益出发,选出最合适的股利分配政策。

(杨　雷)

实训五　医药企业财务报表分析

【实训目的】

1. 熟悉医药企业财务报表的内容。

2. 掌握医药企业财务分析的方法。

3. 理解财务报表的意义。

【实训内容】

1. 情景设计　将学生分成若干实训组,建议 5～6 人一组,每一小组选择一个医药企业作为调研分析对象进行实训。选择的活动项目或作业时间周期 1～2 周为宜。

2. 实训步骤

(1) 将学生组成若干实训组,每 5～6 人一组,每组确定 1～2 名负责人。

(2) 确定每个小组选择一个医药企业作为调研分析对象。

(3) 每个小组利用课余时间上网下载目标医药企业的年度财务报告,并通过各种渠道收集该企业有关经营管理的各方面的数据资料。

(4) 各组员认真阅读企业的年度财务报告,分析其中的资产负债表、损益表等财务报表,找出企业偿债能力、企业运营能力及企业营利能力等各方面财务指标,试对该医药企业的财务状况进行分析判断,并提出管理改进的建议。组长定期检查组员完成情况,发现问题及时汇报,同时做好记录。

(5) 组长组织各组员对本次活动中自己的表现进行评价。小组讨论分析所定目标达成情况,总结经验教训,完成实训报告。

(6) 各小组选出一位同学作为代表,向全班同学介绍本小组分析的医药企业的现状、财务分析思路及提出的建议。

(7) 实训结束,教师归纳点评。

【实训要求】

1. 分析报告描述清晰,运用相关知识对医药企业财务报表进行准确分析。

2. 对医药企业的财务状况进行分析判断,针对各项财务指标,提出管理改进的建议,具有科学性、可行性。

3. 积极讨论,汇报时思路清晰、表达顺畅。

【实训报告】

医药企业财务报表分析

时间:

实训小组成员		
实训内容	企业名称	
	年度财务报告	
	利用各财务指标,对企业财务状况进行分析	
	改进管理的建议	
实训结果评价		
等次		

【实训评价】

小组评分标准

评分项目	项目分值	小组得分	备注
能够正确解读财务报表的相关资料	2分		
能够对财务状况进行正确的分析判断	3分		
能够针对各项财务指标,提出改进的合理化建议	3分		
实训态度良好,积极参与	1分		
实训汇报逻辑性强,条理清晰	1分		
总分	10分		

(杨 雷)

第七章

医药企业生产与运作管理

——【美】威廉·戴明博士:"产品质量是生产出来的,不是检验出来的。"

导学情景 ∨

情景描述

　　某制药厂在国家药品监督管理部门进行的飞行检查(即对生产企业的突击现场检查)中,发现在两种中成药的生产中有违法行为,主要是在投料环节存在原料、辅料虚假投料。 这种违反 GMP 生产的行为,暴露了该企业的生产管理存在重大问题。 企业生产和运作的管理是极为重要的,与企业息息相关。 合格的药品是生产出来的,而不是检验出来的,对药品进行 GMP 管理,硬件很重要,但是生产管理水平和质量责任意识也很重要。 如果仅用标准和检验来代替对药品生产过程的管理,不仅是药品监管部门的悲哀,更是制药行业的悲哀。

学前导语

　　药品质量是生产出来的,生产与运作管理的概念和特点对管理者来说至关重要。 同学们要带着这样的学习理念进入本章的学习。

　　医药企业管理工作分为企业经营管理和企业生产运作管理两大部分。企业生产管理是对企业生产系统的管理,主要解决医药企业内部的人、财、物等各种资源的最优组合问题。医药企业的经营管理是医药企业生产管理的先导,医药企业生产管理是企业经营管理的基础。

　　药品质量的好坏,直接关系到使用者的身体健康和生命安全。开办药品生产企业除必须按国家关于开办生产企业的法律法规规定进行报批外,还必须具备《中华人民共和国药品管理法》所规定的开办生产企业的条件。设施选址与设施布置是开办医药企业的一个先决条件,对企业未来的发展具有决定性的意义。

　　医药企业生产过程的组织是指从准备生产的原材料开始到生产出该产品的全部过程。药品的质量是生产出来的,不是检验出来的,生产过程的组织和条件在药品的生产过程中具有非常重要的意义。

第一节　医药企业生产与运作管理概述

一、概念及特点

广义的企业生产活动,是与企业产品生产密切相关的各项活动的总和。广义的生产管理包括生产过程管理、劳动管理、物资管理、质量管理、成本管理、设备管理、环境和能源管理等方面,其中生产过程管理是生产管理的基础,质量管理是生产管理的核心。

狭义的生产管理则是指以生产过程为对象的管理,即对企业生产技术的准备、原材料投入、工艺加工直至产品完工的具体活动过程的管理。主要包括:生产计划和生产作业计划的编制、生产过程的组织及生产过程的控制等内容。

生产与运作管理是指对生产与运作过程所进行的规划、设计、组织和控制活动,是一个输入输出的转换过程,即投入一定的资源,经过一系列的转换,最后以某种形式的产出提供给社会的过程。它既是一个物质形态的转换过程,也是一个价值的增值过程。

医药企业生产特点为:①原料、辅料品种多、消耗大;②机械化、自动化程度要求高;③卫生洁净度要求严格;④药品生产的复杂性、综合性;⑤产品质量要求严格、品种规格多、更新换代快;⑥生产管理法制化。

医药企业运作特点为:①药品生产企业属于知识技术密集型企业;②药品生产企业同时也是资本密集型企业;③药品生产企业是多品种分批生产;④药品生产过程的组织是以流水线为基础的小组生产;⑤药品生产企业是为无名市场生产和定单生产兼有的混合企业。

▶▶ **课堂活动**

医药企业的生产和运作各有什么特点？ 试用一个例子来说明？

二、医药企业生产计划的编制

生产运作计划是根据需求和企业生产运作能力的限制,对一个生产运作系统的产出品种、产出速度、产出时间、劳动力和设备配置以及库存等问题所预先进行的考虑和安排。

ER-7-1

企业的生产计划分为中长期计划、年度生产计划和生产作业计划。中长期计划是为实现企业的发展战略,不受企业现有条件约束而制订的生产发展计划;年度生产计划则是以计划期(一般为一年或稍长)现实的市场状况和充分利用企业现有的生产能力为依据制定的企业生产纲领,是考核企业生产水平和经营状况的主要依据;生

某医药企业生产计划管理规程

产作业计划是企业年度生产计划的继续和具体化,是贯彻实施生产计划、组织企业日常生产活动而编制的执行性计划。

生产计划的编制步骤:调查计划、收集资料;拟定计划指标方案;综合平衡;编制生产计划。如图7-1 所示。

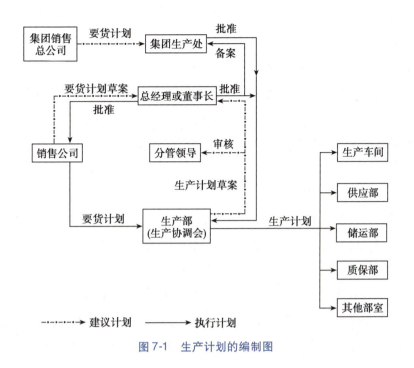

图 7-1 生产计划的编制图

点滴积累 ∨

1. 生产与运作管理是对生产与运作过程所进行的规划、设计、组织和控制活动,是一个输入输出的转换过程,即投入一定的资源,经过一系列的转换,最后以某种形式的产出提供给社会的过程。它既是一个物质形态的转换过程,也是一个价值的增值过程。

2. 企业的生产计划分为中长期计划、年度生产计划和生产作业计划。

第二节 设施选址与设施布置

一、厂址选择

厂址的选择,从宏观角度,需要考虑市场、人力资源、成本、管理、交通、政府规划、GMP 法规等因素。因为制药企业属于专业性强的生产企业,良好的工作地点、环境才会吸引专业的技术人才、技师等;良好的位置能够享受便利的物流;但又受到城市核心区高昂的人力薪酬、能源、环保等因素的制约。

厂址选择主要考虑的因素:社会环境条件与资源配套条件。

（一）社会环境条件

1. 国家、地方政府的政策法规 对企业有重大的影响,如经济特区、经济开发区等。因此,要重视建厂当地政府的产业、税收、环保、土地等政策。

2. 劳动力资源 劳动力资源是最重要的生产与运作资源,除了数量上的要求外,还要考虑素质方面的要求,如劳动力的受教育状况、技能水平等;另外,还需考虑当地的工资水平。

3. 外协厂家、科研机构的相对位置　在现代社会化大生产中,企业之间、企业与科研机构之间有着密切而广泛的联系,需要相互提供大量的原材料、技术、能源、信息以及资金等,即外协厂家与科研机构的相对集中对企业的经营是有利的。

4. 市场空间　由于成本优势、服务优势及运输成本,大多数产品具有产地销售的优势,因此应考虑建厂地区的市场空间的大小。

5. 公众态度　企业在当地是否受到公众的欢迎,对其今后的生产经营活动有一定的影响。若严重不受欢迎,企业将无法进行正常的生产经营活动,如排污严重的企业会受到公众的谴责和抵制。

6. 生活条件　对一个企业来说,为职工提供包括子女教育、体育娱乐、生活服务等在内的良好生产环境,无疑可以使工作更有效率,这也是厂址选择时必须考虑的问题。

（二）资源配套条件

1. 环境　根据 GMP 要求,药品生产企业必须有整洁的生产环境。生产环境包括内环境和外环境,外环境对内环境有一定影响。由于药品生产内环境应根据产品质量要求而有净化级别的要求,因此对药品生产内外环境中大气含尘浓度、微生物量应有了解,并从厂址选择、厂房设施和建筑布局等方面进行有效控制,以防止污染药品。

从总体上来说,制剂药厂最好选在大气条件良好、空气污染少、无水土污染的地区,尽量避开热闹市区、化工区、风沙区、铁路和公路等污染较多的地区,以使药品生产企业所处环境的空气、场地、水质等符合生产要求。

2. 供水　制剂工业用水分为非工艺用水和工艺用水两大类。非工艺用水（自来水或水质较好的井水）主要用于产生蒸汽、冷却、洗涤（如洗浴、冲洗厕所、洗工衣、消防等）;工艺用水分为饮用水（自来水）、纯水（即去离子水、蒸馏水）和注射用水。水在药品生产中是保证药品质量的关键因素。因此,药物制剂厂厂址应靠近水量充沛和水质良好的水源。

3. 能源　制药厂生产需要大量的动力和蒸汽。动力的来源有二:一是由电力提供;二是与蒸汽一样由燃料产生。因此,在选择厂址时,应考虑建在电力供应充足和邻近燃料供应的地点,有利于满足生产负荷、降低产品生产成本和提高经济效益。

4. 交通运输　药物制剂工厂应建在交通运输发达的城市郊区,厂区周围有已建成或即将建成的市政道路设施,能提供快捷方便的公路、铁路或水路等运输条件,消防车进入厂区的道路不少于两条。

5. 自然条件（气象、水文、地质、地形）　主要考虑拟建项目所在地的气候特征（如四季气候特点、日照情况、气温、降水量、汛期、风向、雷暴雨、灾害天气等）是否有利于减少基建投资和日常操作费用;地质地貌应无地震断层和基本烈度为 9 度以上的地震;土壤的土质及植被好,无泥石流、滑坡等隐患。

（三）药厂选址时应该注意的问题

按照我国 GMP（2010 年版）要求,药品生产企业的选址必须符合药品生产要求,应当最大限度地避免污染、交叉污染、混淆和差错,便于清洁、操作和维护。厂房所处的环境应当最大限度地降低物料或产品遭受污染的风险。因而药品生产企业的选址需要注意以下几点：

1. 制药企业要尽可能接近原料产地　药品的生产需要大量的原料,生产 1 吨药品往往需要消耗几十吨甚至几万吨原料和辅料,有的还需要大量煤炭。一个普通中型原料厂每年的运输量都在万吨以上。此外,许多生化药品的原料(如动物器官)必须保鲜,不宜长途运输。因此,是否接近原料产地对制药企业的经济效益有相当大的影响。

2. 原料药生产企业和注射剂生产企业不宜建在城市和人口密集的地区　由于化学合成药物和生物合成药物的生产往往是从几千克、几十千克甚至几百千克的原料及辅料中得到 1kg 成品,"三废"(废水、废渣、废气)量多并且往往具有毒性、刺激性,极易污染环境,危害人类的身体健康。而注射剂的生产对空气的洁净度要求很高,城市和人口密集地区的空气中悬浮着尘埃,尘埃上黏附着大量细菌,即使用空调设备也很难除净。为了保护人们的健康,保证药品质量,故应尽可能避开城市和人口密集地区。

3. 制药企业应建在城市和居民区的下风和水流的下游方向　这也是由于制药企业是一个严重污染源,这样可尽量减少制药企业所排放的"三废"对环境和人们身体健康造成的危害。

4. 必须要有充足和符合药品生产要求的水源　制药企业需要大量的、符合药品生产要求的生产和生活用水。一个中型原料药生产企业的生产和生活用水,每小时耗水量在 3000 吨左右,一旦缺水或水质不符合要求,企业就会陷入难以克服的困境。

5. 必须要有充足的电力供应　制药企业的生产和生活用电量非常大,一个中型原料药生产企业的生产车间、动力车间和生产生活区耗电量为每小时 1500～3000 千瓦。电力供应不足,也会给企业带来巨大的困难。

6. 土地价格或土地使用费的高低　由于药品生产对空气洁净度要求高,"三废"量大,需要有充分的绿化区和建筑间距,还要有足够的"三废"处理场地。这就需要有较大的占地面积。由于土地是有偿使用的,因而土地价格或土地使用费就成为厂址选择时不能不考虑的一个重要因素。

7. 要有良好的科技依托条件　医药企业是高技术企业,药品的生产尤其是新药研究和开发需要有较强的科技力量。因此,在选址时最好靠近科技人员集中的地区,如大专院校和科研院所的附近。

8. 其他外部条件　除了以上问题,选址时对交通是否便利、信息是否灵通、是否有合格劳动力的供给、公众态度、职工生活条件等,也应进行综合考虑。

由于厂址选择影响因素的复杂性,药品生产企业在选择厂址时,应根据企业本身的生产类型,生产特点和生产规模,结合国家总体规划的要求,充分考虑以上各方面问题,具体分析并进行科学论证,最后做出正确的决策。

二、制药工厂的设计和建设

(一) 前期设计

随着经济的发展和市场需求的增加,越来越多的制药企业开始新建、扩建、改建或迁建制药设施。在制药企业建设制药设施的工程实践中,前期设计越来越受到重视。前期设计有助于帮助制药企业进行正确的决策,而通过正确的流程和方法进行工艺设计,是制药设施工程项目前期设计的重点。

按照我国住房和城乡建设部颁布的《建筑工程设计文件编制深度规定》(2016年版),建筑工程一般分为方案设计、初步设计和施工图设计3个阶段。这种设计阶段的划分,与国外工程行业常用的概念设计、初步设计和详细设计的三阶段设计基本上是一致的。国外的工程行业通常把概念设计和初步设计统称为前期设计,作为施工图设计的基础。

但我国在以往制药设施的设计中,为节省时间和费用,很多制药企业将三阶段合为一个设计阶段,在较短时间内要求设计单位完成施工图设计;或者仅仅将前期设计的输出作为符合工程建设法规要求的文件,未予以充分的重视。由于前期设计阶段过短,往往没有对生产工艺和最终使用者的需求进行充分的理解,从而造成设计出的制药设施无法符合高效运营的需求。

1. 概念设计是基础　在前期设计的概念设计阶段,做出的投资决策对整个工程项目投资的影响非常大。概念设计在整个项目周期中,仅占15%的时间和约0.5%的费用,但是概念设计却可以影响80%的项目总投资。

概念设计做出的决策通常包括项目选址、项目阶段、项目时间表、项目的实施模式、生产能力、生产工艺、产品批量、制药设施的自动化水平、制药设施的人员组成等。概念设计可以帮助制药企业做出正确的决策。在基础设计中,主要是对概念设计进行进一步细化,对工艺、建筑进行细化设计,如进行生产能力核算、工艺描述、客户需求、操作流程图、传质计算、介质说明书、公用工程设计说明等。在国外的制药工程项目中,不乏在概念设计结束后或基础设计完成后,项目终止的案例。由此可见前期设计的重要性。前期设计也支持制药企业树立正确的目标,建立符合自己需求的项目实施方案。通过对药品生产工艺和建筑的研究,概念设计也为随后的设计和施工阶段打下良好的基础。

2. 工艺设计是核心　在制药设施的前期设计中,工艺设计是核心,其他各个部分的设计全部围绕着工艺设计进行。因为衡量制药设施设计好坏的最基本标准是满足其功能与否,即制药设施能否按照生产工艺生产出符合要求的药品。

3. 前期设计的具体步骤　在制药设施前期设计中,广义上可以分为两大部分,工艺设计和建筑设计。而广义的工艺设计包括工艺系统设计和工艺支持系统设计。

(1)工艺系统设计:固化生产工艺的主要工作是确定工艺流程、操作流程并准备工艺描述。制药工艺流程是指在药品生产中,从原料到成品各项工序安排的程序。确定工艺流程的输出物是生产工艺流程图,生产工艺流程图分为不同层级,不同层级有着不同的受众,关注的重点不同,要求各异。在概念设计中,生产工艺流程图要求标明主要物料的来龙去脉,描述从原材料至成品所经过的加工环节和设备等;在基础设计中更细化的生产工艺流程图则须用符号标明各个环节的关键控制点,甚至具体到产品的工艺参数等,这类流程图是进行施工图设计和施工的依据,也是操作、运行和维修的指南。

(2)工艺支持系统设计:包含支持药品生产的工艺部分(如清洗、灭菌),也包含为药品生产提供溶剂或辅剂(纯化水、注射用水、溶剂等)的系统,还包括支持药品生产的工业工程系统(冷冻水、工业蒸汽、热水、压缩空气等)。

总之,前期设计为制药企业进行制药设施设计提供重要的决策依据,有助于帮助制药企业进行正确的决策。通过正确的流程和方法进行工艺设计,是制药设施工程项目前期设计的重点。

(二) 厂区总平面设计

厂区总平面布置是指在已选定厂址的位置上,根据组成企业各个部分(研发、制造、供应链)的作用、相互之间的关系和影响等,对它们进行科学合理的布置,并确定相应物流、人流的路线,使企业内所有要素在有限的空间范围内各得其所,协调、顺利地实现企业生产与运营目标。

1. 厂区总平面图设计　应遵循3个原则,即工艺原则、经济原则、安全和环保原则。

2. 厂区总平面布置的设计

(1) 总图布置设计依据:①政府部门下发、批复的与建设项目有关的一系列管理文件;②建设地点建筑工程设计的基础资料(厂区地貌、工程地质、水文地质、气象条件及给排水、供电等有关资料);③建设地点厂区用红线图及规划、建筑设计要求;④建设项目所在地区控制性详细规划。

(2) 总图布置设计范围:按照项目的生产品种、规模,在用地红线内进行厂区总平面布置设计、竖向布置、交通运输设计和绿化布置设计。

1) 总平面布置:根据建设用地外部环境、工程内容的构成以及生产工艺要求,确定全场建筑物、构筑物、运输网和地上地下工程技术管网(上下水管道、热力管道、煤气管道、动力管道、物料管道、空压管道、冷冻管道、消防栓高压供水管道、通讯与照明电缆电线等)的坐标。

2) 总图竖向布置:根据厂区地形特点、总平面布置以及厂外道路的高程,确定目标物的标高并计算项目的土石方工程量。竖向布置和平面布置是不可分割的两部分内容。竖向布置的目的是在满足生产工艺流程对高程的要求的前提下,利用和改造自然地形,使项目建设的土(石)方工程量为最小,并保证运输、防洪安全(例如使厂区内雨水能顺利排出)。竖向布置有平坡式和台阶式两种。

3) 交通运输布置:根据人流与货流分流的原则,设置人流出入口、物流出入口和对外、对内采用的运输途径、设备和方法,并进行运输量统计。

4) 绿化布置:确定厂区的绿化面积和绿化方式及投资。

(3) 总图布置的要求:药物制剂厂要满足生产、安全、发展规划三个方面的要求。

1) 生产要求:厂区的组成主要有:①生产车间(制剂生产车间、原料药生产车间等);②辅助生产车间(机修、仪表等);③仓库(原料、辅料、包装材料、成品库等);④动力(锅炉房、压缩空气站、变电所、配电房等);⑤公用工程(水塔、冷却塔、泵房、消防设施等);⑥环保设施(污水处理、绿化等);⑦全厂性管理设施和生活设施(厂部办公楼、中心化验室、药物研究所、计量站、动物房、食堂、医院等);⑧运输、道路设施(车库、道路等)。

总图设计时,应按照上述各组成的管理系统和生产功能划分为行政区、生活区、生产区和辅助区进行布置。要求从整体上把握这四区的功能分区布置合理,四个区域既不相互影响,人流、物流分开,又要保证相互便于联系、服务以及生产管理。

2) 安全要求:药厂生产使用的有机溶剂、液化石油气等易燃易爆危险品,厂区布置时应充分考虑安全布局,严格遵守防火等安全规范和标准的有关规定,重点是防止火灾和爆炸事故的发生。

3) 发展规划要求:药物制剂厂的厂区布置要能较好地适应工厂的近、远期规划,留有一定的发展余地。在设计上既要适当考虑工厂的发展远景和标准提高的可能,又要注意今后扩建时不致影响生产以及扩大生产规模的灵活性。

综上所述,药厂总图布置设计一是遵照项目规划要求,充分考虑厂址周边环境,做到功能分区明确,人、物分流,合理用地,尽量增大绿化面积;二是满足工艺生产要求,做到分区明确,人物分流,交通便捷。平面布置符合建筑设计防火规范和 GMP 的要求。建筑立面设计简洁、明快、大方,充分体现医药行业卫生、洁净的特点和现代化制剂厂房的建筑风格。

三、车间布置工艺布局

工厂总平面图布置对企业的各个生产单位之间进行了总体安排,确定了相互之间的位置。下一步就涉及各个生产单位内部如何布置(即车间布置)的问题了。车间是企业进行产品生产或其他业务活动的主要场所,是生产力三要素的聚集地,是企业最重要的组成单位之一。车间布置就是要按照一定的原则,合理地确定车间各组成部分以及设备之间的相互位置,使之成为一个有机整体,保证车间的功能和任务能顺利完成。车间的布置分为两部分,一是车间总体布置,二是车间设备布置。

(一) 制药车间布置的重要性和目的

1. 目的是对厂房的配置和设备的排列做出合理的安排。

2. 车间布置设计是车间工艺设计的重要环节之一,还是工艺专业向其他非工艺专业提供开展车间设计的基础资料之一。

3. 有效的车间布置将会使车间内的人、设备和物料在空间上实现最合理的组合,以降低劳动成本,减少事故发生,增加地面可用空间,提高材料利用率,改善工作条件,促进生产发展。布置不合理的车间,基建时工程造价高,施工安装不便;车间建成后又会带来生产和管理问题,造成人流和物流紊乱,设备维护和检修不便等问题,同时也埋下了较大的安全隐患。

(二) 制药车间布置设计的特点

原料药工业包括化学合成药、抗生素、中药饮片和生物药品的生产。原料药作为精细化学品,属于化学工业的范畴,在车间布置设计上与一般化工车间具有共同特点。但制药产品(原料药及制剂)是特殊商品,必须保证药品的质量。所以,原料药生产的成品工序(精、烘、包工序)与制剂生产的灌封、制粒、干燥、压片等工序一样,它的新建、改造必须符合《药品生产质量管理规范》,这是药品生产特殊性的方面。

(三) 制药车间的组成

车间一般由生产部分(一般生产区及洁净区)、辅助生产部分、行政-生活部分和通道四部分组成。其中辅助生产部分包括:①物料净化用室、原辅料外包装清洁室、包装材料清洁室、灭菌室;②称量室、配料室、设备容器具清洁室、清洁工具洗涤存放室、洁净工作服洗涤干燥室;③动力室(真空泵和压缩机室)、配电室、分析化验室、维修保养室、通风空调室、冷冻机室、原料、辅料和成品仓库等。

行政-生活部分由人员净化用室(包括雨具存放间、管理间、换鞋室、存外衣室、盥洗室、洁净工作服室、空气吹淋室等)和生活用室(包括办公室、会议室、厕所、淋浴室、休息室、保健室和吸烟室等)组成。

（四）制药车间布置设计的内容

1. 按《药品生产质量管理规范》确定车间各工序的洁净等级和确定车间的火灾危险类别、爆炸与火灾危险性场所等级及卫生标准。

2. 生产工序、生产辅助设施、生活行政辅助设施的平面、立面布置。

3. 车间场地和建筑物、构筑物的位置和尺寸。

4. 设备的平面、立面布置。

5. 通道、物流运输系统设计。

6. 安装、操作、维修的平面和空间设计。

知识链接

洁净厂房内空气的洁净等级

洁净度级别	悬浮粒子最大允许数/立方米			
	静态		动态	
	≥0.5μm	≥5μm	≥0.5μm	≥5μm
A 级	3520	20	3520	20
B 级	3520	29	352 000	2900
C 级	352 000	2900	3 520 000	29 000
D 级	3 520 000	29 000	不作规定	不作规定

（五）车间布置设计应考虑的因素

1. 本车间与其他车间及生活设施在总平面的位置上,力求联系便捷。

2. 满足生产工艺及建筑、安装和检修要求。

3. 合理利用车间的建筑面积和土地。

4. 车间内应采取的劳动保护、安全卫生及防腐蚀措施。

5. 人流、物流分别独立设置,避免交叉往返。

6. 对原料药车间的精、烘、包工序以及制剂车间的设计,应符合 GMP 要求。

7. 要考虑车间发展的可能性,留有发展空间。

8. 厂址所在区域的气象、水文、地质等情况。

（六）制药车间布置设计的程序

1. 收集有关的基础设计资料　主要是直接资料,包括车间外部资料和车间内部资料。

（1）车间外部资料包括:①设计任务书;②设计基础资料,如气象、水文和地质资料;③本车间与其他生产车间和辅助车间等之间的关系;④工厂总平面图和厂内交通运输。

（2）车间内部资料包括:①生产工艺流程图;②物料计算资料,包括原料、半成品、成品的数量和性质,废水、废物的数量和性质等资料;③设备设计资料,包括设备简图（形状和尺寸）及其操作条件,设备一览表（包括设备编号、名称、规格型号、材料、数量、设备空重和装料总重,配用电机大小、支撑要求等)，物料流程图和动力(水、电、汽等)消耗等资料；④工艺设计部分的说明书和工艺操作规程；⑤土建资料，主要是厂房技术设计图(平面图和剖面图)、地耐力和地下水等资料；⑥劳动保护、安全技术和防火防爆等资料；⑦车间人员表(包括行管、技术人员、车间分析人员、岗位操作工人和辅助工人的人数，最大班人数和男女的比例)；⑧其他资料。

2. 设计规范和规定　设计依据包括《药品生产质量管理规范》(2010年修订)、《医药工业洁净厂房设计规范》(GB 50457—2008)、中华人民共和国国家标准《洁净厂房设计规范》(GB 50073—2013)、《建筑设计防火规范》《工业企业照明设计规范》《工业企业采暖通风和空气调节设计规范》《建筑给排水设计规范》《工业企业噪声卫生标准》《工业"三废"排放标准》等。

(七) 车间布置设计的成果

车间布置设计通常采用两阶段设计，即初步设计和施工图设计。

1. 在初步设计阶段，主要成果是初步设计阶段的车间平面布置图和立面布置图。

2. 在施工图设计阶段，主要成果是施工阶段的车间平面布置图和立面布置图。

(八) 车间布置图

用以表示一个车间(装置)或一个工段(分区或工序)的生产和辅助设备在厂房建筑内外安装布置的图样

> ▶▶ 课堂活动
>
> 结合国家 GMP 对制药企业厂房设计的要求，试着列举下厂房设计的具体要求有哪些?

称为车间布置图。车间布置图是指导设备布置、安装的重要依据，也是厂房建设、管道布置的重要依据。

1. 厂房

(1) 图例：由于绘制厂房时采用缩小的比例，因此图中对有些结构、内容不可能按实际情况画出，应该采用国家标准规定的有关图例来表达各种建筑配件、建筑材料等。

(2) 图示方法

1) 用细实线画出厂房形式，应按比例并采用规定的图例画出厂房占地大小、内部分隔情况以及和设备布置有关的建筑物及其构件，如门、窗、墙、柱、楼梯、操作平台、吊轨、栏杆、安装孔洞、管沟、明沟、散水坡等。

2) 与设备安装定位关系不大的门、窗等构件，一般只在设备平面布置图上画出它们的位置及门的开启方向等，在剖视图上则不予表示。

3) 用细点划线画出承重墙、柱等结构的建筑定位轴线。

4) 车间布置图中，对于生活室和专业用房如配电室、控制室等均应画出，但只以文字标注房间名称。

(3) 尺寸标注：车间布置图的标注包括厂房建筑定位轴线的编号，建筑物及其构件的尺寸、设备的位号、名称、定位尺寸及其他说明等。

2. 设备

(1) 车间设备布置图的图幅与比例

1）图幅:车间设备布置图一般采用 A1 幅面,对于小的主项可采用 A2 幅面,不宜加宽或加长。

2）比例:绘图比例通常采用 1:100,也可采用 1:200、1:50,视设备布置疏密情况而定,对于大装置分段绘制时,必须采用同一比例。

（2）车间设备布置图的视图:车间布置图中的视图通常包括一组平面图和立面剖视图。

点滴积累 ∨

1. 厂址选择主要考虑的因素: 社会环境条件与资源配套条件。

2. 按照我国 GMP（2010 年版）要求, 药品生产企业的选址必须符合药品生产要求, 应当最大限度地避免污染、交叉污染、混淆和差错, 便于清洁、操作和维护。

3. 工艺是劳动者利用生产工具对各种原材料、半成品进行增值加工或处理, 最终使之成为制成品的方法与过程。

4. 固化生产工艺的主要工作是确定工艺流程、操作流程并准备工艺描述。 制药工艺流程指药品生产中, 从原料到成品各项工序安排的程序。

5. 工艺支持系统设计包含支持药品生产的工艺部分（如清洗、灭菌）, 也包含为药品生产提供溶剂或辅剂（纯化水、注射用水、溶剂等）的系统, 还包括支持药品生产的工业工程系统（冷冻水、工业蒸汽、热水、压缩空气等）。

6. 在制药设施前期设计中, 广义上可以分为两大部分, 工艺设计和建筑设计。 而广义的工艺设计包括工艺系统设计和工艺支持系统设计。

7. 车间一般由生产部分（一般生产区及洁净区）、辅助生产部分、行政-生活部分和通道四部分组成。

第三节 生产组织与生产系统改进

一、生产组织

生产组织是指为了确保生产的顺利进行所进行的各种人力、设备、材料等生产资源的配置。生产组织是生产过程的组织与劳动过程组织的统一。生产过程的组织主要是指生产过程的各个阶段、各个工序在时间上、空间上的衔接与协调。它包括企业总体布局,车间设备布置,工艺流程和工艺参数的确定等。在生产过程的基础上,进行劳动过程的组织,需要不断调整和改善劳动者之间的分工与协作形式,充分发挥其技能与专长,不断提高劳动生产率。

良好的组织,要善用各种各样的人,将其安排在最适当的位置,发挥集体的功能。组织工作实际是计划功能之一,因为组织工作要不断的审核并修正公司的结构,才能改善组织的效率。生产组织包括以下内容:

1. 组织结构 是以人与事的适当配合为前提,通盘考虑相互关联的条件。要考虑适当的控制幅度,每一个经理应当监督多少个下属才会有效率,必须谨慎安排。控制的幅度越小,则需要的经理人员越多,管理费用也就随之增加;控制的幅度越大,则需要的组织层次就越少。每一操作员上面的监督人员越多,效率就越低,因此尽量使每一个操作员只对一个主管负责。必须有一份组织系统表,以显示其各部门组织情形及其有关指挥系统。

2. 适当授权　因为授权能使权责分明,主从关系明确,并使部属建立自信、克服心理上的障碍。要明确表明工作范围,授权后仍作适当的控制。

3. 工作环境　组织中的工作关系可以分作直线人员与管理层次人员。任何从事生产和销售的人员都是直线人员。从事人事管理、检验或产品管理、采购、存货控制、产品设计、过程设计、市场调查、财务、工具设计、动作时间研究、维护与生产控制的人员,都是属于管理层次的人员。

4. 员工职责　在详细阐明每一员工的特定职责之前,必须先对整个工厂的工作加以布置。

5. 准备工作　研究生产的要件与资源能否两相配合,一个均衡的生产组织系统,管理中必须考虑下述几点:①画出流程图表明产品的工作步骤,比较能源的可供性,各项设备的耗能;②研究转换的可行性;③各种可能的行动方针,研究其所需的人力,比较设备的产能;④对可用空间作生产的布置;⑤编制多个可行的生产进度表;⑥调查所需材料供应与库存的情况,以及可替用的材料;⑦分析每一工作任务的细节;⑧确定维护、材料处理、控制程序、运输等所需要的劳务。

6. 工作态度　要能有效指挥工人,善用机器,重视工人的工作态度。重视生产过程之中的人的因素,组织才具有效率。

二、智能化制药工厂

智能制造是基于新一代信息通信技术与现今制造技术深度融合,贯穿于设计、生产、管理、服务等制造各个环节,具有自感知、自学习、自决策、自执行、自适应等功能的新型生产方式。——工信部、财政部《智能制造发展规划(2016—2020 年)》。

智能制造起源于 20 世纪 80 年代人工智能在制造领域中的应用,发展于 20 世纪 90 年代智能制造技术、智能制造系统的提出,成熟于 21 世纪以来新一代信息技术条件下的"智能制造(smart manufacturing)"。

目前全球范围内具有广泛影响的智能制造系统是德国"工业 4.0"战略和美国工业互联网战略。

(一) 中国制药企业的现状

1. 自动化方面　制药行业生产过程中,虽然可以看到一些自动化控制系统的应用,但这些应用大部分还局限在某些局部单元和辅助系统上,连自动化批控制的目标都基本没有达到。

2. 信息化方面　虽然我国大多数制药企业在制药信息基础建设和应用方面都有一定的进步,而且大多数骨干制药企业也都建立了自己的企业资源管理(ERP)系统、财务及成本管理(FCM)、供应链管理(SCM)系统、客户关系管理(CRM)和办公自动化(OA)系统。但是实际上全行业的信息化建设和应用水平参差不齐,信息化建设和应用方面存在着很多薄弱环节。

3. 国家政策方面

(1) 医药工业"十三五"规划:到 2020 年,医药生产过程自动化、信息化水平显著提升,大型企业关键工艺过程基本实现自动化,制造执行系统(MES)使用率达到 30% 以上,建成一批智能制造示范车间。

（2）《中国制造2025》：在生物医药及高性能医疗器械方面，发展针对重大疾病的化学药、中药、生物技术药物新产品，重点包括新机制和新靶点化学药、抗体药物、抗体偶联药物，全新结构蛋白及多肽药物、新型疫苗、临床优势突出的创新中药及个性化治疗药物。提高医疗器械的创新能力和产业化水平，重点发展影像设备、医用机器人等高性能诊疗设备，全降解血管支架等高值医用耗材，可穿戴、远程诊疗等移动医疗产品。实现生物3D打印、诱导多能干细胞等新技术的突破和应用。

（3）制药企业进行智能制造的原因：受到国际大环境、国家政策鼓励、行业现状和企业成本的影响。

（4）建设的目标定位：①集约化：工艺功能细分、装修布局合理、结构优化合理、设备选型适当；②规模化：业务、物流、生产线；③智能化：决策能力、业务流程、工艺流程三者循环；④人性化：工作舒适、人权保障、工作程序、EHS［环境（environment）、健康（health）、安全（safety）］、隐私保障。

（5）智能制造建设之前都要先做好开发设计、一切源于设计。如德国工业4.0（DEVELOPMENT）；美国智能制造（DESIGN）；中国智能制造（设计）。

案例分析

案例

作为工业4.0概念的提出者，德国也是第一个实践智能工厂的国家。位于德国巴伐利亚州东部城市安贝格的西门子工厂就是德国政府、企业、大学以及研究机构合力研发的全自动、基于互联网智能工厂的早期案例。占地10万平方米的厂房内，员工仅有1000名，近千个制造单元仅通过互联网进行联络，大多数设备都在无人力操作状态下进行挑选和组装。最令人惊叹的是，在安贝格工厂中，每100万件产品中，次品约为15件，可靠性达到99%，追溯性更是达到100%，这样的智能工厂几乎能够让产品完全实现自动化生产。

分析

1. 智能化工厂的发展其实与工业自动化的趋势息息相关。
2. 智能化的前提是要有国家政策的支持。
3. 智能化的结果是大大提高劳动生产率。
4. 智能化工厂的建造有其特殊的要求。

（二）智能化工厂建设

以信息化技术为主导，与其他相关学科技术相结合，实现工厂生产操作、生产管理、管理决策三个层面全部业务流程的闭环管理，继而实现整个工厂全部业务流程上下一体化业务运作的决策、执行自动化。该种定义是对目前我们在推行的企业系统与控制系统集成模型的继承和进一步延伸。

智能化工厂建设的规范整体方案、智能制造建设总体思路、制药智能制造建设步骤规划、智能制药数据集成平台建设规划、智能制药软件框架规划、智能制药数据集成层级规划、MES系统网络拓扑规划、MES系统集成平台与工厂信息化等图示见本章PPT课件。

以下就生产(制造)执行系统(MES)集成平台与工厂信息化做一简述:

1. MES 系统是智能化工厂的躯干 引入 MES 系统将填补企业车间管理智能化的空白,有效打通从物料、生产计划、设备、环境、过程控制、质量管理到产品、财务的数据信息流。

由于 MES 系统和行业紧密相连,而药品制造行业是一个特殊的行业,不同类型产品生产工艺差异、管理方式差异、合规性要求高。经过多年的发展,虽然国内外已有多种 MES 产品,但由于中国制药行业的特殊性,真正适用的 MES 系统还是寥寥无几。中国制药行业的特殊性,决定了 MES 系统需要有非常高的灵活度以及对行业特殊性的满足。

MES 系统主要包括设备自动化、现场智能控制系统、全厂生产监控调度系统、生成完备的实时数据库和历史数据库。

2. MES 系统应满足的要求

(1) 合规性:系统在设计阶段要综合考虑到我国 GMP、美国 cGMP 和 Part 11、欧盟 GMP 等相关规定,MES 系统属性,制药行业业务特征。在设计、开发、测试、验证过程中时刻关注电子数据、电子签名、权限、审计跟踪、备份、恢复、归档等要求,满足制药企业业务流程的需求。

(2) 可扩展性:在客户将来业务需求扩大情况下,可以支持很多个性化需求的开发,并且可以充分利用当前系统中的所有业务、数据进行集成,满足制药企业不断增加的信息化、智能化的需求。

(3) 可集成性:满足 ERP、SCADA 等软件系统集成要求。ERP 系统将产品处方、工单、生产计划、物料信息传达给 MES 系统,MES 系统将工单执行情况、物料消耗、能源消耗、生产时间信息上传给 ERP 系统,实现成本的精确管理。MES 系统与 DCS、SCADA 系统进行集成,将单机设备的现场数据集成至管理层软件,实现生产流程和单机设备的耦合,消除企业信息化的孤岛,对设备运行工艺数据进行分析,提升管理效率和产品工艺。

(4) 可配置性:系统具有灵活的配置功能,可以基于管理方式、流程、生产工艺进行灵活的配置,满足不同生产流程的过程控制、追溯要求。

(5) 操作方便性:系统在业务逻辑和页面设计的过程中,应充分考虑到现场操作人员的实际情况,所有页面支持中文显示,并且所使用的术语与 GMP、制药行业相适应,不会由于语言之间的差异造成操作人员操作不便。

3. 系统的核心功能

(1) 生产过程管理

1) 生产排程:生产排程模块可以将车间的产品生产、设备检修、设备确认等事务进行优先级划分,设定各项任务开始时间。系统会自动判断是否有影响生产执行的因素,如设备的可用性、人员可用性,提升生产过程精细化管理。同时,系统内各项任务均已关联指定的人员,在排程完成后,系统能生成派工单,相关的人员将收到指派的任务。相关人员能明确地知晓在指定的时间执行指定的任务。

2) 生产数据分析:系统能将所有数据集成至同一数据库中,根据统计分析的需求,对物料使用、人员操作时间、设备运行数据、生产偏差、生产能耗等各类数据进行汇总,分析车间日、周、月、年生产数据,形成报表、曲线。并可对各车间设备运行效率、生产效率、单耗、能耗对比分析,并形成实时成本数据,提供管理层对过程管理改进分析基础。

3)智能化报警提示:系统将所有生产过程中产生的报警数据、报警处理措施、处理结果在系统内集成、处理、分析。在生产过程中出现类似的问题时,系统能自动根据历史信息进行提示潜在将发生的问题,引导操作人员按正确的处理方式处理。

4)辅助事务管理:生产过程中有一系列的辅助事务,如洁净服管理、滤芯管理、工器具管理等,这些事务是药品生产支持程序,通过 MES 系统的功能模块,可以进行有效的管理,满足 GMP 的要求,减少人工纸质记录,提高准确性。

(2)电子批记录:电子批记录模块应当能够根据实际的工艺流程进行灵活的配置,满足不同剂型生产流程的要求,减少部署时间,拥有良好的可扩展性,满足多车间、多品种部署要求。如典型的冻干粉针剂/小容量注射剂车间电子批记录可包括:处方管理、指令管理、设备可用性检查、称具校验、称量操作、配液操作、中间体检验、在线放行、理瓶操作、洗烘操作、灌封操作/灌装操作、灭菌操作/冻干操作、灯检操作、包装操作、环境监测数据、清场管理、物料平衡计算、药品批次追踪、电子批记录管理。

(3)设备管理

1)数据集成:设备管理平台能将底层的设备在平台内进行集成,打通设备数据链,消除车间内设备数据孤岛现状,满足对设备运行状态实时监控要求。同时,所有的设备数据均是集中存储在同一数据库内,电子批记录可以直接调用设备的运行数据,减少人工输入可能产生的差错。

此外,数据集成完成后,可以直接在系统内完成设备运行报表、运行曲线的处理,集成至电子批记录,取代当前搜集、汇总各岗位记录的繁琐操作,提高企业数据完整性。

2)远程监控:设备管理平台满足远程监控的要求,可将生产车间的纯化水系统、注射用水、空调系统、空压系统、冷冻水系统、单机设备运行状态实时在平台呈现。操作人员在监控室就可以对所有集成至平台的设备、公用系统进行监控,减少岗位操作人员数量和操作强度,打造数字化车间。

3)报警管理:系统内支持对每一个自动数据设置报警功能,根据实际控制的要求,可以设定警戒限和纠偏限,使用语音、声光、短信、即时弹窗、邮件等多种形式提示操作人员产生报警信息。在报警信息产生后,可以设置必须由具有权限的人员签名确认。所有的报警信息均集中存储,满足各类报表输出、统计分析要求。

4)设备档案:系统内置设备管理和档案管理模块,可以对设备的历史档案和实时信息等进行管理。

档案管理模块支持对纸质和电子版设备资料管理,可以记录纸质档案所在位置,归档信息,档案内容等;电子版档案可直接上传至服务器中,直接对电子版文件进行管理,满足静态档案信息管理的要求。

5)辅助模块:包含设备基本信息、设备维护维修、设备使用日志、设备校验确认、仪表阀门、设备配方功能,能够对设备的维护维修信息、使用信息、报警信息、运行信息、校验确认情况、仪表阀门信息、设备当前配方、历史配方等信息进行统一管理,满足设备运行过程中动态信息记录的要求,在系统内可对所有设备信息进行集中管理。

(4) 物料管理模块:包括物料信息、供应商管理、物料入库、取样和留样、物料取样、物料出库、物料回库、不合格物料、物料台账等九大子模块。物料管理可以对物料流转过程进行管理,满足平面库物料仓储管理要求。

系统的物料管理中已经嵌入二维码、RFID功能,通过对入库的每一包装物料赋码,可以对物料在企业内的流转的全过程进行管理和查询。

该系统能在入库、出库、仓库调拨、库位管理、批次管理、先进先出管理、盘点、质检等一系列业务中采集实时数据,进行跟踪管理。该系统可以独立执行库存管理,也可以结合其他管理软件的单据进行管理,进而帮助企业从业务流程和财务数据上去优化库存管理。

(5) 质量管理模块:包含样品管理、物料检验、中间产品检验、偏差管理、例外审核等模块,用于管理生产过程中质量相关事务。下面简介偏差管理、例外审核模块。

偏差管理模块:用于生产过程偏差处理,所有生产过程中的偏差有两种模式可以提交。一种是系统内设置有偏差条件时,当达到该条件,系统就会自动要求操作人员提交偏差,提交的偏差会直接进入偏差管理模块进行处理;另一种是由操作人员在系统内手工添加偏差记录,添加的偏差在系统内进行审核、处理。

例外审核模块:用于管理系统内所有产生的修改、删除、警告、偏差的验证、审核,是质量管理人员对系统内产生的所有例外信息进行审核的模块,确保系统使用过程中的所有例外信息在产品放行前均被验证、放行。

质量管理模块以样品生命周期为核心,管控实验室工作流程,形成一个透明化、可追溯的业务管理平台,规范检验监管流程,实现了从人员、样品管理、标准品试剂试液、仪器设备、质量检验、变更控制、记录和报告、标签管理等方面的全流程控制和严格的标准化管理。该模块节约大量的检测成本,能够给企业QA/QC人员提供实时的产品数据趋势分析、质量回顾,帮助掌控产品质量,提高部门管理水平,还能通过实时检测数据分析提供给管理人员做决策分析,从而提高工作效率。实验室的工作主要包括以下方面的内容:

1) 样品管理:主要包含日常检验样品、留样样品、稳定性研究样品、环境监控样品四大模块,涵盖样品整个生命周期:登记、取样、接收、分配测试、录入结果、结果审核、报告放行。将样品模块的管理全过程进行电子化监督,减少和取消纸质记录,对每个样品进行标签管理,全程使用标签打印进行样品生命周期流转操作,适时查看任一样品所处生命周期状态,便于操作者和管理者随时掌握样品检测进度,适时调整工作计划。提高质量控制部门工作效率,确保产品及时放行,同时对大量产生的样品、检测、结果等动态数据进行数据备份,确保数据的完整性。

2) 检验记录:填写检验过程的记录,生成电子批检验记录并可以在线进行审核和批准。

3) 仪器数据:主要包含仪器的基本信息、仪器的预防性维护维修、仪器使用日志、仪器校验确认几大模块,用于管理仪器的使用、清洁、维护、维修、确认、校准等事项,确保所有用于QC检验的设备均处于正常运行和可控状态,避免因为仪器处于非正确状态影响产品检测和放行。

4) 文件管理:主要对质量体系中的SOP操作规程文件、SMP管理规程文件、产品质量标准文件等文件进行统一管理,在操作中可以随时查阅相应文件,并指导实验进行,确保文件管理合规性,保障检测数据的完整性。

5）稳定性试验：主要用于制订稳定性试验计划、计划定期执行提示、稳定性试验结果汇总分析、不良趋势报告等，确保按照法规的要求完成稳定性实验。

6）方法验证：该模块可用于制订方法验证的计划、方法验证实施结果记录、检验方法变更和版本管理等。

7）分析和报告：报表管理包含对产品放行 COA、各类台账进行统一管理，实现全程电子化操作流程，尽可能无纸化记录，提高实验室工作效率和产品放行效率。

三、生产系统改进

生产系统改进的内容是非常广泛的。从范围上分，有整个生产系统的改进和局部的改进；从物质形态上分，有生产系统硬件（如厂房、设备、产品等）的改进和生产系统软件的改进，如生产系统组织结构的改进（包括生产过程的改进）、员工素质行为的改进等。

所有的改进最终都将体现在物质形态上的改进。具体而言，如下所述：

1. 产品的改进 从改进动因的内外部因素分析中可以看出，产品改进是一项企业经常性的工作。随着社会的发展，人们需求的个性化、多样化，对同一种产品会表现出不同的需求，有功能上的、外观上的等，迫使企业开发出各种不同型号、不同系列的产品去争取消费者。此外，为了降低成本也需要对产品进行重新设计。

2. 加工方法的改进 产品品种的增多以及生产总量的增加，都会使原来的加工方法不能适应新的变化，需要对它进行改进。加工方法的改进可以表现在设备更新、加工工艺的改进、生产流程的改进等方面。

3. 操作方法的改进 系统中许多资源利用效率低的原因是操作不科学不合理，通过操作方法的改进，把作业不合理、不经济、次序混乱的因素去掉，可以提高资源利用率。

4. 生产组织方式的改进 组织方式的改进会使生产系统发生质的变化。如本来生产单位的设置是按工艺原则，现改成对象原则；原来是成批轮番生产，现改成流水线生产等。

四、现代生产管理方式简介

现代生产管理方式目前主要分为 7 种，包括：TOC（约束理论），JIT（准时制生产），LP（精益生产），JAM（敏捷制造），FMS（柔性制造），CE（并行工程），CB（协同商务）。

（一）约束理论

约束理论（theory of constraint，TOC）是以色列物理学家戈德拉特博士（Dr. Eliyahu M. Goldratt）在他的优化生产技术（optimized production technology，OPT）的基础上发展起来的。

OPT 是 Goldratt 博士和其他三个以色列籍合作者创立的，他们在 1979 年下半年在美国成立了 Creative Output 公司。接下去的七年中，OPT 有关软件得到发展，同时 OPT 管理理念和规则开始成熟起来。Creative Output 公司的发展几起几落，最后关闭。OPT 的软件所有权转让给一家名为 Scheduling Technology Group 的英国公司。

TOC 首先是作为一种制造管理理念出现。《The Goal》《The Race》这两本最初介绍 TOC 的书引起了读者的广泛兴趣和实施这套理念的热情。TOC 最初被人们理解为对制造业进行管理、解决瓶颈问题的方法,后来几经改进,发展出以"产销率、库存、经营成本"为基础的指标体系,逐渐形成为一种面向增加产销率而不是传统的面向减少成本的管理理论和工具,并最终覆盖到企业管理的所有职能方面。

(二) 准时制生产

准时制生产(just in time,JIT)其实质是保持物质流和信息流在生产中的同步,实现以恰当数量的物料,在恰当的时候进入恰当的地方,生产出恰当质量的产品。这种方法可以减少库存、缩短工时、降低成本、提高生产效率。

JIT 作为一种现代管理技术,能够为企业降低成本,改进企业的经营水平,体现了如下的两点主要特征:

1. 追求零库存　企业争取利润最大化的主要手段之一便是降低成本。库存是一种隐性的成本,削减甚至消除库存,是降低成本的有效途径。随着后工业化时代的来临,主流的生产模式开始出现多品种、小批量的情况,根据市场和顾客的要求进行生产,是消除库存的最佳方法。

因此,JIT 生产方式力图通过"零库存"来增加企业利润,换句话说,JIT 认为只有在必要的时候,按必要的数量生产必要的产品,才能避免库存造成的资源浪费,使企业的利润最大。

2. 强调持续地强化与深化　JIT 强调在现有基础上持续地强化与深化,不断地进行质量改进工作,逐步实现不良品为零、库存为零、浪费为零的目标。尽管绝对的零库存、零废品是不可能达到的,但是 JIT 就是要在这种持续改进中逐步趋近这一目标。这个思想蕴含两层含义:第一,目标无止境,企业不能满足于目前的成绩,而要不断地进取;第二,JIT 方式的实现不是一朝一夕能够完成的,要一步一步来,不能期望一口吃成个胖子。

(三) 精益生产

精益生产(lean production,LP)又称精良生产,其中"精"表示精良、精确、精美;"益"表示利益、效益等。精益生产就是以企业利润最大化为目标,及时制造,消除原料采购、储运、生产、包装等生产环节中的一切浪费。

1. 精益生产的理论基础　企业家无不希望每项生产活动都得到最大的经济回报,但在生产过程中的废品、次品、仓库中没有销售出去的库存、由于设计失误而报废的原料等,都使企业的资源投入没有获得预想中的收益。

精益生产作为一种新的生产组织管理方式应运而生,它致力于消除生产中的浪费现象,消除一切非增值的环节,使企业精确地生产精良的产品,获得最大的经济收益。精益生产思想在丰田生产方式的基础上不断发展,从汽车行业到其他制造行业,进一步扩展到其他领域。精益生产不仅是一整套生产组织方法,它还成为一种意义深远的管理思想。

2. 精益生产的理论要点　如果把生产系统比喻成一个房屋,那么它的地基是系统的基本要素(包括:供应链管理、一体化的产品与工艺设计、标准化作业及全员生产维护)。支撑这个房屋的是两根"柱子":及时生产与质量控制。房屋里活动着的是通过企业文化而融合在一起的一批灵活、熟练、有积极性的员工。房顶即精益生产方式要达到的目标：通过消除浪费、缩短生产时间来提高质量、降低成本、保证交货。

（四）敏捷制造

1. 敏捷制造的概念　目前，敏捷制造（agile manufacturing, AM）还没有公认的定义。这里选用了美国学术界的定义方式。美国 Agility Forum（敏捷制造的研究组织）将 AM 定义为：能在不可预测的、持续变化的竞争环境中使企业繁荣和成长，并具有在面对由顾客需求的产品和服务驱动的市场做出迅速响应的能力。

敏捷制造的创立者认为，随着人民生活水平的不断提高，人们对产品的需求和评价标准将从质量、功能和价格转为最短交货周期、最大客户满意、资源保护、污染控制等。市场是由顾客需求的产品和服务驱动的，而顾客的需求是多样和多变的，因此企业需要具备敏捷性（agility）的特质，即必须能在无法预测、不断变化的市场环境中保持并不断提高企业的竞争能力。具备敏捷性的生产方式即敏捷制造。

2. 敏捷制造有三大组成要素

（1）集成：具体来讲，就是要实现企业组织结构由金字塔式的多层次生产管理结构向扁平的网络结构转变；从以技术为中心向以人、组织、管理为中心转变；在企业物理集成、信息集成和功能集成的基础之上，实现企业过程的集成、部门的集成。

（2）高速：具体来讲，就是要实现企业对市场机会的迅速响应，能够缩短产品的开发时间，缩短交货期，加快产品的周转率等。

（3）各级工作人员的自信心和责任心：任何先进的制造系统都离不开实施人员的努力。离开了人的因素，根本谈不上先进思想的贯彻。员工不仅要有熟练的劳动技能、专业知识，更重要的是要有责任心和自主意识。

敏捷制造模式强调将柔性的、先进的、实用的制造技术，熟练掌握生产技能的、高素质的劳动者以及企业之间和企业内部灵活的管理，三者有机地集成起来，实现总体最佳化，对千变万化的市场做出快速反应。

3. 敏捷制造的特点　敏捷制造的目标是快速响应市场的变化，抓住瞬息即逝的机遇，在尽可能短的时间内向市场提供高性能、高可靠性、价格适宜的环保产品。为了实现这一目标，实现敏捷制造的企业应具有以下特点：技术研发能力、生产的柔性能力、个性化生产、激发员工的创造精神和新型的用户关系。

（五）柔性制造

柔性制造系统（flexible manufacturing system, FMS）是由统一的信息控制系统、物料储运系统和一组数字控制加工设备组成，能适应加工对象变换的自动化机械制造系统。

它的出现标志了机械制造行业进入了一个新的发展阶段，克服了原来机械生产线只适合于大批量生产的刚性特征，能够适应中小批量、多品种的柔性生产方式，而且将手工操作减少到最低，具有很高的自动化特征。随着社会对多品种、中小批量产品的认同，对缩短生产周期、低制造成本的需求增加，加上微电子技术、计算机技术、通信技术、机械与控制设备技术的日益成熟，柔性制造技术得到了广泛的应用。

（六）并行工程

关于并行工程(concurrent engineering,CE)有很多定义,但是,至今得到公认的是1986年美国国防分析研究所在其 R-338 研究报告中提出的定义:"并行工程是对产品及其相关过程(包括制造过程和支持过程)进行并行的一体化设计的一种系统化的工作模式。这种工作模式力图使开发者们从一开始就考虑到产品全生命周期(从概念形成到产品报废)中的所有因素,包括质量、成本、进度和用户需求。"

简要地来讲,并行工程即是集成地、并行地设计产品及其零部件和相关各种过程(包括制造过程和相关过程)的一种系统方法。换句话说,就是融合公司的一切资源,在设计新产品时,就前瞻性地考虑和设计与产品的全生命周期有关的过程。在设计阶段就预见到产品的制造、装配、质量检测、可靠性、成本等各种因素。

并行工程使企业在设计阶段就预见到产品的整个生命周期,是一种基于产品整个生命周期的具备高度预见性和预防性的设计。需要指出的是,有人把并行工程简单地等同于并行生产或者并行工作,认为并行工程就是同时或者交错地开展生产活动。这种看法是错误的。并行工程最大的一个特点是强调所有的设计工作要在生产之前完成。

（七）协同商务

所谓的协同商务(collaborative business,CB)是指在全球经济一体化的背景下,利用计算机技术和网络技术为实现手段,在企业的整个供应链内及跨供应链进行各种业务的合作,最终通过改变业务经营的模式与方式达到资源最充分利用的目的。

协同商务强调从产品的设计研发、生产制造、产品交货、财务控制、甚至到最终的成效评估等,都通过电子技术平台使交易各方能够同步作业,它被认为是电子商务发展的第三阶段,超越了第一阶段由中立第三者主导的电子商务,以及第二阶段由产业中既有领导厂商相互结盟的电子商务的功能特质。

协同商务并不推翻现有的许多管理理论和技术,它要对现行的像 SCM、ERP、CRM 等应用软件进行集成,这个集成过程通常要经过三个阶段:第一个阶段是企业内部集成,包括整合电子商务应用软件与企业内部现有的套装软件或旧有的自开发的软件;第二个阶段是企业外部交易层次的集成,包括整合与上游供应链体系各结点企业之间的交易信息,如定单信息流等,甚至是下游顾客的定单管理;第三阶段是企业外部关系层次的集成,包括整合策略联盟伙伴间的高附加值的信息,如客户基本资料、市场信息、产品设计信息等。

其实协同商务的应用非常广泛,它包括企业内部部门与部门之间,或是企业与外部企业间,包括供应商、合作伙伴、分销商、服务提供商、客户等的业务往来。不管任何形式的协同,如产品设计、供应链规划、预测、物流、促销等,都可以视为协同商务的一部分。

五、班组现场管理

现场包含"现"与"场"两个因素。"现"就是现在,现时的意思,强调的是时间性;"场"就是场所,地点的意思,强调的是区域性。"现"与"场"结合在一起,就是赋予了一定时间的特定区域,对于制造型企业来说,现场就是生产车间。

现场管理就是指用科学的管理制度、标准和方法对生产现场各生产要素,包括人(工人和管理人员)、机(设备、工具、工位器具)、料(原材料)、法(加工、检测方法)、环(环境)、信(信息)等进行合理有效的计划、组织、协调、控制和检测,使其处于良好的结合状态,达到优质、高效、低耗、均衡、安全、文明生产的目的。搞好生产现场管理,有利于企业增强竞争力,消除"跑、冒、漏、滴"和"脏、乱、差"状况,提高产品质量和员工素质,保证安全生产,对提高企业经济效益,增强企业实力具有十分重要的意义。

现场管理的核心要素(4M1E):人员(man):数量、岗位、技能、资格等;机器(machine):检查、验收、保养、维护、校准;材料(material):纳期、品质、成本;方法(method):生产流程、工艺、作业技术、操作标准;环境(environment):5S,安全的作业环境。

(一)　标准和方法

1. 标准　如图 7-2 所示。

2. 方法　目前常用 5S 现场管理法,如图 7-3 所示。5S 是整理(seiri)、整顿(seiton)、清扫(seiso)、清洁(seiketsu)和素养(shitsuke)这 5 个词的缩写。因为这 5 个词的罗马拼音均以"S"开头,英语也是以"S"开头,所以简称为"5S"。

(1)整理:①现场检查:对工作现场进行全面检查,包括看得见和看不见的地方,特别是不引人注意的地方;②清出非必需品:清理非必需品的原则是看该物品现在有没有"使用价值",而不是原来

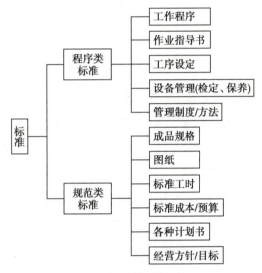

图 7-2　现场管理的标准图

的"购买价值";③处理非必需品:改用、修理、修复作价卖掉。但必须履行相应的程序,如先由物品所在的班组提出申请,技术或主管部门确认物品的利用价值,相关部门确认再利用的可能性,财务等部门确认,高层负责人做最终的废弃处理认可,由指定部门实施废弃处理,填写废弃单,保留废弃单据备查,由财务部门做账面销账处理;④废弃处理:对那些实在无法发掘其使用价值的物品,必须及时实施废弃处理。

(2)整顿

1)整顿的关键在三定:定位(在何处,场所标志)、定品(何物,品目标志)、定量(几个,数量标志),而三定的方法则是实施看样板作战。物品定位遵循两个原则:一是位置要固定;二是根据物品使用的频率和使用的便利性来决定物品放置的场所。

2)工具类整顿:工装夹具等频繁使用物品的整顿:应重视并遵守使用前立即取得,使用后立刻归位的原则;切削工具类的整顿:经常使用的应由个人保管;不常用的则尽量减少数量。以通用为佳。

3)设备的整顿:原则就是要容易清扫、操作和检修,但最重要的还是安全第一。设备旁必须

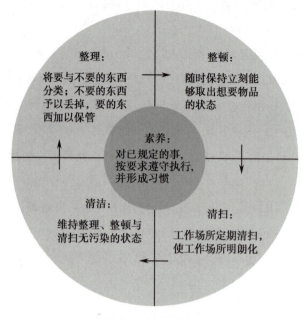

图 7-3　5S 现场管理图

挂有"设备操作规程""设备操作注意事项"等标志。设备的维修保养也应该做好相关记录。设备之间的摆放距离不宜太近,近距离摆放虽可以节省空间,却难以清扫和检修,而且还会相互影响操作而导致意外。把一些容易相互影响操作的设备与一些不易相互影响操作的设备,做出合理的位置调整。

4）配线、配管的整理、整顿:可以考虑将地板上的配线、配管架高或加套,并防止擦伤、振动;在配线、配管方面必须采取直线、直角的安装,以防松脱。

5）材料的整顿:定量定位存放,确保先进先出;搬运、储存要合理;要防止加工中搬运或装箱时刮伤、撞击、异品混入等;不良品要有标示;不良品及返修品,要设定放置场所,用不同的箱装好,一般用红色或黄色箱,以便区别。不良品的装箱用小箱为宜。

6）清扫工具的整顿:扫把、拖布,一般感觉较脏,不要放在明显处;清扫用具绝不可放在配电房和主要出入口处。长柄的如扫把、拖布等,用悬挂方式放置;簸箕、垃圾桶等,在地上定位。

7）危险品的整顿:一定要按照危险品的存放要求和标准进行;化学用品的存放处应标明使用规定、使用方法以及一些注意事项等,附近也应配备有一定的救护措施和张贴一些警示语;应注明化学品的类型、名称、危险性及安全措施等;对于一些有毒、有害、有腐蚀性及刺激性的化学用品,必须穿戴防护衣、手套,以保安全。

8）在制品的整顿:严格规定在制品的存放数量和存放位置;确定工序交接点、生产线和生产线之间的中继点所能允许的在制品标准存放量和极限存放量。指定这些标准存放量的放置边界、限高,整顿占据的台车数、面积等,并用清晰的标志以便周知;在制品堆放整齐,先进先出。

9）合理的搬运:在制品存放和移动中,要谨防碰坏刮伤,应有缓冲材料间隔以防碰撞,堆放时间稍长的要加防尘罩,不可以将制品直接放在地板上;不良品放置场地应用红色标示,如将不良品随意堆放,容易发生误用,所以员工要养成习惯,一旦判定为不良品,应立即将其堆放在指定的场所。

10）公告物的整顿：要设定张贴区域；未标示及超过期限的东西不可张贴；胶带不可留下痕迹，一定要擦拭掉；公告物上端要取一定高度平齐张贴，显得整齐有精神；标准书、检查表、图画类等必须能从通道或稍远距离也可以看到。重要的地方用色纸加以明示。

11）仓库的整顿：材料及成品应分区、分架、分层来区分；设置仓库总看板，使相关人员对现状的把握能一目了然；搬运工具应定位，以便减少寻找时间；严守仓库的门禁和发放时间；相同的物品，在包装方式和数量上应尽量一致；设定标准的量具来量取；设定最高限量基准；各种材料、产品的规格不一，要有不同的容器来装载。容器的规格选择也需考虑搬运方便；进行合理标示。

（3）清扫：清扫就是将岗位变得无垃圾、无灰尘、干净整洁，将设备保养得锃亮完好，创造一尘不染的环境。班组现场的清扫具体包括以下方面：

1）决定清扫的对象：有放置物品场所、设备、空间等。见表7-1。

表7-1 清扫对象分类举例表

分 类	举例说明
物品放置场所	仓库、半成品棚架、工具棚架
设备	机械设备、搬运工具、其他工具等
空间	通道、窗户、会议室、厕所

2）决定清扫责任人：清扫前必须决定责任人及清扫周期；编制清扫责任区图；制订清扫日程表。

3）决定清扫方法和制度：除了责任到人之外，建立一套清扫的基准，制订一份清扫制度，促使清扫工作的标准化，以确保现场清洁。

4）准备清扫用具：整理出来的清扫工具，要放置在容易取用、易归位的地方。清洁用具的摆放：扫帚、拖把等应该使用单支悬挂方式，手柄向上，不要杂乱堆放，拖把的托头下方应放有盛水盆；抹布用完以后，应清洗干净，集中于一个地方晾晒，晾干后可叠放于指定柜内。

5）检查清扫结果：是否清除了污染源；是否对地面、窗户等地方进行了彻底的清扫和破损修补；是否对机器设备进行了从里到外的、全面的清洗和打扫。

（4）清洁：就是将整理、整顿、清扫进行到底，并且标准化、制度化。清洁的标准包含有干净、高效、安全三个要素。在开始时，要对清洁度进行检查，制订出详细的明确检查表，之后明确清洁状态。检查的要点包括：周围是否有不必要的东西，工具是否可以立即使用，是否每天早上有清扫工作，工作结束后是否有收拾整理工作等。

（5）素养：对规定了的事，大家都按要求遵守执行，并且成为一种习惯。应做好以下工作：

1）制定、完善规章制度：遵守规章制度是每个班组成员的使命所在。要提高人员素质，除了让班组成员遵守企业制定的规章外，班组的制度也应执行。

2）培训为重：加强对员工的培训管理。树立员工自主管理意识，即以给自己做事的心态工作；自负其责，在符合标准的情况下自己拿主意；不推卸责任；以自我为根本，完成工作任务。

3）班组长的带头示范。

（二）生产现场员工的管理

管理的要求：以落实岗位责任制为基础，实行全员责任包干制；任务是死的，有条件要执行，没有条件创造条件也要执行；决定了的事情就是对的，如有疑问，事后再说；必须奖罚分明，且要及时、到位。

1. 生产车间管理者　应积极推行企业文化、制定和实施合理的管理制度、倡导与实施安全生产、避免各种不必要的浪费、向下管理和向上负责、善于做好生产现场管理、使用现代管理工具。

2. 生产车间现场管理的内容　包括严格执行制度、提高员工技能、关心员工、积极处理问题、上下信息传递、修正管理制度、设计科学操作流程、提高工作效率、确定产品质量、安全生产、实施员工绩效考核。

3. 上下班管理　一般说来,主要是指要提高职工素质,确保员工能自主管理。班组长应以身作则,凡是先自己做好,并在平时工作中、开会和培训中言传身教,对员工起到潜移默化的作用。

4. 关注新手　所谓新手是指新入职人员、新近提拔人员或轮岗人员等。要注重对新手人员的管理,以防新手因岗位生疏而发生问题。在平时工作中,对他们要进行重点管理,派专人负责,明确新手的职责,并严格把关。

(三) 现场日常工作实施管理

1. 生产准备　生产准备是新产品从开始试产到批量正常生产的整个过程中,为了确保新产品能够按计划顺利进行试产、批量生产,保证产品质量,而进行的相关人员培训、指导书制定、物流调达、设备(含工装、量具、工具)准备的活动。生产准备包括班组产前的技术准备、班组产前的物资准备和组织准备。

2. 作业日报　包括作业日报设计、作业日报管理。其作用包括:是交货期、品质、安全、成本管理等多个项目管理的工具;方便与上司和其他部门传递情报、交流信息;出现各种异常或问题时,可作为原因追踪的资料;帮助管理者掌握现场的实际情况。

3. 生产统计

(1) 内容:产量、投入的资源、生产合格率、不良率、直通率。

(2) 要求:在规定的时间内完成(及时性)。

(3) 各级管理人员的总结:总结内容主要包括生产数量、品质、生产合格率、不良率、直通率、人员状态、出勤率、违纪、差错率、生产事故、损失工时、物料供给状态、机器设备问题、技术和工艺问题等方面。

4. 生产成本

(1) 生产成本控制的概念:生产过程中的成本控制,就是在产品的制造过程中,对成本形成的各种因素,按照事先拟定的标准严格加以监督,发现偏差就及时采取措施加以纠正,从而使生产过程中的各项资源的消耗和费用开支限制在标准规定的范围之内。降低成本的最佳方法,就是剔除过度的资源耗用。

(2) 生产成本控制的方法:主要有制订成本标准、计划指标分解法、预算法、定额法、监督成本的形成、及时纠正偏差、用管理控制生产成本。

(3) 成本管理的有效方法

1) 改进工作质量:即工作过程的质量。加强对现场资源的管理,做到让错误减少、不合格减少、维修减少、交货期时间缩短以及资源耗用减少,从而降低运营总成本。

2) 提高生产力以降低成本:当以较少的投入,生产出相同的产出,或以相同的投入,生产出较多的产出时,生产力就改进了。降低生产线上的人数,愈少愈好。这不仅降低成本,更主要的是减少了质量的问题。

3)降低库存:库存占用空间,延长了生产期,产生了搬运和储存的需求,而且占用流动资金。在仓库里的产品和半成品,不会产生任何附加值,相反增加了质量隐患,当市场改变或竞争对手导入新产品时,甚至会在一夜之间变成废品。故应加强对流动资金、储藏、搬运、质量隐患、新产品的管理。

4)缩短生产线:在生产时,越长的生产线需要愈多的作业员、愈多的半成品以及越长的生产交货期,生产线上的人越多,发生的错误概率越大。应该设计更短的装配线,使用更少的人员。

5)减少机器停机时间:机器停机会中断生产活动,因为机器不可靠,经常出故障,所以就以大批量生产来缓冲停机损失。

6)减少空间:现场改善一般通过消除输送带生产线或缩短生产线,把分离的工作站并入主体生产线来降低库存,减少搬运。所有的这些改善,减少了空间的需求,从现场改善所释放出来的空间,可作为增加新的生产线或为未来扩充之用。

5. 质量控制　生产现场管理是质量管理的核心,也是质量管理的基础环节,做好生产现场的质量控制是每个生产型企业的重要工作。

6. 在生产过程中的异常发现　异常就是指生产中发生的各种问题和不正常现象。

异常发生的处理原则有:

(1)临时问题临时解决:临时问题指在一段时间存在,另一段时间内有可能会自动消失的问题,当临时问题出现时,一定要掌握实施更改的时效。

(2)突发事件果断处理:突发事件是指突然发生的影响生产秩序正常进行的事件。突发事件是在所难免的,要沉着冷静,果断做出决定,稳住局面,并把负面影响降到最低。

(3)重大问题第一时间解决:所谓重大问题指的是问题属性比较严重,影响面比较大的事件,如不及时解决处理,后果可能会更严重。班组长一定要在第一时间内处理,而且不管处理结果如何,都要把具体的处理措施和最新状况向上级领导报告,听候领导指示。

7. 员工与工位管理

(1)人员动态看板:人员动态看板主要适合于离散型企业的班组使用,不适合于流水线作业的班组使用。使用迫切性比较强的部门或班组主要有:IQC、物料组、动力班、实验班、技术部、业务部、管理部等。

(2)看板的制作与管理:①按班组列出人员清单,纵向排列;识别他们可能流动的场所,横向排列;然后把上述内容制成表,打印或刻画在看板上。②以粘贴或悬挂方式安装在本组的显眼位置;类别有白板、纸条等,作用是表示人员的流动性。③通常由部门管理者指定人员管理,或值日生管理;管理事项主要是清洁、维护和确保有效等。④标示内容要明确,标牌不能自行滑动或脱落。⑤员工的流动状态要一目了然,这一方面有利于员工自律,另一方面也要规范现场管理秩序,防止人员擅自离开岗位。

(3)工位顶替管理:①工位顶替的时机:操作者需要方便(如如厕)、饮水、迟到、临时请假、发生意外、处理领导批准的其他急务等;②管理方法:有人要离岗,就要有人去顶替。在平时工作中,就应预备工位顶替的人员。

（4）人员管理

1）多能人员管理:多能人员指掌握了 2 项以上操作技能的人员,俗称多面手。①在平时工作中,多观察、挖掘和培养多能手资源;②建立清单（如多能人员岗位表）,以便准确掌握现状;③定期并有意调换多能人员的工作,以确保他们的作业熟练度;④尽可能扩大多能手范围,让更多人成为多面手;⑤必要时区分他们的特长和强项,并注意使用;⑥要确保多能手的岗位津贴保持在合理的平衡点上;⑦控制数量,否则,易造成资格泛滥、成本上升等问题。

2）资格人员管理:资格人员就是企业特许的授权人员,他们往往具有某些特长,能够独立开展工作并确保工作结果。具体做法是把现场那些操作手法娴熟的人员,按规定认定其业务技能,通过考核、评定,鉴定级别,然后授予相关资格。

3）临时工管理:临时工是指企业为了完成某些专门的、特定的或临时的任务而招用不同于正式员工管理方式的人员。由于是临时性管理就必须灵活,加强对其工作的控制,最好是让他们在专人指导和跟踪下开展工作。

8. 生产进度管理　生产进度是衡量生产任务能否顺利完成的重要指标之一。

（1）认真执行生产计划。

（2）掌握好生产速度。

（3）适时调节节拍:调节生产节拍主要表现在离散型企业的制造过程中。一般掌握和控制生产节拍的直接责任人是生产现场的高级主管,班组长应该属于推动者或执行者。

（4）优化流程结构:它是建立在管理者对现有流程结构优缺点已熟练掌握了的基础上,对流程结构的进一步优化。通常会通过总结生产成绩,把那些具有重要作用的因素识别出来,这样做能加快生产进度,还能使人员操作变得轻松和默契。

边学边练

　　应用 5S 现场管理方法和标准制定现场管理的要求，谈谈在实际生产过程中如何能加强生产现场的管理。 请见实训六　车间生产现场管理见习。

点滴积累 ∨ ··

1. 生产组织是指为了确保生产的顺利进行所进行的各种人力、设备、材料等生产资源的配置。 生产组织是生产过程组织与劳动过程组织的统一。

2. 智能制造是基于新一代信息通信技术与现今制造技术深度融合，贯穿于设计、生产、管理、服务等制造各个环节，具有自感知、自学习、自决策、自执行、自适应等功能的新型生产方式。

3. 现代生产管理方式目前分为 7 种，包括：TOC（约束理论），JIT（准时制生产），LP（精益生产），JAM（敏捷制造），FMS（柔性制造），CE（并行工程），CB（协同商务）。

4. 5S 现场管理包括整理（seiri）、整顿（seiton）、清扫（seiso）、清洁（seiketsu）和素养

（shitsuke）。

5. 生产现场管理是质量管理的核心，也是质量管理的基础环节，做好生产现场的质量控制是每个生产型企业的重要工作。

目标检测

一、选择题

（一）单项选择题

1. 狭义的生产管理是指以（　　）为对象的管理，即对企业生产技术的准备、原材料投入、工艺加工直至产品完工的具体活动过程的管理

    A. 生产过程　　　　B. 质量管理过程　　　C. 学习过程　　　　D. 批量管理

2. 企业的生产计划分为中长期计划、年度生产计划和（　　）

    A. 采购计划　　　　B. 短期计划　　　　　C. 生产管理计划　　D. 生产作业计划

3. 厂址选择主要考虑的因素（　　）

    A. 自然条件　　　　　　　　　　　　　B. 环境规划

    C. 社会环境条件与资源配套条件　　　　D. 能源运输条件

4. 车间一般由生产部分（　　）、辅助生产部分、行政—生活部分和通道四部分组成

    A. 仓储区　　　　　　　　　　　　　　B. 化验分析室

    C. 一般生产区及洁净区　　　　　　　　D. 不合格药品区

5. 样品管理主要包含日常检验样品、（　　）、稳定性研究样品、环境监控样品四大模块

    A. 销售产品　　　　B. 留样样品　　　　　C. 新药研究样品　　D. 市售样品

（二）多项选择题

1. 生产系统的改进包括（　　）

    A. 产品的改进　　　　　　　　　　　　B. 加工方法的改进

    C. 操作方法的改进　　　　　　　　　　D. 生产组织方式的改进

2. （　　）属于现代生产管理方式

    A. 人事管理　　　　B. 并行工程　　　　　C. 柔性制造　　　　D. 约束理论

3. 敏捷制造有哪三大组成要素（　　）

    A. 集成　　　　　　　　　　　　　　　B. 快速制造

    C. 高速　　　　　　　　　　　　　　　D. 各级工作人员的自信心和责任心

4. 5S 现场管理包括（　　）

    A. 整理　　　　　　B. 整顿　　　　　　　C. 清洁　　　　　　D. 素养

5. 下列（　　）是生产成本控制的方法

    A. 制订成本标准　　　　　　　　　　　B. 计划指标分解法

    C. 预算法　　　　　　　　　　　　　　D. 定额法

二、简答题

1. 智能制造的主要内容有哪些？

2. 准时化的特点有哪些？

3. 简述并行工程的概念。

4. 现场日常工作实施管理的内容有哪些？

三、实例分析

刺五加注射液污染引起的严重不良事件

2008 年 10 月 5 日，云南省红河州第四人民医院使用黑龙江省××制药厂的刺五加注射液后发生严重不良事件，其中有 3 例死亡。经查，这是一起由药品污染引起的严重不良事件。

该厂生产的刺五加注射液部分药品在流通环节被雨水浸泡，使药品受到细菌污染，后被更换包装标签并销售。此外，药品包装标签管理存在严重缺陷，管理人员质量意识淡薄，包装标签管理不严，提供包装标签说明书给销售人员在厂外重新贴签包装。

那么，××制药厂的注射液产品是如何被污染的？为什么公司的质量检验并没有检出污染？生产过程是怎样控制的？被水浸泡后重新包装符合相关标准和法规的要求吗？

问题：该药厂为什么会出现严重质量问题，是否与其生产过程的管理息息相关？生产过程失控，工人法律意识和质量意识淡薄是否是造成事件的主要原因？

ER-07 章习题

（蒋　猛）

实训六　车间生产现场管理见习

【实训目的】

1. 使学生了解车间现场管理的过程和要点。

2. 通过与企业人员交流，了解生产过程中的常见问题。

【实训内容】

1. 分组　将班级学生按照 4 人一组的方式分组。

2. 确定实训主题及内容　分析讨论车间现场管理的主要内容有哪些，包括常见问题和解决办法等，并根据分析结果确定学习目标。

3. 分组讨论　根据实训内容，进行分组讨论，完成实训报告。

4. 进行实训报告汇报　每小组选择 1 名同学作为发言代表进行实训报告汇报。

5. 实训评议　教师根据学生汇报情况，进行评分并点评。

【实训要求】

1. 到车间现场实际了解生产情况和现场管理的要求。

2. 通过与车间人员的交流,针对现场管理提出合理的建议和意见。

【实训报告】

根据以上分析结果,写出自己对车间现场学习的心得体会。报告中应包括:假如你处在生产现场的质量管理岗位,应如何应对生产过程中的管理问题。

【实训评价】

1. 能熟悉生产现场管理的全过程。(占 40%)

2. 提出有意义的意见和见解,具有科学性、适用性和可行性。(占 40%)

3. 讨论积极、参与度高,汇报时思路清晰、表达顺畅。(占 20%)

小组评分标准

评分项目	项目满分	小组得分	备注
能根据项目设定恰当的目标	4 分		
能自觉实施分目标并定期检查目标实施情况	2 分		
各组员能对本次活动表现进行客观评价	2 分		
对本次活动进行良好的总结汇报	2 分		
总分	10 分		

(蒋　猛)

第八章

药品批发企业经营管理
——连接上下游企业的关键环节及复杂网络

导学情景 ∨

情景描述

A 为位于石家庄市生产某冻干粉针药品的生产企业，为拓展市场和销售药品，企业组建了一支具有医学专业背景、市场营销经验丰富的营销团队。采取以学术推广型为主导的知识营销模式，扩大了产品的知名度，树立了良好的企业社会形象和品牌声誉。为进一步扩大和占领市场份额，企业领导决定与 B 药品批发企业进行战略合作，授权给 B 企业在全国范围内代理销售该药品。

学前导语

B 药品批发企业代理销售的该药品要到达消费者/患者手中，目前可能的流通渠道主要包括哪些环节？在药品销售过程中如何保证药品的质量以满足消费者安全用药的需要？本章将讲述这些问题。

药品批发企业是在国家医药相关产业政策背景下应运而生的药品经营企业，在获得经济利益的同时，经营过程中必须保证药品的质量，为消费者提供安全有效的药品，满足自身的发展壮大。

第一节　药品批发企业概述

一、药品批发企业概念、特点和基本任务

1. **药品批发企业概念**　药品批发企业是指从药品生产企业或其他药品批发企业购进药品，供应给药品零售企业、医疗单位和其他药品批发企业用于转卖，或供应原辅料等给药品生产企业用于生产的药品经营企业。它是地区之间、生产企业与零售企业和医疗单位之间药品流通的枢纽。

2. **药品批发企业特点**

（1）国家对药品批发企业有严格的资格限制。

（2）药品批发企业处于医药商品流通中间环节。

（3）交易有一定的数量起点，交易次数少、批量大，以非现金结算为主。

▶ **课堂活动**

你学校所在的城市一定有数家药品批发企业，能说出 1~2 家企业的名称吗？

（4）销售对象是医疗单位、其他批发商、医药零售商和药品生产企业等间接消费者。

（5）对一些特殊药品实行垄断经营。

3. 药品批发企业基本任务

（1）组织适销对路的医药商品,促进生产发展,保障市场供应,满足消费需要。

（2）组织医药商品分配、供应和及时调运,合理储备医药商品,保持医药商品的正常流通,更好地为零售企业和医疗单位服务。

（3）研究、总结推广科学的业务管理方式和方法,讲求最佳的社会效益和经济效益,不断提高业务管理水平。

二、药品批发企业的必要性和作用

药品批发企业是社会分工和商品经济发展的产物,它存在的必要性在于它有助于解决生产与消费之间在时间、空间、数量、品种等方面的矛盾,节约社会劳动,提高营销效率。药品批发企业主要具有以下作用:

1. 促进药品销售 药品批发企业一般都与零售企业、医疗单位之间存在着长期的业务关系,相互信任,并有一批专门从事药品批发工作的专业人员。药品生产企业可以借助专业机构的力量,使药品能够快捷、安全地送达最终消费者手中。

2. 促进药品生产 药品批发企业直接同药品生产企业和药品零售企业等发生经济联系,通过组织货源促进药品生产,保证药品流通。

3. 促进信息沟通 药品批发企业处于生产者与消费者中间,它既能将生产信息通过各种方式传递给市场从而促进市场需求,又能将市场信息反馈给生产者,以便于生产者及时调整生产计划。

4. 保证药品供应 药品的生产和消费存在着时间、空间和季节的差异,存在着疫情、救灾、抢险的需要,药品批发企业充分利用经营设施等优势,可防止药品的积压和脱销,保证公众用药的需要,保证市场供应。

5. 解决供需矛盾 药品批发企业有助于解决药品生产与消费之间在数量、品种、规格、质量、价格、时间与空间等方面存在的矛盾。单个生产企业的特点是品种少、数量大、规格少,而消费者的需求则是品种多、规格多、数量少。这种生产与消费上的矛盾,只有依靠药品批发企业才能解决。

6. 缓解资金压力 一是药品批发企业向生产企业预购,以资金方式帮助生产者扩大再生产;二是生产企业在一定信用额度内将药品赊销给药品批发企业,扩大经营规模。

7. 承担商业风险 药品市场存在药品批发企业后,生产者就将部分商业风险转嫁到批发企业,因为生产企业与批发企业发生业务联系,可一定程度上避免医疗单位拖欠货款的风险。

三、药品批发企业设立和管理规范

1. 批准机关 现行版《中华人民共和国药品管理法》第十四条规定开办药品批发企业,须经企业所在地省、自治区、直辖市人民政府药品监督管理部门批准并发给《药品经营许可证》,无《药品经营许可证》的,不得经营药品。

2.《药品经营许可证》的内容及管理 《药品经营许可证》应当标明有效期和经营范围,到期重新审查发证。由于药品经营企业条件的差异和药品监督管理部门对某些药品的特殊管理,药品经营企业的药品经营范围会有区别,为了方便监管,《药品经营许可证》中应当明确规定企业的具体经营范围。

> **知识链接**
>
> 药品企业的具体经营范围
>
> 　　药品企业的具体经营范围可分为:中药材、中药饮片、中成药、化学原料药及其制剂、抗生素原料药及其制剂、生化药品。 医疗用毒性药品、麻醉药品、精神药品、放射性药品和预防性生物制品的核定按照国家特殊药品管理和预防性生物制品管理的有关规定执行。

3. 申办条件

(1) 具有依法经过资格认定的药学技术人员。配备与经营规模相适应的一定数量的执业药师。质量管理负责人具有大学以上学历,且必须是执业药师。

(2) 具有与所经营药品相适应的营业场所、设备、仓储设施、卫生环境。设置能够保证药品储存质量要求、与其经营品种和规模相适应的常温库、阴凉库、冷库。仓库中具有适合药品储存的专用货架和实现药品入库、传送、分检、上架、出库的现代物流系统的装置和设备。

(3) 具有与所经营药品相适应的质量管理机构或者人员。

(4) 具有保证所经营药品质量的规章制度。主要包括:业务经营质量管理制度;首营药品质量审核制度;药品质量验收、保管养护及出库复核制度;特殊药品和贵重药品管理制度;效期药品管理制度;不合格药品管理制度;退回药品管理制度;药品质量事故报告制度;质量信息管理制度;质量否决权制度等。

4. 管理规范　国家药品监督管理部门规定药品批发企业必须符合《药品经营质量管理规范》(GSP)的要求,必须按照 GSP 要求经营药品。

点滴积累 ＼

1. 药品批发企业是指从药品生产企业或其他药品批发企业购进药品,供应给药品零售企业、医疗单位和其他药品批发企业用于转卖,或供应原辅料等给药品生产企业用于生产的药品经营企业。
2. 药品批发企业业务特点是处于流通的中间环节,交易次数少、批量大,以非现金结算为主等。

第二节　药品批发企业组织架构与经营模式

一、药品批发企业组织架构

1. 药品批发企业组织架构的概念　是指药品批发企业经营管理模式和企业领导制度的表现形

式。药品批发企业是一个有经营目的的经济组织实体,企业内部分工细致,管理工作复杂,既要处理购、销、调、存之间的关系,又要处理人、财、物之间的关系,还要处理本企业与国家和其他企业之间的关系。因此,企业内部必须建立一套符合国家要求,适应市场经济规律,适合内部管理需要的管理制度和管理组织机构,以组成完善的管理体系,协调各流通环节的正常运转,实现企业的经营目标。

2. 药品批发企业职能部门设置　是指药品批发企业中具体执行和完成各项工作任务的基本职能组织,它行使着药品批发企业的基本职能。一般情况下,以企业内部设置职能部(组)来体现。

药品批发企业中的各项工作是由各个不同职能部(组)来完成的,它是药品批发企业经营、管理、服务的第一线。企业为了有效地组织指挥经营活动,较好地完成所承担的经营任务,就必须根据本企业的实际需要,按照一定的原则,设置必要的业务经营组织机构。部(组)作为药品批发企业开展经营活动的基层职能组织,其主要职能是商品的购、销、存业务经营,同时也具有一定的管理职能(表8-1)。

表8-1　部(组)的职能介绍

职能类型	职能内容	相关部门
经营职能	制定经营策略、经营决策、经营措施,完成药品购销业务	采供部、销售部、新药推广部等
管理职能	计划、组织、指挥、监督和调节业务经营过程以及与之相适应的人员、财务和信息等要素,以获取最大的经济效益	质管部、市场部、财务部、储运部、人事部、保卫、后勤等

部(组)的经营和管理两个职能中,经营职能是首要的、基本的职能,它是管理职能存在的基础和起因,管理则依存于经营。没有经营,则无须管理;反之,经营也离不开管理,若不科学地组织和利用部(组)的人力、财力、物力,则其经营策略、决策、计划都不能圆满地实现,经营就将陷入混乱而无法正常进行。从某种意义上讲,管理乃是决定经营成败的关键。因此,必须正确处理两种职能的关系,既抓经营,又抓科学管理,两种职能协调一致,互相促进,以求取得最佳的经济效益。

3. 药品批发企业组织管理架构设置模式

(1) 直线制:是企业发展早期的一种管理机构形式。它是由企业经理直接领导工作人员,不设专门的职能机构,自上而下形成直线式的垂直领导关系,所以称为直线制。

这种企业管理组织机构形式,领导从属关系简单,权责明确,指挥统一,信息沟通快,决策迅速,解决问题及时,工作效率高。但是,由于没有职能机构,企业管理的职能大部分都要经理去行使。当企业规模扩大,经营管理工作繁重时,经理受个人能力和精力的限制,就难以应付,而不能进行有效地管理。因此,直线制一般只适用于规模小、业务活动简单且稳定的组织。

(2) 职能制:是在企业内部按专业分工设置若干管理职能部门。在经理的领导下,各职能部门按其分工主管范围,直接领导企业各经营业务部门的有关经营活动。

职能制机构模式的优点是管理专业分工较细。各种管理职能都有部门和专人负责,管理较为深入,能适应企业经营管理复杂化的要求,减轻了经理的负担,使经理集中精力考虑企业的重大问题。其缺点是,实行多头领导,令出多门。各部门往往强调各自工作的重要性,下达的指令有时相互矛盾,使业务部门无所适从,影响了对经营管理活动的统一指挥,不利于责任制的建立和工作效率的提高。现在企业一般不采用。

（3）直线职能制:是在直线制和职能制的实践基础上总结出来的,是一种以经理对业务部门的直线领导为主体,同时发挥职能部门指导参谋作用的管理机构形式,它吸收了直线制和职能制的优点,避免了它们的缺点,较为完善和合理。

直线职能制的特点是,它把药品批发企业管理机构分为两类,一类是经理实行直线式垂直领导的经营业务机构,是企业业务工作的主体;另一类是协助经理进行管理工作的职能机构,职能机构对业务机构领导人及下属人员无权直接指挥或下达指示和命令,只起业务指导和监督作用。职能机构拟订的计划、方案及有关指令,必须经过经理批准后方可下达。因此,直线职能制保证了企业对业务部门的统一指挥和管理,避免了多头领导的混乱现象,弥补了领导人员知识、经验、能力和精力方面的不足。这种管理机构模式在我国药品批发企业,特别是大、中型批发企业的管理中应用较为广泛。

▶ 课堂活动

　　根据你对组织管理架构的理解,目前我国高等学校的组织管理架构属于哪一种类型?

二、药品批发企业经营模式

我国现阶段药品批发企业主要的经营模式有:

1. **跨地域物流配送**　该类批发企业资金实力雄厚,品种齐全,配送能力强,覆盖包括跨地域的医院、医药批发企业、药店终端等。

2. **区域性销售**　该类批发企业经营规模不大,主要在区域内配送销售,如各地的区域性医药公司等。

3. **新药代理销售**　分为总代理和区域代理。一般都有专业学术推广队伍或非处方药营销队伍,市场开拓能力较强,需承担一定的风险。

4. **医药电商销售**　该类批发企业自建电子交易网站,服务自身经营的药品品种。采购方必须为合法的药品经营企业或医疗卫生服务机构,具有合法药品经营资质,俗称网上医药批发公司。

知识链接

互联网药品交易服务资格证书

【A证】第三方平台,网站提供技术支持和服务,为药品生产企业、药品经营企业和医疗机构之间的互联网药品交易提供服务。此种模式可最大限度整合药品资源,形成网上医药"集市"。

【B证】药品批发企业自建,服务于自身经营品种的电子交易网站,为药品批发企业与本企业成员之外的其他企业进行互联网药品交易提供服务,俗称网上医药批发公司。

【C证】药品零售连锁企业自建,服务于个人消费者的网上零售电子商务,为个人消费者提供互联网药品交易服务,俗称网上药店。

点滴积累 ▽

1. 直线制组织架构是最早也是最简单的组织形式。其特点是企业各级行政单位从上到下实行垂直领导，下属部门只接受一个上级的指令。

2. 直线职能制组织架构是目前多采用的组织形式。其特点是保证企业对业务部门的统一指挥和管理，避免多头领导的混乱现象。

第三节　药品批发企业采购管理

医药商品采购是药品批发企业药品供应的基础,是医药商品流通的开始。狭义的医药商品采购,包括进货合同的签订和履行过程。广义的医药商品采购,还应包括医药市场调查、分析、预测、购进计划编制等有关内容。

一、采购的原则和基本要求

（一）医药商品采购的原则

医药商品采购是药品批发企业业务活动的关键环节,做好采购工作,大量适销对路的医药商品才能源源不断地进入药品批发企业,再经流通领域送到消费者手中,从而实现医药商品的价值和使用价值;同时,可促进生产部门再生产的发展和良好运行,药品批发企业自身也取得较好的经济效益。其原则有:①重质量原则;②注重效益原则;③以需订购原则;④互惠互利原则。

（二）医药商品采购的基本要求

1. 以市场调查为前提　做好医药商品货源调查,收集药品的品种目录、货源地、价格、疗效、与同类药品的差异及购进优惠条件等,是医药商品采购的前提条件。同时,要做好药品销售趋势调查,结合本企业经营的实际情况,考虑到季节、人口流动、疾病流行情况等,制订合理的采购计划,购进适销对路、物美价廉的医药商品,取得较好的经济效益。

2. 以适销对路为根本　医药商品采购必须将适销对路作为从事此项工作最本质的要求。否则,购进的医药商品就会滞销而导致库存积压,甚至造成药品过期报废。因此,在购进药品过程中应考虑适销(药品品种、规格、价格)、适量、适时等因素。

3. 以工作完备为保证　①保证医药商品品种的齐全。药品批发企业只有保证药品品种齐全,才能满足医疗单位和人民群众各方面用药的需要。②保证医药商品的质量符合标准。严格把好进货质量关,做好在库药品的质量保证。③保证医药商品的适当库存。如果购进的数量太大,会因占压资金而影响经济效益;若购进数量太小,又会影响药品正常供应。企业一般将上一年、季、月末的平均销售台账,作为新的购进量的参考。

二、采购渠道

我国药品批发企业采购渠道,主要有以下几个方面:

1. 从国内医药生产企业购进　这是药品批发企业最主要的采购药品渠道。双方根据生产能力和市场需要进行衔接,签订购销合同。

2. 从其他批发企业购进　通过药品批发企业之间的药品调拨,可加快药品的使用效率和弥补资金的积压。这也是之前医药批发企业重要的采购渠道,但随着"两票制"的实施,未来的这种渠道将不断受到挤压。

3. 从国外进口购进　这是对我国暂时不能生产、生产供应不足或特殊需要药品的必要补充。

三、采购方式

药品采购方式大体可分为以下几种:

1. 分散采购　依据采购计划和库存情况,在不同的供货商中采购所需药品。

2. 集中采购　依据采购计划和库存情况,在同一家供货商中采购所需药品。

3. 现卖现买　依据药品销售情况的多少,随时补充药品的库存。

4. 投机采购　依据预测市场需求的波动,在需求高峰到来之前,提前囤积药品或在低价时购进某种药品的采购方式。

5. 预算采购　依据企业流通资金状况,确定可用资金数额的多少来计划采购药品的种类和数量。

6. 多货源采购和单货源采购　是指一种药品可以从多个供货商处采购或单个供货商处采购。

四、采购部门岗位设置和主要工作内容

(一) 采购经理

1. 岗位要求和岗位职责　药品采购经理主管药品的采购工作,必须具备药学或相关专业知识,具有库存分析能力及采购规划能力。采购经理的主要工作包括负责收集、处理本企业和市场价格信息,统筹整个企业的药品购进,管理公司库存,及时处理近有效期的药品,减少公司损失,及时调整经营药品结构,保证药品无人为缺货或断档。

2. 主要工作

(1) 确定药品采购方式:在确定企业发展目标和制订采购计划的基础上,结合公司的经营实际和市场情况,确定订购和选购、代批代销、代理、招标采购和网上采购等采购方式。

(2) 选择供应商:即挑选购进渠道或决定采购单位。选择供应商一般按照以下主要步骤进行:

首先,收集供应商信息和资料,对供应商的信誉、经营范围、经营能力、药品价格、单位情况、协作精神、服务情况、业务人员素质等进行综合评价,为企业选择优秀的供应商提供依据。

其次,分析供应商。市场上药品供应商较多,需认真分析比较,遴选适宜的药品供应商,一般要考虑如下诸多因素(表8-2)。

再次,建立供应商档案。供应商档案的建立,能为企业积累供应商的资料,并根据供应商资料分析供应商同企业合作的情况,可使企业在选择供应商时有事实依据,并为能够长期同供应商合作打下良好基础。

表 8-2 药品供应商分析

分析项目	主 要 内 容
合法证照	主要包括药品经营许可证、营业执照等
供货单位基本情况	主要包括经营规模、软硬件设施等
供货单位信誉	对购进药品的数量、质量、规格、品种的保证程度,取决于供货方的信誉优劣
供货单位服务情况	供货方服务的优劣,决定能否长期合作和共同发展
药品价格	权衡供货方药品价格高低,是企业经营盈利的重要保证

供应商选择过程中,尤其要注意如下事项:①避免过分依赖某一供应商,让供应商牵着鼻子走,受制于他的苛刻条件;②防止供应商与企业的采购代理人互相勾结,进货把关不严,企业财产流入个人手中,最终因采购品价格高而导致成本上升,或因质量低劣影响企业声誉;③防止供应商之间串通一气,哄抬物价,使企业受损。

（3）对首营单位和首营品种审核批准:对首营单位和首营品种的具体要求在 GSP 及其实施细则中有明确规定,主要包括:①供应商法定资格的审核。索取并验证加盖了首营企业原印章的许可证、营业执照复印件;审核首营企业是否超出其经营方式和经营范围;审核首营企业的质量保证能力,是否有专职质量管理机构或专职质量管理人员、质量信誉等,必要时可到现场考察,签订质量保证协议。②品种合法性和质量可靠性审核。索取并核实加盖了首营品种供货单位质量管理（检验）机构原印章的药品生产批件、药品质量标准和药品使用说明书复印件;索取加盖了首营品种供货单位质量管理（检验）机构原印章的首次进货批号的药品检验报告书;索取并验证首营品种的价格登记审批文件;了解首营品种的性能、用途、检验方法、储存条件和质量信誉等。③人员合法资格的审核。索取并核实供应商出具的业务经营人员的业务经营法人委托书;索取并核实业务经营人员身份证;了解业务经营人员有无不良经营品行。④填写首营审批表。对审核合格的首营企业和首营品种填写首营审批表。

ER-8-1

首营企业审批表及首营品种审批表

ER-8-2

某药品批发企业的首营企业和首营品种审核制度

（4）对采购人员考核培训:对采购员进行培训,提高采购员业务能力和操作技巧,主要培训内容为法律法规及药品购进程序等相关知识。

（5）协调采购与其他各部门关系:与质管、仓储、销售、财务等部门积极沟通,保证采购药品及时验收入库,做好促销及市场推广方案,调控回款账期等,保证企业的正常经营和发展。

（二）采购员

1. 岗位要求和岗位职责 药品采购员一般是指直接从事药品采购业务的工作人员,依据库存量和市场需求,制订采购计划,进行药品采购,保证所经营的品种不出现人为缺货或断档。

从事药品采购工作的人员,应经岗位培训和地市级以上药品监督管理部门考试合格,取得岗位资格证书,持证上岗。

药品采购员的职责:①认真学习、遵守《中华人民共和国药品管理法》及其实施办法和相关法律法规。按照 GSP 的要求开展工作,业务工作全过程必须做到依法经营,保证药品质量。②核查业务单位的经营资质证明文件,确认业务单位的法定资格和履行合同的能力。③购进质量合格的药品。

不得向证照不全、非法药品经营单位购进药品。销售专项规定的药品必须依照有关规定办理。

2. 编制药品采购计划　采购计划是经营活动的前提和关键。计划编制具体包括如下步骤：

第一步，进行详细市场调查。为保证购销的良性循环，要求购进业务做到购进及时、品种齐全、规格适宜、数量相当、质量合格、价格合理。调查内容包括：①药品货源和销售趋势的调查。首先，要了解药品生产能力的变化、当前各药品经营企业库存量的多少；其次，要了解药品寿命周期的变化，预测某种药品大致的经营趋向；最后，要了解医师、患者需要什么，何时需要，需要多少，了解发病率和用药变化趋势，调查企业周围网点的分布情况以及影响企业购销活动的其他因素，预测某类药品的销售趋势，为药品采购提供客观依据。②本企业库存情况调查。在购进药品前，要掌握本企业的实际库存量，确定哪些品种库存不足需要购进，哪些品种库存积压需要调整。药品库存情况是购进工作的基础资料，要在此基础上决定购进药品的多少。盘库存一般以药品账目为依据，以实际库存为标准，做到货账相符，库存真实。③适销对路调查。药品购进是为了销售，为使销售具有好的经济效益和为患者进行更好的服务，购进的药品必须立足于适销对路、物美价廉。

第二步，确定采购计划内容。采购计划内容包括品种、数量、时间、进度、进货源、费用、提货方式、运输工具等（表8-3）。

表8-3　药品采购计划表

药品名称	品种
规格	采购时间
采购数量	采购方式
供应商	单价
提货方式	运输工具
用途	采购员

五、药品批发企业经济合同管理

（一）经济合同的内涵及法律特征

药品批发企业经济合同是指法人之间在药品批发流通领域为实现一定的经济目的，明确相互权利义务关系的书面协议，即是以经济活动为内容的契约；是维护药品批发企业的经济利益，不断提高企业管理水平，满足公众用药的需要，促进医药商品经济发展的重要法律武器。

根据《中华人民共和国合同法》的规定，经济合同除了具有一般合同的特征外，还有以下法律特征：

（1）经济合同是平等主体间的合同：平等主体是指权利平等的主体，即互不隶属、在法律上具有独立平等资格的当事人。合同当事人之间，不分大小强弱，没有上下级隶属关系，只要是签订经济合同，当事人之间的法律地位就是平等的，任何一方不得将自己的意志强加给对方，任何单位和个人不得非法干预。平等主体间的权利和义务是对等的，任何一方都享有权利，同时又必须承担义务。法律对当事人的保护也是平等的，不允许任何一方有超越法律的特权。

（2）经济合同是为实现一定经济目的的合同：这是经济合同与其他合同的主要区别。经济合同确认的是当事人之间在生产、流通领域中发生的经济业务关系，当事人订立和履行经济合同，都是为了满足生产经营的需要,得到一定的经济利益。不具有经济目的的合同,不是经济合同。

（3）经济合同是明确当事人相互之间的权利义务的合同:经济合同与一般的"协议""意向书"不同。一般的"协议"等内容可以比较简单、概括,可不涉及具体问题,更不涉及违约责任。经济合同则必须有具体的标的,且对当事人的经济权利、义务和违约责任规定得明确具体,主要条款齐全。同时,这种权利和义务必须是相互的。任何一方在享有经济权利的同时,必须承担相应的经济义务。任何一方不履行或不完全履行合同时,必须承担法律责任,不允许任何一方擅自变更或解除经济合同。

（二）药品批发企业经济合同的主要条款

也就是经济合同的主要内容,是双方当事人权利和义务的具体化。尽管每个经济合同的具体条款不尽相同,但主要包括以下几个方面:

1. **标的**　在药品合同的洽谈中,标的就是药品的品名和规格。品名必须是药品的全称,规格包括包装规格和制剂规格。

2. **数量和质量**　数量和质量是标的的具体化。数量,是标的量的规定,是衡量标的的尺度,它确定经济合同权利义务的大小或多少。为了使标的数量准确无误,便于履行,合同中要明确规定计量标准和计量方法,明确其计量单位。有的药品还要明确损耗率。质量是检验标的内在素质和外观形态优劣的标准。要明确药品的内在质量、外观质量和包装质量,当事人执行的是国家标准,还是行业标准等,均必须在合同中明确规定。

3. **价格**　在价格洽谈中,药品价格种类繁多,有出厂价、优惠价、批发价、零售价等,合同双方洽谈人员首先应弄清楚对方报价属何种价格,并根据自己掌握的价格情报衡量报价的高低,同时应明确此价格是产地交货还是收货地交货,运费由谁负责等。

4. **履行的期限、履行方式、履行地点和结算方式**

（1）合同履行期限和合同有效期:履行期限即当事人履行义务的时间界限,逾期即构成违约。它包括:①签订期限,即要约人接到承诺的时间;②合同的有效期限,即合同有法律效力的时间范围,过期合同无效。

在合同洽谈中,合同有效期、履约期限应明确,如"自签约之日起至某年某月某日有效",避免使用"某月以前"或"某月以后"之类不明确的时间概念。

（2）履行方式:即当事人以什么方法履行各自的义务。不同种类的经济合同,有不同的履行方式。有的需要以转移一定财产的方式履行;有的需要以提供某种劳务的方式履行;有的规定一次履行;有的规定分期履行;有的规定必须当事人亲自履行;而有的则允许他人代为履行。如药品是送货还是提货,是一次履行还是分期履行,是公路、铁路运输还是空运,验收是批量抽样验收还是全数验收等。用何种方式履行,在经济合同中应做出明确规定,违反了规定应承担违约责任。

（3）履行地点:即履行义务和接受履行的场所。标的不同,履行地点也不同。如药品购销合同的履行地,合同规定由供方送货或者代运的,履行地为药品发运地;由需方自提的履行地为药品提货地。有的还涉及交、提货地点,发站、到站及中转站,储存放置的仓库等。

（4）结算方式:洽谈结算方式,一要注意付款时间的问题,如是货到验收后付款还是款到发货;

二要注意是用托收还是汇款或其他方式,并注明开户银行、账号等。

5. 违约责任　经济合同当事人,全部不履行合同或不完全履行合同,都属于违约,要承担违约责任。这一规定是对不按合同规定履行义务的制裁措施,也是维护双方合法权益的一种保证。违约经济责任是偿付违约金和赔偿金,它具有惩罚性质。违约责任是经济合同的重要条款,没有违约责任规定的经济合同,是难以发挥作用的。平时关系再好的企业,也必须明确违约责任。

▶ 课堂活动

在合同签订时,以下表述准确吗?"货到 3 个月付款""月底发货""到期不交货或不付款、则支付 30% 违约金"。

除以上几个主要条款之外,根据合同性质,双方认为有必要的条款,也可列为主要条款。

(三) 药品批发企业经济合同的签订与履行

1. 经济合同的签订

(1) 合同的签订原则

1) 遵守法律、符合政策的原则:经济合同的内容和订立经济合同的程序必须符合有关法律、法规的规定,符合国家有关政策的规定。任何单位或个人都不得利用合同违法经营,扰乱社会经济秩序,损害国家利益和社会公益。否则,不但经济合同得不到法律的保护,而且还要追究当事人违法的责任。

2) 平等互利、协商一致、等价有偿的原则:平等互利包括平等和互利两层含义。平等,指经济合同当事人双方法律地位平等;互利,是指双方在经济利益上相互兼顾。协商一致,是指签订经济合同的双方必须经过充分协商,意见一致。虽然经济合同的当事人签订经济合同的根本目的都是为了扩大生产和经营,保障公众身体健康的需要,但企业之间的关系是商品交换关系,经济合同当事人双方都是独立核算单位,都有各自的经济利益,所以,应允许双方协商,达成一致意见,所订立的经济合同应体现双方的利益和要求。等价有偿是价值规律在经济合同中的反映。等价,要求等量劳动相交换;有偿,要求一方取得另一方的财产或接受对方所提供的劳务时必须支付相应的代价。不允许一方无偿取得对方的产品或劳务,损害另一方的利益。

(2) 合同的签订程序:经济合同的订立,是双方当事人在平等的基础上经过充分协商达成协议的过程。当事人双方协商的过程一般分为要约和承诺两个阶段:

1) 要约:是当事人一方向另一方提出签订经济合同的建议。这种建议包括两个内容:一是要约人向对方提出的表示愿意签订某一经济合同的建议;二是要约人就经济合同提出主要肯定性条款的具体建议。只表示愿意签订经济合同的建议,而不提出具体条款的建议,不是要约,而是要约邀请。

2) 承诺:就是受约人完全接受订立经济合同的提议。受约人对合同条款部分或附加条件不同意,则不是承诺,而是提出新要约,这时就需要进一步协商。

在订立经济合同的实践中,当事人双方往往要经过一个反复协商,即要约—新要约—再要约—再新要约,直至承诺的过程,才能达成一致的协议。

(3) 代订经济合同:代订经济合同,实际上是一种委托代理。在通常情况下,订立经济合同要求企业单位法定代表人亲自参加是有困难的,因此,企业单位及其法定代表人可委托其他的企业单

位代为办理,更多的是授权本单位的有关业务工作人员代为办理。代理人在代订经济合同时,必须符合以下3个条件才视为合法:

1)代理人必须事先取得委托单位的委托证明:委托证明是证明法人之间,法人和公民之间的委托关系的凭证,亦称委托书。有了委托书才能发生代理的效力。委托书的内容包括代理人姓名、身份证号、单位、住址、职务,代理事项和权限、委托日期和期限,并由委托单位的法定代表签名盖章。对于授权本单位的业务人员签订合同,但未给予正式的授权委托书的,合同签订人的代理资格和代理权限应作如下认定:①合同签订人用委托单位的合同专用章或者加盖公章的空白合同书签订合同的,应视为委托单位授予合同签订人代理权。委托单位对合同签订人签订的合同,应当承担责任。②合同签订人持有委托单位出具的介绍信签订合同的,应视为委托单位授予代理权;介绍信中对代理事项、授权范围表达不明的,委托单位对该项合同应当承担连带责任。③合同签订人未持委托单位出具的任何证明签订合同的,如果委托单位未予盖章,合同不能成立,责任由签订人自负;如果委托单位已经开始履行,应视为对合同签订人的行为已经予以追认,因而对该项合同应当承担责任,需要继续履行的应当补办盖章手续。

2)代理人必须根据被代理人的授权范围订立经济合同。

3)代理人必须以委托单位的名义订立合同。

代订经济合同,符合法律规定,则对委托单位直接产生权利和义务,委托单位必须全面地、认真地履行合同,否则要承担法律责任。

知识链接

无效经济合同的认定

根据《合同法》规定,有下列情形之一的,认定合同无效。

①违反法律和国家政策、计划的合同;②采取欺诈、胁迫等手段所签订的合同;③代理人超越代理权限签订的合同或以代理人的名义同自己或同自己所代理的其他人签订的合同;④违反国家利益或社会公共利益的合同。

2. 经济合同的履行　履行经济合同应遵守以下原则:

(1)全面履行原则:即双方当事人按合同规定的时间、地点、方式、标的、价格、数量、质量全面承担义务。任何一项不履行,都得承担违约责任。

(2)实物履行原则:即双方当事人按照合同规定的标的实际履行。合同的标的是什么,就完成什么。一般不能用其他财物来代替,也不能用支付违约金的办法来代替。因为我国法人之间签订合同时,所规定的标的物,不仅由双方确定,而且有些是按国家计划规定,为完成国家计划任务而订立的。

(3)协作履行原则:是指经济合同当事人团结协作,互相帮助,共同完成合同规定的任务。因为合同当事人双方签订合同所要实现的根本利益和根本目的是一致的。义务人有义务履行义务,权利人亦有权利接受对方的履行。所以双方应互相提供方便和帮助,确保合同的顺利履行。

┌─ 边学边练 ───┐

　　假如你是某药品批发企业采购经理，拟向 B 药品生产企业采购一批药品，该如何拟定药品采购合同？　请见实训七　拟定药品购销合同。

└──┘

（四）药品批发企业经济合同的变更和解除与仲裁

1. 经济合同的变更和解除　经济合同正式成立，就发生法律效力，双方当事人都必须严格履行。但在现实经济活动中，随着客观形势的变化，往往需要对已生效的经济合同进行必要的修改和补充，有时甚至要终止整个合同的履行，否则就会给当事人和国家造成损失。因此，法律也允许变更或解除经济合同，但有严格的条件限制，且要经过一定的程序。

（1）变更和解除经济合同的条件：经济合同订立后，当事人一方不得擅自变更和解除合同，也不得因其承办人或法定代表人的变动而随意变更和解除合同，否则就属于不履行经济合同。

┌───┐
│ **知识链接**   │
│   │
│ 　　　　　　　　　　　　经济合同的变更   │
│ 　　根据《合同法》规定，有下列情形之一的，允许变更经济合同。 │
│ （1）当事人双方经过协商同意，并且不因此损害国家利益和影响国家计划的执行； │
│ （2）订立经济合同所依据的国家计划被修改或取消；   │
│ （3）当事人一方由于关闭、停产、转产而确实无法继续履行合同； │
│ （4）由于不可抗力或当事人虽无过失但有无法防止的外因，致使经济合同无法履行； │
│ （5）由于一方违约，使经济合同履行成为不必要。   │
└───┘

（2）变更和解除经济合同的程序：经济合同的变更解除，必须按照规定的程序办理。

1）变更和解除经济合同必须双方达成协议，协商议定的过程与签订合同的过程相同。协议未达成之前，原经济合同仍然有效。

2）变更和解除经济合同的协议应采用书面形式。经济合同的变更和解除，就意味着合同的一方可以不按原合同规定履行义务，另一方也丧失原合同规定的部分或全部权利。因此，除因不可抗力而变更和解除经济合同的情况外，要求变更和解除合同方应当赔偿接受变更和解除合同方所受到的损失。索赔方负有举证责任。单方擅自变更和解除经济合同，对方有权请求仲裁机关或人民法院强制执行，并责令负有责任的一方赔偿由此所造成的损失。

┌───┐
│ **知识链接**   │
│   │
│ 　　　　　　　　　　　构成经济合同违约的条件   │
│ ①要有违约行为；②要有违约过错；③要有损害事实；④违约行为与损害事实间有因果关系。 │
└───┘

（3）承担违约责任的方式：①违约金。是指合同当事人双方在合同中预先约定或法律明文规定的、违约责任的承担方支付给对方的、按固定比率计算的金额。②赔偿金。违约方给对方造成损失而支付违约金又不足弥补的，还应补偿不足的部分，这种对损失赔偿的支付，叫做赔偿金。③继续履行。违约方支付了违约金或赔偿金后，对方要求继续履行合同的，违约方还要按照合同规定履行自己的义务。因为违约金、赔偿金只是补偿受害方的经济损失，而继续履行则可以实现当事人订立合同时的目的。④直接责任者个人的责任。直接责任者个人指有失职、渎职行为或其他违法行为给对方造成重大事故或严重损失的法定代表人、合同承办人等工作人员，这些责任者均必须承担相应个人责任。

知识链接

违约个人责任的主要形式

①经济责任，如扣发奖金、工资、赔偿部分或全部经济损失等。 ②行政责任，包括行政处罚和行政处分。 行政处罚即由税务局、工商局、海关等给予受处分者的处罚。 行政处分，即国家机关、企事业单位对所属人员给以行政上的开除公职、记过、警告等。 ③刑事责任，对于情节严重构成犯罪的，送交司法机关处理。

2. 经济合同的仲裁

（1）经济合同的仲裁机构：经济仲裁，是指当事人双方在经济活动中对有关的经济权利和经济义务发生争执，请第三者依照法律或协议做出具有约束力的裁决。经济合同仲裁机关是国家工商行政管理局和各级工商行政管理局设立的经济合同仲裁委员会。这个委员会是工商行政管理局的一个机构，但它具有一定的独立性。

知识链接

经济合同仲裁原则

①一次裁决原则：当事人在接到仲裁机关裁决书时，如不服仲裁，可直接向人民法院起诉；②当事人权利平等、地位平等的原则；③实事求是，公正合理的原则：以法律和合同条文规定的权利、义务为判断依据；④间接调解为主，仲裁为辅的原则；⑤时效原则：经济合同当事人向合同仲裁机关申请调解或仲裁，应从其知道或应当知道权利被侵害之日起 1 年内提出，超过期限的，一般不予受理。

（2）经济合同仲裁程序

1）仲裁的申请和受理：按照《经济合同仲裁条例》规定，经济合同发生纠纷时，当事人任何一方均可向仲裁机关递交仲裁申请书。申请书内容包括申请人、被诉人名称、地址、申请的理由和要求。仲裁机关只有接到仲裁申请时，才有权受理，否则无权受理。

仲裁机关收到申请书，经审查，认为该案件应当由它管辖，申请手续完备，应当在七日内立案，接受仲裁。如果认为不符合立案规定的,应当在七日内通知申请人,并说明不予受理的理由。

2)案件的调查取证和保全措施:仲裁机关受理案件后,应该组成仲裁庭负责该案的处理。仲裁庭及其仲裁员应认真审阅申诉材料和答辩材料,还可以查阅有关单位与该案有关的档案、资料和原始凭证;必要时还可以进行现场勘查,在当事人及有关人员到场情况下,做出勘查笔录;需要对物证进行技术鉴定时,还可委托有关单位鉴定;需要委托外地仲裁机关调查时,可发出委托调查书。

仲裁机关在处理案件的过程中,为了避免造成严重的财产损失,它可以在一方当事人申请的情况下,对与仲裁案件有关的财物,做出保全措施的裁定。保全措施的内容包括:中止合同的履行,查封、扣压货物,停止运输,变卖不易保存的货物,保存价款等。仲裁机关采取保全措施时,可以令申请人提出担保;如果申请人拒绝提供担保,可驳回申请。如申请人败诉,因采取保全措施所遭受的财产损失,应由申请人赔偿。

3)案件的调解和仲裁:仲裁机关在查明事实、分清责任的基础上,先对双方进行调解,如调解达成协议,应制作调解书。调解书送达双方当事人后,即有法律效力,双方当事人都应当自动执行。

如果经过调解未达成协议,或者在调解书送达前当事人一方或双方反悔,调解无效,应及时进行裁决。仲裁决定书应分送申请人和被诉人,以便当事人决定是否向人民法院起诉。

4)裁决的执行:裁决生效后,当事人应按期自动履行。一方逾期不履行,另一方可以向有管辖权的人民法院申请执行。

点滴积累 ▽ ....

1. 医药商品采购是药品经营企业商品供应的物质基础,是医药商品流通的开始。
2. 医药商品采购应签订购销合同,合同条款明确、具体、可操作性,主要包括标的、数量和质量、价格、履行的期限、履行方式及地点、结算方式、违约责任等。

第四节 药品批发企业销售管理

一、医药商品销售的概念与特点

医药商品销售是指药品经营企业根据自身经营范围和目标,通过一定的渠道途径将医药产品从生产企业流通到用户的经济活动。医药商品销售是联系生产与社会需要的纽带,是增加企业收入、提高企业社会经济效益的直接手段,是开发医药产品、开拓国内外市场的重要途径,是加速资金周转、实现企业再生产过程的必要条件,是促进以需定产、以销定购、提高企业竞争能力的重要措施。药品经营企业在销售活动中实现保质保量地向社会提供医药商品,实现为国家和企业建设积累资金的根本任务。

医药商品销售与一般商品的销售,既有共同点,又有一定的区别。其共同点在于它们都是一种商品,受价值规律的支配和供求关系的影响,受国家和地方有关法律、法规的约束,但医药商品是一种特殊商品,具有与一般商品不同的销售特点,主要表现在:

（一）产品特殊

1. 理化性能特殊　有特定的化学结构,需特定的人员、生产和经营环境且技术要求高。

2. 使用对象特殊　医药商品直接作用于人体,参与人体和病原体的生理、生化过程,调节人体生命过程的平衡,与人体的生命紧密相关,因而生产、经营要坚持"质量第一"的方针。

3. 作用时效特殊　医药商品大多有一定的效期规定。企业既要防止积压,又要防止脱销、确保商品质量,保证公众用药安全。因此,生产、经营要求具有较强的计划性。

4. 医药商品更新速度快。

（二）使用和消费特殊

1. 病患者使用药物的间接性。

2. 一定时空范围内的应急性　必须"药等病",特别是一旦灾情、疫情暴发或战争爆发,医药商品的销售会激增,故须有合理的储存。

3. 有特定的消费对象　特定的药物只能用于特定的疾病,具有特定的使用范围,故应以需定产,以销定购,产销平衡。

（三）经营环境和市场特殊

1. 经营责任重大　医药商品是特殊商品,各国都制定了严格的质量标准、产业政策、行业规范和专门法规来引导医药的生产和经营行为。在生产和经营中要严格认真贯彻执行《中华人民共和国药品管理法》和 GMP、GSP 等药事管理法律、法规。

2. 市场竞争激烈　产品的消费者并不掌握产品的选择权,受医生、药店店员或者广告宣传引导较为普遍。

3. 市场的随机因素多　如气候异常引起的流行性疫情、自然灾害、事故、战争等会增大销量,且时间性强。

4. 营销的集约程度高　必须有与经营相适应的管理职责、人员与培训、设施与设备、进货、验收与检验、储存与养护、出库与运输、销售与售后服务、批发与零售的管理规范。

二、医药商品销售的原则

在进行医药商品销售的时候,必须遵守以下原则:

1. 合法性原则　医药经营企业必须依据有关法律法规,将商品销售给有合法资格的单位和个人。

2. 安全性原则　销售国家特殊管理的医药商品,必须严格按照国家有关法规如《麻醉药品和精神药品管理条例》《医疗用毒性药品管理办法》等规定执行。销售危险品必须按《危险化学品安全管理条例》的规定执行。

3. 真实性原则　销售人员必须正确介绍医药商品的性能、用途、用法、用量、禁忌和注意事项等,不得误导用户。

4. 有效性原则　医药商品必须符合有关法律法规及其质量标准所规定的各有关性能、效用、时效性等指标要求,医药商品的有效性是企业信誉的重要保证。因此,企业应从合法的医药企业进货,对其合法资格严格确认,做好记录。

5. 社会性原则　是指企业必须满足社会各行各业、各层次人员对医药商品的需求。

6. 经济性原则　医药商品销售是一种经济活动,企业要在销售活动中实现经济效益。

7. 适用性原则　医药商品经营企业要针对消费对象和医药商品的特点开展销售活动。

8. 稳定性原则　医药商品销售要保障市场需求,保障人民群众对医药商品的需要。

三、销售部门岗位设置与业务内容

(一)销售经理

1. 职责　销售经理主管药品的销售工作,负责销售指标的制定和分解、营销队伍的建设、进行客户关系的管理,确保辖区工作目标的完成。此外,还负责所辖区域的公关工作,与工商、税务、卫生、药监和城管等政府职能部门进行协调。

(1)主持所辖区域的营销例会,总结上个阶段的工作,部署下个阶段工作。

(2)对销售费用开支拥有一定的管理权限。

(3)对所辖业务员的工作进行监督检查,奖惩考核。

(4)对所辖区域市场的开发和促销方案做出决定。

2. 业务管理工作

(1)客户的确定和开发:销售经理对于客户的开发范围确定,需要做通盘考虑,把有限的人员和资金用到最重要的地方。在客户选择时,一般考虑如下因素:

1)本企业销售实力和网络覆盖能力:如企业实力强、药品品种较多,则市场可以选择多一些、大一些。网络覆盖广的公司,可以将客户定位到区县甚至乡镇一级。

2)重点销售市场和一般销售市场:企业在选择的若干个目标市场中应确定出重点销售市场,并兼顾一般销售市场。

3)本地销售市场和外地销售市场:企业实力强,可将本地、外地销售市场同时作为自己的目标市场。若外地竞争对手多,本地竞争对手少,则选本地销售市场作为自己的目标市场。

4)当前销售市场和长远销售市场:当前销售市场是完成企业近期销售目标的关键,应花大力气经营好。此外,还要关心长远销售市场,对未来销售市场进行布局。

确定销售市场后,并不等于拥有了现实的销售市场,还需要研究并采取一系列的市场开发策略。比如选择药品进入销售市场的时间、速度和空间位置;选择药品进入销售市场的销售策略,是人员促销还是广告促销等。在开发市场的同时,要树立和突出本企业鲜明的经营特色。

(2)销售计划的制订与分解实施:销售经理应有较强的年、季、月销售方案的拟订能力,销售报表的制订、分析能力;做到能发现问题、分析问题和解决问题,将指标细分化,具体分配到月份,并落实责任到每个销售业务员。

为了使销售计划制订得尽量完善和合乎实际,一般要经过如下步骤:

1)**分析现状**:对当前市场状况、竞争对手及产品、销售渠道和促销工作等必须进行详细的分析,组织市场销售调研部门开始进行销售预测。

2）确定目标：销售部门应当把前一期的执行情况、对现状的分析、预测结果三者结合起来，提出下一期计划切实可行的销售目标。

3）制订销售策略：确立目标后，企业各部门制订出几个可供选择的销售策略方案，以便从中进行评价选择。

4）评价和选定销售策略：评价各部门提出的销售策略方案，权衡利弊，选择最佳方案。

5）综合编制销售计划：由销售经理负责把各部门制订的计划汇集在一起，经过统一协调，编制每一产品销售计划，包括销售量、定价、广告、渠道等。综合每一产品的销售计划，形成公司的全面销售计划。

6）对计划加以具体说明：凡是与计划有关的情况，都应尽量说明。如以金额表示销售量的大小；企业目前市场占有率的大小；预期销售量的金额是多少以及广告费、杂费、总的市场活动成本、销售成本占销售收入的比例、毛利、毛利占销售收入的比例等。

7）执行计划：计划一经确定，各部门就必须按照既定的战略执行，以求达到销售目标。

8）检查效率，进行程序控制：在执行计划时，要按照一定的评价和反馈制度，了解和检验计划的执行情况，评价计划的效率，即分析计划是否在正常执行。如出现意外，销售部门要及时修正计划，以适应新的情况。

完整的药品销售计划表包括药品的基本情况、销售方式、销售对象、销售利润、目标销售量、库存增（减）量、目标销售额、市场占有率及销售费用等（表8-4）。

表8-4 药品销售计划表

药品名称	目标销量
规格	库存增（减）量
销售方式	目标销售额
销售对象	市场占有率
销售利润	销售费用

制表：　　　　　　　　审批：　　　　　　　　制表日期：

销售计划制订完毕，要对销售计划进行分解落实，以保证计划能得到贯彻实施。计划分解主要包括：①销售总值、类值指标的确定：销售总值指标表明企业在一定时期内的业务规模，是企业安排人员、资金、药品货源、库存量、财务的依据。在对计划期内市场调查与预测结果、消费者购买力水平、本企业前期销售计划的执行情况、本企业现实销售形势的分析预测、本企业计划期的经营能力和货源状况等进行综合分析后，就可确定药品销售计划的销售总值了。类值指标是指在药品销售计划中不同品种药品销售指标的具体化。类值指标的确定应根据目标市场的结构和消费需求估算两方面来分析，在确定药品销售总值的基础上，根据市场发展趋势，结合本企业销售构成的历史实际情况来测算。②主要品种指标的确定：主要品种是企业经营的主要类别，最能反映企业的经营特点。确定主要品种指标的方法同类值指标的确定方法基本相同，但对需求弹性、寿命周期、货源保证、市场占有率等因素也应进行分析。③数量指标的确定：数量指标是企业经营的最大限量，也是实现目标利润的重要依据。确定数量指标时,应考虑前期实际完成的数量总额、在目标市场的占有率、消费者购买力的比率、目标市场竞争对手情况等方面。

销售计划的目标、任务(指标)分为计划目标和确保目标。计划目标是企业和公司的理想结果,确保目标是企业或公司必须达到的结果。销售计划的完成率应与销售经理及业务员的收入直接关联。

(3) 销售市场的建设

1) 销售渠道的建立与维护:销售渠道的建立与维护直接影响到企业的发展。药品批发企业的主要任务是将制药企业生产出来的产品,通过自身的网络,尽快输送到终端消费者手中,因而自身的业务覆盖能力非常重要。但毕竟各个药品批发企业业务覆盖能力是有限的,为自身业务发展的需要,药品批发企业既要选择最优的终端销售渠道,也可选择有调拨能力的其他药品批发企业弥补自身渠道不足,使自己的网络覆盖能力尽量完善。

2) 销售品种结构的确定:企业销售的品种从重视程度,可划分为骨干品种、辅销品种及后续品种(试销品种)。销售经理应按企业总体战略来分配人力、物力和财力,以此将各品种的销售比例控制在科学、合理的范围内。总的说来,在市场开发初期,骨干品种占有绝对的销售量,有的甚至占98%以上。随着市场的逐渐成熟,辅销或试销品种的销售比例必须稳步上升,以规避经营风险。

3) 销售终端的开发与维护:终端是企业的销售窗口,也是最贴近消费者的一环。医药商品销售终端主要是医院和药店。在对医院销售终端的开发上,销售经理应谙熟各大医院的进药程序,并与关键环节的人员和核心人物保持密切的长久联系,与之形成战略伙伴关系,为药品的持续使用及新产品的准入打下良好基础,扩大市场占有率。对于不熟悉的目标医院,销售经理应指导和协助业务员拜访,逐步掌握医院运作环节和人际关系,以期迅速达到目标。随着国家医疗改革的深入,对OTC市场的开发日益重要,竞争也日益激烈。销售经理同时应关注OTC市场,注重药品在药店终端的销售。在终端维护上,要以诚相待,不能将良好的社会关系仅建立在金钱上,应注重公司形象和经营特色,以优质服务和优质品种与客户建立长久关系。

(4) 销售人员的聘用与配置:人是管理中最核心的要素。销售经理有相对独立的人事权。对业务人员的配置要人事结合,将活泼外向、善交际的人安排到前端销售,将踏实、稳健的人员安排到内务岗位,应适时引导业务人员向最有利的方向发展。销售经理要将利益分配向勤勉、上进的员工倾斜。

(5) 营造宽松和谐的销售环境:在公司内部,要做到信息渠道通畅,以使公司员工形成一个团结的队伍,朝同一个方向努力,激发下属的上进心;倡导学习风气,了解国家及行业经济信息,了解先进的营销经验及同类药品相关信息。时常对销售人员进行访谈,在生活上关爱下属。在外部环境方面,要对工商、税务、药监、卫生系统等部门进行拜访,建立良好政府关系。

(二) 药品销售员

1. 药品销售员 一般是指直接从事药品批发业务的工作人员。从事药品批发销售工作的人员,应经岗位培训和地市级以上药品监督部门考试合格后,取得岗位合格证书,方可上岗。药品销售员应该知识丰富,对产品知识、医药学知识、心理学和社会学知识、管理学和营销学知识、经济学知识和市场学知识等均有一定了解,熟练掌握各种销售技巧,热情、诚实,服务周到,正确介绍药品,不虚假夸大和误导客户。

药品批发企业销售人员根据其目标客户的不同一般可分为以下三类：

（1）调拨销售人员：主要负责与其他商业企业联系购销业务。

（2）终端销售人员：负责药店诊所的配送和回款。

（3）医院销售人员：负责医院的送货和回款。

2. 药品销售员的职责

（1）负责与商业企业或者医院、药店的业务联系，采集订单，宣传公司形象，扩大公司在区域市场上的竞争力，提高公司经营产品的销量，并尽可能提高毛利率。

（2）选择最佳目标客户，跟踪客户信息，了解客户资金状况，尽量避免回款超期或者不能回款的情况。

（3）与药品生产企业的促销活动密切配合，并有机地与本公司的市场开发策略或活动相结合，达到资源配置的最大化，以获取最高的利益。

（4）正确介绍药品的性质、性能和用途，要对客户负责。

（5）严格执行"适销对路""以销定购""择优选购"的原则。根据市场动态和库存状态合理提出建议，强化有效销售，保持合理库存，优化品种结构。

（6）严格执行"先进先销""近期先销"的原则，对长时间不动销、少动销或失效期临近的药品要积极采取措施解决并及时向有关部门反映汇报。

（7）接到质量问题通知单后，要立即停止销售，依照处理程序及办法及时处理。

3. 药品销售员工作中需注意某些问题 ①保持良好的专业形象。如服饰整洁，仪容端庄，态度诚恳，言谈举止得体等，给客户留下良好的第一印象。②自信、真诚。自信和真诚至关重要。要坚信你所从事的工作是高尚的，坚信你的工作是有益于大众的，要对你的工作、公司、产品和客户深信不疑。要让客户对你产生信任，让客户感到你和其他公司的职员是有区别的。要用恰当的语言表达你和公司很乐意与客户长期合作，但不要让客户感到不切实际。③建立和谐的气氛。包括选择恰当的时机切入话题、使用恰当的称呼、使客户感觉自然且受到尊重、保持双向交流等。④对客户兑现上次拜访中的承诺，应表示衷心感谢，及时感谢给客户以信心，进一步表示出真诚合作的愿望；进一步说明在上次拜访中达成的共识，并要求客户做下一步的承诺，根据实际情况适时提出适当要求。⑤如果客户没有兑现上次拜访中的承诺，应查询原因，在合适场合重新说明在上次拜访中达成的共识，并且要求客户再次承诺采取这一行动，但要委婉处理，不要伤及客户的自尊心。⑥收集、掌握信息。信息的内容包括相关政策、公司规模、经营状况、资金、人员、库存等。要持续地、清晰地传递关键信息。传递关键信息的目的是强化客户对公司及其药品以及市场的了解，增加对公司及其药品的兴趣与信心。传递关键信息的重点在于对信息及时、充分的了解，包括国家相关政策，市场情况形势的改变等。信息与客户的利益密切相关，药品信息、公司商务政策、政府部门相关政策、市场最新动向等信息均关系到未来新的销售增长点，关系到公司经营利润的提高。

4. 药品销售员的业务工作

（1）业务规范：按GSP的要求，销售员在销售药品时，要注意规范以下行为：

1）销售对象的选择：应依据有关法律、法规和规章进行销售。要将药品销售给具有合法资格的单位。在销售药品时，要对销售对象进行资格确认。

2）销售票据和记录：药品销售应开具合法票据，做到票、账、货相符。要按规定建立销售记录，销售记录应记载药的品名、剂型、规格、有效期、生产厂商、购货单位、销售数量、销售日期等项目内容。销售记录和票据应按企业销售记录和票据管理制度的有关规定进行保存。销售记录应保存至药品有效期1年，但不得少于3年。

3）销售过程中药品质量问题的处理：销售过程中发现质量问题要查明原因，分清责任，采取有效的处理措施，并做好记录。要针对销售过程中出现的质量问题按照企业的相应制度规定的处理办法和程序进行处理，并针对问题查找原因，明确责任，采取措施，做好记录。

4）已售出药品质量问题的处理：对于已售出的药品，如发现质量问题，应按药品质量问题处理程序和相关制度及时向企业的质量管理机构和质量领导组织报告，必要时要向省市药品监督管理部门报告，要求采取措施及时追回药品并做好记录。

5）特殊管理的药品：销售特殊管理的药品应严格按国家有关规定执行。

6）药品直调管理：药品直调是指将已购进但未入库的药品，从供货方发送到向本企业购买这一药品的需求方。从其他商业企业直调的药品，本企业应保证药品质量，并及时做好记录。因为当药品直调时，企业有商流，而无物流，药品不入库，这是最有可能发生质量失控的经营行为。因此，当发生直调时，本企业质量验收人员必须对药品进行检查并做记录，检查地点可在发货方或收货方，但决不允许委托检查和验收。

（2）市场开拓：药品批发企业与药厂、医院、药店是紧密的战略伙伴关系。医院、药店本身不具备与药厂直接联系的条件，因为医院一次性进货品种少，需与多个厂家发生联系，增加工作量；同时医院经营品种多，没有检测手段。作为生产某一类药品或几个品种的生产企业，愿意利用药品批发企业强大的销售网络和物流配送能力，把药品交给批发商进行销售代理或物流代理，所以，药品批发企业要与生产企业结成合作联盟，共同开发市场。

1）医院市场开拓：从药品批发企业进入医院的药品一般有以下三种情况，这就使得销售员的具体分工不同：①生产企业已将该药品在医院的前期开拓工作做好，只是利用批发企业进行物流配送，批发企业业务员只需到医院收集采购计划，按时送货，及时回笼货款；②对于常用普药之类的药品，批发企业业务员跟医院药库采购部门联系，医院向医药公司选购；③厂家没有能力或精力开发医院业务，会授权给药品批发企业做代理，由批发企业销售员做市场开拓。

选择客户对业务员非常重要，尤其对客户资金动向了解尤为关键。例如，一个医院要盖门诊大楼，那么送货要谨慎，以免回款不及时或者不能回款。此外，还要及时了解医院药品销售情况和库存管理情况，避免出现药品临近失效期的情况和退货现象，减少不必要的损失。

2）零售市场的开拓：①连锁药店：可通过联合厂家和连锁药店签订共建网络协议，取得较优惠价格供货；新产品在连锁药店上架往往需要一定上架费用（进场费），但可以迅速将产品铺开；畅销品种争取获得厂家独家经销权，可垄断市场。②单体药店：最好能联合厂家，组织多家药店定期召开订货会、促销会等。单体药店品种多，量小，较为琐碎，且有资金风险，需要注意。

3）终端维护:所谓终端,就是指一切能够直接面对消费者,能够形成直接销售的单位。对终端的维护,主要体现在下面几个方面:①政策维护:在营销策略上,企业通过设立客户信息表,进行信息反馈,不定期与厂家联合召开订货会,不定期搞促销活动等进行终端维护。一般都是批发企业依托生产企业进行促销活动,批发企业很看重在终端有影响力的产品和厂家,因为可以帮助他们做终端维护。有号召力的厂家特别受批发企业重视。②人员维护:对一个销售人员来说,维护好客户关系是必须具备的能力。与客户关系处理时,注意把握好细节,将给工作带来很大方便。例如使用备忘录或记事本,每天要查看备忘录,同客户经常电话联系、问候,重复销售信息,与客户交谈时,要热情、诚恳,建立客户档案等。

> **知识链接**
>
> **药品销售市场终端**
>
> 　　第一终端主要是指医院市场,目标为医院;第二终端包括连锁药店和单体药店;第三终端指乡镇卫生院、诊所及配送不能覆盖的农村市场。这种分法只是从市场运作方便出发,并无严格定义。在第一、第二市场竞争激烈接近饱和的情况下,对第三终端的掌控成为一个公司新的销售增长点。

（3）售后服务:在销售工作完成后,要注意售后服务工作,具体售后服务内容一般包括向客户介绍药品使用和注意事项,药品退换货处理,药品急送服务,医院间调剂余缺等,有些药品批发公司还与医药培训部门合作,提供医生药师进修学习机会等。

点滴积累

1. 医药商品销售是联系生产与社会需求的纽带,是增加企业利润,提高企业社会经济效益的直接手段。
2. 医药商品销售环节保证药品质量,依法依规,重点做好首营单位和首营品种的审核把关工作。

第五节　药品批发企业药品储存与养护

一、药品储存与养护的原则

医药商品储存必须遵循及时、准确、经济、安全的原则。及时,就是要做到入库、出库及时,以加速商品流通。准确,就是商品出入库时,必须严格验收数量、品种规格、质量包装,做到单、货相符。商品在库保管时,做到账、货、卡三相符,数量准确,不出差错。商品堆码有序,便于清查盘点。经济,就是尽可能地节省人力、物力和财力,不断改进堆码技术,合理利用仓库面积、容积,提高单位面积利用率,增加商品储存量,改进操作方法,充分发挥设备效能,提高劳动效率,降低保管费用,达到预期的经济效果。安全,就是根据各类不同商品的特性,加强商品养护工作,做好防火、防盗、防自然灾害、防危险事故、防商品霉变残损等各种预防措施,确保商品、设备和人身安全。以上四个方面是相互联系,相互制约的,应全面考虑,不能顾此失彼。

二、药品储存与养护的任务

药品储存与养护属于物资管理的范畴,其基本任务是组织实施商品的收发和保管、养护,为医药商品的流通服务。具体地说,主要有以下三个方面任务:

1. 安全多储　要求合理使用仓库的面积和容积,提高单位面积储存量,对保管的商品做到数量准确,质量完好。在保证安全的前提下,通过划区分类管理,更多更好地储存商品。

2. 收发货物方便迅速　仓库的收发货工作要方便客户,提高服务质量。在执行必要的仓库管理规章制度的前提下,尽可能手续简便,作业迅速,从而加快商品的流转,提高资金利用效率。

3. 降低保管费用　要运用经济手段管理仓库,建立健全各种形式的责任制,提高仓储的科学管理水平,不断降低仓储费用。

三、药品储存与养护各岗位工作内容

(一) 药品验收员

药品验收员负责对药品包装、外观质量等进行验收,保证入库药品数量准确、质量完好,防止不合格的药品和不符合包装规定要求的药品入库,并填写药品质量验收记录。药品验收员的业务工作内容主要有:

1. 药品验收员在验收药品时,应核对药品采购计划,对与计划不符者,请药品采购员予以解释。

2. 检查药品规格、数量、剂型、生产厂家、出厂日期、有效期、外包装、批发价、折扣价等。对于药品剂型、规格、数量与发票不符者,不予入库;对于有效期短、外包装破损、污染等可能影响药品质量者,退回供货方。若批发价、折扣价有变动,通知采购员与供货方联系,供货方应提供调价依据,进行确认或冲减。

3. 对进口药品的验收,要有盖红色印章的、口岸药检所出具的《进口药品注册证》《进口药品检验报告书》复印件。该报告书应明确标有"符合规定,准予进口"的结论。核对检验报告书的药品名、规格、批号、有效期与药品实物是否一致。对于有疑问的检验报告书,上报有关主管部门,请求确认。

4. 对特殊管理药品的验收。对麻醉药品、一类精神药品、医疗用毒性药品,实行双人验收制度。

5. 企业对质量不合格药品进行控制性管理。发现不合格药品,要按要求和程序上报,明显标识,专库区存放,查明原因,分清责任,及时处理并预防,确认、报告、报损、销毁手续完备,记录规范,并进行汇总、分析。

验收后若各项目均符合要求,则由药库管理人员在发票上签字入库、打印入库清单。药库管理人员再核对入库清单和发票,相符则签名存查,对有某方面不符合规定不能入库的药品,另行登记、备查。

验收员对下列情况有权拒收:①未经卫生行政部门或有关主管部门批准生产的品种;②假冒厂牌和商标的药品,以及无注册商标的药品;③工厂未做检验或正在检验尚无确认合格结论的药品;④无法定标准或质量不合标准规定的药品;⑤无化验报告、测试报告或出厂合格证书;⑥技术标准对某项指标没有规定,而药品的实际质量又严重影响其使用价值或完整性;⑦包装及其标志内容不符合规定要求,或缺乏必要的使用说明。

药品验收员在验收时,很难做到每个最小包装都仔细检查,一般采用抽样验收的方法。在验收抽样的时候,要注意对购进、销后退回的药品逐批验收;验收抽取的药品应具有代表性;验收抽样必须科学;对包装、标签、说明书、证明文件逐一检查。抽样方法,一般一批购进数量为50件及少于50件的,抽2件;50件以上每增加50件多抽1件。每件上、中、下抽3个以上小包装。如外观有异常,加倍抽样复检。

验收完毕,要规范、完整地填写药品验收记录,具体包括供货单位、批号、数量、生产厂商、到货日期、有效期、品名、质量状况、剂型、验收结论、规格、验收人员等。

(二) 药品仓库保管员

药品仓库保管员负责对库存药品进行合理储存,对仓库内温湿度等储存条件进行管理,按月填报临近失效期药品的催销表,根据凭证进行药品的收发。具体业务工作主要有:

1. 按照安全、方便、节约的原则,合理利用仓容。药品堆垛应留有适当的墙距、垛距、顶距、灯距、底距,并做到堆码合理、整齐、牢固、无倒置现象。药品与墙、屋顶(房梁)的间距不小于30cm,与库房散热器或供暖管道的间距不小于30cm,与地面的间距不小于10cm。

2. 按药品质量、性能及储存要求分类存放,不同性质的药品不能混存、混放。药品与非药品、人用药与兽类药、内用药与外用药、一般药与杀虫灭鼠药、处方药与非处方药以及性能相互影响、易串味、名称容易搞错的品种,必须严格分开存放。麻醉药品、一类精神药品、医疗用毒性药品、放射性药品等特殊管理药品,要专库或专柜存放,双人双锁,专账记录,账物相符。二类精神药品要有相对独立的储存区域,加强账、货管理,严格管理制度。

3. 根据药品温湿度要求,按照规定的储存条件存放。将需要保存在-20℃以下的药品放冰箱冷冻格保存;将需要在2～8℃冷暗处保存的药品存放在冷库里;将需要在25℃以下阴凉处保存的药品存入阴凉库;室温保存的药品存放在常温库,仓库的相对湿度控制在45%～75%。

4. 不合格药品(包括过期失效、霉烂变质的药品)应存放在不合格品区,并有明显标志。不合格药品的确认、报告、报损、销毁应有完善的手续和记录。药品储存实行色标管理,其统一标准是:待验药品区、退货药品区为黄色,合格药品区、待发药品区为绿色,不合格药品区为红色。

5. 设立在库效期药品管理表和效期标志,对临近失效期药品应按月填报效期报表;对储存中发现有质量疑问的药品,不得摆上柜台销售,应及时通知质量管理人员进行处理;对存放达5年的药品应及时抽样送检并做详细记录,保证库存药品质量完好。

6. 按生产日期或批号将库存药品顺序存放,后生产的在下,先生产的在上,远期的在下,近期的在上。贯彻药品"先产先出""近期(失效期)先出"和按批号发货的原则。

7. **按单配货** 保管人员接到出库凭证后,按其所列项目核查无误,先核销实物卡片上的存量,然后按单从货位上提取药品,按次序排列于待运货区。复核保管人员将货配发齐后,要反复清点核对,保证数量、质量。既要复核单货是否相符,又要复核货位结存量来验证出库量是否正确,发出的零星药品在核对包装时要有两个人在场;发出特殊管理的药品、贵重药品,也必须有两个人,仓储部门领导必要时要亲自进行复核。

8. **编配包装** 理货待运整包装药品可以直接运输,零星药品需要集中包装。包装妥善后,在出库凭证上填写实发数,整箱注明包装情况,零散箱时注明箱号,并计算件数、毛重、体积,向组织计划部门点交。运输人员按照运送要求,分单位集中,进行发运准备。

9. **销后退回药品的管理** 凭销售部门开具的凭证收货,存放于专区,专人保管,专账记录,待验收合格记录后,放入合格品库(区),退货记录保存 3 年。

10. 对验收中发现质量或数量不符的代管品,负责代为妥善保存。未经解决,不得调出销售,应另类存放,并挂上代管标签,避免错销错调。对被确定为伪药、劣药的在库药品,一律不准调出销售,要妥善管理。待上级做出处理意见后,遵照执行。

11. 根据仓库管理制度,定期组织人员盘点。盘点内容除药品剂型、规格、数量外,还有药品的有效期、有效期内药品有无变质现象。对盘点后发现账、物不符合,要及时查找原因,予以更正。对有效期较近的药品及时报告,减少企业损失,对有效期内变质的药品及时报废。必要时可随时进行盘点。

(三) 药品养护员

负责定期检查在库药品储存条件及库存药品质量,采取科学有效的养护方法,定期汇总、分析和上报药品养护质量信息,指导保管员对药品进行合理储存,负责验收养护储存仪器设备的管理等工作。

案例分析

案例

为保证高温、梅雨季节涉药单位的药品质量安全,2017 年 5 月中旬以来,某市食品药品监督管理局开展专项监管活动。 具体内容包括:一是规范药品经营日常管理,对储存条件、养护、温湿度控制等进行检查;二是开展重点品种的监督检查;三是开展抽样检查。

分析

药品批发经营企业应树立药品质量意识,在高温、梅雨季节应加强对药品养护人员的管理,做好养护记录、温湿度监控,发现不符合温湿度要求的及时采取有效调控措施。

药品养护员具体业务工作主要有：

1. 指导保管人员对药品进行科学储存 药品养护员在日常管理过程中,应对在库药品的分类储存、货垛码放、垛位间距、色标管理等工作内容进行巡查,及时纠正发现的问题,确保药品按规定的要求合理储存。

2. 仓储条件的监测与控制 药品仓储条件的监测与控制内容主要包括库内温湿度条件、药品储存设备的适宜性、药品避光和防鼠等措施的有效性、安全消防设施的运行状态。

库房温湿度的监测及控制,每日上下午定时各一次。若库房温湿度超标,应及时调控,做好库房温湿度记录。

3. 对库存药品定期进行循环质量抽查 循环抽查的周期一般为一个季度,易变质药品要缩短抽查周期。

4. 对抽查中发现的问题,应提出处理意见和改进养护措施,配合保管员对有问题品种进行必要的整理。

5. 对于中药材和中药饮片,按其特性,采取干燥、降氧、熏蒸等方法养护。

6. 根据季节气候的变化,拟订药品检查计划和养护工作计划,列出重点养护品种,并予以实施。重点养护品种范围一般包括主营品种、首营品种、质量性状不稳定的品种、有特殊储存要求的品种、储存时间较长的品种、近期内发生过质量问题的品种及药监部门重点监控的品种。重点养护的具体品种应由养护组按年度制订并调整,报质量管理机构审核后实施。

7. 对于因异常原因可能出现质量问题的药品和库存时间较长的药品,报请质量管理机构复查处理。

8. 建立药品养护档案。

9. 对重点品种开展留样观察,寻找变化的原因及规律,为指导合理库存、提高保管水平和促进药厂提高产品质量提供资料。

10. 开展养护科研工作,逐步使仓库保管养护科学化、现代化。

点滴积累 ∨

1. 医药商品储存必须遵循及时、准确、经济、安全的原则。
2. 药品储存与养护各岗位人员应明确各自的业务工作内容。

目标检测

一、选择题

（一）单项选择题

1. 下列哪项不属于药品批发企业的销售对象（　　）

　　A. 医院　　　　　　B. 医药公司　　　　　C. 药店　　　　　　D. 患者

2. 药品批发企业与药品供应商货款结算主要方式有（　　）

　　A. 先货后款　　　　B. 货到付款　　　　　C. 先款后货　　　　D. 以上都是

3. 药品批发企业调拨业务员负责的客户类型是(　　)

  A. 医院客户 B. 商业客户   C. 零售药店   D. 连锁药店

4. 药品批发企业终端业务员负责的客户类型是(　　)

  A. 医院客户 B. 商业客户   C. 零售药店   D. 药店和诊所

5. 药品批发企业药品销售员业务要求不包括(　　)

  A. 市场开拓 B. 终端维护   C. 售后服务   D. 积极进取

（二）多项选择题

1.《处方药与非处方药分类管理办法》规定(　　)

  A. 药品与非药品分开存放

  B. 处方药与非处方药分开存放

  C. 内服药与外用药分开存放

  D. 性能相互影响、易串味药品分开存放

  E. 麻醉药品等特殊药品应要专库或专柜存放,双人双锁,专账记录,账物相符

2. 药品批发企业购销合同的内容,主要包括(　　)

  A. 标的   B. 数量和质量

  C. 违约责任   D. 价格

  E. 履行期限、地点和方式

3. 药品批发企业采购的基本要求(　　)

  A. 以市场调查为前提   B. 以适销对路为根本

  C. 以采购计划为保证   D. 互惠互利

  E. 注重效益

4. 药品采购经理的岗位职责(　　)

  A. 确定医药采购方式   B. 选择供应商

  C. 首营审核   D. 采购人员考核培训

  E. 协调采购与其他各部门关系

二、简答题

1. 首营单位和首营品种审核项目主要包括哪些?

2. 如何制订药品销售计划?

3. 药品储存管理有哪些工作岗位? 具体职责是什么?

三、实例分析

1. 浙江省杭州市 A 大药房连锁有限公司因扩大经营规模,需购置柜台、办公桌椅,经实地考察和比较,决定向位于本市经营该类物品的 B 经营企业购买,为此双方进行了洽谈。

  试问双方应就哪些问题进行洽谈?

2. 胃可舒有抑酸、解痉、止痛作用,临床用于治疗消化性溃疡。其处方组成为每 100g 内含氢氧

化铝 40g、碳酸钙 25g、碳酸氢钠 20g、颠茄浸膏 0.25g、薄荷油 0.289ml。

　　请依据该处方组成及质量稳定性分析,给予该药品储存与养护的合理化建议。

(徐茂红)

实训七　拟定药品购销合同

【实训目的】

1. 明确医药批发企业药品购销合同条款及主要内容;

2. 明确医药批发企业药品购销合同的订立方法。

【实训内容】

模拟情景:A 药品批发企业拟从 B 药品生产企业购进一批 C 药品,你是 A 企业的法人,与 B 企业签订药品购销合同。请拟定该药品购销合同文本。

教师随机抽选几名同学向全班同学汇报,汇报形式可自行确定。汇报完毕后,学生讨论,教师总结。

【实训要求】

1. 熟悉药品购销合同条款及主要内容;

2. 熟悉药品购销合同文本的制订。

【实训报告】

拟定 1 份规范的药品购销合同文本。

【实训评价】

小组评分标准

评分项目	项目分值	小组得分	备注
能够正确表述合同条款内容	2分		
能够正确制订合同文本	3分		
合同文本具体、可操作	3分		
实训态度良好,参与度高	1分		
实训汇报逻辑性强,表达顺畅	1分		
总分	10分		

(徐茂红)

第九章

药品零售企业经营管理

——菲利普·科特勒:"终端是离消费者身体最近的地方"

ER-09章PPT

导学情景 ∨

情景描述

一位顾客在某药店购买了 2 盒妇科外用栓剂,前几天打开第二盒使用时,发现胶囊栓剂已溶化。顾客认为这是假药。因顾客未保留药店的购物小票,且购买时间过长,店方很难对药品的具体出处和保存情况加以核实。药店店长暂未给顾客明确答复,只是说讨论后再给予回复。

一周过去,顾客仍没有得到任何合理的说法,一气之下便到店里,要求店方给个说法。而店长看了顾客带来的药后,认为胶囊溶化是因顾客保存不当所致,不属于药品"三包"之内,同时,以无购物小票为由,拒绝顾客提出的赔偿要求。顾客只好找消费者协会做鉴定。鉴定结果显示,顾客购买的药品与该店货架上的产品批号一致。执法人员打开货架上另外 2 盒同种商品,发现胶囊均有不同程度的溶化变质现象。后经过协商,店长为顾客退换了变质商品,同时赔偿了 100 元的误工费,以息事宁人。

学前导语

此事件中该药店人员应承担主要责任。顾客购买的不仅是一件商品,还是一种完善的售后服务和心理上的享受。经营以和为贵,药店想要维护好客情关系,就要在工作中做到细心、耐心、小心,方能赢得顾客的满意与信赖。

药品是一种特殊商品,其质量关系到病人生命的安危。药店是一种特殊的经营场所,对药店的经营与管理行为,国家有着系统、严格的政策和法规,申请开办药店需要一定的条件和手续,具有其特殊性。因此,和普通的百货商店、超市等零售终端相比,药店销售具有其与众不同的一面。对药店的有效管理以及应用,能很好地提高医药产品的销售,提高广大消费者的医药消费水平与质量。

第一节 药品零售企业概述

一、药品零售企业的概念与作用

1. 药品零售企业的概念 药品零售企业主要是指从药品生产企业或药品批发企业购进药品,直接销售给最终消费者用以防治疾病的企业组织。药店就是药品零售企业的最主要形式,有的国家称为社会药房。

2. 药品零售企业的作用　药品零售企业处于药品流通环节的终端,在医药流通体系中具有重要作用。

(1) 直接向病患消费者提供其所需的药品。零售企业数量庞大,遍布城乡,将多种成批的药品拆零,使消费者可以很方便地购买到所需的药品,满足群众医疗保健的需要。

(2) 药品零售企业不仅向社会销售药品,还具有提供药学服务的功能,对病人防病治病、合理用药起着重要作用。

(3) 药品零售企业是实现医疗企业与消费者信息沟通的纽带,有助于医药企业及时掌握市场信息,更好地适应市场需要,组织其生产经营活动。

(4) 药品零售企业与一般消费品零售商不同,属医疗保健系统的重要组成部分,也是实施医疗保障制度的渠道之一。

在我国,随着医疗卫生管理体制的完善,药品零售在药品市场所占的份额和所起的作用会越来越大,零售药店将成为患者购药的主要渠道。

二、药店的特殊性

1. 药店要依法开办　药店必须根据《中华人民共和国药品管理法》及国家的有关规定,按程序领取《药品经营许可证》和《营业执照》,并要通过 GSP 验收,方可经营药品。否则,属于非法经营。

2. 对从业人员的资格有严格的要求　企业法定代表人或者企业负责人应当具备执业药师资格。质量管理、验收、采购人员应当具有药学或者医学、生物、化学等相关专业学历或者具有药学专业技术职称。从事中药饮片质量管理、验收、采购人员应当具有中药学中专以上学历或者具有中药学专业初级以上专业技术职称。营业员应当具有高中以上文化程度或者符合省级药品监督管理部门规定的条件。中药饮片调剂人员应当具有中药学中专以上学历或者具备中药调剂员资格。企业各岗位人员应当接受相关法律法规及药品专业知识与技能的岗前培训和继续培训。

3. 对从业人员健康状况有严格的要求　对直接接触药品岗位的人员要进行岗前及年度健康检查,并建立健康档案。患有传染病或者其他可能污染药品的疾病的,不得从事直接接触药品的工作。

4. 药店经营活动具有较强的政策性　药店必须严格遵守国家有关法律法规,并依据这些法规形成药店日常经营管理的各项规章制度来规范药品经营行为。

5. 有保证药品质量的设施设备　企业的营业场所应当与其药品经营范围、经营规模相适应,并与药品储存、办公、生活辅助及其他区域分开。营业场所应当具有相应设施或者采取其他有效措施,避免药品受室外环境的影响,并做到宽敞、明亮、整洁、卫生。企业应当建立能够符合经营和质量管理要求的计算机系统,并满足药品追溯的要求。企业设置库房的,应当做到库房内墙、顶光洁,地面平整,门窗结构严密;有可靠的安全防护、防盗等措施。经营特殊管理的药品应当有符合国家规定的储存设施。储存中药饮片应当设立专用库房。

三、药店功能

药店作为药品流通的终端市场,其基本的功能是向消费者提供药品,以满足消费者对药品的需求,这是药店的基本功能。随着我国市场经济体制的建立和完善以及医疗体制改革的深入,药品零售市场的竞争日益激烈,药店的功能也不断地丰富和完善。药店的功能表现在以下三个方面:

1. 提供以药品为中心的健康产品　药店最为核心的功能是直接向消费者提供其所需的药品。近年来,随着药品零售市场竞争的加剧,药店经营的产品种类也发生了变化,经营保健品、化妆品、医疗器械等与健康相关产品的药店也越来越多。

2. 提供以药学服务为中心的健康服务　药店在销售药品的同时,还为消费者提供各种服务,如免费测量血压、电话购药、送药上门等。会员制服务在药店也蓬勃兴起,药店会员可以享受价格折扣、健康旅游等优质服务。

知识链接

药店会员制

药店发展会员制的初衷是将一些产品信息通过寄信、发手机短信、电子邮件等形式告知会员以及凭会员卡可以享受部分产品折扣优惠。在药店会员之间,由药厂和药店举办药品或药学知识讲座,药店会员制的内容逐渐丰富。对于药店会员,按照病种对其进行管理,已经走出产品优惠、信息发布的初级阶段,而是真正做到为会员的健康服务。

---

3. 提供以用药信息为主的健康信息　药店以橱窗布置、宣传物、健康指导、用药咨询等多种形式向消费者提供健康相关信息。

四、药品零售企业经营模式

(一) 药店分类

根据经营方式和所有权关系的不同,零售药店主要有三大类:连锁药店、单体药店和药品专柜。

1. 连锁药店　连锁药店是指由连锁总部统一进货、统一定价、统一管理的药店。连锁药店的经营模式是:制药/批发企业—连锁总店—连锁分店—消费者。连锁药店作为一种先进的营销经营管理模式,其优势在于:有连锁门店数量多、覆盖地区广的网络,通过统一管理、统一配送、统一定价、统一核算的规范化管理,对资源进行有效的整合,帮助制药企业提高销量和终端市场覆盖率;连锁药店大多拥有自己的配送中心,利用集约化的配送模式,既可以保证流通中的药品质量,又可以有效地控制流通环节和流通成本;连锁药店的规模优势使得在与批发商、制药企业的讨价还价中具有一定的话语权,有利于在成本控制上领先,有利于培育品牌。

对连锁经营模式的分类,一般是根据生产资料的所有权和经营的集中程度进行划分。连锁药店的经营模式主要有三大类:直营连锁、自由连锁和加盟连锁。

(1) 直营连锁:又称为正规连锁、一般连锁、有权连锁,这是原本定义上的连锁。

直营连锁的模式,就是若干具有相同性质,分布于不同地区的药品零售门店,隶属于同一资本所有权的控制之下,并由总部集中管理。连锁总部对各分店拥有所有权和经营权,可以统一制定经营策略,统一调配资金,统一管理人力资源、采购、配送、促销等业务活动,以大规模的经营优势与制药企业、药品批发企业发生业务关系。这种经营模式的控制力最强,各分店的经理(店长)不一定是企业的所有者,而是雇员。

直营连锁店的优势在于:①所有或大部分分店隶属于同一资本的经营系统,由总部在统一的经营方针指导下开展经营活动;②可以自主迅速地扩大经营,聘请优秀管理人员和经营人员,提高经营管理水平;③标准化的经营和管理,能够使人产生深刻的企业印象和信任感;④管理权集中与标准化的管理,可以提高销售效率,加快商品周转,减少管理费用,降低经营成本;⑤可以发挥总部的规模优势,打破各分店的界限,更合理地配置企业资源;⑥可以集中资金实力,推广应用现代管理技术和信息技术;⑦统一利用广告,共同分享广告效益,分摊广告费用;⑧大规模的连锁药店可以使批发、配送与零售的功能结合起来,形成综合的优势。

直营连锁的缺陷在于:①各门店缺乏自主权和应变的弹性,对区域性或个别性的市场适应力较差;②直营连锁的投资大、成本高。

(2)自由连锁:又叫意向连锁,它是指许多零售药店,在保护各自独立所有权的前提下,自愿联合形成一个连锁企业或批发企业,在总部的指挥和管理下,实行共同经营、统一采购、统一制定经营战略,以此降低成本,提高流通效率,获得更高经营利润。总部与各分店之间是协作与服务的关系。各分店拥有较大的自主权,要按销售额或毛利的一定比例向总部上缴加盟费和指导费;总部经营的利润也要有一部分返还给各分店。

这种自由连锁的必要性在于直营连锁的迅速扩张使单体药店的生存受到威胁,在这种情况下,自由连锁可以形成规模效益和集团化优势。

自由连锁药店的优势有:①可以使若干独立的单体药店在市场竞争中形成集团化优势;②各分店自愿联合,拥有独立的自主经营权,对当地的市场反应灵活;③各分店向总部缴纳加盟费,同时又通过培养人才、建设物流系统、信息系统的战略性投资形式向分店偿还,以强化连锁经营系统;④集中采购、统一经营,形成各分店独立经营所不具备的规模优势;⑤联合的目的主要是降低经营成本,促进经营合理化和现代化。

自由连锁药店的缺陷在于:①总部对各分店的约束力有限,对整体形象、经营水平难以达到统一的要求;②各分店经营品种、经营范围存在客观差异,所以统一经营的范围有限;③分店与总部之间缺乏资产关系纽带,难以形成更深入的联合。

(3)加盟连锁:又叫合同连锁、契约连锁,也是连锁药店的一种先进形式,主要是指连锁总部将自己拥有的商标、商号、专有技术和经营模式等,授予各加盟分店,各加盟分店按合同规定,在连锁总部统一的业务模式下从事经营活动,并向特许总部支付相应的费用。

加盟连锁的意义在于:特许总部可以在不直接投资的情况下,实现低成本快速扩张;各加盟药店在基本保持自身独立经营的同时,可分享总部品牌、信息、配送、服务等方面的优势,降低势单力薄造成的经营风险。在这种连锁形式下,各加盟药店只能在总部规定的区域内享有经营权,各加盟店对店铺拥有所有权,但经营权集中于连锁总部,各加盟店必须交纳一定的营业权使用费,并承担规定的业务。

　　加盟连锁药店的优势有:①连锁总部和各加盟分店在资产的所有权关系上是独立的,自负盈亏,因而分店是自主的利益主体;②经营管理权集中于总部,各零售加盟店在统一管理下,拥有用工权和进货权,总部与各分店之间是纵向联系,而各分店之间没有横向联系,有利于形成比较集中的整体优势;③有利于统一的企业文化和企业形象的确定,加强对消费者的潜在影响力。

　　加盟连锁药店的缺陷在于:①加盟连锁由于各分店在所有权上的独立性,往往带来药店外购药品的现象,很难实现国家规定连锁药店的统一形象、统一配送等"六统一"的要求,给药品质量留下隐患;②连锁总部的统一管理,很难适应各加盟药店商圈特点不一、及时反映市场需求的要求。

　　2. 单体药店　单体药店,有的称为独立药店,指仅有一家门店经营,具有独立法人资格,可以自行购货、辐射范围有限的药店。单体药店具有自身的优势:占位的便利性、管理成本低、运作灵活、价格低廉等。但是,单体药店也有其自身的不足,如经营规模小、资金有限、势单力薄等。孤立作战的单体药店要在激烈的竞争环境中生存下来并寻求发展,必须确定新的竞争策略,如加盟连锁、强化服务功能、打造品牌、形成特色、成立小药店联盟等。

　　3. 药品专柜　在大型商场超市内开设药品专柜也是一种零售渠道,其运作模式是:制药企业/经销商—药品专柜—消费者。药品分类管理办法将非处方药中安全性较高的部分药品划分为乙类药,乙类非处方药品可进入商场、超市销售,因此药品专柜成为此类药品销售的又一新渠道。乙类非处方药销售渠道的拓宽极大地方便了消费者购药,增加了药品的覆盖面和销量,对打破药品渠道的行业垄断发挥着积极的作用。

知识链接

基本医疗保险定点药店

　　1999年,劳动和社会保障部、国家食品药品监督管理总局制定了《城镇职工基本医疗保险定点零售药店管理暂行办法》。定点零售药店是指经统筹地区劳动保障行政部门审查,并经社会保险经办机构确定的,为城镇职工基本医疗保险参保人员提供处方外配服务的零售药店。定点零售药店须具备一定资格与条件,即:合法经营并健全完善质量保证制度、执行价格等政策并年度监督检查合格、及时满足供药需求并且24小时提供服务、药师在岗并且营业人员具备上岗资格、执行基本医疗保险有关规定并配备必要的管理人员和设备。随着药品分类管理制度的完善、自我药疗的发展以及基本医疗保障制度的全覆盖,定点零售药店会有更大的发展空间。

(二) 药店经营模式的选择

　　药店依据自身的市场定位和市场目标,制订相应的经营策略进行开发和运作,当某种策略从形成到运作成熟,并具有一定的稳定性,就形成经营模式。

　　药店经营模式的选择,首先必须考虑是否符合目前发展的阶段,是否匹配目前的规模、人员结构、店员整体素质、商圈中的地位和形象等因素。其次,必须考虑药店经营发展的方向和业态选择的结果。药店的业态定位决定了药店经营各环节的基本思路。以平价超市型药店为例,必须维护"平价"的形象,因而提高有效人流量和客单量是最急需的。第三,还要考虑药店人员管理现状以及对经营模式的贯彻执行能力。从不同的角度对药店的经营模式可以做出不同的概括:依据盈利方式,有最基本的产品销售模式、寻求利差最大化的高毛利模式,以及 OEM 贴牌的模式;从业务组合的角度,有专业化模式、综合化经营模式、多元化经营模式;从药品采购的角度,有传统的药品采购模式、采购联盟模式、产品总代理模式、商圈唯一代理模式。

药店的经营模式是动态变化的,随着市场环境的变化以及竞争对手的调整,药店的经营模式也必然有所调整。

点滴积累 ∨

1. 药品零售企业主要是指从药品生产企业或药品批发企业购进药品,直接销售给最终消费者用以防治疾病的企业组织。

2. 根据经营方式和所有权关系的不同,零售药店主要有三大类,即连锁药店、单体药店和药品专柜。

3. 连锁药店的经营模式主要有三大类,即直营连锁、自由连锁和加盟连锁。

第二节　药品零售企业开办

一、开办药品零售企业的条件

1. 具有依法经过资格认定的药学技术人员;
2. 具有与所经营药品相适应的营业场所、设备、仓储设施、卫生环境;
3. 具有与所经营药品相适应的质量管理机构或人员;
4. 具有保证所经营药品质量的规章制度。

二、开办药品零售企业的程序

投资开办一家药店需要经过一系列环节,每个环节都有具体的要求。

1. **投资论证及投资预算**　首先要对期望目标、经营能力、投资能力、客观环境、行业前景、市场竞争等各种因素进行充分的调研和可行性论证。投资预算是指投入资金的来源和数量的预算。资金状况和筹资能力影响着开办药店的规模。

2. **选择店址与营业场所**　药店所处的地理位置,在很大程度上决定了日后的经营和效益。营业场所总的要求是宽敞、整洁、优雅,布局合理整齐。营业区、办公区、库房等场所应分开或隔离,并注意相互协调,便于工作联系。

3. **企业名称核准及开设临时账户**　开办企业的名称必须经工商行政管理机关核准。由拟开办企业人员到当地工商行政管理机关领取《企业(公司)名称预先核准申请书》后,填写并报送到当地工商行政管理机关,经工商行政管理机关核准后,发放核名、核准通知书。如确有需要,凭"核名、核准通知书"到银行开设临时账户,以便注入资金,开始下一步的筹建工作。

4. 招聘培训人员　药店从事药品采购、验收、保管、经营等业务的人员均需经过专业培训,并经地、市级(含)以上药品监督管理部门考试合格,持证上岗。

5. 申办药品经营许可证　根据《中华人民共和国药品管理法》规定:开办药品零售企业,须经企业所在地县级以上药品监督管理部门批准并发给《药品经营许可证》,凭《药品经营许可证》到工商行政管理部门办理登记注册。无《药品经营许可证》的,不得经营药品。申办《药品经营许可证》需要准备相应的材料。

> **知识链接**
>
> 申办《药品经营许可证》需要准备的材料
>
> ①工商行政管理机关核发的"企业名称预先核准通知书";②申办药店的书面申请书;③药品质量管理制度;④到所在地县级以上药品监督管理部门领取或在当地药监局网站上下载《药品经营许可证申请审查表》,按要求认真填写;⑤到所在地县级以上药品监督管理部门领取或从其网站下载《企业基本情况(零售)表》;⑥凭拟开办药店所在地的村民委员会出具的证明,租赁或者自有房屋的房产证以及工商行政管理局出具的"核名、核准通知书",到房产管理部门开具房屋使用权证明;⑦带着工商行政管理局的"企业名称预先核准通知书"和已注入相应资金的银行临时账户,到会计事务所进行财务审计。由会计事务所出具财务审计证明。个体工商户开办的小药店,可不办理财务审计;⑧提交公司章程。个体工商户开办的小药店,可不需要此项。

地、市、自治州药品监督管理局工作人员受省级药监局委托,对报送的资料进行审核,3 个工作日内,药品监督管理部门告知申办药店初审意见。同意开办的,将派工作人员到拟开办药店的现场进行考察,考察后 2 个工作日内,药品监督管理部门决定是否发证,验收合格的,发给《药品经营许可证》。

6. 办理零售药店营业执照　申办人凭《药品经营许可证》到工商行政管理部门依法办理登记注册。申办营业执照的必备资料:工商行政管理局"核名、核准通知书";药监局发给的《药品经营许可证》;房产管理部门出具的房屋使用权证明;会计事务所出具的财务审计证明;公司章程。将申办营业执照的必备资料报送工商行政管理局,由工商局审核后,符合条件的,发给营业执照。有了营业执照,经营企业可以从事药品经营、刻制公章、开立账户等活动。

> **知识链接**
>
> 办理换发许可证的程序
>
> 《药品经营许可证》有效期为 5 年。有效期满,需要继续经营药品的,持证企业应当在许可证有效期届满前 6 个月,按照国务院药品监督管理部门的规定申请换发《药品经营许可证》。

7. 开设银行基本账户　凭营业执照向银行的营业机构申请开立基本账户,以便今后办理转账、结算、存款、取现等业务。

8. 办理税务登记 向税务机关提交税务登记申请及相关证件资料，填写《税务登记表》。税务机关一般应在 30 日以内审核完毕，审核合格后发给税务登记证件。必须自领取营业执照之日起 15 日内，设置账簿，最少应设总账和日记账，账簿应该采用订本式。规模小的药店，报经批准可不设账簿，但应当按照税务机关的规定，建立收支凭证贴簿和进销货登记簿。纳税人自领取税务登记证件之日起 15 日内，将财务、会计制度报送主管税务机关备案，提供相关资料，购买发票及基本联次。

9. 消防安全验收 开办药店应符合消防安全的有关规定，应主动到消防安全部门申请消防安全检查验收，验收合格的发给《消防安全合格证》。消防安全验收不合格的要限期整改，没有《消防安全合格证》，不得营业。

10. 进行 GSP 验收 在完成必要的申办审批及验收手续后，就可进入试营业阶段。通过 GSP 验收后，才能具备正式的经营资格。

11. 药店在《药品经营许可证》有效期内，因种种原因需要变更企业名称、法定代表人、经营范围、经营方式、地址等《药品经营许可证》许可事项的，应当在许可事项发生变更 30 日前，向原发证机关申请《药品经营许可证》变更登记；未经批准，不得变更许可事项。原发证机关应当自收到企业申请之日起 15 个工作日内做出决定。申请人凭变更后的《药品经营许可证》到工商行政管理部门依法办理变更登记手续。

 课堂活动

开办药店需要取得哪些证件？

12. 药店终止经营药品或者关闭的，《药品经营许可证》由原发证机关缴销。

点滴积累 ∨

1. 新开办药品零售企业应具备三件，即湿件（药学技术人员、质量管理机构或人员）；硬件（营业场所、设备、仓储设施、卫生环境）；软件（药品质量的规章制度）。

2. 开办药品零售企业，须经企业所在地县级以上药品监督管理部门批准并发给《药品经营许可证》，凭《药品经营许可证》到工商行政管理部门办理登记注册。

第三节 药店选址

零售药店在其筹建和发展中，店铺的选址、规划和设计是一个至关重要的问题，它关系到药店能否吸引顾客、方便顾客，能否生意兴隆，形成一定的盈利能力。因而，在一定意义上，它影响着药店的生存和发展。

一、商圈分析

商圈分析是明确目标顾客的重要途径之一。从区域上讲，药店商圈是指药店能够服务顾客的区域范围内各种经营要素的总和。以药店所在地为中心，沿着一定方向向外延伸到某一距离，并以此为半径,形成不同层次的吸引顾客的区域,具有区别于其他区域的经营环境要素之特性。

(一) 商圈的构成

商圈由核心商圈、次级商圈和边缘商圈组成。核心商圈的顾客占商店顾客总数的 55%～70%,顾客最为集中;次级商圈的顾客占顾客总数的 15%～25%,顾客较为分散;边缘商圈的顾客为余下来的部分,顾客最为分散。核心商圈的半径为 500 米,顾客步行时间 8 分钟左右,次级商圈的半径为 1000 米,顾客步行时间 15 分钟左右,边缘商圈的半径为 1500 米,顾客步行时间 25 分钟左右。

(二) 影响药店商圈的因素

1. 药店经销药品的品种、规格和价格　药店的营业面积越大、经营品种越多、规格越多、价格越合理,商圈就越大。药店除了经营药品以外,保健品、医疗器械、日常卫生用品、化妆品、提供彩扩业务等经营与服务的品种越多,其商圈就会得到有效的拓展,从而能容纳多种品牌、不同价格档次的药品,以迎合消费者的多种需求。

2. 药店所在地的地理环境及交通便利程度　药店所处的地段一般可分为中央商业区、一般商业街、医院附近、住宅小区、城乡结合部、郊区、店中店等。在中央商业区里,主要大街贯穿其间,百货商店、饭店、影院云集,客流量大,交通便利,人们购物的时间长,选购的药品多。设在这个区域的药店,可以扩大经营品牌的知名度和影响力。商业中心云集了众多大型商场,具有浓厚的商业气氛,为顾客提供更多选择,对顾客的吸引力加大,形成一个更大的商圈。

药店设在住宅区或一般的街面上,是人流必经之处,营业面积可相对小些,主要提供常用药品,目标顾客住在方圆 1000 米以内,多数为老顾客,商圈范围较小。即使这样,药店所在地也要交通顺畅、道路宽敞、方便顾客行走,最好处于顾客习惯性行走路线上。药店的标志要容易被看到,清晰醒目。店内的装修、药品陈列、服务质量以及药店周围环境都会对商圈有影响。

3. 周围店铺的竞争性与互补性　药店作为经营与健康和疾病相关商品的场所,有其外部的销售空间,这个销售空间在一定范围内为众多商业企业所共有,各个企业的商业圈是互相交叉覆盖的。当人们经过某个超市或百货大楼时,邻近的药店也会是顾客常常光顾的场所。一般而言,周围竞争者越少,商圈越大;周围互补的商店越多,商圈越大。但是商圈的扩大是有局限性的,一家药店准备进入某个药店成堆的区域时,应该考虑到市场剩余容量有多少,竞争对新开店的影响,客流的分流比例,互补店为新店带来的客流量,尽量选择在互补店较多、竞争店较少的商圈内开店。

案例分析

案例

湖南老百姓大药房长沙湘雅店和金沙大药房毗邻而设,与之相邻的是中南地区最大的医院——中南大学湘雅医院。

分析

一方面,医院的名气吸引了大批的患者和家属来此就医。另一方面,两家药店因为竞争的需要不时推出各种促销手段,也吸引了大批顾客,而在这种竞争的氛围之下,药店商圈也随之扩大,两家药店在竞争中不仅没有被对手挤垮,反而越活越好。所以,选址时与竞争对手为邻也是一个不错的选择。

4. 当地的人口规模变化及消费者特征　人口多的地方,商业相对发达,对于药品的需求量也较大。在一个人口逐渐增长,商业有发展潜力的地区开店比较容易成功,在一个人口逐渐减少或商业已经饱和的地区开店容易失败。而一个地区的人口数量的变化主要取决于政府的政策和规划,因此,药店必须注意新出台的一些政策和远景规划,掌握该地区的发展趋势。

消费者的特征也会影响商圈,如当地多数消费者的收入水平、收入的增长幅度、不同年龄层次的常见病和购药频率等。

5. 时间因素　药店开张后的一段时间里,客流量会出现一个高峰,能吸引到远距离的顾客。一段时间以后,商圈范围会逐渐缩小。所以药店必须及时的调整自己的经营方式,争取始终如一地吸引和赢得顾客青睐。

二、药店选址的原则

药店选址应遵循如下原则:

1. 遵守法规规划　严格执行国家和地方的法律法规以及地方或区域的建设规划。

2. 寻找黄金区位　重点要考虑城市结构、交通条件和地形地貌,考虑居民区的朝向、竞争对手、人流密度等因素,正确判断商圈内顾客的习惯性行走路线,最终决定在最便利的场所设立店铺。

（1）人口密度高,居民集中,稳定,有多样化的需求。

（2）处于客流量大的街面。

（3）交通便利,旅客上下车最多的车站或主要车站附近,顾客到达店铺的步行距离小。

（4）接近人们聚集的场所,如大型商场、影院附近等。

3. 寻求有效客流　需要调查门店的有效客流量以及有效客流的预期购买量。还应通过实地一线调查,充分了解商圈内的各种经营信息和人口特征,了解当地医疗改革状况、周边医药价格。

4. 布局要合理　要尽量深入到居民集中、交通便利快捷的地区,为消费者营造便利的选购环境和条件。小规模的药店地址不要选择在繁华的商业区;规模大且品种齐全药店的地址不要选择在人口密度小且交通不便的地方。

药店地址的选择还要充分考虑与周围药店的相关性和互补性。一般来说,相关店少而互补店较多的区域比较合适。

案例分析

案例

日本有一家知名连锁药店——药黑衣库金,该药店在创业初期曾一度陷入困境。后来,创始人通口俊夫改变了药店布局,将公司过去主要沿铁路干线呈“一”字形设点的布局彻底抛弃,改为像三角板那样分 3 个顶点重设门店点位。结果,一经试用,经营状况明显好转。此后,新开门店时都是先开一店为据点,然后就近在可以呼应的商圈距离内再开两家店,形成三角形格局,达到最大限度地扩大覆盖商圈且能相互支持的目的;或者以任何两个老店为三角形的两个固定点,再开一个新店,和两个老店构成一个新的三角形。由通口俊夫创造的这一终端营销兵法——“三角布点法”一问世,便立即轰动了整个药品零售业界,药黑衣库金公司的经营规模也像滚雪球般迅速发展壮大。

分析

　　这种呈三角状配置的分店格局，使得所围起来的中间区域的消费者不论去哪家分店，最后都成为了本公司的顾客。这种布点法在门店的服务、配送、促销宣传、广告、药品调剂、人员调配等方面都具有低成本优势，为连锁药店走向成功提供了非常有利的条件。

　　注：案例素材来自　祝师基. 三角经营法. 政府法制，2010（3）：14.

　　5. 要有一定前瞻性　一是要对所在地发展的前景、消费潜力做出评估；二是对城区改造的规划进行了解；三是要考虑未来经营环境的变化，特别是竞争的态势。药店地址的选择要与企业未来发展战略、市场策略、管理水平、资金状况等相适应。

　　总之，药店选址应尽量选择繁华、客流量相对集中的地段、医院附近和居民生活小区内，药店所处的环境应清洁卫生、安静、交通便利。其中较大的零售药店应设在大型百货商场、大型超市及大医院附近，中、小规模的零售药店可设在居民小区、文化娱乐场所、旅游景点、车站等附近。

三、不同类型药店选址要求

▶ **课堂活动**

　　火车站、汽车站、机场等地适合开办药店吗？

　　1. 大型仓储式药品超市　需要考虑的因素比较复杂：第一，要看城镇类型，包括自然条件、社会条件以及城镇功能；第二，看经济发展水平，要重点考察经济总量、人均水平、物价指数、固定资产投资等；第三，是交通条件，要调查城镇内各个区域间以及与其他城镇间的交通条件；第四，考察当地政府对药品零售业的政策规定。

　　2. 较大规模的药店选址　应尽量选择在比较繁华、客流量集中且交通方便的地区，如大型百货商场、大型超级市场、大医院附近。这类药店经营的药品应尽量齐全，以满足不同人群对医疗保健的不同需求。

　　3. 中小型规模药店选址　宜布置在居民小区、厂矿职工宿舍、文化娱乐场所、旅游景点、车站等附近，经营常用西药、中成药和保健品，也可以经营中药饮片，以方便群众，就近购药。

　　4. 儿童药店　应选址在少年宫、儿童乐园或学校附近，专门经营各种小儿制剂；在老年人口相对集中的区域内，可开设老年人保健品，专门经营老年病常用药及老年保健品。

四、药店选址的过程与方法

　　1. 制定选址标准

　　（1）营业面积和结构，装修后要与连锁企业的形象相统一，实现经营的标准化。

　　（2）分店每个月的租金计划及租金的给付方式。

　　（3）交通的便利状况、人流的密集程度、顾客的消费水平、投资的回收计划。

　　2. 根据标准选定几个欲开店的地点，对其周围环境进行详细的实地观察　例如对客流量的考察，将考察时间分为周一至周五、周六和周日、法定节假日三个部分。对每个部分，早上八点至晚上十点,以两个小时为时间间隔,十五分钟为一个计量单位,统计各欲开店实际经过的人数车数。将人数车数换算成两个小时为单位的人潮流动数。

3. 对欲开店本身进行评估

（1）欲开店是否有明确的地址,附近是否有明显的路标,是否有助于消费者寻找。

（2）店铺内含有哪些设施,水电等常用设施是否完备。

（3）店铺的所有权是否确认。

（4）需要多少时间腾空店铺才能交付使用。

（5）店铺外表面是否有利于架设店牌。

（6）店铺有几层,高度是否有利于摆放药品。

（7）店铺的采光度如何。

（8）店铺是否被租用过,以前的用途,前任租用人的职业,放弃租用的原因。

（9）房屋主人的职业、现住址及信用,是否会大幅度的上调租金。

（10）店铺周围的商店的性质,是否对药店的形象造成不利。

（11）邻店的商德如何,是否会影响本店的正常销售,经营范围和定位是否和欲开店冲突。

（12）店铺所在地是否在配送中心的送货路线上。

（13）店铺的租期及租金给付方式,因不可抗力责任的归属。

4. 选择欲开店附近的住户进行入户访问
访问的内容主要有:顾客所希望的营业时间;是否需要 24 小时服务;需要哪些免费服务;经常购买的药品的种类、价格水平等。

5. 进行对欲开店的投资和收益分析
药店的投资包括租金、押金、折旧费、水电气费、上交的管理费、销货成本、装潢费用、设备费用、贷款利息、制作广告费等。

点滴积累

1. 商圈由核心商圈、次级商圈和边缘商圈组成。

2. 影响药店商圈的因素有药店经销药品的品种、规格和价格;药店所在地的地理环境及交通便利程度;周围店铺的竞争性与互补性;当地的人口规模变化及消费者特征;时间因素。

3. 药店选址应遵循的原则有遵守法规规划、寻找黄金区位、寻求有效客流、布局要合理、要有一定前瞻性。

第四节　药店营业场所设计

药店是激起消费者购买欲望并完成购药行为的场所,其所处位置、招牌设计、橱窗布置、店堂内部装修及商品陈列方式等诸多因素都能引起消费者不同的情绪感受,影响购买心理,左右购买决策的确立与施行。

科学合理地设计药店营业场所不仅有利于提高药店的营业效率和营业设施的使用率,还有利于为顾客提供舒适的购药环境,满足顾客精神上的需求,从而达到提高药店经济效益与社会效益的目的。

一、店铺的规划设计

店铺的规划、设计是一个比较复杂的问题,既要遵循一定的规律,也要从本店的实际需要出发,体现出特色。总的原则是科学组织消费通道,使消费流合理地流动,促进消费的实现。

1. 药店布局的原则

(1) 让顾客想进来,也容易进来:利用醒目的店名、标识,吸引顾客的目光,将店门开在顾客最方便进出的位置上。店门处不能有任何障碍物,让顾客能够顺利、方便地进入药店。

(2) 让药店显得干净、整洁:店内周围环境要做到清洁卫生,没有噪音和污染。同时,也要正确使用各种灯光,避免杂乱、吵闹的感觉。

(3) 让顾客在店内能够方便地购买到所需药品:一方面药店要做到药品齐全,只要顾客来到药店,就能买到所需的药品;另一方面,非处方药可实行开架售药,使店内药品的摆放,都能让顾客看得见、摸得到,轻松自如地取放药品。

(4) 尽量延长顾客在店内购买的停留时间:特别是较大规模的药店、连锁店、药品超市,更要考虑药品的齐全,考虑一般商品与药品的搭配,提高销售效果。顾客在货架前停留的时间越长,购买的可能性就越大。

2. 药店营业场所的要求 营业场所的面积,既要根据药店的规模和经营范围而定,也要符合GSP 的要求。GSP 要求药品零售企业应具有与经营规模相适应的营业场所和药品仓库,并且环境整洁、无污染物、有调节温湿度的设备。企业的营业场所、仓库、办公生活等区域应分开。药店营业场所应当宽敞、明亮、整洁,布局合理,定位科学,装饰美观大方,环境清洁卫生,无污染物、污染源。

二、药店的功能划分

1. **店堂** 是药店的核心部位,是药店特色的集中展示。店堂陈设要淡雅、整洁,色调要适中,标志要醒目。店堂内要适当放置座椅,以方便病人或年老体弱者、抱小孩的妇女休息。

2. **办公区** 大中型药店都应设有店经理、会计、采购员等人员的办公室,小型药店可采用装饰材料隔开一个办公区,供经理、会计人员办公之用。

3. **员工休息区** 供工作人员更衣、存放个人物品之用,既方便职工,也达到规范管理的目的。

4. **仓库** 一般情况下,药店都把仓库设在营业厅的后面。

5. **服务区** 在靠近门窗附近开设服务区,设置服务台,放置顾客意见簿,并有专人负责对顾客的咨询进行解答。有条件的可以开展代客煎药、代邮药品服务。

6. **柜台** 主要由前面的柜台、后面的货柜台(或货架)和两者中间售药人员的走道三部分组成,柜内分层陈列药品。西药、中成药的货架应根据药品包装的大小、高低不同分为若干层。

7. **调剂场地和用具** 调剂场地尽量要与收方核价处邻近,以便于联系药味是否齐全和发药,应有调配药品处方的必要设备和用具,以及营业用计算工具、衡器、开票用具和包装用品等。

三、药店店面设计

1. 药店店面设计的原则

（1）突出行业特点：药店可以充分利用药厂在当地的办事机构和工作人员，把橱窗、墙报、立牌、展板布置起来，比如定期把墙体广告换成医药科普知识等。

（2）形成自我的风格：差异化是竞争力的关键点，药店的差异化先从店面设计的差异化做起。特殊的形象是区别于竞争者的开始，在确保整体效果的情况下突出某一点或某几个点的特色。

（3）稳中求变的外观装饰：店面设计是药店整个布局规划的第一步。店面设计在总体风格保持不变的情况下，要不定期地寻求店面装饰的变化，这样可以让顾客总有耳目一新的感觉，尤其是对药店周边区域内的顾客群。

（4）要有较高的能见度：药店外观的能见度，是指步行或驱车行人能清晰地看到药店外在标志的程度。一般来说，能见度的提高主要靠构成要素的独特性和鲜明性，如独特的建筑外形、鲜明的招牌、诱人的橱窗等均能吸引路人的视线，形成深刻的印象。

（5）药店店面风格必须与经营的药品品位一致：如以经营高档次药品为主的药店，就必须在外观上多下工夫，但以低廉价格进行大量销售的药店，其装潢标准如果过于豪华，会使顾客感到价格一定也很高，反而吓走了顾客。

2. 药店出入口设计　由于药店的卖场面积较小，因此，一般只设置一至二个出入口，既便于人员管理和防窃，也不会因太多的出入口而占用营业空间。出入口的设计一般在店铺门面的左侧宽度为 3～6 米，因为根据行人一般靠右走的潜意识的习惯，入店和出店的人不会在出入口处产生堵塞。同时出入口处的设计要保证店外行人的视线不受到任何阻碍而能够直接看到店内。药店的外观在留出了出入口处之后，如果有剩余的平面，可以设计成广告灯箱，出售或租赁给生产商做产品宣传广告，或者可以做成连锁网络品牌形象标志的宣传效果。

出入口设计应注意以下问题：①要考虑行人流动线；②要有出入口指示；③要方便顾客出入；④门槛的设计不要妨碍进出店内；⑤考虑出入口的大小与季节的变化；⑥考虑日光照射和灰尘污染情况。

3. 药店招牌设计　药店的招牌主要分为正面招牌与侧面招牌。正面招牌标明和指示药店的名称和位置。侧面招牌用来提示过往行人，引起行人对药店的注意。连锁药店的招牌最主要的功能是突出表现连锁品牌的统一性、独立性，树立品牌形象，扩大品牌效应，必须鲜明地体现品牌的标志和品牌的名称。招牌的色调应绚丽、突出，以对比强烈为原则。

4. 药店橱窗设计

（1）橱窗展示的心理效应：调查显示，60% 以上的人在逛药店时会注意药店的橱窗，药店橱窗会在一定程度上影响顾客的购物行为的占 52.7%，其中 37.1% 的人进一步表示，药店橱窗会刺激他们的购买欲。

（2）橱窗的主要类型

1）综合式橱窗：是将许多药品的包装综合陈列在一个橱窗内，以组成一个完整的橱窗广告。

这种橱窗布置由于药品之间差异较大,设计时一定要谨慎,否则就给人一种"什锦粥"的感觉。

2）系统式橱窗:大中型药店橱窗面积较大,可以按照药品的类别、性能、用途等因素,分别组合陈列在一个橱窗内。

3）专题式橱窗:是以一个广告专题为中心,围绕某一个特定的事情,组织不同类型的物品进行陈列,向媒体大众传输一个诉求主题。

4）特定式橱窗:指用不同的艺术形式和处理方法,在一个橱窗内集中介绍某一药品,例如,单一药品特定陈列和药品模型特定陈列等,从而获得好感。

5）季节性橱窗:根据季节变化把应季药品集中进行陈列,如节日的保健品、秋末冬初的感冒类和风湿类药品、春末夏初的肠胃类药品展示。

> **知识链接**
>
> 橱窗展示十大致胜准则
>
> 1. 简洁。
> 2. 规划好作品和布局。
> 3. 运用照明设备来营造气氛。
> 4. 用颜色传达你想表露的讯息。
> 5. 使用由专业人士设计的标志。
> 6. 富于动感的展示方法。
> 7. 保持橱窗清洁。
> 8. 定期更换展示内容。
> 9. 巧用装饰材料。
> 10. 橱窗展示要有主题。

四、药店内部布局设计

1. 药店的空间布局　药店的空间一般由以下三个基本空间构成。

（1）药品空间:指药品陈列的场所,有箱型、平台型、架型等多种选择。

（2）店员空间:指店员接待顾客和从事相关工作所需要的场所。

（3）顾客空间:指顾客参观、选择和购买药品的地方,以及顾客休闲的区域,如器械体验区、免费吸氧区等。

2. 药店顾客流动线设计

（1）顾客流动线设计的重要性:一般来讲,药店经营成果主要由两个因素决定:一是来店的顾客数,二是顾客的平均购买单价。

药店销售额=客流量×停留率×购买率×购买件数×药品单价　　　　式(9-1)

顾客购买单价=流动线长×停留率×购买率×购买件数×药品单价　　　式(9-2)

(2) 药店顾客流动线设计的原则:①开放畅通,使顾客轻松出入;②笔直、平坦;③明亮清洁,使顾客心旷神怡;④没有障碍物;⑤"曲径通幽",使顾客停留更久。

3. 货架布局 要合理分配药架位置,据测算,消费者的视线在超市货架上平均停留的时间为 0.6 秒,这就意味着大部分商品在开架销售时并未引起顾客的注意。因此,为了使消费者更多地购买药店最希望卖掉的药品品种,也就是获利最大、最为畅销的品种,合理地分配货架的不同位置,堆放不同产品品种显得十分重要。消费者在平视时视线会在自己的头部与胸部之间的高度移动,这个区域的货架最为引人注目,具有较高的经济价值。有效地利用这一空间放置最易售出的药品,效果会较好。由于这个区域有限,所以应按优先次序安放品种。

五、药店环境设计

1. 灯光照明设计 药店的灯光应采用纯白双管日光灯,因为日光灯的照明度最为均衡,同时双管日光灯还能够弥补单管日光灯的直射死角,而且纯白的灯光能够毫无保留地反射出商品的原始色彩。日光灯应安装在购物通道的上方,距离货架的高度约等于购物通道宽度的一半,灯管的排列走向应与货架的排列一致,保证能够从正面直接照射到商品。

在营业场所最里面或边角的地方,照度要求略高,一般要求 1200～1500 勒克司,用灯光效果来弥补顾客对边角的模糊视觉。

商店的出入口处以及行人从店外能够直视到的店内部分,要求照度在 1500 勒克司以上,保证店内的光线始终高于室外光线,使商店对行人有足够的视觉吸引力。

2. 色彩运用

(1) 色彩与顾客感受的关系:表示药店色彩的要素有药品、陈列器具、天花板、壁面、地板及照明设施,主要考虑的因素为其色调是否均衡以及协调。

(2) 药店装饰用色的注意事项:①色彩运用要在统一中求变化;②避免大面积单纯用色;③药店不宜使用黑色;④色彩要随季节做相应的变化;⑤根据不同地区的气候特点调配颜色;⑥利用色彩影响顾客视觉。

3. 背景音乐 著名的比利时音乐学者费第斯曾经说过:"音乐是凭音的配列,用以感动人类感情的艺术。"音乐在药店里播放使消费者可以在轻松的环境中选购自己所需的药品,通常注意以下 3 个问题。

(1) 音乐类型与药店定位相匹配:定位比较高的药店适合播放古典的、优雅的音乐;多元化经营的药店以流行且节奏感强的音乐为主;儿科药品较多的药店可放一些欢快的儿歌;大型药店可以选择一些乐器演奏的民族歌曲。

(2) 音乐节奏的灵活把握:①顾客少时,播放柔和、缓慢的音乐。例如,美国高盛市场研究人员曾在该国西南部的一个超级市场,对音乐影响顾客购买问题做过一些有趣的实验。实验结果表明:顾客的行为往往会同音乐合拍,当音乐节奏加快、每分钟达 108 拍时,顾客进出商店的频率也加快,这时,商店的日平均营业额为 12 000 美元,当音乐节奏降到每分钟 60 拍时,顾客在货架前选购货物时间也就相应延长,商店的日均营业额竟增加到 16 740 美元。因此轻音乐对销售额能提升 40%。②客流高峰、热卖时,播放热情、节奏感强的音乐,会使顾客产生购买冲动。例如,英国著名的哈罗德廉价商店根据音乐与商业经营的微妙关系,在大拍卖时,就一遍又一遍地播放《哈罗德——疯狂的哈罗德》的歌曲,使顾客产生不抢购不罢休的心理冲动,效果极佳,使他的营业额猛增了 10% 以上。

（3）音乐密度的选择:根据平均时间播放音乐,在这段时间内最好不要有重复的音乐。音乐也要有停止的时间,控制在一个班播放两个小时左右,特殊情况下可延长,比如,开业庆典或是大型店庆活动的热卖期间,人流多,要有热卖的气氛,就可全天播放。

点滴积累 ∨

1. 药店布局的原则是让顾客想进来，也容易进来；让药店显得干净、整洁；让顾客在店内能够方便地购买到所需药品；尽量延长顾客在店内购买的停留时间。

2. 药店的功能划分为店堂、办公区、员工休息区、仓库、服务区、柜台、调剂场地和用具。

3. 药店店面设计的原则有突出行业特点；形成自我的风格；稳中求变的外观装饰；要有较高的能见度；药店店面风格必须与经营的药品品位相一致。

第五节　药店组织设置

连锁经营是目前零售业较为先进的业态,连锁药店的快速发展能够带给消费者舒适的购物环境、丰富多彩的商品、诱人的促销方式、专业的用药指导以及低廉的价格。随着药店经营能力的增强,连锁药店已成为药品零售业发展的主流。

一、连锁药店的组织结构与经营特点

（一）连锁药店的组织结构

同其他行业连锁经营公司基本一致,连锁药店包括"总部—分店"两个层次或"总部—地区分部—分店"三个层次。

1. **连锁总部**　连锁总部是行使集中统一管理职能,为各门店服务的单位,通过总部的标准化、集中化管理,使各门店的零售业务达到专业化、高级化。总部的职能有:政策制定、店铺开发、商品管理、促销管理、店铺督导等,由不同职能部门分工承担。连锁药店总部各主要部门的职能如下:

（1）事业开发部:①开设新店或发展加盟店时进行商圈调查;②制定选址标准、设备标准和投资标准;③进行自行建店、买店或租店的论证与选择;④开店流程安排及进度控制;⑤开店工程招标、监督及验收;⑥新开分店的设备采购与各分店设备的维修保养;⑦新开分店的投资效益评估。

（2）质量管理部:①根据《中华人民共和国药品管理法》、GSP 等有关法律法规完善公司质量管理的规章制度,并督促、指导有关部门和人员贯彻实施;②负责新开药房、定点药店、GSP 认证的申请和验收工作;③定期参与检查和考核有关部门和门店质量管理制度的执行情况,负责协助有关质量

方面的培训和教育;④负责对供应商的相关质量审核;⑤负责质量事故、质量查询、质量投诉的报告和处理;⑥负责收集和分析药品质量信息,对不合格药品的处置实施监督和审核。

(3) 采购部:有的设为商品部,主要职责是:①药店商品组合策略的拟定及执行;②药店价格策略的拟定和执行;③药品货源的掌握、首营企业与首营品种的开发,以及滞销商品的淘汰。

(4) 营运部:有的称为营业部,主要职能是:①各分店经营目标的拟定及督促执行;②对各分店的经营进行监督和指导;③编制营业手册,并监督、检查其执行情况;④门店经营情况及合理化建设的反馈与处理。

(5) 财务部:主要职责是:①融资、用资、资金调度;②编制各种财务会计报表;③审核凭证、账务处理及分析;④每日营业核算;⑤发票管理;⑥税金申报、缴纳,年度预决算。

(6) 营销部:主要职能有:①分店商品配置、陈列设计及改进;②促销策略的制定及执行;③企业广告、竞争状况调查分析;④企业形象策划及推行;⑤公共关系的建立与维护。

(7) 配送中心:配送中心的根本目标是为了实现科学、有效的配送,根据各分店的药品销售统计信息,为各门店制订每种药品的配送计划,具体包括:①根据总部的购货指标,对收到的药品进行验收、上架;②根据总部的配送指示,将药品配送到各门店;③根据总部的返库指示,将各门店退回的药品收入返库区;④根据总部的退货指示,将库内相应药品退回批发企业或厂家;⑤对库存药品进行盘点,对库存药品的损益、保质等情况及时报告,并提出处理意见;⑥合理进行货位管理。

针对不同的连锁药店,部门设置会有所不同,各部门的职责分工也会有所不同。

2. 区域管理部　区域管理部又叫地区分部,即连锁总部为加强对某一区域市场连锁分店的组织管理,在该区域设立的二级组织机构。设立地区分部,就将总部的部分职能转移到地区管理部的相应部门中去,总部主要承担对计划的制订、监督执行,协调、指导各区域管理部的职能活动。地区分部是总部的派出机构,不具有法人资格,仅有管理与执行职能,重大问题的决策权最终要由总部做出。

3. 分店　连锁药店的分店是总部政策的执行单位,是直接向顾客提供药品及药学服务的单位,其基本职能有:根据总部确定的经营目标,进行药品销售;对店内药品进行有效管理;有效维护客户关系,提供专业药学服务。

(二) 连锁药店的经营特点

作为一种先进的药品零售经营形式,连锁药店与单体药店相比,有着明显的区别,具有鲜明的特征,主要表现在以下几个方面:

1. 管理的统一化　统一管理是连锁药店的基本特征,通过将各门店联合起来,集中力量,形成集团竞争优势。各分店必须接受总部的统一管理,实施统一的经营战略和策略。

2. 统一企业形象　连锁药店总部提供统一的企业形象设计,包括统一的商标、统一的店铺设计、统一的环境布置、统一的色彩装饰、统一的工装服饰等,这些企业形象元素就如同连锁药店的大众广告和个性形象,往往成为吸引顾客认识药店、药品和服务的第一感觉。

3. 统一的药品组合和服务策略　连锁药店各分店的药品种类、定价策略、营业规范、专业服务等都基本保持一致,达到统一的要求。

4. 集约化、集团化的优势　较之于单体药店,连锁药店以其网络覆盖优势、较完善的分销能力、综合价格竞争优势、灵敏的信息反馈和质量管理优势,而成为医药流通业发展最快的业态。

二、各级人员主要工作职责

药品零售对于从业人员的素质要求比较高。开办药品经营企业必须具有依法经过资格认定的药学技术人员。从事药品质量管理、调配处方的工作人员,以及从事药品验收、保管养护、销售工作的人员都必须经过专业培训,获得合格证书后才能上岗。

1. **法人代表**　是药店的投资人或所有者,全权负责药店一切经营活动。

2. **药店经理(或称店长)**　全面负责药店经营管理工作,也可以是药店的法人代表,必须是具有药学或相应专业技术知识、现代科学管理知识和一定药品经营管理实践经验的人员,熟悉国家有关药品管理的法律、法规、规章制度,对所经营的药品及其他商品质量负全部责任。药店负责人应具有相应的专业技术职称:大中型药店负责人应具有药师(含药师和中药师)以上专业技术职称;小型药店负责人应具有药士(含药士和中药士)以上的专业技术职称。

3. **驻店药师**　按照规定,药品零售企业必须配备执业药师或相应的药学技术人员进行质量管理和开展业务经营。大型药店应有执业药师(含执业中药师)或主管药师以上(含主管中药师)或相关专业的同级工程技术人员;中型药店应有药师(含中药师)或相关专业同级工程技术人员;小型药店应有药士以上(含药士、中药士)或相关专业的同级工程技术人员。驻店药师全面负责药学业务技术指导及药品质量管理工作,对顾客进行合理用药的咨询、指导服务。药师必须对医师的处方进行审核,正确调配,签字销售。药师不能随意更改处方或给予代用药品。处方中如有配伍禁忌或超剂量,应拒绝调配销售,或与医生联系,或要求购买者请医生修改处方,否则不能调配销售。

4. **药店质量管理员**　药品零售企业质量负责人应有1年以上(含1年)药品经营管理工作经验,大型、中型药品零售企业质量管理工作负责人应是执业药师或从业药师或者具有药师(或中药师)以上技术职称;小型企业质量管理工作负责人也应具有药师(或中药师)以上技术职称;店内专职或兼职,负责药店经营全过程药品质量管理工作,并在职在岗者,不得在其他企业兼职。经营乙类非处方药的,以及农村乡、村以下地区设立的药品零售企业除外。从事质量管理的人员,每年要接受省级药品监督管理部门组织的继续教育。药店质量管理人员的主要职责是:对购入药品进行验收和质量把关,凡不符合质量规定的药品,有拒绝收货的权利;在验收时发现疑问的品种,经本人或与店内其他质量管理员研究仍不能确定真伪时,负责将其送上级主管质量部门鉴定;对鉴定为伪劣药品的,负责执行停止出售,听候上级主管部门的处理。对已出售的伪劣药,负责采取措施,及时收回;在执行药品质量管理工作中,受到阻挠或干扰时,有权利越级向上级质量管理部门申诉。

5. **药品采购员**　药品采购工作是一项特殊的业务活动,需要由具有专业知识、技能和经验等多方面综合能力的人来承担。承担这一关键职位的人员必须接受良好的训练,并具备有效管理采购过程的能力。药品采购人员要根据"按需进货,择优采购"的原则以及市场需求、季节特点、病疫情况和库存情况,保证所经营的品种不断档,不积压。

6. **药品验收员**　从事药品验收的工作人员应具有高中(含高中)以上文化程度。若为初中文化,须具有五年以上从事药品经营工作的经历。药品验收入库是做好药品储存保管工作的重要环节,是预防各种不利因素影响的重要措施,是药品质量保证的第一关。药品验收质量管理的内容有:①药品质量验收,做好验收记录;②对首营品种进行质量审核,必要时进行药品的抽样检验,建立完整的药品验收原始记录;③科学使用、保养和检定验收仪器。

7. 药品的储存和保管员 规模较少的药店可以不专门设立药品保管员。保管员负责在库药品、医疗器械等的保管,做好入库和领发登记等工作,保证做到账物相符。全面掌握库存药品质量情况,并通过重点、经常和定期等不同方式进行检查,发现问题及时解决。做到库存品有条理、有计划地管理,尽量把变异损耗减少到最低限度。

8. 药品养护员 药店要根据药品的储存特性,采取科学、合理、经济、有效的手段和方法,通过控制调节药品的储存条件,对药品储存质量进行定期检查,达到有效防止药品质量变异、确保储存药品质量的目的。药品养护的主要内容有:检查控制在库药品的储存条件;对药品进行定期质量检查;对发现的问题及时采取有效的处理措施。

9. 药店物价员 规模较小的药店可以由其他人员兼任。要求熟悉国家的物价政策,根据物价部门的药品价格调整通知单,及时进行药品价格调整,做到所经营的药品等明码标价。

10. 药店营业人员 负责柜台药品、医疗器械、保健食品等销售工作,应为药学专业或相关专业毕业,经有关部门培训考核合格,方可持证上岗;高中毕业须经有关部门专业培训考核合格,并取得上岗证,持证上岗。处方审查人员应具有执业药师或从业药师、药师(中药师)以上的技术职称,其主要职责是:销售药品,向顾客推销或推荐药品。营业员要学会辨认处方,分析处方,调配处方,注意配伍禁忌;识别药品真伪,识别进口药品;对常规疾病,营业员要能够指导患者合理用药;做好处方调剂工作,严格执行审方、划价、计算、收款、配药、复核、包装和发药一整套处方调剂工作规程;及时对药品进行整理、添补、打包和分装,检查药品的价格标签等;做好工作交接和销售记录。

11. 财务会计 负责药品销售成本的统计核算等会计事务,制作财务报表。

12. 药店计划员 根据市场变化或药店销售情况编制药品采购计划。规模较小的药店可以不设计划员。

以上人员经专业或岗位培训由地、市级(含市级)以上药品监督管理部门考试合格,持证上岗。从事质量管理的人员,每年接受省级药品监督管理部门组织的继续教育。企业从事验收、养护、计量等岗位的工作人员,定期接受企业组织的继续教育。

点滴积累 ∨

1. 连锁药店包括"总部—分店"两个层次或"总部—地区分部—分店"三个层次。

2. 开办药品经营企业必须具有依法经过资格认定的药学技术人员。

3. 从事药品质量管理、调配处方的工作人员,以及从事药品验收、保管养护、销售工作的人员都必须经过专业培训,获得合格证书后才能上岗。

第六节 药店业务管理

一、药品陈列

药品是一种特殊的商品。药品陈列是一种 POP 广告。药品陈列除具有 POP 广告共有的优点外,还可以方便顾客,更是保管药品的重要手段。因此,药品陈列工作的好坏是衡量服务质量高低的重要标志。药品配置后,通过陈列药品实现销售的目的。

药品陈列,必须熟知相关的政策法规,如 GSP 对药品陈列的要求,除此以外,要遵守一些陈列的原则以及熟练掌握陈列方式,如陈列点、陈列线、陈列面等,并在陈列方式的基础上熟练运用技巧来陈列药品,以便起到促进药品销售的作用。

1. 药品陈列的含义 药品陈列是以药品为主题,来展示药品,突出重点,反映特色,以引起顾客注意,提高顾客对商品了解、记忆和信赖的程度,从而最大限度地引起顾客的购买欲望。

2. 药品陈列的作用 药品陈列是达到药品销售目标的一种重要手段,是药品广告的有效补充。营业员最重要的工作就是让顾客能清楚地了解商品陈列在什么地方,让商品向顾客充分的展示自己、促销自己,商品的销售就是从陈列开始的。

3. 药品陈列的原则

(1) 易见易取原则;

(2) 满陈列原则;

(3) 先进先出、先产先出的原则;

(4) 关联性原则;

(5) 同一品牌纵向(垂直)陈列原则;

(6) 季节性陈列原则;

(7) 主辅结合陈列原则。

4. 药品陈列的方法

(1) 从左到右:站在卖场的顾客从外向内看过来的方向;

(2) 从矮到高:包装盒矮的陈列在左侧(或右侧);

(3) 单品造型:需要重点推荐的商品可以摆成圆形、金字塔形、阶梯状、重叠形等,以便区别于其他的商品;

(4) 前进前出:前面商品售出,及时将后面的商品推向前;

(5) 先产先出:先把近效期的售出,保证药品有效期最长;

(6) 大小轻重:较小的商品放在上面,较重较大的商品放在下方,以增加安全感及视觉美感。

5. 药品陈列的位置与要求

（1）卖场货架陈列

1）分类标识牌整洁、无脱落残缺，价格牌整齐，无灰尘。

2）货架第一层商品陈列的高度保持基本统一，不得遮挡分类标识牌。

3）黄金位置（高度范围110～140cm齐腰、手高、眼高）主要陈列季节性、高毛利、品牌、广告商品。尽量做到高毛利品种陈列面大于品牌品种。

（2）端架陈列

1）端架黄金位置主要陈列季节性、高毛利、品牌、广告商品，尽量做到高毛利品种陈列面大于品牌品种。

2）货源充足，陈列丰满、美观。

3）每组端架上所陈列的商品大小、品类与色系相近，大小相差很大的商品不陈列在同一层端架上，每层陈列的商品品种数不超过3类。

4）端架顶层商品高度保持统一。

5）根据商品的高度适当调整层板的高度。

6）可以随时更换，保持新鲜感而且重点突出。

（3）堆头、花车陈列

1）商品选择以高毛利、重点推荐、季节性、促销商品（包括近效期）为主。

2）整齐，堆头上方的商品要高矮一致，一个花车、堆头不超过5种商品。

3）货源充足，陈列丰满，美观，直立陈列，正面朝外，不能颠倒，同一花车、堆头商品的颜色相近。

4）配有相应的POP海报提示。

5）堆头不应堵塞通道，堆放位置应在出入口、空旷的地面或其他醒目的位置，以不影响顾客通行为准。

知识链接

药品陈列维护的要点

（1）药品是否有灰尘；

（2）棚板、隔物板贴有胶带的地方是否弄脏；

（3）标签是否贴在规定位置；

（4）标签及价格卡的售价是否一致；

（5）POP是否适用；

（6）药品最上层高度是否太高；

（7）药品是否容易拿、容易放回原位；

（8）棚架是否间隔适中；

（9）药品分类别标示板是否正确；

（10）是否遵守先进先出的原则；

（11）药品是否快过期或有毁损、异味等不适销售的状态；

（12）样品是否和实际药品有差异；

（13）陈列位置是否位于热卖点；

（14）陈列位置的大小、规模是否合适；

（15）是否有清楚、简单的销售信息；

（16）价格折扣是否突出、醒目并便于阅读；

（17）是否妥善运用了陈列辅助器材。

二、药品销售

在药店内进行药品的销售，必须了解药店销售药品的意义与管理，必须把握药店消费者购买行为以及决策，并在此基础上实施针对药店实际的促销方式，以此达到药品在药店内的有效销售与经营业绩。

1. 药品销售管理的内容　药店的药品销售管理包括分析与计划、组织与执行和评估与控制这三个环节；它覆盖范围包括产品、服务和创意；它建立在交换的基础上，目的是使得消费者对医药产品的需求在药店中得到满足。具体来说，药店的药品销售管理包括以下三个方面：

（1）分析与计划：即通过一定的方法，对药品消费者市场进行科学分析，进而制订销售计划。

（2）组织与执行：即药店整体为了销售目标及执行销售的策略和方案，对所需人力、物力、财力等资源进行调配。

（3）评估与控制：销售计划的制订和执行效果，只有通过评估才能获得较为准确的结论。药店对其药品销售的控制是对整个销售管理过程实行目标控制，控制目标把握的情况和计划完成情况。

知识链接

药店消费者行为及其特征

1. 市场消费量大，但人均单次消费水平相对较低。

2. 消费者进店购药的目的单一性与多样性并存。

3. 消费者进行药品消费的非专家性。

4. 药品购买具有周期性的特点。

2. 药品销售的策略与技巧　药店是产销或采销合一的连锁经营，都是由总部的营销与管理支援系统以及门店营运管理系统所构成。在整体经营策略上，除了门店的定位与营业能力之外，连锁总部所策划的市场活动,对于整体经营能力的提高,也是相当重要的。因此,连锁药店经营的销售策略不能纯粹的从单一门店的角度考虑,而必须以连锁药店整体运作为思考重心,进行整合性的策略规划与拟定。销售策略在连锁药店经营中,具有促动消费者购买与激励营业人员销售士气的双重意义。各药店在制订具体方案的时候,可根据实际情况采用多种市场活动形式进行组合和编排,使销售方案切实可行。主要包括:

（1）限时:确定某一个时间段,对相应的商品进行促销。

（2）买赠:顾客买正品送赠品或送其他物品的促销。

（3）特价:利用部分产品特价销售(一般为低价)进行促销。

（4）路演:通过举办丰富多彩的文艺演出吸引顾客,同时可以配合其他的促销工具在演出现场进行销售。路演促销最主要的作用是吸引顾客注意和光临,介绍促销信息。

（5）游戏:通过顾客参与的互动式促销,形成一个娱乐的氛围。

（6）抽奖:主要是利用人们的侥幸和追求刺激"以小赢大"的心理,通过抽奖赢取现金或商品,从而刺激顾客购买产品的欲望,激发购买行为。抽奖主要凭个人运气,不需要学识和才华,参与的人较多。

（7）会员:对于新开门店,主要是大力发展会员,为日后的经营打好基础。对于会员顾客来讲,办理会员卡以后会得到正常消费以外的附加价值,对于药店而言,则可以稳定顾客群体,占据市场份额,使门店能够稳步而健康地发展。

（8）其他形式:①联合促销,如可以联合当地药品监督管理部门、新闻媒体,以及药品生产厂家共同举办;②贫困户弱势群体优惠或捐赠;③社区免费体检。

三、药店服务

没有药店的服务就没有顾客的忠诚。药品零售企业的经营已经结束了暴利的时代,只有依靠对服务的深入理解并灵活运用,才能产生药店经营能力和赢利能力的提升,才能提高产品竞争力、附加价值和差异化地位,才能更好地塑造药品的形象、品牌。

边学边练

　　熟悉药店的日常管理,通过分析比较,对药店的经营管理有初步的认识,请见实训八　社会药店调查。

（一）服务营销的含义

服务营销是以消费者为中心的营销模式,它改变了传统营销基本要素中的产品、价格、渠道、促销,为提供给消费者利益,注重对消费者的消费所付出的成本、购买的方便性以及和消费者沟通的方式。服务营销强调,药品零售企业主要以向客户提供全方位的服务为中心,企业通过为客户提供服务的过程来提高品牌价值。所以,药店服务营销必须把握顾客方便性、交流性、礼貌性、权威性、变革性、全员性的服务原则。

随着市场的发展、竞争的加剧和消费者意识的提高，药品零售企业的竞争已由过去的产品质量竞争、价格竞争进化到当前的服务竞争、品牌竞争。在今后的竞争中，谁能提供独特、完美的产品及服务，谁能培养起强大的富于生命力的品牌，谁能赢得终端顾客的忠诚，谁就是未来药品零售企业的胜利者。

（二）服务营销的具体要求

要把服务营销作为一种策略，贯穿药店经营的始终，并成为其核心竞争力，必须做到：

1. 把客户服务提到药店发展战略的高度　在当今社会，药店必须改变传统的经营观念，要进一步提高经营服务意识，首先经营者必须提高认识，把为消费者服务始终放在药店发展的第一位。在经营过程中，始终把消费者的利益放在自己心里，放在所有药店人员的心里，并把服务营造成一种文化，一种生存方式，一种竞争利器。同时，还要建立健全各项规章制度，完善服务公约、柜台纪律、便民措施等。

2. 加强服务营销的理论培训，加强医药专业知识培训，强化服务意识，提高从业人员的专业素质　药店的经营必须从提高从业人员的专业素质方面下功夫，鼓励员工进修，经常请专家进行培训，去医院实习。在提高自己专业素质的前提下，增强自己的服务意识，多去关心病人的疾苦，用自己的知识去帮助消费者。

3. 营造良好的服务氛围，用行动来强化服务营销，从细节体现服务质量　只要以消费者的利益为出发点，把服务消费者作为药店经营的第一要务，就会有更多的方法去服务于消费者，药店也就会得到应得的回报。

4. 完善服务管理，强化经营服务理念　药品经营关系到生命，服务工作中的药品与临床专业知识及责任要求比普通服务业高，但服务工作的本质是一样的，都是要通过服务使顾客满意。药店要在经营中与顾客建立新型伙伴关系，要了解顾客需求，倾听顾客意见，并以积极的态度解决顾客的不满和抱怨，用自己的真诚和专业知识为顾客排忧解难，真正使顾客享受到优质服务带来的全方位的满意。服务是人与人之间心灵的交流，情感化的服务才能培养忠诚的顾客，才能增加品牌的美誉度。所以服务工作要讲究艺术，讲究提供个性化服务，并做到提供信息、给予帮助、创造便利、让人舒服，为顾客提供"完全依赖"型的服务。

（三）药店的药学服务

药学服务是指药店应用药学专业知识和工具向公众提供的与药品购买和使用有关的服务。

1. 药店药学服务的基本条件

（1）药店要按规定配备药师，营业时间内要有药师在岗，并佩戴标明姓名、药师类别和工作地点等内容的胸卡；药师离岗时要出示"药师不在，暂停销售处方药"的告示牌。

（2）药店要设立药师服务咨询服务区（台），安排药师接受消费者的药学咨询，解答消费者疑问。

（3）有条件的药店要为特定的患者建立用药档案，及时跟踪用药信息，提供合理的用药指导，并严格保护其隐私。

（4）药店主动为社区服务，在社区开展保健知识和合理用药的宣传；对特殊患者，提供送药上门服务;指导和帮助社区居民清理家庭小药箱。

（5）药店要有专人收集并记录药品不良反应,以及实施药学服务中的各类信息,建立不良反应报告制度台账,并按规定上报。

（6）药店要在店堂内明示药学服务公约和监督电话,药店负责人必须确保在本店顺利开展药学服务。

药店开展药学服务的目的是保证药品的使用安全、有效,从而促进患者或顾客健康水平和生活质量的提高,优良的药学服务将成为药店生存和发展的关键因素和核心竞争力。

知识链接

药店营销技巧

1. 建立顾客数据库,培养忠诚顾客　把顾客按照购买量和购买频率分成三类,采取变通的营销促销手段区别对待。 具体分为: A: 忠诚顾客; B: 一般顾客; C: 路过散客三大类。 培养一个忠诚顾客所花的成本比吸引一个新顾客的成本便宜4～5倍。

2. 通过价格和服务竞争留住 A 类顾客　A 类顾客是指经常性购买老顾客:主要是一些需要长期用药的老年顾客;提高其购买量的方法主要是从价格折扣、习惯用药、指导组合用药为顾客节省钱上去下功夫、送货上门服务等手段留住这群老顾客。

3. 扩大商圈覆盖面积和用品种类,吸引 B、C 类顾客　印刷精美画册或者彩色单页,介绍药店、介绍特色,并把宣传资料送到药店商圈尽可能大的范围。 通过优选品种结构,使药店品种齐全。 让 B 类消费者来两三次就知道,想买的药品,这里都有。 为了提高营业额,可以增加贵重或进口药品的经营,尤其是对于 C 类顾客可以推荐一些价值较高的药品进行销售。

4. 经常推出新药,吸引新的顾客　通过小卡片经常性介绍各个系统新药和指导用药。 一直保持有新药推出,保持新药推荐是这个药店有活力、吸引人的关键。

5. 争取成为医保定点药店　定点药店意味着长期持久的销售,在药品质量、价格、服务上具有优势。

6. 争取成为附近一家医院的第二药房　该医院特色门诊用药,你的药店都应该有,价格应该比医院明显便宜,对于一些新特药,可以先进入药店,然后让厂家人员和医生进行推广介绍。

---

2. 药店药学服务的基本内容

（1）由药师提供的药学服务:包括核心服务、感知服务和扩展服务,核心服务是指药师将合格的药品提供给合适的顾客,使用药效率最大化,并尽量避免用药的负面效应,为顾客提供适当的用药建议;感知服务是指药师要恰当地遵守服务的程序,在恰当的时间内提供周到、专业的服务,给顾客以信赖感;扩展服务指的是扩大药学服务的范围,深化药学服务的内涵,比如建立患者病历和用药档案,售后回访制度等。

（2）由营业员提供的药学服务:药店营业员除了帮助顾客正确地选择对症的药品以外,还应向顾客清楚地交代有关用药的一些内容,如用药时间、服用方法、已知的药物副作用及服药后会引起的有关变化、药品的贮存要求和有效期、饮食禁忌等。

（3）经营中药饮片的药店可提供的服务：如煎药、粉碎、切片等。

（4）电子药师服务：利用电子信息查询系统为顾客提供有关的药学服务，如触摸式电脑屏幕等。

（5）多媒体播放器：利用放在收银处或顾客休息区的多媒体播放器，播放日常的疾病防治、养生、保健、护理等知识，以及辨识假药劣药技能等。

（6）药学书刊：为顾客获取药学知识增加一条途径。

在药店店铺现场，药师与患者之间是零距离服务，药师通过向患者介绍药品的药理作用、用药方法及常识，不仅使患者对其所用的药品有足够的认识和了解，掌握用药的方法，还大大提高患者对药师及药店的信任，这样就能进一步提高药店的档次，取得较好的经济效益和社会效益。

点滴积累 ∨

1. 药品陈列的原则有易见易取原则；满陈列原则；先进先出、先产先出的原则；关联性原则；同一品牌纵向（垂直）陈列原则；季节性陈列原则；主辅结合陈列原则。

2. 在连锁药店经营活动中，促销的目的可分为提高营业额、促进药品周转、商圈开发、提高来客数、提高客单价、提高企业品牌知名度等不同的方面。

3. 药学服务是指药店应用药学专业知识和工具向公众提供的与药品购买和使用有关的服务。

目标检测

一、选择题

（一）单项选择题

1. 从事药店经营的人员多长时间体检一次（　　）

　　A. 3 年　　　　　　　　　　　　　　B. 2 年

　　C. 1 年　　　　　　　　　　　　　　D. 半年

2. 顾客占 15% ~25% 的属于商圈中的（　　）

　　A. 核心商圈　　　　　　　　　　　B. 次级商圈

　　C. 边缘商圈　　　　　　　　　　　D. 无关商圈

3. 顾客占 55% ~75% 的属于商圈中的（　　）

　　A. 核心商圈　　　　　　　　　　　B. 次级商圈

　　C. 边缘商圈　　　　　　　　　　　D. 无关商圈

4. 拆零药品集中存放于拆零专柜,并保留原包装的（　　）

　　A. 合格证　　　　　　　　　　　　B. 标签

　　C. 生产批准文号　　　　　　　　　D. 外包装

5. 货架和斗橱补货时,按有效期先后排列,新货摆放在后面或底层,这样做是为了保证（　　）

A. 盘点准确   B. 先进先出

C. 方便顾客   D. 提供营业额

6. 把药品包装盒放在橱窗处,属于促销中的(　　　)

A. 服务促销   B. 体验促销

C. 展示   D. 人员促销

7. 让药店的店堂有淡淡的药品清香,属于促销中的(　　　)

A. 服务促销   B. 体验促销

C. 展示   D. 人员促销

8. (　　　)药品可进入商场、超市销售

A. 处方药   B. 甲类非处方药

C. 乙类非处方药   D. 任何药品均可

(二) 多项选择题

1. 药店选址应遵循的原则有(　　　)

A. 遵守法规规划   B. 寻找黄金区位   C. 寻求有效客流

D. 布局要合理   E. 要有一定前瞻性

2. 直营连锁药店的缺陷在于(　　　)

A. 各门店缺乏自主权和应变的弹性   B. 投资大、成本高

C. 总部对各分店的约束力有限   D. 统一经营的范围有限

E. 分店与总部之间缺乏资产关系纽带

3. 自由连锁药店的缺陷在于(　　　)

A. 各门店缺乏自主权和应变的弹性   B. 投资大、成本高

C. 总部对各分店的约束力有限   D. 统一经营的范围有限

E. 分店与总部之间缺乏资产关系纽带

二、简答题

1. 简述药店的功能。

2. 简述商圈的影响因素。

3. 简述药店选址的过程。

4. 简述药店顾客流动线设计的原则。

5. 简述药品陈列的原则。

三、实例分析

小小抹布无伤大雅?

星期天,吴女士带着女儿外出散步。婆婆打来电话,叫她买枸杞子和核桃仁。在吴女士看来,药店的药品质量比超市的要控制得严一些。于是,她便径直来到药店的中药柜台购买。由于这两种药品在常温下不易存储,多数药店都会将其放入冰箱冷藏保存。这家药店也不例外。店员打开冰箱

门,一股腥臭味飘了出来。

"冰箱怎么会有这么难闻的味道啊? 是不是有药品坏掉了?"吴女士凑过去准备看个究竟,只见一个装着鱼的袋子正放在冰箱里的药物上,还流下来一滩血水。原来这条鱼是店员前天晚上临时放进去的,下班忘记带走了,而碰巧当晚因附近线路维修,店里停了一夜的电。

店员见状,马上拿抹布清理,擦干净后,将抹布随意地扔在一边的药品上。见店员没回答,吴女士接着问:"专用的冰箱怎么能随便放私人物品呢? 药是用来吃的,你怎么能把抹布放在上面呢?"

店员接过话说:"'不干不净,吃了没病',你以为这些中药在加工时都很干净么?"说完,随手拿起抹布扔到了柜台里面。

吴女士一听就冒火了:"像你这样的态度还能做生意吗? 药品卫生干净我们才吃得放心啊。"接着,两人你一言我一语地吵了起来,引来不少顾客看热闹。

争执惊动了店长,店长问清情况后,狠狠地把店员训斥了一顿,并诚恳地向吴女士道歉,可是吴女士没有买任何东西,拉着女儿头也不回地走了。

问题:

该药店店员的做法有哪些不妥之处? 请对该药店和店长的行为与做法进行评价。

(林莉莉)

实训八 社会药店调查

【实训目的】

1. 熟悉药店的日常管理。

2. 通过分析比较,对药店的经营管理有初步的认识。

【实训内容】

以小组为单位,每组参观 3 家社会药店,将所见的情况以文字形式记录下来,并进行比较,重点在于发现不同药店的优势和特点,借鉴不足和缺陷,提出个人的构想。

【实训要求】

1. 了解零售药店的基本格局与构成。

2. 观察零售药店不同种类产品的组成与摆放。

3. 观察零售药店墙壁的相关证件及企业宣传图片。

4. 从整体了解与认识药店的陈列及陈列艺术。

【实训报告】

社会药店调查报告						
调查团队						
调查内容						
一、药店的位置						
A						
B						
C						
二、经营类别						
A						
B						
C						
三、相关证件(包括名称、时间、发放部门)						
A						
B						
C						
四、宣传物品(包括医药企业及药店本身,有名称、单位、形式)						
A						
B						
C						
五、某一类药品具体名称(提供20个)						
＊＊＊系统用药						
序号	通用名	商品名	剂型	生产单位	规格	价格
1						
2						
3						
4						
5						
6						
7						
8						
9						
10						
11						
12						
13						
14						
15						

续表

社会药店调查报告						
16						
17						
18						
19						
20						
六、优势与特点						
A						
B						
C						
七、三个药店的比较						
A						
B						
C						

【实训评价】

1. 内容完整,条理清楚,格式规范。

2. 对药店的分析比较,结论明确,逻辑合理。

3. 讨论积极、参与度高,汇报时思路清晰、表达顺畅。

小组评分标准

评分项目	项目分值	小组得分	备注
资料准确,格式规范	2分		
任务完成及时	2分		
结论明确,逻辑合理	2分		
实训态度良好,参与度高	1分		
实训汇报条理清楚,表达顺畅	3分		
总分	10分		

（林莉莉）

第十章

ER-10章PPT

医药企业物流与供应链管理

——西泽修："物流——第三利润源泉"

导学情景 ∨

情景描述

　　广州医药有限公司（广药）是华南地区经营医药商品最多、最全的医药专业公司，公司建立了以广东省为中心，辐射全国的庞大的销售网络。

　　面对目前市场竞争越演越烈，原有的物流管理模式渐渐不能适应市场的竞争，而且物流成本居高不下，不能形成价格优势。广药面临许多需要改善的问题，最严重的是物流管理滞后。这严重阻碍了物流服务的开拓和发展，已成为广药流通业发展的"瓶颈"。

　　公司经过 ERP 项目咨询，准备改造黄金围仓库，这次改造不是新建一个物流配送中心，而是在传统的物流资源与现代的物流技术及观念之间进行"嫁接"，建立一个大型物流配送中心，两个仓库为辅；用现代物流理念管理。该项目于 2002 年 4 月规划改造，到 2017 年年底，黄金围现代药品物流中心是目前华南地区面积最大、功能最齐、机械化和智能化程度最高的医药商业物流中心。

学前导语

　　医药产品生命周期比较短、种类多、体积小、单价高，每一笔订单要做到迅速拣出，批号、生产日期、有效期、规格、生产厂商等做到精确核对，快速送到顾客，这已不是传统仓库可以做到的，随着医药市场的全面放开，竞争愈加激烈，此时已是"物流"定存亡的时代了。企业要想取得竞争优势，掌握销售渠道是必要条件，而掌握物流更是必要的"关键"。

第一节　企业物流与企业供应链管理概述

一、物流

（一）基本概念

1. **物品**　经济活动中实体流动的物质资料，包括原材料、半成品、产成品、回收品以及废弃物等。

2. **物流**　物品从供应地向接收地的实体流动过程。根据实际需要，将运输、储存、装卸、搬运、包装、流通加工、配送、回收、信息处理等基本功能实施有机结合。

3. **物流活动**　物流过程中的运输、储存、装卸、搬运、包装、流通加工、配送、回收等功能的具体运作。

4. 物流管理 为了以合适的物流成本达到用户满意的服务水平,对正向及反向的物流活动过程及相关信息进行的计划、组织、协调与控制。

(二) 物流对企业的作用

1. 物流是企业生产经营的前提 在现代企业生产经营中,物流贯穿于从原材料的采购到把产品送达顾客手中的整个循环过程中,企业生产经营的全部职能都要通过物流得以实现。

2. 节约成本 合理化的物流,可以有效降低社会流通成本,从而降低企业采购、生产、库存及配送的成本,提升产品的市场竞争力。

3. 压缩库存,减少流动资金的占用 库存控制是企业物流合理化的重要内容之一。它是在保证企业生产、经营需求的前提下,通过对企业的库存水平进行控制,可以减少库存空间占用、降低库存总费用,从而控制库存资金占用,加速资金周转。

4. 促进销售 在激烈的市场竞争中,企业的销售业绩不仅取决于产品、价格、营销渠道等因素,还受到企业向顾客提供的物流服务的影响。尤其在电子商务领域,顾客越来越重视企业的物流服务,物流已成为顾客选择企业、维持交易关系的重要条件,因此,也是企业扩大销售的重要手段。

(三) 物流的分类

根据物流的对象、目的、范围、在社会再生产过程中的地位与作用等方面的不同,可以将物流划分为以下几种类型:

1. 按照物流系统涉及的领域划分

(1) 宏观物流:是指社会再生产总体的物流活动,是从社会再生产总体角度认识和研究的物流活动。其主要特点是宏观性和全局性,研究内容包括物流的总体构成、物流与社会的关系、物流与经济发展的关系等。

(2) 微观物流:是指消费者、生产者所从事的具体的物流活动。其主要特点是具体性和局部性,研究内容包括企业物流、生产物流、供应物流、销售物流等。微观物流更贴近企业经营管理的实际。

2. 按照物流系统的运行特征划分

(1) 社会物流:是指以一个社会为范畴、面向全社会的物流,又称为大物流或宏观物流。社会物流包括批发物流、电子商务物流、零售业物流、国际贸易物流等。

(2) 行业物流:是同一行业的企业在物流活动及管理方面加强协作,从而降低整个行业的物流成本,促进物流系统的合理化、科学化和标准化。

(3) 企业物流:是企业根据生产和经营的需要,在企业经营范围内安排的物品实体流动。企业物流是从企业角度出发开展的物流活动,是企业各项具体物流活动的总和。它又可分为以下五类:

1) 企业供应物流:是为生产企业提供原料、燃料或其他物品时,物品在提供者与需求者之间的实体流动。

2) 企业生产物流:是企业生产过程中原材料、半成品、产品等在企业内部的实体流动。

3) 企业销售物流:是生产企业和流通企业出售商品时,物品在供方和需求方之间的实体流动。

4）企业回收物流:是不合格物品的返修、退货以及周转使用的包装容器从需方返回供方形成的物品实体流动。

5）企业废弃物物流:是对企业生产经营过程中产生的各种角料、废料进行收集、分类、加工、包装、搬运、储存等,并分送到专门处理场所时形成的物品实体流动。

3. 按照物流系统的空间范围划分

（1）国际物流:是伴随和支持国际经济交往、贸易活动和其他国际交流所发生的物流活动。

（2）国内物流:是指发生在一个国家范围内的物流活动。

（3）地区物流:也称为区域物流,是在一个行政区域、经济圈或地理位置内进行的物流活动。

（四）物流的基本功能

1. 运输 是指用设备和工具,将物品从一地点向另一地点运送的物流活动。运输功能是物流的基本职能之一。

2. 储存 是对商品的保存与管理,能消除连接生产和消费的时间间隔,实现了物流的时间价值,为集中生产、平均消费进行了时间上的调整。储存是物流的第二大职能。

3. 配送 是在经济合理的区域范围内,根据用户要求,对商品进行拣选、加工、包装、分割、组配等作业,并按时送达指定地点的物流活动。配送是物流的第三大职能。

4. 装卸搬运 是指在一定地域范围内进行的,以改变货物存放状态和空间位置为主要内容和目的的物流活动。装卸搬运是运输、保管等物流环节之间相互转换的桥梁。

5. 包装 是指在流通过程中保护产品、方便储存、促进销售,按一定技术方法而采用的容器、材料及辅助物等的总体名称,包括为了达到上述目的而进行的操作,包装是包装物及包装操作的总称。包装是生产的终点,又是物流的起点,只有完成包装的商品才具有物流的能力。在物流过程中,包装可发挥对商品的保护作用,最后实现销售。

6. 流通加工 是指在物品从生产领域向消费领域流动过程中,为促进销售、维护产品质量和提高物流效率,对物品进行一定程度的加工。流通加工是一种创造新价值的活动,商品经过流通加工,可以弥补生产过程中不符合客户需要的内容,更好的满足客户的需求,实现商品的价值。

7. 信息处理 物流信息在物流活动中具有十分重要的作用,物流信息的收集、传递、存储、处理和分析等均是决策的依据,对整个物流活动起到指挥、协调、支持和保障作用。

二、企业供应链管理

（一）供应链

1. 概念 供应链是围绕核心企业,通过对商流、信息流、物流、资金流的控制,从采购原材料开始到制成中间产品及最终产品、最后由销售网络把产品送到消费者手中的一个由供应商、制造商、分销商、零售商直到最终用户所连成的整体功能网链结构,如图 10-1 所示。

2. 特征

（1）复杂性:供应链节点企业涉及的跨度(层次)不同,供应链往往有多个不同类型甚至多国企业构成,所以供应链结构模式比一般单个企业的结构模式更为复杂。

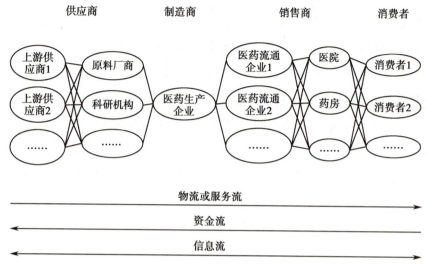

图 10-1　供应链结构模型

（2）虚拟性：供应链是一个协作组织，并不一定是一个集团企业。节点企业以协作的方式组合在一起，依靠信息网络的支撑和相互信任关系，为了共同的利益，强强联合，优势互补，协调运转。由于供应链需要保持高度竞争力，必须是优势企业之间的连接，犹如一个虚拟的强势企业群体，组织内不断地进行优胜劣汰、优化重组。

（3）选择性和动态性：供应链中的企业都是在众多企业中筛选出的合作伙伴，合作关系是非固定性的，也是在动态中调整的。因为供应链需要随目标的转变而转变，随服务方式的变化而变化，节点企业需要动态地更新，这就使得供应链具有明显的动态性。

（4）面向用户需求：供应链的形成、存在、重构，都是基于一定的市场需求而发生，并且在供应链的运作过程中，用户的需求拉动是供应链中信息流、产品/服务流、资金流运作的驱动源。

（5）交叉性：节点企业可以是这个供应链的成员，同时又是另一个供应链的成员，众多的供应链形成交叉结构，增加了协调管理的难度。

3. 类型　从不同的角度出发，按不同的标准，可以将供应链划分为不同的类型：

（1）内部供应链和外部供应链：内部供应链是指企业内部产品生产和流通过程中涉及的采购、生产、仓储、销售等部门组成的供需网络。外部供应链是指企业外部的，与企业相关的产品生产和流通过程中涉及的原材料供应商、生产厂商、储运商、零售商以及最终消费者组成的供需网络。内部供应链和外部供应链共同组成了企业产品从原材料到成品到消费者的供应链。可以说，内部供应链是外部供应链的缩小化。

（2）稳定的供应链和动态的供应链：根据供应链存在的稳定性，可以将供应链分为两类。稳定供应链是指由相对稳定、单一的市场需求而组成的供应链。稳定的供应链的组成要素（节点企业）相对稳定，也就是建立在供需关系上的节点企业之间的关系相对稳定。动态供应链是指由频繁变化、复杂的市场需求而组成的供应链。动态的供应链节点企业不断变更，即节点企业之间的供需关系不紧密。

（3）平衡的供应链和倾斜的供应链：根据供应链的满足能力与用户需求的关系，可以将供应链分为这两类。一个供应链应具有一定的、相对稳定的设备容量和生产能力,面对不断变化的用户需求,供应链的容量仍能满足用户需求时,供应链处于平衡状态;而当市场变化加剧,出现供应链成本增加、库存增加、浪费增加等现象时,节点企业不是在最优状态下运作,供应链综合能力不能满足市场需求,处于倾斜状态。

(4) 有效性供应链和反应性供应链:根据供应链的功能模式(物理功能和市场中介功能)可以把供应链划分为这两种。有效性供应链也称效率型供应链,是以最低的成本将原材料转化成零部件、半成品、产品,并以尽可能低的价格有效地实现以供应为基本目标的供应链管理系统。反应性供应链是指对市场需求做出快速反应的供应链,即对未知需求做出快速预测,从而把产品分配到满足用户需要的市场内的供应链管理过程。

有效性供应链主要体现供应链的物理功能,即以最低的成本将原材料转化成零部件、半成品、产品,以及在供应链中的运输等;反应性供应链主要体现供应链的市场中介的功能,即把产品分配到满足用户需求的市场,对未预知的需求做出快速反应等。

(二) 供应链管理

1. 概念 是指满足一定的客户服务水平的条件下,为了使整个供应链系统成本达到最小而把供应商、制造商、仓库、配送中心和渠道商等有效地组织在一起来进行的产品制造、转运、分销及销售的管理方法。供应链管理包括计划、采购、制造、配送、退货五大基本内容。

2. 供应链管理的作用

(1) 有效实现求的良好结合:供应链把供应商、生产商、销售商紧密结合在一起,并对他们进行协调、优化,使企业之间形成和谐的关系,使产品、信息的流通渠道最短,进而可以使消费者的需求信息沿供应链逆向迅速、准确地反馈给销售商、生产商乃至供应商。他们据此对产品的功能、质量、营销策略等方面做出正确的决策,以保证供求的良好结合。

(2) 降低库存量,创造竞争的成本优势:许多企业长期存在库存的不确定性,因而必须用一定的人力、物力准备来应付不确定性,这种不确定性既存在于物流过程中,也存在于信息流过程中。在供应链管理的条件下,实现了物资畅通、信息的共享,能有效地消除重复、浪费与不确定性,减少库存总量,创造竞争的成本优势。

(3) 改善企业与企业之间的关系,节约企业间的交易成本:在供应链管理的条件下,供应链将相互关联的企业联系在一起,构建了产品最快捷的流通渠道,降低企业间各个环节的交易成本,缩短了交易的周期。

(4) 提高服务质量,刺激消费需求:供应链通过企业内外部之间的协调与合作,缩短产品的生产周期,把适销对路的产品及时送到消费者手中。供应链管理还使物流服务系列化,在储存、运输、流通、加工等服务的基础上,新增了市场调查与预测、配送、物流咨询、教育培训等过程。快速、优质的服务可塑造企业良好的形象,提高消费者的满意度,提高产品的市场占有份额。

3. 供应链管理的目标 是在满足客户需要的前提下,对整个供应链(从供货商、制造商、分销商到消费者)的各个环节进行综合管理。例如管理从采购、物料管理、生产、配送、营销到消费者的整个供应链的货物流、信息流和资金流,把物流与库存成本降到最小。

三、医药企业物流与供应链管理

（一）医药企业物流管理的目标

医药物流是指依托一定的物流设备、信息技术和进销存管理系统,有效整合营销渠道上、下游资源,通过优化药品供销配运环节中的验收、存储、分拣、配送等作业过程,为实现自动化、信息化和效益化而进行的计划、执行和控制,以满足顾客要求。医药物流的核心是提高订单处理能力,降低货物分拣差错,缩短库存及配送时间,减少流通成本,提高服务水平和资金使用效益。医药物流的重点是将供应商、物流中心、终端销售网络进行合理的分工、整合,实现医药流通的高效率和高效益。

医药企业物流管理以追求顾客满意为目标,以企业整体最优化为目的,通过供应链运作,有效整合企业内外资源,实现提高服务水平和降低成本之间的动态平衡,从而提高企业的市场竞争能力。

知识链接

现代医药物流加快发展提升行业核心竞争力

近年来,全行业现代医药物流建设快速发展,成为药品流通企业核心竞争力的重要体现。"互联网+药品流通"的推动,以及信息化、现代化技术水平的显著提高,促使医药物流向新的方向发展,提升企业物流信息化管控能力,提高流通技术含量,并逐渐向医疗机构和药品生产企业延伸服务,全供应链的服务模式开始形成。伴随医药物流业态的专业化发展,行业内第三方物流发展日渐成熟。

据药品流通行业统计直报系统不完全统计,医药物流企业广泛采用先进物流设备和管理软件及管理手段。其中,企业拥有仓储管理系统的占71.9%,拥有温湿度自动监测系统的占92.6%,拥有订单管理系统的占80.9%,拥有数码拣选系统（DPS）的占48.6%,拥有射频识别系统（RFID）的占48.1%,拥有仓库控制系统（WCS）（设备控制系统）的占50.3%,拥有运输管理系统（TMS）的占49.2%,拥有可追溯温湿度监控系统的占83.9%,拥有客户关系管理系统（CRM）的占57.7%,拥有货主管理系统（TPL）的占48.6%;物流费用占企业三项费用（营业费用、管理费用、财务费用）总额的14.6%,占营业费用的24.9%;行订单处理利用度达到69.1%,账货相符率、准时送达率均达到99.5%以上,基本实现了现代医药物流的专业化、信息化、标准化的融合。

（二）医药企业物流管理的内容

医药企业物流管理是对各种物流构成要素进行的系统管理,主要包括以下七个方面:

1. 物流系统要素管理　主要是指对物流活动中的人、财、物、设备、方法、信息等要素的管理。

（1）人员管理:包括物流从业人员的选拔和录用、物流专业人才的培训与提高、物流教育和物流人才培养规划与措施的制订等。

（2）财务管理:主要指物流管理中有关降低物流成本、提高经济效益等方面的内容,包括物流成本的计算与控制、物流经济效益指标体系的建立、资金的筹措与运用、提高经济效益的方法等。

（3）物资管理:"物"指是物流活动的客体即物质资料实体。物资管理贯穿于物流活动的始终。

它涉及物流活动各环节,即物的运输、储存、包装、流通加工等。

（4）设备管理:指对物流设备管理有关的各项内容。主要有各种物流设备的选型与优化配置、各种设备的合理使用和更新改造、各种设备的开发与引进等。

（5）方法管理:包括各种物流技术的研究、推广普及;物流科学研究工作的组织与开展;新技术的推广普及;现代管理方法的应用等。

（6）信息管理:是对物流信息资源进行统一规划和组织,并对物流信息的收集、加工、存储、检索、传递和应用的全过程进行合理控制,从而使物流供应链各环节协调一致,达到提高物流供应链竞争力的目的。

2. 物流作业管理　是指对物流活动或功能要素的管理,包括运输管理、仓储管理、配送管理、装卸搬运管理、包装管理、流通加工管理、物流信息管理等。

3. 物流战略管理　是指通过物流战略设计、战略实施、战略评价与控制等环节,调节物流资源、组织结构等最终实现物流系统宗旨和战略目标的一系列动态过程的总和。

4. 物流成本管理　是对物流相关费用进行的计划、协调与控制,包括物流成本核算、物流成本预测、物流成本计划、物流成本决策、物流成本分析、物流成本控制等。

5. 物流服务管理　是指医药企业的物流部门从处理客户订单开始,直至医药产品送交客户过程中,为满足客户的要求,有效地完成医药产品供应、减轻客户的物流作业负荷所进行的全部活动。物流服务管理是以客户满意为最终目标的,其本质在于满足客户需求。物流服务已成为企业打造核心竞争力,实现经营和发展战略目标的重要手段。

6. 物流组织与人力资源管理　物流组织是指专门从事物流经营和管理活动的组织机构,既包括企业内部的物流管理和运作部门、企业间的物流联盟组织,也包括从事物流及其中介服务的部门、企业以及政府物流管理机构。

7. 供应链管理　是用系统的观点对物流、信息流和资金流进行设计、规划、控制与优化,以寻求建立供、产、销企业以及客户间的战略合作伙伴关系,最大程度地减少内耗与浪费,实现供应链整体效率的最优化并保证供应链成员取得相应的绩效和利益,来满足顾客需求的整个管理过程。

（三）物流管理与供应链管理的关系

1. 物流管理与供应链管理的联系　物流管理主要是计划和控制货物从生产到消费全过程,包含企业外部流动和内部流动,还包括对生产资料回收、利用、加工等物流活动的管理。而供应链管理包括产品从厂家到经销商传递全过程的所有活动,包括生产资料供应、制造产品、包装、运输、入库等全过程,以及订货、销售、资金交易、运输、收货等相关信息系统全过程。

供应链管理主要解决的是企业间的信息流、物流、资金流等协调问题,是对整个链的过程管理,它包含物流管理。物流管理是供应链管理中的重要核心。在供应链体系中,物流贯穿于整个供应链,物流是供应链的载体,是供应链的具体表现形式。它使供应链上各个企业联系起来,是企业之间联系纽带,没有物流,供应链的社会产品就没有使用价值,供应链也就失去意义。

2. 物流管理与供应链管理的区别　供应链管理涉及制造问题和物流问题两个方面,物流管理涉及的是企业的非制造领域问题。两者的主要区别表现在:一方面,物流涉及原材料、零部件在企业之间的流动,而不涉及生产制造过程的活动,供应链管理则包括物流活动和制造活动;另一方面,供应链管理涉及从原材料到产品交付给最终用户的整个物流增值过程,物流涉及企业之间的价值流过程,是企业之间的衔接管理活动。

另外,物流管理属于战术管理,主要在操作层次对物流活动进行计划、组织、指挥、协调、控制和监督,使各项物流活动实现最佳的协调与配合,以降低物流成本,提高物流效率和经济效益。供应链管理属于战略性管理,通过信息技术的支持,紧密的功能协调,以全局观念协调企业间职能的决策。

点滴积累　∨

1. 物流具有运输、储存、配送、装卸搬运、包装、流通加工、信息处理等功能。

2. 医药企业物流管理是对各种物流构成要素进行的系统管理,具体包括物流系统要素管理、物流作业管理、物流战略管理、物流成本管理、物流服务管理、物流组织与人类资源管理、供应链管理等。

3. 供应链管理主要解决的是企业间的信息流、物流、资金流等协调问题,是对整个链的过程管理,它包含物流管理。

4. 物流管理是供应链管理中的重要核心。在供应链体系中,物流贯穿于整个供应链,物流是供应链的载体,是供应链的具体表现形式。

第二节　医药企业运输与配送管理

一、医药运输管理

(一)　运输基础知识

1. 运输的概念　是指用设备和工具,将物品从一地点向另一地点运送的物流活动,其中包括集货、分配、搬运、中转、装入、卸下、分散等一系列操作。在不同地域范围内,运输以改变物品的空间位置为目的。

2. 运输的功能

(1) 产品转移:无论产品处于哪种形式(如材料、零部件、装配件、在制品、制成品),也不论它是在制造还是在流通过程中,运输都是必不可少的环节。运输的主要功能就是实现产品在价值链中的空间位移。

(2) 创造"场所效用":场所效用是指由于改变场所而最大限度地提高物品的使用价值和产出投入比。同一产品所处空间场所不同时,其使用价值的实现程度也不同。运输可以把物品从效用价值较低的地方转移到效用价值较高的地方,发挥物品的潜力,实现资源的优化配置。从这个意义上说,运输提高了物品的使用价值。

（3）产品储存：将运输车辆作为一种临时储存设施，将产品装到运输车辆上，然后采用迂回或间接线路运往其目的地，可实现对产品的临时储存。

（二）运输管理的目的与原则

1. 运输管理的目的 运输管理是指产品从生产者手中到中间商手中再至消费者手中的运送过程的管理。它包括运输方式选择、时间与路线的确定及费用的节约三个方面。运输管理对人、财、物和运输设备进行合理组织、平衡调整和监督实施，以达到提高效率、降低成本的目的。

▶▶ **课堂活动**

运输与搬运的区别是什么？运输与物流有什么关系？运输在物流活动中有怎样的地位？

2. 运输管理的原则 为了实现加速医药产品流通、降低流通费用、提高货运质量的目的，运输管理应贯彻以下几项原则：

（1）及时：是指按照生产、供给、运输、销售等环节的实际需要，及时把医药产品送达指定地点，尽量缩短货物在途时间。

（2）准确：是指在运输活动中，应避免各种差错事故，准确无误地完成运输任务。

（3）经济：是指采用最经济、最合理的运输方式和运输路线，有效地利用各种运输工具和运输设备，减少人力、物力等的消耗，从而提高运输经济效益、降低运输费用。

（4）安全：是指在运输过程中，要采取相应措施防止医药产品变质、污染、残损及危险事故的发生，保证医药产品的质量。

（三）物流运输的合理化管理

1. 运输合理化的概念 按照物品流通规律、交通运输条件、货物合理流向、市场供需情况，使运输中行程最短、环节最少、运力最宜、费用最低、速度最快，将货物从生产地运到消费地。即用最少的劳动消耗运输最多的货物，取得最佳的经济效益。

2. 影响物流运输合理化的因素 有较多因素对物流运输合理化产生影响，其中有五个因素起决定作用，成为合理运输的"五要素"。

（1）运输距离：运输是实现货物的空间位移，因此运输距离的远近就是决定其是否合理的一个最基本的因素。医药企业在组织产品运输时，首先应考虑运输距离，尽可能优化运输路径，避免舍近求远、浪费运力。

（2）运输环节：每增加一个运输环节，除了增加起运的运费和总运费外，还增加运输的附属作业活动（如包装、装卸、搬运等）。因此，在组织医药产品运输时，要尽可能减少中间环节，尤其是同一运输工具的运输环节，对合理运输有推动作用。

（3）运输方式：不同的运输方式使用不同的运输工具，且各有优势和劣势。医药企业在组织产品运输时，必须根据运输医药产品的品种、规格、数量、贮藏条件、运距以及客户的服务要求等合理地选择、组织运输方式。

（4）运输时间：运输是物流所有活动中最耗费时间的环节，尤其是长距离运输。为了更好地为客户服务，及时满足客户对医药产品的需要，在物流过程中必须注意货物运输所占用的时间。此外，缩短运输时间还有利于加速运输工具的周转，从而充分发掘运力；有利于加快医药公司资金的周转速度和提高运输线路的通过能力,增加经济和社会效益。

(5) 运输费用:运输费用在物流费用中占有很大比重,运费是衡量运输经济效益的重要指标,也是运输合理化的判断依据之一。

3. 不合理运输的表现　不合理运输是指在组织货物运输过程中,违反货物流通规律,不按经济区域和货物自然流向组织货物调运,忽视运输工具的充分利用和合理分工,装载量低,流转环节多,从而浪费运力和加大运输费用的现象。不合理运输的表现主要有以下几个方面。

(1) 对流运输:又称"相向运输"或"交错运输",是指同类或可相互替代,而又不影响管理、技术及效益的货物,在同一运输路线或平行运输路线上作相对方向的运输。对流运输在不合理运输中最突出、最普遍。

(2) 倒流运输:指货物从销地或中转地或其他地点,向产地回流的不合理运输方式。倒流运输会导致运力浪费、增加运费开支等。

(3) 迂回运输:指货物经多余的路线绕道运行的不合理运输方式,即"舍近取远"。

(4) 重复运输:指同一批货物由产地本可直达目的地,但是在未达目的地之处,或目的地之外的其他场所将货卸下,再重复装运送达目的地。重复运输导致运输环节增加,从而延缓流通速度,增加费用,增大货损。

(5) 过远运输:是舍近求远的不合理运输方式。过远运输延长了货物运输距离,导致出现运输时间延长、运输工具周转慢、物资占压资金时间增加、远距离自然条件相差大等问题。同时医药产品在过远运输过程中容易出现货损,增加费用支出。

(6) 无效运输:指被运输的货物杂质较多,导致运输能力浪费于不必要的物资运输。

(7) 返程或起始空驶:指空车无货载行驶,是不合理运输中最严重的形式。

(8) 运力选择不当:指没有根据货物特点、数量、运输成本和运输距离等因素选择有优势的运输工具,或不正确地选择运输工具而造成的不合理现象。常见的形式有弃水走陆,铁路、大型船舶的过近运输,运输工具承载能力选择不当等。

(9) 托运方式选择不当:指对于货主而言,在可以选择最好托运方式而未选择,造成运力浪费及费用支出加大的一种不合理运输。例如,应选择整车未选择,反而采取零担托运;应当直达而选择了中转运输;应当中转运输而选择了直达运输等都属于这一类型的不合理运输。

4. 物流运输合理化的有效措施

(1) 正确选择运输路线:选择运输路线时,一般应尽量安排直达运输,以减少运输装卸转运环节,缩短运输时间,节省运输费用。

(2) 提高运输工具的实载率:提高实载率可以充分利用运输工具的额定能力,减少空驶和不满载行驶的时间、减少浪费,从而实现运输的合理化。

(3) 合理选择运输方式:应综合考虑运输成本、运行速度、运输距离以及医药产品的性质、数量等因素选择合理的运输方式。

(4) 合理选择运输工具:根据医药产品的性质、数量、贮存条件选择不同类型的运输工具。

(5) 减少动力投入,增加运输能力:运输的投入主要是能耗和基础设施的建设,在运输设备固定的情况下,应尽可能减少能源动力投入,从而降低单位货物的运输成本,达到合理化的目的。

（6）提高货物包装质量:必须根据不同的运输方式、运输距离和医药产品的性质来合理地选择包装物料,提高包装质量,从而减少运输途中货物损失、降低运费支出、降低商品成本。

（7）发展社会化的运输体系:实行运输社会化,可以实行专业分工,统一安排运输工具,避免出现迂回、倒流、空驶、运力选择不当等不合理运输形式,还可以实现组织效益和规模效益。发展社会化的运输体系是运输合理化的非常重要的措施。

（四）运输方式的选择

1. 现代运输方式及其特点

（1）铁路运输:是使用铁路设备、设施运送旅客和物品的一种运输方式。铁路运输的优点是速度较快,载运量大,运输成本较低,受天气影响小;缺点是受到铁轨、站点等条件的限制,灵活性差,不能实现"门到门"服务。铁路运输适用于中长距离且运量大的货物运输。

（2）公路运输:是使用公路设备、设施运送物品的一种运输方式。公路运输的优点是灵活性强,方便,能实现"门到门"服务,可作为其他运输方式的衔接手段;缺点是运载量小,能耗较高,污染环境,易发生事故,长距离运输费用较高。公路运输适用于短距离、小批量的货物运输。

（3）水路运输:是使用船舶运送客货的一种运输方式。水路运输的优点是运载量大,运输成本低;缺点是速度慢,受地理和天气影响较大。水路运输适用于运量大、长距离的货物运输。

（4）航空运输:简称空运,是使用飞机运送客货的运输方式。航空运输的优点是速度快,可以飞越各种天然障碍,安全性和准确性较高;缺点是费用高,载运量小。航空运输适用于运量小、长距离、时间要求紧迫的贵重物品、生鲜类货物的运输。

（5）管道运输:是由大型钢管、泵站和加压设备等组成的运输系统完成物料输送工作的一种运输方式。管道运输的优点是运输过程中物品的损耗少,运量大,连续作业;缺点是仅限于气体、液体和粉状物的输送,且输送地点有限制。管道运输适用于批量大且连续不断运送的物品。

2. 影响运输方式选择的因素

选择适当的运输方式是实现医药企业物流运输合理化的一项重要措施。医药企业在选择运输方式时,要综合考虑各种运输工具的运载量、运行速度、可得性、可靠性、费用等因素,还要考虑医药企业自身的经营特点和要求、医药产品的种类、数量、市场需求缓急程度、运输距离等。此外,从发展的角度看,还应考虑运输的连贯性和一致性、企业经营活动的变化、现代物流发展趋势变化等因素。

二、配送管理

配送管理是一种特殊的、综合的物流活动,是商流与物流的紧密结合,它包含了商流活动和物流活动,也包含了物流中若干功能要素(如运输、储存、包装、装卸、搬运

▶▶ **课堂活动**

长距离、大批量的货物运输宜采用何种运输方式? 小批量、多品种、近距离的货物运输宜采用何种运输方式?

等),是在某种范围中物流全部活动的体现。

(一)配送的概念与特征

1. 概念 是指在经济合理区域范围内,根据客户要求,对物品进行拣选、加工、包装、分割、组配等作业,并按时送达指定地点的物流活动。

2. 配送的特征

(1)是一种高水平送货形式:配送的实质是送货,但是和一般送货有区别。一般送货有可能是一种偶然行为,而配送却是一种固定的形态,一般是具有确定组织、确定渠道、有管理与技术力量、有专业设施设备、有一套制度的体制形式。

(2)是一种"中转"形式:配送过程中由专职流通企业从事送货,将货物从物流节点送至需求用户,是"中转型"送货。而一般送货尤其从生产企业至客户的送货往往是"直达型"送货。

(3)是"配"和"送"有机结合的形式:"配"指配用户、配时间、配货品、配车辆、配路线;"送"指运输。配送除了"运"和"送"的活动外,还要从事分拣、配货等工作。"配"是"送"的前提和条件,"送"是"配"的实现与完成,两者相辅相成。此外,有效的分拣、配货等理货工作,可使送货形成规模优势,从而取得较低的送货成本。

(4)是一种"门到门"服务方式:配送以客户要求为出发点,将货物从物流节点一直送到客户的仓库、营业场所或其他客户指定地点,是一种"门到门"的服务方式。

(二)配送的作用

1. 促进物流资源的合理配置 在物流过程中,配送不仅能够保障货物的及时送达,还能做到以配送企业的库存取代社会上成千上万的零散库存,即可以使库存相对集中,从而能够按照统一计划合理分配和使用其他物流环节的资源,做到物尽其用。

2. 有效降低物流成本 实现了高水平的配送之后,尤其是采取准时配送方式之后,生产企业可以完全依靠配送企业的准时配送而不需保持自己的库存或者只需保持少量保险储备,实现低库存或"零库存"。库存结构的改变,不但能减少单项物流(如仓储、运输等)的投入,还能减少物流整体活动的劳动消耗和费用支出,降低物流总成本。

3. 促进流通的组织化和系列化,提高供应保证程度 配送是现代物流的重要内容,其发展体现着社会分工的专业化和物流资源配置的整合化,从而也促进了流通的组织化和系列化。生产企业自己保持库存,维持生产,由于受到库存费用的制约,很难提高供应的保证程度;而采取配送方式,配送企业比单一企业的货物储备量大,因此,对每个企业而言,中断供应、影响生产的风险便相对缩小,可免去物资短缺之忧。

(三)配送的种类与方式

按照不同的划分依据,可以将配送分为多种类型,具体如表10-1所示。

表 10-1　配送的种类与方式

划分依据	配送类型	特点
按配送组织者分类	配送中心配送	配送能力强、距离远、品种多、数量大，可以承担工业企业生产用的主要物资的配送及向商店实行补充性配送等，是配送的主要形式
	仓库配送	配送规模比配送中心小，配送专业化程度低，是开展中等规模配送可以选择的配送形式
	商店配送	配送实力有限，一般只限于少量、零星商品的配送
	生产企业配送	由进行多品种生产的企业直接对本企业配送而无须将产品发运到配送中心再进行配送，由于避免了一个物流中转环节，节省了物流费用
按配送商品的种类和数量分类	少品种(单品种)、大批量配送	适用于工业企业需要量较大的商品，由于商品配送量大、车辆满载率高、业务组织和计划工作较简单，配送成本较低
	多品种、小批量配送	按客户的要求，把其所需的各种各类数量不大的商品配备齐全，凑成整车后由配送企业送达用户，是一种高水平、高技术的组织方式，配送成本一般较高
	成套配套配送	按生产节奏定时定量将企业所需的货物送到生产装配线，有利于生产企业实现库存最小化，方便生产企业的生产作业
按配送的时间和数量分类	定时配送	按规定的间隔时间进行配送，配送时间固定，配送企业易于安排工作计划和车辆，客户易于安排接货力量
	定量配送	按规定的商品数量在一个指定的时间范围内进行配送，由于货物数量固定，备货工作较为简单
	定时定量配送	按规定的配送时间和配送数量进行配送，兼有定时、定量两种配送方式的优点，由于具有较强的特殊性、计划难度大，因而适用对象少
	定时定路线配送	在规定的运行路线上制订到达时间表，按运行时间表进行配送，有利于计划安排送货车辆和调度驾驶人员，客户可按规定路线及时间接货，适用范围有限
	即时配送	即随要随送，按照客户提出的时间和商品品种、数量的要求，随即进行配，是服务水平最高的一种配送方式，由于计划性差、车辆利用率低，因而成本较高
按配送的组织形式分类	共同配送	多个客户联合起来共同由一个第三方物流服务公司来提供配送服务，可以通过作业活动的规模化降低作业成本，提高物流资源的利用效率
	集中配送	由配送中心对多用户进行配送，可以取得较理想的规模优势和协作优势，有利于降低配送成本
	独立配送	配送企业依靠自身力量，在一定区域内各自进行配送，是一种竞争性的配送方式

划分依据	配送类型	特点
按配送的经营形式分类	分散配送	由商业零售网点对小量、零星商品或临时需要的商品进行的配送业务,适用于距离近、品种繁多而用量小的配送
	销售配送	配送企业是销售型企业,配送对象不固定、用户往往也不固定,配送的随机性强、计划性弱,各种类型的商店配送、电子商务网站配送一般都属于销售配送
	供应配送	针对特定的用户,有确定的配送对象,用户的需求、服务要求明确,因此可以形成较强的计划性和较为稳定的渠道,有利于提高配送的科学性和强化管理,多用于大型企业、企业集团或联合公司
	销售-供应一体化配送	是指对于基本固定的用户和基本确定的配送产品,销售企业可以在自己销售的同时,承担用户有计划供应者的职能。销售者能获得稳定的用户和销售渠道,有利于本身的稳定持续发展和扩大销售数量;用户能获得稳定的供应,可大大节约本身为组织供应所耗用的人力、物力、财力
	代存代供配送	客户将属于自己的货物委托给物流配送中心代存、代供,配送企业从代存代供业务经营中获取收益,而不能获得商品销售的经营性收益
	越库配送	商品到了配送中心以后,不进仓库,而是直接在站台上向需要的客户进行配送,可大大降低物流成本、减少物流时间

(四) 配送的组织与管理

在一个独立的配送系统中,配送中心通过以下一系列作业环节,最终完成配送任务。

1. **集货** 是将分散的或小批量的物品集中起来,以便进行运输、配送的作业。集货是配送的准备工作或基础工作,为了满足特定客户的配送要求,有时需要把从几家甚至数十家供应商处预订的物品集中,并将要求的物品分配到指定容器和场所。

2. **分拣** 是将物品按品种、出入库先后顺序进行分门别类堆放的作业。分拣是配送不同于其他物流形式的功能要素,也是决定配送成败的一项重要工作。

3. **配货** 是使用各种拣选设备和传输装置,将存放的物品,按客户要求分拣出来,配备齐全,送入指定发货地点。分拣和配货是完善送货、支持送货的准备性工作。

4. **配装** 在单个客户配送数量不能达到车辆的有效运载负荷时,就存在如何集中不同客户的配送货物,进行搭配装载以充分利用运能、运力的问题,这就需要配装。与一般送货的区别是通过配装送货可以大大提高送货水平及降低送货成本,因此配装也是配送系统中具有现代特点的功能要素,也是现代配送不同于一般送货的重要区别之一。

5. **配送运输** 是较短距离、较小规模,频度较高的运输形式,一般使用汽车做运输工具。由于配送客户多,一般城市交通路线又较复杂,因而配送路线的选择以及配装和路线有效搭配等具有较大的难度。

6. 送达服务　为了避免送达货和客户接货出现不协调,圆满地实现货物送达后移交,并有效地、方便地处理相关手续并完成结算,还应对卸货地点、卸货方式等进行深入研究。

7. 配送加工　是按照配送客户的要求所进行的流通加工。通过配送加工,可以大大提高客户的满意度。配送加工是流通加工的一种,但配送加工有别于流通加工,配送加工一般只取决于客户要求,其加工的目的较为单一。

点滴积累　∨

1. 运输具有产品转移、创造"场所效用"和产品储存三项功能。

2. 运输管理包括运输方式选择、时间与路线的确定及费用的节约3个方面。

3. 物流运输合理化的有效措施有正确选择运输路线、提高运输工具的实载率、合理选择运输方式、合理选择运输工具、减少动力投入、增加运输能力、提高货物包装质量、发展社会化的运输体系。

4. 配送是一种"中转型"的高水平送货形式,是"配"和"送"的有机结合。

5. 在一个独立的配送系统中,配送中心通过集货、分拣、配货、配装、配送运输、送达服务和配送加工等一系列作业环节,最终完成配送任务。

第三节　医药企业库存管理与规划

一、库存概述

库存是物资流通过程中不可缺少的环节,是保证生产和销售持续进行的必要条件。库存会占用企业大量的资金,增加产品生产成本与管理成本,还可能由于长期的积压使物质损坏变质等,因此科学的库存管理显得尤为重要。

(一) 库存

1. 库存的概念　是指储存作为今后按预定的目的使用而处于闲置或非生产状态的物品。广义的库存还包括处于制造加工状态和运输状态的物品。在生产制造企业,库存包括原材料、产成品、备件、低值易耗品以及在制品;在商业流通企业,库存一般包括用于销售的商品以及用于管理的低值易耗品。

2. 库存的类型　按照不同的分类标准,库存可以分为以下多种类型,具体如表10-2所示。

3. 库存的不利影响　持有一定量的库存虽然会给企业带来有利的一面,但是库存也会给企业运营管理带来不利的影响,比如大量库存要占用大量的资金,影响企业资金的周转;发生库存成本;高库存掩盖企业生产经营中存在的问题等。

表 10-2　库存的类型

划分依据	库存类型	含义
按生产过程分类	原材料库存	指企业通过购买或其他方式取得的,尚未投入生产过程的存货
	在制品库存	指经过一定生产过程,但尚未完工的半成品存货
	维护、维修库存	指用于维修与养护所需的经常消耗的物品或部件的库存
按库存的作用分类	产成品库存	指已经制造完成并准备运送给消费者的、完整的或最终产品的库存
	周转库存	指为了满足日常生产经营需要而保有的库存。周转库存随着每天的消耗而减少,当降低到一定水平时需要补充
	安全库存	指为了防止不确定因素(如大量突发性订货、交货期突然提前、供货时间延迟等)的发生而设置的库存
	调节库存	指用于调节需求与供应的不均衡、生产速度与供应的不均衡以及各个生产阶段产出的不均衡而设置的库存
	在途库存	指处于运输以及停放在相邻两个工作地之间或相邻两个组织之间的库存。这种库存是客观存在的,不是有意设置的。在途库存的大小取决于运输时间以及该期间内的平均需求
按用户对库存的需求特性分类	独立需求库存	指用户对某种库存物品的需求与其他种类的库存无关,表现出对这种库存需求的独立性。客户对最终成品、维修备件等的需求属于独立需求库存
	相关需求库存	指其需求水平与另一项目的生产有直接联系的库存。如客户对企业完成品的需求量确定后,与该产品相关的原材料、零部件的需求就随之确定,对这些原材料、零部件的需求就是相关需求

(二) 库存成本

1. **概念**　是指为取得和维持一定规模的存货所发生的各种费用的总和,它是物流作业成本中的一个主要组成部分。

2. **库存成本的构成**

(1) 库存持有成本:指为保持库存而发生的成本。它可以分为固定成本和变动成本。固定成本与库存数量的多少无关,例如仓库折旧、仓库职工的固定月工资等;变动成本与库存数量的多少有关,例如库存占用资金的应计利息、破损和变质损失、安全费用等。变动成本主要包括资金占用成本、仓储空间成本、库存服务成本和库存风险成本。

(2) 订货或生产准备成本:指企业向外部的供应商发出采购订单的成本或指企业内部的生产准备成本。随着订货规模(或生产数量)的增加,持有成本增加,而订货(或生产准备)成本降低,总成本线呈 U 形。

(3) 缺货成本:是因供货中断而产生的各种损失。分析缺货成本的目的,主要是为了确定在既定服务水平下,进行安全库存数量的决策。缺货成本由延期交货成本、实销成本和失去客户成本构成。

二、库存管理与规划

（一）库存管理的概念

库存管理是指在保障预定供应水平的前提下,以库存物品的数量合理和周转最快为目标所进行的计划、组织、协调与控制。库存管理的基本目标就是防止超储和缺货,在达到顾客期望的服务水平上,尽量将库存成本减少到可以接受的水平。

（二）库存管理的作用

库存管理在企业的生产经营中主要有以下几方面的作用:

1. 改善服务质量　持有一定数量的库存有利于调节供需之间的不平衡,保证企业按时快速交货,能够避免或减少库存缺货或供货延迟给企业带来的经济损失。

2. 使企业获得规模经济　拥有一个适当的库存是一个组织实现采购、运输和制造等物流过程中的规模经济的必要条件。大批量的订货能够使企业在多方面获得优势,如降低原材料采购价格和运输费用、降低单位产品的制造成本等。

3. 预防需求和订货周期的不稳定性　市场需求总是处于动态变化中,再加上订货周期的不稳定性,经常会出现库存不足的情况,从而导致缺货损失。储存生产所需的原材料不仅能够保证生产的连续性,还能在原材料上涨或者短缺时获取额外的利润。

4. 在整个供应链的某些环节起到缓冲、调节的作用　库存可以缓冲由于物资供应的延迟、短缺而造成的对生产的冲击;还可以作为配送环节的中介,调节生产过程中因原材料、半成品不足而可能发生的比例失调。

（三）库存管理的目的

1. 谋求资本的有效运用　要防止资金僵化,资金进行良性循环才能产生利润。

2. 保有最小库存量　保证销售流动能顺利进行,使库存产品量达到不致存量不足的最小限度,避免积压资金。

3. 及早掌握库存状况　以便对库存过剩、库存短缺及时处理。

4. 节省库存费用　适当地保存库存量能节省库存费用。库存费用的增大会给资金运转造成很大压力,使经营效率恶化。

5. 提高企业的经济效益　库存保存多会积压资金,库存不足也会造成资金浪费,唯有适当保存库存才能获得有效的营运。

6. 稳定操作水准,能减少或维持制造成本

7. 促进生产防止库存不足　库存是为了配合生产降低物料短缺率,作为生产期内保障物料供应、促进生产而存在的。

8. 缩短生产周期　适当保存材料,可以缩短在制品的生产周期。

9. 改善物料搬运效率　为了使物料合理地搬运,必须强调时间观念,改善搬运和库存,使之完美结合才能收到效果。

10. 缩短物料供应周期　如果缩短了从订货到物料进厂的时间,即把物料的订货交货时间缩短,为供应周期准备的预备库存量可以减少。

11. 防止物料陈旧　了解各种物料的特性,分别针对其特性采取相应的保管方法。对那些容易风化、生锈、破碎及体积大的物品则必要时再购进,或尽量少存。

12. 有效地利用工厂面积、仓库面积　在有限的场地厂房内,放置多余的物料或零散堆放造成拥挤。为了有效地利用面积,应采用立体贮藏来提高贮藏效率。

(四) 库存管理评价指标

衡量库存管理水平的主要指标是库存周转率。库存周转率是指一定期间(一年或半年)库存周转的速度,是某时间段的出库总金额(总数量)与该时间段平均库存金额(或数量)的比。

库存周转率可以用以下两种公式进行计算:

$$库存周转率 = \frac{一定期间的出库数量(销售量)}{(期初库存+期末库存)/2} \qquad 式(10\text{-}1)$$

$$库存周转率 = \frac{一定期间的出库总金额(销售成本)}{一定期间的平均库存金额} \qquad 式(10\text{-}2)$$

库存周转率可以用来衡量一定时期内存货资产的周转速度,反映企业购、产、销平衡的效率。存货周转率越高,存货周转速度越快,产品在库就越少;存货占用的费用就越少、流动性越强,存货转换为现金、应收账款等的速度越快。另一方面,库存周转率过高,也会增加缺货的机会,加大采购成本和理货成本。因此,在提高库存周转率的同时,要避免单纯追求过高库存周转率的现象。

(五) 库存控制的方法

库存过多,会使资金占用过多、增加库存成本;而库存过少,则不能及时满足医药企业生产、销售的需要,影响市场供应。为了更好地管理库存,实现安全库存量与成本之间的平衡,常采用的库存控制方法如下:

1. 定量订货法　是指当库存量下降到一定水平(订货点)时,按规定数量进行订货补充的一种库存控制方法,如图 10-2 所示。

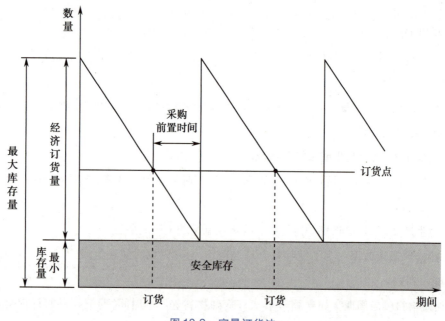

图 10-2　定量订货法

定量订货法的关键在于确定订货点。订货点是指在库存物品的库存量下降到必须再次订货的时点时,仓库所具有的库存量。计算公式:

$$订货点=每日平均消费量×采购前置时间+安全库存 \qquad 式(10\text{-}3)$$

此法适用于下列物品:单价较低,而且不便于少量订购的物品,如药品包装盒;需求预测比较困难的维修物料;品种、数量繁多,库存管理事务量大的物品;消费量计算复杂的物品;通用性强,需求总量较稳定的物品等。

2. 定期订货法　又称定期盘点法,是指每隔一段时间即进行订货,订货时间固定,每期订货量不定,根据盘点结果与预定的目标库存水平的差额确定每次订购批量,如图 10-3 所示。

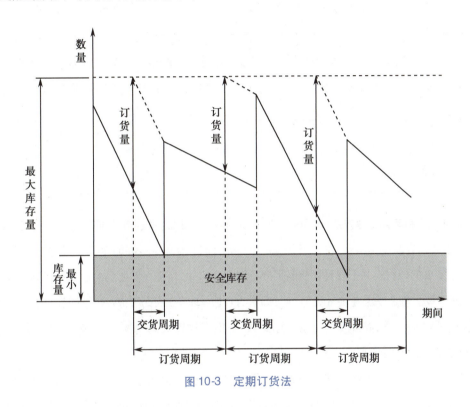

图 10-3　定期订货法

定期订货法的关键在于确定订货周期。订货周期(订货间隔)是指从提出订货,发出订货通知到收到货物为止的时间间隔。采用该方法还要预先掌握每个时期内订货点的库存量。

此法适用于下列物品:消费金额高,需要量大的主要原材料,需要实施严密管理的重要物品;有保管期限的物品;需要量变化大而且可以预测的物品;受交易习惯的影响,需要定期采购的物品;发货繁杂、难以进行连续库存动态登记的物品;只能定期制造的物品等。

3. ABC 重点管理法　是根据事物在技术或经济方面的主要特征,进行分类、排队,分清重点和一般,从而有区别地实施管理的一种分析方法。该法将库存物品按品种和占用资金的多少分为特别重要的库存(A 类)、一般重要的库存(B 类)、不重要的库存(C 类)三个等级,然后针对不同等级分别进行管理和控制,具体内容如表 10-3 所示。

表 10-3　ABC 重点管理法

类别	特点	管理方法
A 类	库存品种占总数的 10%～20%，价值占 70%～85%，即品种少，单位价值却较大	重点控制——计算每个项目的经济订货量和订货点，尽可能适当增加订购次数，以减少存货积压，从而减少其昂贵的存储费用和大量的资金占用；同时，还可为该类存货分别设置永续盘存卡片，以加强日常控制
B 类	库存品种占总数的 20%～30%，价值占 10%～20%，即品种稍多，单位价值较小	适当控制——也要事先为每个项目计算经济订货量和订货点，同时也可以分享设置永续盘存卡片来反映库存动态，但要求不必像 A 类那样严格，只要定期进行概括性的检查就可以了，以节省存储和管理成本
C 类	库存品种占总数的 50%～70%，价值占 5%～10%，即品种数量多，单位价值很小	简单控制——可以适当增加每次订货数量，减少全年的订货次数，一般可以采用一些较为简化的方法进行管理

　　ABC 重点管理法操作简单，能够对库存控制做到重点与一般相结合，根据不同的销售额及销售量确定不同的订货方式，不仅能有效地降低库存成本，还可以最大限度地防止各类商品的断档、脱销。

─ 边学边练 ─

　　依据 ABC 重点管理法对库存产品进行分类，并说明各项产品的库存管理方法是什么？　请见实训九 ABC 重点管理法应用训练。

　　4. 准时生产制库存管理方法（JIT）　准时制库存是由丰田公司创造的准时生产方式发展起来的，其基本出发点是，存货就是浪费，它占用资金、空间和时间，因此理想化的库存策略是准时供货，即生产服务过程中需要的原材料并不需要提前购买并存储在仓库中，而是在需要的时候直接送到工作现场。

　　JIT 的基本原理是以需定供、以需定产，即供方（上一环节）根据需方（下一环节）的要求，按照需求方的品种、规格、质量、数量、时间、地点等要求，将生产物资或采购物资，不多、不少、不早、不晚且质量有保证地送到指定地点。

　　JIT 作为一种先进的生产方式，通过看板等工具的应用，保证了生产的同步化和均衡化，实行"适时、适量、适物"的生产，效果明显。该法具有加速库存周转、提高商品质量、减少仓储空间的优点；但也具有脱销风险增大、运输成本增加、购买成本提高、小供应商受损、环境问题加剧等缺点。

　　点滴积累　∨

　　1. 库存是物资流通过程中不可缺少的环节，是保证生产和销售持续进行的必要条件。

　　2. 在生产制造企业，库存包括原材料、产成品、备件、低值易耗品以及在制品；在商业流通企业，库存一般包括用于销售的商品以及用于管理的低值易耗品。

　　3. 库存成本主要由库存持有成本、订货或生产准备成本和缺货成本构成。

　　4. 库存管理的基本目标就是防止超储和缺货，在达到顾客期望的服务水平上，尽量将库存成本减少到可以接受的水平。

　　5. 常用的库存控制方法有　定量订货法、定期订货法、ABC 重点管理法、准时生产制库存管理方法（JIT）等。

第四节　医药企业的第三方物流管理

一、概述

近年来,随着全球和区域经济一体化的深度推进,以及信息技术尤其是互联网在多个国家的广泛应用,全球物流业的发展经历了深刻的变革并获得了越来越多的关注。目前,现代物流已经发展成包括合同物流(第三方物流)、地面运输(公路和铁路系统提供的物流)、快递及包裹、货运代理、第四方物流、分销公司在内的庞大体系。

> **知识链接**
>
> 第三方物流的兴起
>
> 第三方物流概念从 20 世纪 90 年代进入我国,提供第三方物流服务的企业,其前身一般是运输业、仓储业等从事物流活动及相关的行业。从事第三方物流的企业在委托方物流需求的推动下,从简单的存储、运输等单项活动转为提供全面的物流服务,其中包括物流活动的组织、协调和管理、设计建议最优物流方案、物流全程的信息搜集、管理等。目前第三方物流的概念已广泛地被流通行业所接受。

1. **概念**　第三方物流是接受客户委托为其提供专项或全面的物流系统设计以及系统运营的物流服务模式,简称3PL。即生产经营企业为集中精力搞好主业,把原来属于自己处理的物流活动,以合同方式委托给专业物流服务企业,同时通过信息系统与物流企业保持密切联系,以达到对物流全程管理控制的一种物流运作与管理方式。现代第三方物流业不是传统运输业的延续,而是一个新型的跨行业、跨部门、跨区域、渗透性强的复合性产业。第三方物流在我国医药产业链中的运作模式如图 10-4 所示。

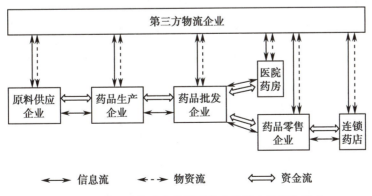

图 10-4　第三方物流在我国医药产业链中的运作模式

2. 第三方物流的特征

（1）关系契约化：物流经营者与物流消费者之间业务关系是通过契约的形式来规范的。根据契约的要求，物流经营者提供多功能直至全方位一体化的物流服务，并以契约来管理所有提供的物流服务活动及其过程。此外，物流联盟参加者之间责权利的划分，也是通过契约的形式来实现的。

（2）服务差异化：第三方物流企业要根据不同物流消费者的消费需求提供不同的物流服务和增值服务；另一方面，第三方物流企业需要不断提供具有自身特色的服务，以增强在物流市场中的竞争能力。

（3）信息网络化：信息技术是第三方物流发展的基础。在物流服务过程中，信息技术促进了物流管理的科学化，极大地提高了物流效率和物流效益。

（4）功能专业化：第三方物流所提供的是专业的物流服务。从物流设计、物流操作过程、物流技术工具、物流设施到物流管理必须体现专门化和专业水平，这既是物流消费者的需要，也是第三方物流自身发展的基本要求。

（5）管理系统化：第三方物流需要建立现代管理系统才能满足运行和发展的基本要求。

二、我国医药企业的第三方物流现状及发展方向

（一）第三方物流企业的竞争优势

1. 网络化　通过建立横向一体化的组织，第三方物流企业可以借助全国各地的企业力量，逐渐铺就一张辐射全国的巨大网络，建立"门到门"的配送模式。

2. 信息化　第三方物流企业在铺设网点的同时，可以同步建立了自己的网站。针对不同的对象和业务特点开发不同的信息平台，并培养信息查询队伍，使得厂家和客户通过网上查询可以了解所有通过第三方物流企业配送的药品物流信息。此外，信息平台能够及时共享和反馈交易信息，实现交易信息的透明化。

3. 物流成本低　医药企业自营物流一般只为本企业提供物流服务，若每个医药企业都自建物流网络，除了要投入大量的资金外，还势必造成资源浪费，并且网络分散，不利于医药产品的流通销售。采用第三方物流，可以避免上述投资，实现资源共享，从而降低医药企业的固定资产及物流成本。

4. 能够转嫁医药企业的经营风险　第三方物流可以转移医药企业在流通过程中所要承担的经营风险，企业不需担心库存运输以及资金周转问题，只需集中精力做好药品生产与销售服务工作即可。这将有利于企业长期的生存与持续性发展。

5. 可提供增值服务　第三方物流企业的主要产品就是物流服务。在提供基本物流配送服务的同时，还可为客户提供包括一般药品、特殊药品、低温冷藏药品等仓储、分拣、包装、配送、加工、咨询、凭证管理、退货处理和废品回收等增值服务。

案例分析

案例

2006年7月，哈尔滨市邮政局开发了江中集团的药品仓储集散分拨运输配送一体化业务，由此拉开了江中经销商物流一体化业务发展的帷幕。

"立足哈市，兼顾全国"，这是该局在开发物流市场中坚持的原则。该局坚持以市场为导向，以用户为中心，以效益为目标的原则，把邮政物流一体化业务真正按邮政物流的核心业务来抓，积极开发包括仓储、运输或配送两个环节以上的一体化物流业务。他们充分利用各种邮政物流服务产品，对潜在用户进行深入开发，尤其注意对医药流通企业的信息采集。该局面向药品销售连锁店、省内药品批发商等药品经销单位，进行了积极的走访。

在与药店的接触中了解到，江中药业健胃消食片、草珊瑚含片、亮嗓等药品和保健食品的进销量很大，为其提供物流服务的是深圳某物流公司。因为该局在成立初期与这家公司建立过合作关系，通过调阅物流大用户档案，掌握了第一手资料。然后，该局制订了相应的物流解决方案，与南昌市邮政局物流公司紧密沟通，牢牢把握与江中药业的合作契机，全力将江西省药品驻黑龙江省销售部门的物流业务收入"囊中"。

分析

收获与启示：

（1）摸排市场、重点公关。建立营销网络，规范营销流程，对信息进行分类，避免出现市场空白点。

（2）积极开展经销商物流业务，提高邮政物流供应链服务能力。

（3）注意与兄弟单位的沟通联系，广泛关注各类经营信息，强化大用户档案管理，不放过任何一个发展新用户的机会。

（4）以客户为中心，不断提高服务水平。

（二）我国医药企业第三方物流发展中存在的问题

1. 市场需求不足　医药企业缺乏合作意识，对与第三方物流的合作有很多顾虑，导致物流外包市场需求不足。主要原因在于：第一，不少医药生产企业很难冲破原有营销思维束缚，缺乏与专业第三方物流企业合作的意识，阻碍了物流资源的有效整合；第二，医药企业大部分都拥有自己的仓储、运输等设施，将物流外包就意味着要对企业内部进行调整，如果企业的正常经营不受物流成本影响，那么企业物流外包的意愿就较低；第三，企业为了应对竞争和自身长远发展，都会对其销售网络、客户等特别的运营要素和环节采取保密手段，而第三方物流的介入一方面增加了企业战略秘密被泄露的风险，另一方面也意味着医药企业在某种程度上将部分运营权交到了第三方手里，可能出现经营被动的局面。

2. 医药专业化能力不足　第三方物流企业对药品安全性和质量管理不够专业，会给药品安全造成许多隐患，也给委托方造成许多潜在的企业风险。如果第三方物流对药品的安全性和质量管理把关不严，难免成为假药劣药进入市场的一个途径，使药品物流环节的安全受到挑战。

3. 专业人才缺乏　第三方物流因行业的特殊性和专业性,需要的是既懂医药学知识,又精通物流、供应链管理的专业性人才。此外,药品是特殊的商品,国家对药品的管理、储存、运输要求都很严格。有些物流工作人员对医药产品特殊的管理、仓储、运输、配送、养护等不了解,对医药行业的相关法律不熟悉。目前大部分第三方物流企业的员工虽然掌握现代物流操作技能,但是缺乏专业的医药知识,难以从顾客的需求角度出发,提供优质的服务。

(三) 我国医药企业第三方物流发展策略

1. 树立外包理念,加强与医药企业的合作　第三方物流企业要突破原有传统的观念,做到为客户的利益着想,为客户制订合适的方案,与客户建立长期的合作关系,结成利益共同体。同时,第三方物流还可以为医药企业提供运输、仓储业务,进行区域配送、代收货款等增值服务,全程的流通管理,供应链系统设计等服务,通过提升自身的服务能力,加强与医药企业的合作。

2. 规范化管理第三方物流企业　严格要求第三方物流企业按照新版《药品经营质量管理规范》(GSP)提升企业经营标准和要求,以成本和效率为导向,实行分级管理,加强企业物流服务能力,在保障药品质量的同时,提高市场准入门槛。第三方物流企业应当为医药行业客户提供专业和高效的医药物流解决方案,打造专业药品运输能力,为客户提供全程监控等定制化的产品和服务。

3. 加大对医药物流人才的培养力度　建立医药流通行业人才培训机制,支持和鼓励医药流通领域职业培训和继续教育,形成多层次人才培养与职业教育体系,为第三方医药物流企业培养专业的医药物流管理人才和操作人员,建立人才激励与约束机制。鼓励大专院校、研究院所、大型医药流通企业加强现代医药流通理论研究与创新,拓展人才、技术、管理、理念的交流合作。在培养专业人才的同时,还需要加强对在职人员进行职业教育,以加强对现有物流人员培训的方式来组建自己的人才队伍。

点滴积累 ∨

1. 现代第三方物流业不是传统运输业的延续,而是一个新型的跨行业跨部门、跨区域、渗透性强的复合性产业。
2. 第三方物流具有关系契约化、服务差异化、信息网络化、功能专业化、管理系统化等特征。
3. 第三方物流企业具有网络化、信息化、物流成本低、能够转嫁医药企业的经营风险和提供增值服务等优势。

目标检测

一、选择题

(一) 单项选择题

1. 生产企业和流通企业出售商品时,物品在供方和需求方之间的实体流动是(　　　)

A. 企业供应物流　　　　　　　　B. 企业销售物流

C. 企业生产物流　　　　　　　　D. 企业回收物流

2. 运输管理的原则不包括(　　　)

　　A. 及时　　　　　　　　　　B. 准确

　　C. 合理　　　　　　　　　　D. 安全

3. 下列不属于配送作用的是(　　　)

　　A. 使企业获得规模经济

　　B. 促进物流资源的合理配置

　　C. 有效降低物流成本

　　D. 促进流通的组织化和系列化,提高供应保证程度

4. 为了防止不确定因素(如大量突发性订货、交货期突然提前、供货时间延迟等)的发生而设置的库存是(　　　)

　　A. 周转库存　　　　　　　　　B. 调节库存

　　C. 在途库存　　　　　　　　　D. 安全库存

5. 当库存量下降到一定水平(订货点)时,按规定数量进行订货补充的一种库存控制方法是(　　　)

　　A. 定量订货法　　　　　　　　B. 定期订货法

　　C. ABC 重点管理法　　　　　　D. 准时生产制库存管理方法

(二) 多项选择题

1. 供应链管理的作用有(　　　)

　　A. 有效实现供求的良好结合

　　B. 创造"场所效用"

　　C. 降低库存量,创造竞争的成本优势

　　D. 改善企业与企业之间的关系,节约企业间的交易成本

　　E. 提高服务质量,刺激消费需求

2. 物流系统要素管理包括(　　　)

　　A. 作业管理　　　　B. 财务管理　　　　C. 成本管理

　　D. 方法管理　　　　E. 信息管理

3. 影响运输合理化的决定因素有(　　　)

　　A. 运输距离　　　　B. 运输环节　　　　C. 运输方式

　　D. 运输时间　　　　E. 运输费用

4. 库存成本由下列哪几项构成(　　　)

　　A. 生产成本　　　　B. 经营成本　　　　C. 库存持有成本

　　D. 订货或生产准备成本　　　E. 缺货成本

5. 第三方物流的特征有(　　　)

A. 关系契约化　　　　B. 服务差异化　　　　C. 信息网络化

D. 功能专业化　　　　E. 管理系统化

二、简答题

1. 医药企业物流管理的内容是什么？

2. 物流运输合理化的有效措施有哪些？

3. 库存管理的目的是什么？

三、实例分析

云南双鹤医药有限公司是北京双鹤这艘医药航母部署在西南战区的一艘战舰,是一个以市场为核心、现代医药科技为先导、金融支持为框架的新型公司,是西南地区经营药品品种较多、较全的医药专业公司。

虽然云南双鹤已形成规模化的产品生产和网络化的市场销售,但其流通过程中的物流管理严重滞后,造成物流成本居高不下,不能形成价格优势。这严重阻碍了物流服务的开拓与发展,成为公司业务发展的"瓶颈"。

装卸搬运活动是衔接物流各环节活动正常进行的关键,而云南双鹤恰恰忽视了这一点,由于搬运设备的现代化程度低,只有几个小型货架和手推车,大多数作业仍处于人工作业为主的原始状态,工作效率低,且易损坏物品。另外仓库设计的不合理,造成长距离的搬运。并且库内作业流程混乱,形成重复搬运,大约有70%的无效搬运,这种过多的搬运次数,损坏了商品,也浪费了时间。

通过阅读以上案例,回答下列问题:

1. 云南双鹤医药有限公司在装卸搬运环节存在的问题有哪些？

2. 分析装卸搬运环节对企业发展的作用。

3. 针对医药企业的特点,请对云南双鹤的搬运系统的改造提出建议和方法。

（赵　璇）

实训九　ABC 重点管理法应用训练

【实训目的】

1. 掌握 ABC 重点管理法,能对库存商品进行分类。

2. 能够对各项库存产品制订不同的库存管理方法。

【实训内容】

1. 分组　将班级学生按照 5~6 人一组的方式分组。

2. 分组讨论 根据某医药企业仓库库存明细表,进行分组讨论,对产品1~19进行ABC分类,并制订相应的库存管理方法,并完成实训报告。

某医药企业仓库库存明细表

产品	库存金额（千元）	库存金额比例（%）	品种（%）
产品1	44	1	5
产品2	46	1	5
产品3	48	1	5
产品4	120	3	5
产品5	600	15	10
产品6	1200	30	5
产品7	40	1	5
产品8	30	1	5
产品9	1000	25	5
产品10	220	6	5
产品11	160	4	5
产品12	32	1	5
产品13	28	1	5
产品14	180	4	5
产品15	70	2	5
产品16	46	1	5
产品17	50	1	5
产品18	44	1	5
产品19	42	1	5
库存金额累计(千元):4000			

3. 进行实训报告汇报 每小组选择1名同学作为发言代表进行实训报告汇报。

4. 实训评议 教师根据学生汇报情况,进行评分并点评。

【实训要求】

1. 查阅资料,深入了解ABC重点管理法相关知识。

2. 对产品1~19进行ABC分类,并制订相应的库存管理方法。

3. 完成实训报告,以PPT的形式分组汇报、讨论。

【实训报告】

ABC 重点管理法应用训练

时间：

实训小组成员			
实训内容:对产品进行 ABC 分类,并制订相应的库存管理方法	A 类	产品编号	
		分类原因	
		库存管理方法	
	B 类	产品编号	
		分类原因	
		库存管理方法	
	C 类	产品编号	
		分类原因	
		库存管理方法	
实训结果的评价			
教师评语			

【实训评价】

1. 能够运用相关知识对库存产品进行 ABC 分类,分析准确、描述清晰。

2. 针对各项库存产品提出的库存管理方法正确,具有科学性、适用性和可行性。

3. 讨论积极、参与度高,汇报时思路清晰、表达顺畅。

小组评分标准

评分项目	项目分值	小组得分	备注
能够正确查阅 ABC 重点管理法相关资料	2 分		
能够运用相关知识对库存产品进行正确分类	3 分		
能够针对各项库存产品提出正确的库存管理方法	3 分		
实训态度良好,参与度高	1 分		
实训汇报逻辑性强,表达顺畅	1 分		
总分	10 分		

（赵　璇）

参考文献

1. 朱文涛. 医药企业管理学. 北京:中国中医药出版社,2010.

2. 朱民田,石岩,刘莱. 医药企业管理. 北京:科学出版社,2016.

3. 马爱霞. 医药企业管理. 南京:江苏教育出版社,2012.

4. 褚淑贞. 医药企业战略管理. 北京:中国医药科技出版社,2013.

5. 斯蒂芬. P. 罗宾斯. 管理学. 11 版. 北京:中国人民大学出版社,2012.

6. 周三多,陈传明,贾良定. 管理学. 6 版. 上海:复旦大学出版社,2015.

7. 都国雄,金榜. 管理学基础. 南京:东南大学出版社,2012.

8. 周三多,陈传明. 管理学原理和方法. 上海:复旦大学出版社,2014.

9. 马爱霞. 医药企业管理. 南京:江苏教育出版社,凤凰出版传媒集团,2012.

10. 曲建国,白迎超. 人力资源管理. 北京:清华大学出版社,2013.

11. 财政部会计资格评价中心. 财务管理. 北京:中国财政经济出版社,2015.

12. 吴锦. 药店经营与管理实用技术. 杭州:浙江大学出版社,2014.

13. 郭胡斌. 现代物流管理基础. 2 版. 北京:化学工业出版社,2011.

目标检测参考答案

第一章 绪 论

一、选择题

（一）单项选择题

1. B 2. C 3. B 4. D 5. A

（二）多项选择题

1. ABCDE 2. ACD 3. BCE 4. ABCDE 5. ACDE

二、简答题（略）

三、实例分析

（一）1. 就是每人轮流值日分粥,但分粥的那个人要等到其他人都挑完后再拿剩下的最后一碗。令人惊奇的是,在这个制度下,7 只碗的粥每次都几乎是一样多,就像用科学仪器量过一样,这是因为每个主持分粥的人都认识到,如果 7 只碗里的粥不一样,他确定无疑将享用分量最少的那碗。

2. 人的本性都是趋利避害的,所以公司需要治理。"无规矩不成方圆",人的天性中有自私自利的一面,因此必须要有适合的制度和机制去规范人的行为。

（二）1. 这些企业之间的差别主要在经营理念之间的差别。在传统企业管理理念中,企业生存的目的就是为了使利润最大化,因此为了赚钱而不择手段。现代企业管理理念认为企业作为社会系统中的一个子系统,企业在获取利润的同时,也要承担相应的社会责任。

2. 从强生公司的企业信条的内容中,可以认识到承担企业社会责任是指企业将其利益相关者（包括产权所有者、用户、债权人、员工、政府、社会等）的关切融入其各种活动之中,不断地满足利益相关者日益增长的需求,以实现企业和社会可持续发展。

（三）两位厂长的做法分别代表了两种不同的管理思想。A 厂长的做法体现了行为科学理论的思想。这一管理理论的特点是:力图克服科学管理理论的弱点,重视从社会学、心理学、人类学的角度出发,强调人的需要、人的相互关系对生产经营活动的影响。B 厂长的做法体现了科学管理理论的思想。这一管理理论的特点是:主张用科学的方法来代替经验的方法;强调用科学的观点分析管理中的问题,并制定各种标准和制度,从而提高劳动生产力。

正确的做法是两个厂长应该相互学习。将两种管理思想有机地结合起来。有效的管理即需要以人为本,也需要规范的规章制度和岗位责任制。

第二章 企业质量管理

一、选择题

（一）单项选择题

1. D 2. D 3. D 4. B 5. C

（二）多项选择题

1. ABCDE 2. ABC 3. ABC 4. ABDE 5. ABCE

二、简答题（略）

三、实例分析

1. 事件发生的原因 齐齐哈尔第二制药有限公司在原辅料采购和质量检验工序存在严重质量管理缺陷,相关主管人员和相关工序责任人违反有关药品采购及质量检验的管理规定,购进以二甘醇冒充的丙二醇,用于生产亮菌甲素注射液,最终导致严重后果。

2. 建设性意见 树立企业尤其是企业负责人的质量责任意识,药品生产企业是药品质量的第一责任人;加强员工质量管理和专业知识培训,增强企业每名员工的责任意识,提高全面质量管理观念认知;完善企业质量管理制度建设,加强企业全过程（采购、检验、储存、运输、生产、销售等）、全方位（人、机、料、法、环）的质量监管。

第三章 企业战略管理

一、选择题

（一）单项选择题

1. A 2. C 3. C 4. B 5. D 6. D

（二）多项选择题

1. ABCDE 2. ABD 3. ABCE 4. ABCE 5. AB 6. ABCE

二、简答题（略）

三、实例分析

1. 考虑了自身战略、资源、能力等方面因素。

2. 包括战略目标、战略的可行性、资源和人力。

3. 全面深入管理的优势明显。

第四章 企业管理职能

一、选择题

（一）单项选择题

1. D 2. D 3. B 4. A 5. C 6. D 7. D 8. B 9. C 10. A 11. D 12. C

（二）多项选择题

1. ABCD 2. BCD 3. ABCDE 4. ABCD 5. AB 6. ABC 7. BCD 8. BCE

二、简答题（略）

三、实例分析

实例1

三个石匠给出了三种不同的目标 第一个石匠是短期目标导向的人,只考虑自己的生理需求,没有大的抱负;第二个石匠是职能思维导向的人,做工作时只考虑本职工作,只考虑自己要成为什么样的人,很少考虑组织的要求;而第三个石匠的回答说出了目标的真谛,这是经营思维导向的人,这些人思考目标的时候会把自己的工作和组织的目标关联,从组织价值的角度看待自己的发展,这样的员工才会获得更大的发展。

德鲁克说,第三个石匠才是一个管理者,因为他用自己的工作影响着组织的绩效,它在做石匠工作的时候看到了自己的工作与建设大楼的关系,这种人的想法难能可贵!

实例2

该公司采用的矩阵型组织结构与组织实际运作情况不相适应。矩阵结构适用于一些重大攻关项目。企业可用来完成涉及面广的、临时性的、复杂的重大工程项目或管理改革任务,需要发挥职能机构的专业管理优势时才用。但用在该公司,不但无法体现职能机构专业管理的优势,反而会因为多头领导而损失业务部门应有的管理效率。

该公司的生产业务因为远离总部又分属不同高层管理,公司的职能部门(行政、人事等机构)实际上是无法发挥应有的作用,也根本不能满足生产的需要。另外,该公司的管理部门和生产部门分别两地办公,既造成信息沟通和交流的不便,降低了管理效率,也加大了两地交通等成本。

建议:将两业务部门的开发部门收回,而作为公司的职能部门设置,直接受董事会领导,具体由技术总监负责。业务部门将不再关心开发设计工作,而只负责对外业务推广并提供需求反馈。将与生产相关的行政管理、人力资源、采购工作、网站管理、设备维护、资源建设部等均可全部放到生产区去——形成一个完整的成本控制中心。这样,除财务和公关外,其他职能均可下放到两个业务部门,以构成两个完整的利润中心(成本中心)。从而形成两个利润中心、一个研发中心和一个运作中心的集团构架。这样设计的结果,同样的授权将更强化责任,董事会只需要制订明确的目标和要求就行了。

实例3

1. 分析要点　9-9 团队型领导方式;

李副总离开开会现场回家处理急事时,老总却不准请假,说明老总比较重视工作。但随后又把副总家里的暖气管修理好,把家属安顿好。说明老总也非常关心下属,急下属之所急。

2. 分析要点　赞成。

从事情的结果来看,老总既要求下属工作第一,又尽自己所能体恤下属。但在李副总请假时,老总语言太严厉。建议老总换个方式沟通。

实例4

从本案例中可知,杰克公司内部控制疲软、内控监督机制失灵是李敏走上犯罪道路的重要原因。杰克公司存在以下几个管理上的漏洞:

(1) 出纳兼与银行对账,提供了在编制余额调节表时,擅自报销 32 笔支付现金业务的机会。

(2) 印鉴管理失控。财务印鉴与行政印鉴合并使用并由行政人员掌管,出纳在加盖印鉴时未能得到有力的监控。

(3) 未建立支票购入、使用、注销的登记制度。

(4) 对账单由出纳从银行取得,提供了伪造对账单的可能。

(5) 凭证保管不善,会计已开好的 7 笔收汇转账单(记账单)被李敏隐匿,造成此收入无法计入银行存款日记账中。

（6）发现问题追查不及时。在清理逾期未收汇时发现了 3 笔结汇收入未在银行日记账和余额调节表中反映,但由于人手较少未能对此进行专项清查。

第五章　人力资源管理

一、选择题

（一）单项选择题

1. D　2. D　3. C　4. C　5. A　6. A　7. A

（二）多项选择题

1. ABC　2. ABCD　3. ABCD　4. BC　5. ABCDE

二、简答题(略)

三、实例分析

1. 总经理的错误在于:①没有对公司人力资源费用进行预算审核和支出控制,导致销售额下降而费用没有降低;②面对公司的亏损,没有与他人探讨,更没有深入分析原因,而是凭主观臆断采取行动;③盲目裁员,没有考虑不同部门间的区别,要求所有部门都必须裁剪 10%。

2. 作为总经理应进行深入分析,找到真正原因,并采取相应措施。通过对案例进行分析,找到导致销售额下降而费用没有降低的原因是没有对公司人力资源费用进行预算审核和支出控制。因此,总经理可以采取以下措施。

第一步,审核人力资源费用预算。

第二步,控制人力资源费用支出。

第六章　医药企业财务管理

一、选择题

（一）单项选择题

1. C　2. A　3. A　4. B　5. D　6. A　7. C　8. C

（二）多项选择题

1. ABD　2. ABC

二、简答题(略)

三、实例分析

1. 采用固定股利支付率政策　由题目中给出的信息,得出 2017 年股利支付率 = $250 \div 1000 \times 100\% = 25\%$,所以,2018 年的支付股利 = $1200 \times 25\% = 300$(万元)。

2. 采用剩余股利政策　由于年初公司面临一项投资机会,项目投资总额为 900 万元,故需内部权益融资金额 = $900 \times 6 \div (6+4) = 540$(万元),所以,2018 年的剩余的可用于支付股利的部分 = $1200 - 540 = 660$(万元)。

3. 采用固定或持续增长的股利政策　2018 年支付股利 = $250 \times (1+10\%) = 275$(万元)。

固定股利支付率政策由于按固定比率支付股利,股利会随每年盈利的变动而变动,使股利支付极不稳定,不利于公司市值最大化目标的实现。

剩余股利政策在股利分配时,优先考虑投资机会,股利金额会随着所面临的投资机会的变动而变动。因为公司每年面临不同的投资机会,所以会使股利产生较大的变动,不利于公司股价稳定。

固定或持续增长的股利政策的股利发放额稳定增长,有利于树立公司的良好形象,使公司股价稳定,有利于公司长期发展,但是实行这一政策的前提是公司的收益必须稳定且能正确地预计其增长率。

根据上述分析,该公司应选择固定或持续增长的股利政策。

第七章　医药企业生产与运作管理

一、选择题

（一）单项选择题

1. A　2. D　3. C　4. C　5. B

（二）多项选择题

1. ABCD　2. BCD　3. ACD　4. ABCD　5. ABCD

二、简答题(略)

三、实例分析

1. 生产管理的几点要求。

2. 加强生产过程的过程管理。

3. 加强生产过程中人的管理。

第八章　药品批发企业经营管理

一、选择题

（一）单项选择题

1. D　2. D　3. B　4. D　5. D

（二）多项选择题

1. ABCDE　2. ABCDE　3. ABC　4. ABCDE

二、简答题(略)

三、实例分析

1.（1）数量、规格(款式)、颜色;(2)质量标准、价格、金额;(3)运费支付;(4)交货时间、地点;(5)验收;(6)货款结算时间及方法;(7)违约责任;(8)签订合同文本。

2. 本品组分中氢氧化铝、碳酸氢钠受潮后制酸力下降;薄荷油受热后易挥发,故应在密闭、干燥阴凉处储存。

第九章　药品零售企业经营管理

一、选择题

（一）单项选择题

1. C　2. B　3. A　4. B　5. B　6. C　7. B　8. C

（二）多项选择题

1．ABCDE   2．AB   3．CDE

二、简答题（略）

三、实例分析

为顾客提供贴心服务是药店的责任。店长不仅自己要服务好每一位顾客,还承担着教育店员、善待顾客的责任。该案例中,店员知道自己的错误后,并没有去检讨,反而当面顶撞顾客。在药店的冰箱内放私人物品已违反了规定,当顾客表示不满,并提出合情合理的意见时,店员应悉心听取并改正,而不应该顶撞顾客。细节决定成败,店员应时刻注意自己的言行举止,店长在管理门店日常工作的同时,也要多加注意门店能否给顾客一种明亮、整洁的印象。

第十章　医药企业物流与供应链管理

一、选择题

（一）单项选择题

1．B   2．C   3．A   4．D   5．A

（二）多项选择题

1．ACDE   2．BDE   3．ABCDE   4．CDE   5．ABCDE

二、简答题（略）

三、实例分析

1. 通过案例我们可以了解到云南双鹤医药有限公司在装卸搬运环节中存在的问题

（1）搬运设备的现代化程度低,工作效率低。

（2）仓库设计不合理,长距离搬运。

（3）库内作业混乱,重复搬运,损坏了商品,浪费了时间。

2. 合理的搬卸装运对企业发展的作用

（1）提高企业内部物流的工作效率。

（2）保障装卸搬运过程中货物的安全。

（3）降低企业物流成本,增强企业竞争力。

3. 改进建议和方法

（1）实行搬运设备的现代化,还需配备与企业物流作业合适的系统。

（2）尽量实现装卸搬运作业的连续化,减少装卸搬运次数,防止无效装卸搬运,节省装卸搬运成本。

（3）根据企业自身的实际情况设计合理的仓库,缩短搬运距离,节省时间。

（4）整理库内作业,合理布置库内作业流程。

医药企业管理课程标准

供药品经营与管理、药学、药品
服务与管理专业用

ER-课程标准

08检